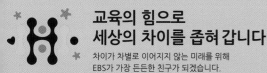

**교육의 힘으로
세상의 차이를 좁혀 갑니다**

차이가 차별로 이어지지 않는 미래를 위해
EBS가 가장 든든한 친구가 되겠습니다.

모든 교재 정보와 다양한 이벤트가 가득!
EBS 교재사이트 book.ebs.co.kr

본 교재는 EBS 교재사이트에서
eBook으로도 구입하실 수 있습니다.

2025학년도
수능 연계교재
수능완성

사회탐구영역
세계사

KB214488

기획 및 개발

박빛나리
김구래(개발총괄위원)
김은미
박 민
여운성

감수

한국교육과정평가원

책임 편집

서민정

본 교재의 강의는 TV와 모바일 APP, EBSi 사이트(www.ebsi.co.kr)에서 무료로 제공됩니다.

발행일 2024. 5. 20. 1쇄 인쇄일 2024. 5. 13. 신고번호 제2017-000193호 펴낸곳 한국교육방송공사 경기도 고양시 일산동구 한류월드로 281

표지디자인 ㈜무닉 내지디자인 다우 내지조판 ㈜글사랑 인쇄 팩컴코리아㈜ 사진 게티이미지코리아, 이미지파트너스

인쇄 과정 중 잘못된 교재는 구입하신 곳에서 교환하여 드립니다. 신규 사업 및 교재 광고 문의 pub@ebs.co.kr

정답과 해설 PDF 파일은 EBS*i* 사이트(www.ebs*i*.co.kr)에서 내려받으실 수 있습니다.

교재 내용 문의	교재 정오표 공지	교재 정정 신청
교재 및 강의 내용 문의는 EBS*i* 사이트(www.ebs*i*.co.kr)의 학습 Q&A 서비스를 활용하시기 바랍니다.	발행 이후 발견된 정오 사항을 EBS*i* 사이트 정오표 코너에서 알려 드립니다. 교재 → 교재 자료실 → 교재 정오표	공지된 정오 내용 외에 발견된 정오 사항이 있다면 EBS*i* 사이트를 통해 알려 주세요. 교재 → 교재 정정 신청

made by U,
KNUT

국립한국교통대학교에서 나의 내일을 그리다!

중국어학과 20학번
강아린

 1위
대전·충청 국립 일반대
취업률 종합순위
(2023년 정보공시 기준)

2위
대전·충청 국립 일반대
재학생 1인당 장학금
(2023년 정보공시 기준)

글로컬대학30
글로컬대학30사업 선정
5년간 1,000억원 정부 지원
(2023년, 교육부)

수시모집 원서접수
24.9.9.(월) ~ 9.13.(금)

입학상담 043.841.5015~6 / 841.5717~8

충주캠퍼스
충청북도 충주시 대학로 50

증평캠퍼스
충청북도 증평군 대학로 61

의왕캠퍼스
경기도 의왕시 철도박물관로 157

 국립한국교통대학교
KOREA NATIONAL UNIVERSITY OF TRANSPORTATION

2025학년도

수능 연계교재

수능완성

★ ★ ★

사회탐구영역

세계사

이 책의 **차례** CONTENTS

이 책의 **구성과 특징** STRUCTURE

테마별 내용 정리

주제별 핵심 개념을 쉽게 이해할 수 있도록 표, 그림, 모식도 등을 활용하여 체계적이고 일목요연하게 정리하였습니다.

자료 탐구

1단계에서는 수능 모의평가 및 수능의 기출 자료(자료 상단 별도 표기)를 비롯한 다양한 자료를 제시하여 분석하고, 2단계에서는 이에 대한 응용 문제를 수록하여 해당 주제에 대해 심도 깊은 이해가 가능하도록 하였습니다.

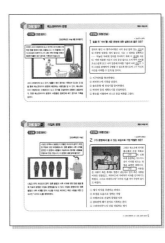

2점 테스트와 3점 테스트

수능 출제 경향 분석에 근거하여 개발한 다양한 유형의 문제들을 수록하였으며, 3점 테스트 코너에는 난이도 높은 문제들을 소개하였습니다.

실전 모의고사

학습 내용을 최종 점검하여 실력을 테스트하고, 수능에 대한 실전 감각을 기를 수 있도록 수능 시험 형태로 구성하였습니다.

정답과 해설

정답 도출 과정과 교과의 내용을 연결하여 설명하고, 오답을 분석함으로써 유사 문제 및 응용 문제에 대한 대비가 가능하도록 하였습니다.

학생

인공지능 DANCHOQ
푸리봇 문|제|검|색

EBS*i* 사이트와 EBS*i* 고교강의 APP 하단의 AI 학습도우미 푸리봇을 통해 문항코드를 검색하면 푸리봇이 해당 문제의 해설과 해설 강의를 찾아 줍니다. **사진 촬영으로도 검색**할 수 있습니다.

문제별 문항코드 확인

[24059-0001]
1. 아래 그래프를 이해한 내용으로 가장 적절한 것은?

문항코드 검색

24059-0001

[24059-0001]
1. 아래 그래프를 이해한 내용으로 가장 적절한 것은?

사진 촬영 검색

선생님

EBS 교사지원센터
교재 관련 자|료|제|공

교재의 문항 한글(HWP) 파일과 교재이미지, 강의자료를 무료로 제공합니다.

⬇ 한글다운로드   🖼 교재이미지   📋 강의자료

- 교사지원센터(teacher.ebsi.co.kr)에서 '교사인증' 이후 이용하실 수 있습니다.
- 교사지원센터에서 제공하는 자료는 교재별로 다를 수 있습니다.

① 인류의 출현과 선사 문화

(1) 인류의 출현

인류	출현 시기	특징
오스트랄로피테쿠스	약 400만 년 전	최초의 인류, 두 발로 서서 걷고 간단한 도구 사용
호모 에렉투스	약 180만 년 전	불과 언어 사용
호모 네안데르탈렌시스	약 40만 년 전	시체 매장(사후 세계 관념)
호모 사피엔스	약 20만 년 전	현생 인류의 조상, 크로마뇽인 등, 동굴 벽화 등을 남김

(2) 구석기 시대와 신석기 시대

① 구석기 시대
- 도구 : 뗀석기 사용(주먹도끼, 찍개 등)
- 특징 : 동굴·바위 그늘 등에서 거주, 이동 생활, 사냥·어로·채집 생활
- 예술 활동 : 알타미라 동굴과 라스코 동굴의 벽화(사냥 성공 기원), 빌렌도르프의 비너스(다산과 풍요 기원)

② 신석기 시대
- 도구 : 간석기(갈돌과 갈판 등)와 토기 사용
- 특징 : 움집에서 거주, 정착 생활, 농경과 목축 시작(신석기 혁명), 의복 제작
- 신앙 : 거석 숭배, 애니미즘
- 사회 변화 : 혈연적인 씨족 사회, 재산 공동 소유 및 생산물 공동 분배 → 신석기 시대 후기 일부 지역에서 부족 성립

② 문명의 발생

(1) 문명의 발생 과정

① 관개 농업 발달 : 큰 강 유역에서 치수와 관개 사업을 위한 노동력 필요 → 부족 간 통합, 지배자 등장, 도시 국가 발생

② 사회 변화 : 청동제 무기 사용으로 정복 활동 촉진, 농업 생산량 및 인구 증가 → 도시 발전, 빈부 격차 심화, 직업 분화, 문자 사용

(2) 4대 문명의 발생 : 티그리스강과 유프라테스강 유역의 메소포타미아 지역, 이집트의 나일강 유역, 인도의 인더스강 유역, 중국의 황허강 유역

③ 메소포타미아 문명과 이집트 문명

구분	메소포타미아 문명	이집트 문명
위치	티그리스강과 유프라테스강 사이의 메소포타미아 지역	나일강 유역의 비옥한 충적지
정치	• 신권 정치 • 지배 세력 교체(수메르인 → 아카드인 → 아무르인의 바빌로니아 왕국 등)	• 파라오의 신권 정치 • 장기간 통일 왕국 지속(고왕국 → 중왕국 → 신왕국)
종교	현세를 중시하는 세계관(『길가메시 서사시』)	내세적 세계관(미라, 피라미드, 『사자의 서』)
문화	• 쐐기 문자 사용(점토판 등에 기록) • 태음력과 60진법 사용 • 지구라트 건립, 점성술 발달, 함무라비 법전 편찬	• 상형 문자 사용(파피루스 등에 기록) • 태양력과 10진법 사용 • 피라미드와 스핑크스 건립, 기하학과 측량술 발달

④ 지중해 연안의 문명

히타이트	소아시아(아나톨리아)에서 성립, 철제 무기와 전차를 이용한 정복 활동
페니키아	지중해와 흑해를 무대로 해상 무역 전개, 카르타고를 비롯한 여러 도시 건설, 표음 문자 제작(그리스 세계에 전해져 알파벳의 발전에 기여)
헤브라이	• 가나안(현재의 팔레스타인)에 정착하여 왕국 건설 • 솔로몬왕 때 번영, 솔로몬왕 사후 이스라엘과 유대로 분열 • 유일신 숭배 사상과 유대교의 발전 : 크리스트교와 이슬람교 형성에 영향

⑤ 인도 문명

인더스 문명	• 성립 : 인더스강 유역 • 특징 : 모헨조다로와 하라파 건설(계획도시 – 벽돌로 쌓은 성벽, 포장도로, 주택, 배수 시설, 공중목욕탕 등을 갖춤), 청동기와 상형 문자 사용, 일각수 등 동물 모양을 새긴 인장 사용, 메소포타미아 지역과 교류
아리아인의 이동	• 이동 : 중앙아시아에서 유목 생활 → 인더스강 유역의 펀자브 지방에 정착 → 갠지스강 유역으로 진출 • 특징 : 브라만교 성립, 자연 현상 등을 찬미하는 『베다』 제작, 철기 사용, 카스트제 형성

⑥ 중국 문명

(1) 신석기 문화 : 황허강 유역 등에서 발달, 채도·흑도 등 토기 사용

(2) 국가의 형성

① 하 왕조 : 청동기 사용, 기록상의 왕조

② 상 왕조
- 정치 : 제정일치의 신권(신정) 정치
- 특징 : 은허 유적(갑골문, 청동 무기 및 청동 제기), 태음력 사용, 순장의 풍습

③ 주 왕조
- 성립 : 상을 멸망시키고 호경에 도읍
- 봉건제 실시 : 왕이 직할지 통치, 나머지 지역은 왕족과 공신을 제후로 삼아 봉토로 분배하여 다스리게 함
- 특징 : 종법(직계 적장자 상속, 혈연적 질서) 중시, 천명사상 강조
- 쇠퇴 : 기원전 8세기경 견융의 침입으로 낙읍(뤄양) 천도

1단계 자료 분석

[2023학년도 수능 9월 모의평가]

이것은 고대 수메르인의 도시 국가인 라가시에서 제작된 원뿔 형태의 점토 유물입니다. 이 유물에는 라가시의 왕인 우루카기나가 사회 개혁 추진을 위해서 제정한 법률이 쐐기 문자로 기록되어 있습니다.

고대 수메르인의 도시 국가, 법률이 쐐기 문자로 기록되어 있다는 것 등을 통해 메소포타미아 문명에 해당하는 내용임을 알 수 있다. 메소포타미아 지방에서는 수메르인이 도시 국가를 건설하면서 문명이 성립하였다. 한편 메소포타미아 문명의 사람들은 점토판에 쐐기 문자로 기록을 남겼다.

2단계 유형 연습

▶ 24059-0001

1 밑줄 친 '석비'를 세운 문명에 대한 설명으로 옳은 것은?

정의의 왕인 나 함무라비왕은 나의 동상 앞에 있는 석비에 내 귀중한 말씀을 새겨 놓는다. 나는 그 말씀을 집행하고 …… 억눌린 자에게 정의를 부여하기 위해 이 석비를 세운다. 어떤 억울한 자든지 나의 동상 앞으로 오게 하여 석비를 조심스럽게 읽고 나의 말씀에 주의를 기울여 나의 석비가 그의 소송을 분명하게 규명할 수 있도록 함으로써 그가 자신의 사건을 이해할 수 있게 될 것이다.

① 지구라트를 축조하였다.
② 파피루스에 기록을 남겼다.
③ 솔로몬왕 때 전성기를 맞이하였다.
④ 하라파 등의 계획도시를 건설하였다.
⑤ 풍요를 기원하며 라스코 동굴 벽화를 그렸다.

1단계 자료 분석

[2024학년도 수능]

나일강 유역에서 발굴된 이 유물은 파라오의 공주가 매장된 무덤에 있던 부장품입니다. 영혼 불멸과 사후 세계를 믿었던 이 문명의 사람들이 저승에서도 함께할 시종들을 인형으로 만든 것입니다. 이 문명에 대해 말해 볼까요?

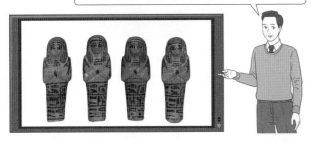

나일강 유역, 파라오의 공주, 영혼 불멸과 사후 세계에 대한 믿음 등을 통해 자료의 문명은 이집트 문명임을 알 수 있다. 이집트 문명에서는 영혼 불멸과 사후 세계를 믿어 시신을 미라로 처리하고 죽은 사람을 위한 안내서인 「사자의 서」를 제작하였다.

2단계 유형 연습

▶ 24059-0002

2 (가) 문명에서 볼 수 있는 모습으로 가장 적절한 것은?

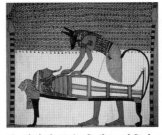

그림은 룩소르에 위치한 센네젬의 무덤 벽화로 (가) 의 신화 속에 등장하는 아누비스 신이 미라를 만드는 과정을 표현한 벽화이다. (가) 사람들은 사람이 죽은 후에도 영혼이 남는다고 믿어 죽은 사람을 미라로 만들었고, 피라미드에 지배자의 미라를 안치하기도 하였다. 그리고 파피루스에 「사자의 서」를 적어 무덤에 넣기도 하였다.

① 제사 의식을 주관하는 파라오
② 호경을 도읍으로 정하는 국왕
③ 모헨조다로 건설에 동원된 인부
④ 점토판에 쐐기 문자로 기록하는 관리
⑤ 스파르타쿠스의 난을 진압하는 병사

01
▶ 24059-0003

밑줄 친 '이 문명'에 대한 설명으로 옳은 것은?

수메르에서 시작된 <u>이 문명</u>의 대표적인 건축물은 '높은 곳'이라
는 뜻을 가진 지구라트이다. 그중에서도 수메르 최고의 신 아누
(Anu)를 모시는 신전이 있는 지구라트는 기원전 4000년경 축
조되었다고 알려져 있다. 이 지구라트 꼭대기에 있는 신전은 벽
이 하얀색 판으로 덮혀 있어서 '화이트 템플(White Temple)'이
라고 불렸는데, 조사 결과 기원전 3500년경 건축된 것으로 밝
혀졌다. …… 수메르 지방에서는 최초의 통일 왕국인 아카드를
이어 바빌로니아 왕국이 그 명맥을 이어 갔다.
― 이희수, 『인류본사』 ―

① 브라만교를 성립시켰다.
② 길가메시 서사시를 남겼다.
③ 하라파에 계획도시를 건설하였다.
④ 갑골에 점복의 내용을 기록하였다.
⑤ 유일신을 숭배하는 유대교를 성립시켰다.

02
▶ 24059-0004

밑줄 친 '이들'에 대한 설명으로 옳은 것은?

목재와 자주색 염료 등의 상품을 수출하며 주변 국가들과 교류
를 확대하면서 <u>이들</u>은 지중해 연안에서 세력을 키웠다. 시돈 등
지에서 도시를 세우고 점차 드넓은 지역을 오가며 무역 활동을
하였고, 국제 교류가 늘어나면서 이들은 후대의 역사에 지대한
영향을 미치게 되는 표음 문자를 만들었다. 이 문자는 나중에
고대 그리스로 들어갔다가 오늘날 유럽 여러 나라 자모의 기초
가 되었던 알파벳으로 발전하였는데, 비블로스에서 출토된 아
히람왕의 석관에도 이 문자가 새겨져 있다.

① 페르세폴리스를 세웠다.
② 산치 대탑을 건립하였다.
③ 갠지스강 유역으로 진출하였다.
④ 스파르타쿠스의 난을 진압하였다.
⑤ 북아프리카에 카르타고를 건설하였다.

03
▶ 24059-0005

밑줄 친 '이 문명'에서 볼 수 있는 모습으로 가장 적절한 것은?

신드 지방 말로 '죽은 자들의 언덕'이란 뜻을 지닌 모헨조다로는
<u>이 문명</u>의 유적지로, 세계적인 고대 문명이 감추어져 있다. 이
곳에 있는 붉은 벽돌집은 규격화된 2층 민가들로, 정비된 도로
를 끼고 사방에 도열해 있다. 아래층은 욕실과 창고로, 위층은
부엌과 거실로 사용된 것으로 보인다. 약 8만 명의 인구가 거주
했다고 추산되는 도시 군데군데에는 대규모 공중목욕탕, 석관
을 사용한 지하 배수 시설, 창고와 우물의 흔적이 남아 있다.

① 앙코르 와트 건설에 동원되는 농민
② 솔로몬왕의 명령을 듣고 있는 관료
③ 파르테논 신전 건립에 동원되는 인부
④ 쐐기 문자로 공납 내용을 기록하는 관리
⑤ 메소포타미아 지역으로 교역 물품을 보내는 상인

04
▶ 24059-0006

(가) 왕조에 대한 설명으로 옳은 것은?

위 유물은 산시성 푸펑현 저장갱에서 발굴된 청동 제기이다. 이
청동기에 새겨진 글은 기원전 900년대의 역사가인 치앙이 작성
한 것으로, 상을 멸망시키고 호경에 도읍한 ▢▢(가)▢▢ 의
주요 왕들의 재위 시기에 있었던 사실들을 담고 있다. 특히
▢▢(가)▢▢ 의 문왕 및 무왕 이후에 일어난 주요 사건이 기
록되어 있는데, 주변 민족에 대한 원정과 치앙의 선조들이 세운
공로 등의 내용이 담겨 있다.

① 은허 유적을 남겼다.
② 장건을 대월지에 파견하였다.
③ 종법에 기초한 봉건제를 운영하였다.
④ 흉노를 몰아내고 만리장성을 축조하였다.
⑤ 자연 현상을 찬미하는 베다를 제작하였다.

1
▶ 24059-0007

(가) 문명에 대한 설명으로 옳은 것은?

(가) 미라전 2층 전시실에 오신 것을 환영합니다. 전시장 입구에는 디지털 아트로 재현한 피라미드, 스핑크스 등 이 문명의 대표적인 문화유산의 모습이 세 벽을 가득 채우고 있습니다. 그리고 전시장 내부에는 여러 미라를 비롯해 카노푸스의 단지, 파라오 투탕카멘의 황금 마스크, 파피루스 등이 전시되어 있습니다.

① 카스트제를 시행하였다.
② 사자의 서를 제작하였다.
③ 함무라비 법전을 편찬하였다.
④ 조로아스터교를 국교로 삼았다.
⑤ 빌렌도르프의 비너스를 만들었다.

2
▶ 24059-0008

(가) 왕조에 대한 설명으로 옳은 것은?

파일(F) 편집(E) 보기(V) 즐겨찾기(A) 도구(T) 도움말(H)

🏠 홈 > 문화 > 고대 문화유산에 담긴 숨은 이야기

고대의 비밀을 간직한 갑골문

1899년 청 말기의 금석학자 왕의영은 집에서 약을 먹던 중 약 안에서 이상한 뼛조각을 발견하였다. 거기에는 문자 부호 같은 게 새겨져 있었다. 그는 사람들을 시켜 더 많은 뼛조각을 수집해 관찰하였는데, 그중에서 거북의 배딱지나 소의 어깨뼈 등에 문자가 새겨진 갑골을 발견하였다. 그가 죽은 뒤 갑골 1,500여 조각은 유악에게 전달되었고, 나중에 유악의 사돈인 뤄전위가 연구를 이어받았다. 이후 뤄전위는 갑골이 출토된 곳이 허난성 안양현 샤오툰촌이라는 사실을 알아냈고, 고증을 통해 그곳이 중국 [(가)]이/가 남긴 은허 유적이라는 결론을 내렸다. 1928년부터 중국 중앙연구원은 샤오툰촌을 대대적으로 발굴하여 그곳에서 궁전, 조상의 성지, 왕족의 무덤 등 수많은 문화유산을 발견하였다.

① 군국제를 마련하였다.
② 나일강 유역에서 발달하였다.
③ 견융의 침입으로 수도를 옮겼다.
④ 상앙을 등용하여 부국강병을 추진하였다.
⑤ 제정일치의 신권(신정) 정치를 시행하였다.

① 춘추 전국 시대

(1) 춘추 전국 시대의 성립과 변화

성립	기원전 8세기경 견융의 침입 → 주가 수도를 호경에서 낙읍(뤄양)으로 옮김(동주 성립), 이후 진(秦)이 통일할 때까지를 춘추 전국 시대라고 함
변화	• 춘추 시대 : 춘추 5패가 주 왕실을 받들고 오랑캐를 물리친다는 명분을 내세우며 세력 확대 • 전국 시대 : 전국 7웅이 약소 제후국을 병합하며 패권을 다투는 약육강식의 치열한 경쟁 전개 • 정치 : 각국은 영토 국가로 발전, 봉건제에서 군현제로 바뀌어 감 • 경제 : 철제 농기구와 우경 보급으로 농업 생산량 증가, 토지 사유화 진전, 상업과 수공업(제철, 직물 등) 발달, 도시 성장, 화폐 유통(도전, 포전 등) • 사회 : 소농민 가족이 사회의 기초 단위가 됨, 사농공상 개념 등장, 철제 무기의 사용으로 전쟁의 규모 확대, 전쟁의 양상이 기병과 보병 중심으로 변화

(2) 춘추 전국 시대의 학문과 사상 : 제후국들이 부국강병을 이루기 위해 유능한 인재 등용, 사(士) 계층 성장 → 제자백가 출현

유가	공자에 의해 형성(가족 윤리 중시, 인과 예를 중심으로 한 도덕 정치 주장) → 맹자·순자로 계승
도가	노자·장자에 의해 형성(무위자연 주장) → 중국인의 자연관과 예술·종교 등에 영향
법가	상앙·한비자 등이 대표적, 군주의 권위 존중, 법률에 따른 엄격한 통치 주장
묵가	묵자가 대표적, 차별 없는 사랑(겸애) 주장, 검소한 생활 강조

② 진·한 제국의 성립과 발전

(1) 진(秦)의 중국 통일(기원전 221)

배경	법가 사상을 바탕으로 한 개혁으로 국력 증대
진시황제의 정책	군현제 실시, 화폐·도량형·문자·수레바퀴의 폭 등 통일, 분서갱유(사상 통제를 꾀함), 흉노 축출 후 만리장성 축조, 광둥 지역까지 영토 확대
멸망	가혹한 법치와 대규모 토목 공사, 진시황제 사후 진승·오광의 난 등 각지에서 반란 → 멸망(기원전 206)

(2) 한의 건국과 발전

① 성립 : 유방(한 고조)이 장안에 도읍(기원전 202)
② 한 고조 : 군국제 실시(군현제와 봉건제 절충), 흉노에 물자 제공으로 평화 유지
③ 한 무제의 활동
• 중앙 집권 체제 강화 : 군현 확대, 동중서의 건의에 따라 유교 통치 이념 확립(유교의 관학화, 오경박사 설치, 태학 설립 등)
• 대외 확장 : 흉노 토벌, 장건을 대월지에 파견, 남월(남비엣)과 고조선 정복
• 잦은 대외 원정으로 인한 재정 악화 → 소금·철 전매제, 균수법·평준법 실시, 오수전 주조·유통

④ 쇠퇴 : 한 무제 사후 외척의 세력 확대 → 외척 왕망이 신을 건국(전한 멸망), 왕토 사상에 따른 토지 국유화·노비 매매 금지 등 개혁 실시 → 호족들의 반발
⑤ 후한의 성립 : 유수(광무제)가 호족의 지원을 받아 뤄양에 도읍
⑥ 후한의 멸망 : 환관·외척·관료의 세력 다툼, 호족의 대토지 소유·횡포 심화 → 황건적의 난 등을 계기로 멸망(220), 위·촉·오 삼국으로 분열

(3) 한의 사회·문화

① 사회 : 토지의 사유화 진전으로 빈부 격차 심화, 호족 세력 성장(대토지 소유, 향거리선제를 통해 관료 진출)
② 문화 : 중국 전통문화의 기틀 마련

사상과 종교	• 유교 : 한 무제 때 통치 이념으로 채택된 이후 중국의 대표적인 통치 사상으로 자리 잡음, 훈고학(경전 해석, 주석 추가) 발달 • 불교 : 비단길(사막길) 등을 통해 전래 • 기타 : 태평도·오두미도 발전 → 후한 말 농민 반란에 영향
역사 편찬	사마천의 『사기』, 반고의 『한서』
제지술	채윤(채륜)의 개량으로 종이 보급 확대 → 학문과 사상 발전 촉진

③ 위진 남북조 시대

(1) 위진 남북조 시대의 형성

① 삼국 시대 : 후한 멸망 이후 위·촉·오로 분열 → 진(晉)이 중국 통일(280)
② 5호 16국 시대와 동진 성립 : 5호(흉노, 갈, 선비, 저, 강)의 화북 진출, 여러 국가 건설 → 진 황실의 강남 이주로 동진 성립(건강에 도읍을 정함)
③ 남북조 시대의 전개

북조	• 북위(선비족)의 화북 지역 통일, 효문제 때 뤄양 천도, 한화 정책 추진(선비족 복장과 언어 금지, 한족 성씨 사용, 한족과의 결혼 장려 등) → 호한 융합 • 북위가 동위와 서위로 분열 → 북제와 북주로 계승
남조	토착민과 이주민 대립, 정치 불안정으로 빈번한 왕조 교체[송 → 제 → 양 → 진(陳)]

(2) 위진 남북조 시대의 사회·경제

사회	• 9품중정제 실시 : 중정관이 인물의 덕망과 재주 등을 9등급으로 평가하여 추천한 인재를 국가가 등용 • 문벌 귀족 사회의 성장 : 유력 호족이 9품중정제를 통해 관직 독점 → 문벌 귀족으로 성장
경제	• 경제 변화 : 강남으로 이주한 한족에 의해 창장강 유역 개발 본격화(개간, 농경 기술 보급과 벼농사 발달 등) → 강남의 경제력 향상 • 북위의 균전제 실시 : 효문제 때 처음 시행(자영농 육성 목적) → 수·당으로 계승

(3) 위진 남북조 시대의 문화

특징	• 북조 : 유목민의 문화에 한족 문화가 더해져 발달, 국가적 차원에서 유교 존중 • 남조 : 귀족 중심의 문화 발달, 노장사상과 청담 사상 유행(위진 시대 죽림칠현이 대표적), 지식인들의 현실 도피적 경향 확산
사상과 종교	• 불교 : 북조 황실의 후원, 대규모 석굴 사원 조성(윈강, 룽먼 등), 불경을 한자로 번역, 남조에서도 불교 발달 • 도교 : 태평도·오두미도가 도가 사상과 결합하여 도교로 발전, 교단 형성
문학과 회화	• 문학 : 도연명의 「귀거래사」 등 • 회화 : 고개지의 「여사잠도」 등

④ 수·당 제국의 발전

(1) 수의 건국과 발전

① 건국 : 북주의 양견(문제)이 건국(581) → 남북조 통일(589)

② 발전

문제	9품중정제 폐지, 과거제 실시, 균전제·조용조·부병제 정비
양제	대외 진출(돌궐, 고구려 등 공격)
대운하 건설	광통거·통제거·영제거 등, 남북 간 물자 유통 활성화, 경제 통합 강화

③ 멸망 : 대규모 토목 공사, 무리한 전쟁 등 국력 소모 → 각지의 반란으로 멸망(618)

(2) 당의 발전과 쇠퇴

건국	이연(고조)이 장안을 도읍으로 건국(618)
발전	• 태종 : 동돌궐 복속, 율령 체제 정비 등 번영('정관의 치') • 고종 : 서돌궐 정복, 신라와 연합하여 백제와 고구려를 멸망시킴 • 현종 : 경제 발전 등 번영 → 후기에 사회·경제 혼란
쇠퇴	• 주변 민족의 위협(7세기 돌궐·토번, 8세기 위구르 등), 안사의 난(755~763) 이후 절도사의 독자적 세력 강화 → 중앙 정부의 통치력 약화, 환관의 횡포 • 장원 증가(균전제 붕괴, 농민 몰락) → 황소의 난(875~884)을 계기로 급격히 쇠퇴
멸망	절도사 주전충에게 멸망(907) → 5대 10국 시대 전개

(3) 당의 정치·사회·경제

정치	• 중앙의 3성 6부, 지방의 주현제 • 균전제, 조용조, 부병제 → 8세기경 균전제 붕괴, 모병제 시행, 안사의 난 이후 양세법 시행 • 기미 정책 : 정복지에 도호부를 설치하고 현지 유력자를 통해 간접 통치 실시
사회	귀족 중심의 사회(과거제에서도 문벌 중시, 귀족이 관직 독점, 특권 차지)
경제	• 농업 생산력 증대 : 화북에서 2년 3작 가능 • 상업 발달 : 비전(일종의 약속 어음) 사용, 상인 조합인 행(行) 출현 • 서역 상인들이 비단길·바닷길 등을 통해 당과 교역, 시박사 설치(광저우), 수도 장안과 대도시에 각국 유학생·상인 왕래

(4) 당의 문화

① 특징 : 귀족적, 개방적, 국제적 성격

② 학문 : 과거제 실시에 힘입어 유학 발달, 공영달 등이 『오경정의』 편찬(훈고학 집대성, 과거 수험서로 사용)

③ 종교

불교	여러 승려의 활동(현장, 의정 등이 인도 순례), 선종 유행
도교	황실의 보호를 받으며 융성
외래 종교	조로아스터교, 마니교, 네스토리우스교(경교), 이슬람교 등 유행

④ 문학 : 이백, 두보 등의 시인 활약

⑤ 공예 : 당삼채 제작(주로 백색·갈색·녹색 등의 유약 사용, 이국적인 특색)

(5) 동아시아 문화권의 형성과 발전

① 배경 : 한대부터 형성된 동아시아의 공통적 문화 특징이 당과 주변 각국의 교류를 통해 강화 → 신라, 발해, 일본 등이 당의 제도와 문화 수용

② 동아시아 지역의 공통 문화 요소

유교	동아시아 각국의 정치 이념·사회 규범으로 기능
불교	국가적 종교로 발전, 동아시아 문화 형성에 기여
한자	동아시아 공용 문자로 소통과 교류에 기여
율령 체제	당대에 확립, 주변국에 전파되어 각국의 통치 체제 정비에 기여

⑤ 한반도와 일본의 고대 국가들

(1) 한반도 : 최초의 국가 고조선 성립 → 부여, 고구려 등 여러 나라의 성장 → 삼국이 중앙 집권 국가로 발전 → 신라의 삼국 통일과 고구려를 계승한 발해의 성립

(2) 일본

조몬 시대	신석기 문화, 조몬 토기와 간석기 사용, 농경 시작
야요이 시대	대륙과 한반도에서 벼농사와 금속기 전파, 여러 소국의 성립 → 3세기경 야마타이국 등 30여 개 소국의 연합체 형성
야마토 정권	• 4세기경 성립 • 6세기 말~7세기 초 쇼토쿠 태자가 중앙 집권 체제 강화, 불교 진흥책 실시(아스카 문화 발달) • 견수사·견당사 파견 • 다이카 개신(7세기 중반) : 당의 율령 체제 도입을 통한 국왕 중심의 통치 체제 수립 지향 • 7세기 말 '일본' 국호와 '천황' 칭호 사용
나라 시대	• 8세기 초 나라 지역에 헤이조쿄 건설·천도, 견당사 등을 통해 당의 문물과 제도 수용 • 율령 체제 확립, 불교 융성(도다이사 대불전과 불상 제작 등), 『고사기』·『일본서기』·『만엽집』 등 편찬
헤이안 시대	• 8세기 말 헤이안쿄(교토)로 천도, 귀족과 호족의 장원 확대, 지방에서 무사가 등장하여 독자 세력으로 성장하면서 중앙 정계 진출 • 9세기 말 견당사 파견 중지, 국풍 문화 발달(고유 문자 '가나' 사용, 주택·관복 등에서 일본 고유의 특색이 강해짐)

1단계 　자료 분석

[2024학년도 수능]

- 『시경』, 『서경』, 백가 서적을 불태운 참화가 매서웠으나 박사관에 소장된 서적들은 온전히 보존되었다. 박사관의 서적들이 모두 사라진 것은 항우가 궁궐에 불을 질렀기 때문인데도, 후세 사람들이 오직 황제만 책망하는 것은 어째서인가?
- 유생들을 생매장한 일은 진실로 포악한 행위였다. 그러나 황제가 6국을 멸하여 천하를 이미 통일하였는데도, 유생들이 여전히 자신들의 생각을 퍼뜨리며 백성들 사이에서 권세를 취하고 있었으니 어찌 화를 당하지 않을 수 있었겠는가?

자료에서 백가 서적을 불태운 참화, 유생들을 생매장, 6국을 멸하여 천하를 통일 등을 통해 밑줄 친 '황제'는 진시황제임을 알 수 있다. 전국 시대를 통일한 진시황제는 법가 서적과 실용서를 제외한 제자백가의 서적을 불태우고, 유생 등을 생매장하는 분서갱유를 일으켰다.

2단계 　유형 연습

▶ 24059-0009

1 다음 자료에 나타난 정책을 추진한 인물에 대한 설명으로 옳은 것은?

왕은 처음으로 천하를 통일하고 승상과 어사에게 다음과 같이 명하였다. "…… 그대들은 천자의 칭호에 대하여 의논하라." …… 신하들이 건의하였다. "옛적에 천황·지황·태황이 있었는데, 태황이 가장 존귀하였습니다. 그래서 신들은 감히 '왕'을 '태황'으로 바꾸어 존호를 올리는 바입니다. 또, 왕의 '명(命)'은 '제(制)'로, '영(令)'은 '조(詔)'로 바꾸고, 천자가 스스로를 부르는 이름으로는 '짐(朕)'을 사용하시기 바랍니다." 이에 왕이 말했다. "'태'자를 빼고 '황'자를 남겨 두고 옛 시대에 사용하던 '제(帝)'를 채용하여 '황제'라고 하겠다."

① 오경정의를 편찬하였다.
② 거란(요)을 멸망시켰다.
③ 분서갱유를 단행하였다.
④ 균수법과 평준법을 시행하였다.
⑤ 왕안석을 등용해 신법을 실시하였다.

1단계 　자료 분석

[2023학년도 수능 9월 모의평가]

이곳은 중국 양저우에 있는 최치원 기념관입니다. 그는 신라인으로서 빈공과에 급제한 뒤 회남 절도사 휘하에서 활동하였습니다. 현종 말년 이후 절도사가 지배권을 강화하고 왕조의 권위가 약화되는 상황에서 또다시 반란이 발생하자, 그는 반란군 지도자를 꾸짖는 격문을 지어 명성을 얻었습니다.

신라인으로 빈공과에 급제한 뒤 회남 절도사 휘하에서 활동했다는 것, 현종 말년 이후 절도사가 지배권을 강화했다는 것, 반란군 지도자를 꾸짖는 격문을 지었다는 것 등을 통해 자료의 왕조가 당임을 알 수 있다. 당은 8세기 중반에 안사의 난을 겪으며 급격히 약화하였으며 황실의 권위는 크게 실추되었다. 9세기 후반에 일어난 황소의 난 이후 당의 세력은 더욱 쇠퇴하였다.

2단계 　유형 연습

▶ 24059-0010

2 (가) 왕조에서 볼 수 있는 모습으로 가장 적절한 것은?

사료로 읽는 중국사

광명 2년 7월 8일에 제도도통검교태위 모(某)는 황소(黃巢)에게 고하노라. …… 하물며 너는 백성 중에서도 천한 것으로 태어났고, 농민들 사이에서 일어나서 불 지르고 겁탈하는 것을 좋은 꾀라 하며 살상하는 일에 급급하고 있다. 너에게는 헤아릴 수 없는 큰 죄만 있고 속죄될 조그마한 선함은 없으니, 천하 사람들이 모두 너를 죽이려고 생각할 뿐만 아니라 아마도 땅속 귀신 또한 가만히 베어 죽이려고 이미 의논하였을 것이다.

[해설] 신라 출신으로 ▢▢(가)▢▢의 관리로 있던 최치원이 황소의 난을 토벌하는 데 참여하여 쓴 격문이다. 안사의 난으로 통치 체제가 흔들리던 ▢▢(가)▢▢은/는 황소의 난을 계기로 국력이 급격히 약화되었다.

① 곤여만국전도를 보는 학생
② 교자로 물품을 구매하는 상인
③ 양세법의 시행을 명하는 황제
④ 9품중정제의 폐지를 알리는 관리
⑤ 홍건적의 난을 진압하기 위해 출정하는 군인

01
▸ 24059-0011

다음 상황이 나타난 시기에 볼 수 있는 모습으로 가장 적절한 것은?

진(秦) 효공이 변법에 공을 세운 상앙을 대량조로 진급시켰다. 상앙은 병사를 이끌고 위(魏)의 안읍을 포위하여 항복시켰다. …… 효공이 죽자 태자가 왕위를 이었다. 그러자 공자 건을 따르는 자들이 상앙이 반란을 일으키려 한다고 밀고하였다. 왕은 관리를 보내 상앙을 잡아 오게 하였다. 상앙은 변방 부근까지 달아나 여관에 머물려 하였으나, 여관 주인이 그가 상앙임을 모르고 말하였다. "상앙의 법에 의하면 여행증이 없는 손님을 묵게 하면 그 손님과 연좌되어 처벌을 받습니다."

① 홍루몽을 읽고 있는 상인
② 사고전서를 편찬하는 학자
③ 과거 시험을 준비하는 학생
④ 도덕 정치를 주장하는 유가 사상가
⑤ 조정에서 선비어 사용을 금지하는 황제

02
▸ 24059-0012

밑줄 친 '이 왕조'에 대한 설명으로 옳은 것은?

이것은 산시성 셴양에 있는 이 왕조의 궁궐 유적에서 발굴된 약 17cm 높이의 저울추입니다. 저울추의 표면에는 만든 이의 이름과 무게 단위 등이 새겨져 있는데, 전국 시대를 통일한 뒤 문자와 도량형 등을 정비한 이 왕조 시대에 제작된 것으로 추정됩니다.

① 군기처를 설치하였다.
② 수시력을 편찬하였다.
③ 절도사 주전충에게 멸망하였다.
④ 진승 등이 일으킨 난으로 쇠퇴하였다.
⑤ 견융의 침입을 받아 낙읍(뤄양)으로 천도하였다.

03
▸ 24059-0013

(가) 왕조 시기에 있었던 사실로 옳은 것은?

문학으로 보는 중국사

천보(天寶)의 난 이후 모두가 적막하니
마을은 쑥과 명아주로 뒤덮여 버렸고
우리 마을은 백여 호가 넘었건만
난리 통에 동서로 뿔뿔이 흩어져 버렸다.
……

해설
위 작품은 [(가)]의 대표적 시인 두보가 전란을 겪으며 자신이 살고 있던 마을 공동체가 무너진 상황을 안타깝게 묘사한 시의 일부이다. 이 시에서 '천보의 난'은 7년여 동안 이어진 안사의 난을 가리킨다.

① 교초가 발행되었다.
② 왕망이 토지 국유화를 추진하였다.
③ 정복 지역에 도호부가 설치되었다.
④ 문자옥 등 사상 탄압 정책이 실시되었다.
⑤ 차별 없는 사랑을 주장하는 묵가가 등장하였다.

04
▸ 24059-0014

밑줄 친 '이 시대'에 있었던 사실로 옳은 것은?

【건축과 역사】

일본 교토의 문화유산, 뵤도인 봉황당

[해설] 불교의 이상향인 극락정토를 현세에 구현한 건축물로, 이 시대 국풍 문화의 대표적 문화유산으로 평가받고 있다. 당시에 관복, 주택 등에서 일본 고유의 특색이 나타났는데, 이 시대에 건립된 뵤도인은 가나로 쓰인 『겐지 이야기』의 내용에 등장하기도 하였다.

① 도다이사가 창건되었다.
② 다이카 개신이 단행되었다.
③ 견당사 파견이 중지되었다.
④ 산킨코타이 제도가 실시되었다.
⑤ 쇼토쿠 태자가 불교 진흥책을 펼쳤다.

1

▶ 24059-0015

(가) 황제에 대한 설명으로 옳은 것은?

사자성어로 배우는 중국사

지록위마(指鹿爲馬)

⊙ 의미 : '사슴을 가리켜 말이라 하다.'라는 의미로 윗사람을 농락하고 함부로 권세를 부리는 것을 비유하는 말이다.

⊙ 역사적 배경 : 전국 시대를 통일한 ☐☐☐(가)☐☐☐ 이/가 순행 중에 병이 걸렸다. 그는 환관 조고에게 '군사를 몽염에게 맡기고 셴양에서 내 관을 맞아 장례를 치르라.'라는 내용의 편지를 쓰도록 하였다. 편지가 보내지기 전에 ☐☐☐(가)☐☐☐ 이/가 죽자, 조고는 편지를 조작하여 어린 호해를 황제로 옹립하고 태자 부소와 장군 몽염에게 자살할 것을 강요하였다. 결국 부소는 자살하고 몽염은 감금되었다가 처형되었다. 권력을 차지한 조고는 자신의 권세를 시험해 보기 위해 사슴을 끌고 와서 황제에게 바치며 말이라고 주장하였다. 이때 몇몇 신하가 사슴이라고 말하자 조고는 그 신하들에게 죄를 씌워 숙청하였다.

---

① 동돌궐을 복속시켰다.

② 평준법을 시행하였다.

③ 파스파 문자를 제작하였다.

④ 통제거 등 대운하를 건설하였다.

⑤ 광둥 지역까지 영토를 확대하였다.

2

▶ 24059-0016

다음 상황이 나타난 왕조에서 있었던 사실로 옳은 것은?

동중서가 황제에게 대책을 올려 아뢰기를, "신은 폐하께서 태학을 설립해 학문에 밝은 스승을 두어 천하의 선비들을 양성하면서 자주 살피고 물어보아 그들이 가진 재능을 다 발휘하게 하면, 마땅히 재주와 지혜가 뛰어난 인물을 얻으실 것이라 믿습니다."라고 하였다. …… 동중서가 다시 황제에게 대책을 올려 아뢰기를, "어리석은 신이 생각하기에 육예(六藝)의 학문과 공자의 가르침에 없는 것은 모두 끊어 세상에 나오지 못하도록 해야 합니다. 사악하고 편벽된 주장이 사라진 연후에야 통치의 규율이 하나가 되고 법도가 밝혀져 백성들이 따라야 할 바를 알게 될 것입니다."라고 하였다.

---

① 참파벼가 도입되었다.

② 9품중정제가 시행되었다.

③ 진승·오광의 난이 일어났다.

④ 소금과 철의 전매제가 실시되었다.

⑤ 옥수수 등 외래 작물이 전래되었다.

3

▶ 24059-0017

밑줄 친 '이 시대'에 볼 수 있는 모습으로 가장 적절한 것은?

그림으로 보는 중국사

위 그림은 이 시대의 대표적인 화가 고개지가 그린 「여사잠도」이다. 이는 『여사잠』이라는 교훈서의 내용을 표현한 두루마리 형식의 그림으로, 귀족의 생활상을 엿볼 수 있다. 한편 이 시대에 중국 화북 지역을 대표하는 문화유산으로는 당시 조성되기 시작한 룽먼 석굴 사원이 있고, 강남 지역의 귀족 문화를 대표하는 문화유산으로는 고개지의 그림과 도연명의 시 등이 있다.

① 홍루몽을 읽고 있는 상인
② 본초강목을 편찬하는 학자
③ 자치통감을 저술하는 관리
④ 기하원본을 간행하는 선교사
⑤ 속세를 벗어나 청담을 논하는 죽림칠현

4

▶ 24059-0018

(가) 왕조에서 있었던 사실로 옳은 것은?

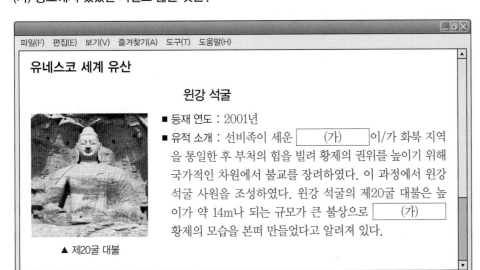

파일(F) 편집(E) 보기(V) 즐겨찾기(A) 도구(T) 도움말(H)

유네스코 세계 유산

윈강 석굴

- 등재 연도 : 2001년
- 유적 소개 : 선비족이 세운 [(가)]이/가 화북 지역을 통일한 후 부처의 힘을 빌려 황제의 권위를 높이기 위해 국가적인 차원에서 불교를 장려하였다. 이 과정에서 윈강 석굴 사원을 조성하였다. 윈강 석굴의 제20굴 대불은 높이가 약 14m나 되는 규모가 큰 불상으로 [(가)] 황제의 모습을 본떠 만들었다고 알려져 있다.

▲ 제20굴 대불

① 팔기제가 실시되었다.
② 균전제가 시행되었다.
③ 안사의 난이 일어났다.
④ 반고가 한서를 저술하였다.
⑤ 북면관제와 남면관제가 운영되었다.

5

▶ 24059-0019

(가), (나) 왕조에 대한 설명으로 옳은 것은?

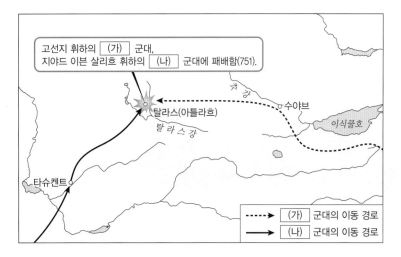

고선지 휘하의 (가) 군대,
지야드 이븐 살리흐 휘하의 (나) 군대에 패배함(751).

수야브
이식쿨호
탈라스(아틀라흐)
탈라스강
타슈켄트

----- (가) 군대의 이동 경로
⟶ (나) 군대의 이동 경로

① (가) – 장안을 수도로 정하였다.
② (가) – 장건을 서역에 파견하였다.
③ (나) – 예니체리를 육성하였다.
④ (나) – 코르도바를 도읍으로 삼았다.
⑤ (가)와 (나) – 투르 · 푸아티에 전투에서 대립하였다.

6

▶ 24059-0020

(가) 시대에 있었던 사실로 옳은 것은?

오늘은 약 15m 높이의 청동 불상을 청소하는 '오미누구이' 의식이 있는 날입니다. 이 불상이 있는 도다이사 대불전은 헤이조쿄를 수도로 삼은 (가) 시대에 만들어졌다가 화재로 인해 소실되어 에도 막부 시대에 재건되었습니다.

① 일본서기가 편찬되었다.
② 해체신서가 간행되었다.
③ 다이카 개신이 단행되었다.
④ 쇼토쿠 태자가 집권하였다.
⑤ 중국과 감합 무역이 전개되었다.

동아시아 세계의 발전과 변동

1 송의 발전

(1) 송의 건국과 발전

① 건국 : 후주의 절도사 출신 조광윤(태조)이 건국(960)

② 황제권 강화 노력

내용	문치주의 채택(절도사 권한 약화, 문관 우대), 중앙의 금군 강화, 재상 권한 축소, 과거제 개편(전시 정례화)
문제점	관료 수 증가, 국방력 약화 → 북방 민족 국가인 거란(요)과 서하 등이 송 압박 → 북방 민족에 제공하는 물자(은, 비단 등)와 군사비 지출 등으로 재정 부담 증가

③ 왕안석의 신법

목적	재정난 극복, 부국강병 도모, 민생 안정
정책	청묘법(농민에게 자금 융자), 시역법(소상인에게 자금 융자), 균수법(물가 안정, 재정 수입 증대), 보갑법과 보마법(군사력 강화) 등
결과	사마광 등 보수파 관료와 대지주의 반발로 실패, 신법당과 구법당 사이의 당쟁으로 국력 약화

④ 남송의 수립과 멸망 : 금의 침입으로 화북 지역 상실, 남송 수립, 임안(항저우)을 도읍으로 삼음 → 강남 개발 등으로 번영 → 몽골(원)의 침입으로 멸망(1279)

(2) 송의 경제 · 사회 · 문화

경제	• 농업 : 토지 개간 활발, 농기구 보급(용골차 등), 모내기법(이앙법) 보편화, 참파벼 도입 → 창장강 하류 지역이 전국 최대의 곡창 지대로 발전 • 수공업 : 석탄 사용 증가, 제철 · 자기 · 견직업 발달 • 상업 : 상공업자들이 동업 조합(행 · 작) 결성, 동전 주조와 유통 증가, 지폐(교자 · 회자) 사용, 해상 무역 발달, 주요 무역항(광저우 등)에 시박사 확대 설치
사회	과거제 강화, 교육 기관 증가 → 사대부 성장(지주층, 유교적 소양을 갖춤)
문화	• 성리학 : 남송 때 주희가 집대성, 대의명분론과 화이론 중시 • 역사서 : 사마광이 『자치통감』 편찬 • 서민 문화 : 경제 발전에 힘입어 서민 의식 성장 → 대도시에 오락 시설 증가, 공연 성행, 잡극 · 통속 문학 유행 • 과학 기술 : 인쇄술 발달, 나침반과 화약 사용 → 이후 이슬람 세계를 거쳐 유럽에 전파

2 북방 민족 국가의 대두

(1) 거란(요)

건국	야율아보기가 부족을 통합하여 건국(916)
성장	발해를 멸망시킴, 화북의 연운 16주 차지, 송과 전연의 맹약을 체결하고 물자를 제공받음, 고유 문자 사용
이원적 통치 체제	북면관제 · 남면관제 실시로 유목민과 농경민을 이원적으로 지배

(2) 서하

건국	탕구트족이 건국(1038)
성장	동서 교역로 장악, 송으로부터 물자를 제공받음, 고유 문자 사용

(3) 금

건국	완안부의 아구다가 건국(1115)
성장	송과 연합하여 거란(요)을 공격한 후 정복, 송의 수도(카이펑)를 함락하고 송 황제를 포로로 잡음(정강의 변), 중도(베이징)를 수도로 삼음, 화북 지역 지배, 고유 문자 사용
이원적 통치 체제	맹안 모극제(여진족 등)와 주현제(한족 등)로 통치
멸망	몽골의 공격으로 멸망(1234)

3 몽골 제국의 발전

(1) 수립 : 13세기 테무친(칭기즈 칸)이 몽골족 통일, 천호제를 토대로 정복 전쟁 전개

(2) 발전

① 칭기즈 칸 : 천호제 실시, 서하 · 금 공격, 중앙아시아 지역 진출 → 칭기즈 칸 사후 제국 분할(독자적 지배력을 가진 울루스들의 느슨한 연합체로 구성)

② 쿠빌라이 칸(세조) : 대도(베이징)로 천도, 국호를 '원'으로 개칭, 남송을 정복하여 중국 전역 장악, 두 차례 일본 원정 추진

(3) 원의 쇠퇴 : 쿠빌라이 칸 사후 황위 계승 분쟁 격화, 황실과 귀족의 사치와 낭비로 재정 악화, 교초 남발 등으로 물가 폭등 → 홍건적의 난(백련교도 중심) → 주원장(명 태조)에 의해 만리장성 이북으로 축출됨(1368)

(4) 원의 중국 지배

특징	중국식 통치 제도 활용, 몽골 제일주의 표방(소수의 몽골인이 고위 관직 독점)
계층 구조	• 몽골인과 색목인(주로 재정 업무 담당)이 지배층, 한인 · 남인은 피지배층 형성 • 과거제 쇠퇴로 사대부 활동 약화(지주 지위는 유지)

4 원의 경제와 문화

경제	• 농업 생산력 발전, 면직업 발달(목화 재배 확대) • 상업 발전, 대운하 정비, 교초(지폐) 통용 • 동서 교류 활발, 제국 전역에 역참 설치, 해상 무역 번성(이슬람 상인 왕래)
문화	• 서민 문화 발달 : 원곡(희곡) 유행(『서상기』 등) • 각 민족의 종교 · 문화에 대한 관용 정책, 티베트 불교 유행, 파스파 문자 사용 • 이슬람 문화 유입으로 천문학, 역법(『수시력』 편찬), 자연 과학 등 발달 • 마르코 폴로, 이븐 바투타, 교황 사절 등 방문

5 명의 건국과 발전

건국	주원장(태조 홍무제)이 난징에 도읍하여 수립(1368)
발전	• 홍무제 : 재상제 폐지(6부 직접 통솔), 학교 설립, 과거제 정비, 어린도책·부역황책 정비, 이갑제 실시, 육유 반포 • 영락제 : 자금성 건설, 베이징 천도, 내각 대학사 설치, 몽골 원정, 베트남 공격, 정화의 함대 파견(아프리카 동해안까지 진출)
쇠퇴	환관의 득세로 정치 혼란 심화, 북로남왜(북방의 몽골과 동남 해안의 왜구) 방어에 따른 군사비 지출로 재정 악화 → 16세기 후반 장거정의 개혁(전국적인 토지 조사를 토대로 일조편법 확대 실시) → 임진왜란 참전, 여진(후금)과의 전쟁 등으로 재정난 심화
멸망	가혹한 세금 징수와 기근 → 농민 봉기 발생 → 이자성의 농민군이 베이징 점령 → 명 멸망(1644)

6 청의 성립과 발전

(1) 성장

① 누르하치 : 팔기제를 바탕으로 여진족을 통합하여 후금 건국(1616)

② 홍타이지(청 태종) : '청'으로 국호 변경, 몽골과 조선 공격

③ 강희제 : 삼번의 난(오삼계 등) 진압, 타이완의 반청 세력 제압, 러시아와 네르친스크 조약 체결(1689)

④ 옹정제 : 군기처를 설치하여 정책 결정권을 황제에게 집중

⑤ 건륭제 : 티베트·신장·몽골 등 정복(최대 영토 확보)

(2) 지배 정책

강경책	변발·호복 강요, 사상 탄압(금서 지정, 문자옥)
회유책	만한 병용제(주요 관직에 만주족과 한족을 같이 임명) 실시, 과거제를 통해 한족 등용, 한족 지식인 포섭을 위해 대규모 편찬 사업 전개(『사고전서』 등)
지방 통치	한족은 군현제로 통치, 몽골·티베트·신장 등은 번부(藩部)로 설정하여 토착 지배자를 통해 간접 지배

(3) 쇠퇴 : 18세기 말 백련교의 난 발생 등으로 세력 약화

7 명·청대의 사회와 경제

(1) 신사층의 성장 : 명대에 학교와 과거제의 결합으로 형성, 치안 유지·세금 징수·향촌 교화 등에 참여, 요역 면제·가벼운 형벌 면책 등 특권 소유, 고리대·공공사업 감독·세금 납부 대행 등으로 이익 추구

(2) 경제 발전

① 농업 : 창장강 중류(명대)·상류(청대)가 곡창 지대로 발전, 외래 작물 전래(옥수수, 고구마 등), 상품 작물 재배 확산(차, 면화 등)

② 상공업 : 창장강 하류 지역에서 면직업·견직업 발달, 쑤저우·항저우 등 대도시 발달, 중소 상공업 도시와 정기시 성장, 산시 상인·휘저우(신안) 상인 등 대상인 성장(이익 도모를 위해 회관·공소 결성)

③ 대외 무역

명대	초기에 해금 정책 실시, 주변국과 조공 무역 전개(무로마치 막부와 감합 무역 전개) → 16세기 후반 이후 해금 정책 완화
청대	• 초기에 해금 정책 실시, 타이완의 반청 세력 진압 후 상인의 해외 진출 허용 • 18세기 이후 광저우의 공행을 통해 서양 상인과 교역

④ 동서 교역 확대 : 이슬람 상인의 활동 및 서양 상인의 진출로 교역망 확대(중국 동남 해안, 일본, 동남아시아, 유럽까지 연결), 비단·차·도자기 수출, 일본·아메리카산 은의 대량 유입 → 은으로 세금 납부(명의 일조편법, 청의 지정은제)

8 명·청대의 문화

학문	명대에 관학인 성리학을 비판하며 양명학 등장(왕수인, '심즉리' 주장), 실용적인 학문 발달(『본초강목』, 『천공개물』, 『농정전서』 등 편찬) → 청대에 고증학·공양학 발달, 건륭제 때 경·사·자·집의 분류법을 적용하여 『사고전서』 편찬
서민 문화	• 명대 : 『삼국지연의』, 『수호전』, 『서유기』 등 인기 • 청대 : 『홍루몽』 등 유행, 경극 성행
서양 문물 유입	명 말기 예수회 선교사들이 서양 학문 소개(무기 제조, 천문, 지리 등), 마테오 리치의 활동(「곤여만국전도」 제작, 서광계와 함께 『기하원본』 간행) → 청대 아담 샬의 활동(역법 개정 등), 전례 문제로 대부분의 선교사 추방

9 일본 막부의 성립과 발전

(1) 가마쿠라 막부 : 12세기 말 미나모토노 요리토모가 가마쿠라에 개창, 쇼군이 막부의 수장으로 무사들과 주종 관계 형성(봉건제 실시), 천황은 점차 상징적 존재로 전락 → 13세기 후반 원의 두 차례 침입 방어, 이후 쇠퇴하여 14세기에 붕괴

(2) 무로마치 막부 : 14세기에 아시카가 다카우지가 교토에 개창, 명과 감합 무역 전개 → 쇼군의 후계자를 둘러싼 분쟁 격화, 전국(센고쿠) 시대 전개 → 막부 붕괴, 도요토미 히데요시가 전국 시대 통일, 이후 조선 침략(임진왜란)

(3) 에도 막부

성립	도요토미 히데요시 사망 이후 도쿠가와 이에야스가 에도(도쿄)에 막부 개창(1603)
통치 체제	• 막번 체제 : 쇼군이 중앙과 직할지 지배, 지방의 다이묘들은 쇼군에게 충성하는 대가로 영지(번) 지배권을 인정받음, 산킨코타이 제도를 통해 쇼군이 다이묘 통제 • 엄격한 신분제 실시 : 병농 분리, 무사 계층이 사회를 지배 → 무사, 상공업자가 거주하는 조카마치 성장
대외 정책	막부 초기에 해외로 나가는 상인에게 주인장(슈인장) 발급, 17세기 전반부터 쇄국 정책(크리스트교 포교 금지, 사무역 통제) 실시로 유럽 상인의 왕래 제한(네덜란드 상인에게 나가사키의 데지마를 개방하여 무역 허용), 중국·조선과는 교역
경제	농업 발달, 도로망 정비로 상공업 발전, 도시 성장 → 조닌(상인, 수공업자) 성장, 도시 상공업자들이 동업 조합 조직
문화	• 조닌 문화 발달 : 가부키, 우키요에 등 유행 • 서양 지식 수용 : 네덜란드를 통해 의학, 천문학, 조선술 등 서양 지식 수용 → 난학(란가쿠) 발달, 『해체신서』 간행

1단계 자료 분석

[2024학년도 수능 6월 모의평가]

> 다큐멘터리 대본 S#3, 황제와 신하의 대화
>
> 내레이션 : 후주의 절도사 출신인 황제는 문치주의를 내세워 절도사들의 병권을 회수하고 과거제를 개혁하는 등 황제권 강화에 박차를 가하였다.
>
> 신하 : 폐하, 지공거 이방이 사사로이 과거 시험 합격자를 정했다는 투서가 올라왔습니다.
>
> 황제 : 짐이 즉위한 후 문치를 강조하였는데 이렇게 합격 여부가 부정하게 결정되다니! 이는 나라의 근간을 흔드는 일이로다.
>
> 신하 : 낙방한 인재들의 억울함을 풀어 주셔야 하옵니다.
>
> 황제 : 낙방한 자들을 모두 강무전으로 불러 모아라. 친히 그들을 접견하고 시험을 치르도록 하겠다.

후주의 절도사 출신 황제가 문치주의를 내세웠다는 것, 절도사들의 병권을 회수하고 과거제를 개혁하는 등 황제권 강화를 했다는 것 등을 통해 송 태조(조광윤) 때의 상황임을 알 수 있다. 송 태조는 절도사의 권한을 약화하고 문신을 우대하는 등 문치주의를 채택하였는데, 특히 과거에 전시를 정례화하여 황제 독재 체제를 강화하였다.

2단계 유형 연습

▶ 24059-0021

1 다음 상황이 나타난 왕조에서 볼 수 있는 모습으로 가장 적절한 것은?

> 그 무렵 지공거 이방이 사사로운 인연에 따라 과거 시험의 합격 여부를 결정지었다는 투서가 들어왔다. 이에 태조는 최종 시험[省試]에서 낙방한 사람 360명을 일일이 접견하여 그 가운데 195명을 가려 뽑았다. 이들과 합격자들을 모두 강무전에 집결시키고 친히 시험을 치렀다. …… 그 결과 진사과 26명, 오경과 4명 …… 명법과 5명을 급제시켰다. 20만 전을 내려 급제자에게 연회를 베풀어 주었다. …… 이후 황제가 주관하는 전시가 정례화되었다.

① 홍루몽을 읽고 있는 서민
② 본초강목을 저술하는 학자
③ 청명상하도를 감상하는 황제
④ 홍건적의 난에 가담하는 농민
⑤ 탈라스 전투에서 이슬람군과 싸우는 군인

1단계 자료 분석

[2024학년도 수능]

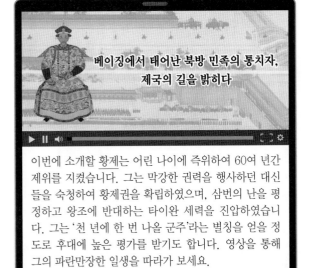

베이징에서 태어난 북방 민족의 통치자, 제국의 길을 밝히다

이번에 소개할 황제는 어린 나이에 즉위하여 60여 년간 제위를 지켰습니다. 그는 막강한 권력을 행사하던 대신들을 숙청하여 황제권을 확립하였으며, 삼번의 난을 평정하고 왕조에 반대하는 타이완 세력을 진압하였습니다. 그는 '천 년에 한 번 나올 군주'라는 별칭을 얻을 정도로 후대에 높은 평가를 받기도 합니다. 영상을 통해 그의 파란만장한 일생을 따라가 보세요.

삼번의 난 평정, 타이완의 반대 세력 진압 등을 통해 밑줄 친 '황제'는 청의 강희제임을 알 수 있다. 청의 강희제는 오삼계 등이 일으킨 삼번의 난을 진압하였으며, 타이완의 반청 세력을 제압하였다.

2단계 유형 연습

▶ 24059-0022

2 (가) 황제에 대한 설명으로 옳은 것은?

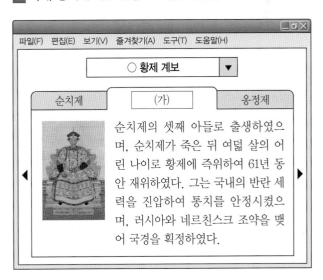

> 파일(F) 편집(E) 보기(V) 즐겨찾기(A) 도구(T) 도움말(H)
>
> ○ 황제 계보 ▼
>
> 순치제 | (가) | 옹정제
>
> 순치제의 셋째 아들로 출생하였으며, 순치제가 죽은 뒤 여덟 살의 어린 나이로 황제에 즉위하여 61년 동안 재위하였다. 그는 국내의 반란 세력을 진압하여 통치를 안정시켰으며, 러시아와 네르친스크 조약을 맺어 국경을 획정하였다.

① 9품중정제를 폐지하였다.
② 파스파 문자를 제작하였다.
③ 타이완의 반청 세력을 진압하였다.
④ 흉노를 몰아내고 만리장성을 쌓았다.
⑤ 동중서의 건의로 유교를 통치 이념으로 채택하였다.

01
▶ 24059-0023

다음 주장에 대한 탐구 활동으로 가장 적절한 것은?

> 과거 가난한 농민들은 호민*으로부터 돈을 빌리고 이자를 냈습니다만, 지금의 가난한 농민들은 관아에서 돈을 빌려 이자를 내고 있습니다. 관아는 이자를 낮게 하므로 농민들은 궁핍함에서 벗어날 수 있습니다. 그러니 청묘법은 이미 제 궤도에 오른 셈입니다. 다만 모역법과 보갑법, 시역법에는 이익과 해로움이 있습니다. 올바른 사람을 얻어 시행하면 큰 이익이 될 것이지만, 그렇지 않은 사람이 시행하면 큰 해악이 될 것입니다.
>
> * 호민(豪民): 재산이 많고 세력이 있는 백성

① 5호 16국 시대의 전개 과정을 살펴본다.
② 진승·오광의 난이 끼친 영향을 알아본다.
③ 장건이 대월지로 파견된 배경을 파악한다.
④ 장거정이 추진한 재정 개혁의 내용을 분석한다.
⑤ 신법당과 구법당의 당쟁이 전개된 배경을 조사한다.

02
▶ 24059-0024

다음 인물에 대한 설명으로 옳은 것은?

인물로 보는 세계사

그림 속 인물은 칭기즈 칸의 손자로, 몽케 칸이 남송을 정벌하다가 죽자 제5대 칸에 즉위하였다. 그는 대도를 수도로 삼고 국호를 원으로 정하였다. 또한 주현제에 근거한 중앙 집권 정치를 시행하였다.

① 서돌궐을 멸망시켰다.
② 사고전서를 편찬하였다.
③ 두 차례 일본 원정을 단행하였다.
④ 황제권 강화를 위해 군기처를 설치하였다.
⑤ 오삼계 등이 일으킨 삼번의 난을 진압하였다.

03
▶ 24059-0025

밑줄 친 '이 왕조'에서 볼 수 있는 모습으로 가장 적절한 것은?

> 사진에 보이는 자금성은 이 왕조의 제3대 황제가 짓기 시작하여 대규모 인력을 동원한 끝에 약 14년여 만에 완공되었습니다. 그는 난징에서 자금성이 있는 베이징으로 천도하였습니다.

① 안사의 난에 가담하는 농민
② 역사서 사기를 저술하는 학자
③ 지방의 인재를 추천하는 중정관
④ 곤여만국전도를 제작하는 서양 선교사
⑤ 속세를 벗어나 청담을 논의하는 죽림칠현

04
▶ 24059-0026

(가) 막부에 대한 탐구 활동으로 가장 적절한 것은?

【세계의 전통 축제 - 일본 편】

하코네 다이묘 행렬

箱根大名行列

매년 11월 3일 일본 가나가와현 하코네에서는 [(가)] 시대 산킨코타이를 재연하는 축제가 열린다. 쇼군을 알현하러 떠나는 다이묘, 수행 무사 등 당시 여러 인물로 분장한 수백 명의 사람들이 온천으로 유명한 이 도시의 거리를 활기차게 행진한다.

① 난학이 발달한 배경을 알아본다.
② 아스카 문화의 내용을 살펴본다.
③ 견당사 파견의 의미를 파악한다.
④ 야마토 정권의 발전 과정을 정리한다.
⑤ 미나모토노 요리토모의 활동을 찾아본다.

1

▶ 24059-0027

(가), (나) 왕조에 대한 설명으로 옳은 것은?

① (가) – 팔기제를 운영하였다.
② (가) – 고유 문자를 제작하였다.
③ (나) – 탕구트족이 세웠다.
④ (나) – 9품중정제를 시행하였다.
⑤ (가)와 (나) – 전연의 맹약을 체결하였다.

2

▶ 24059-0028

밑줄 친 '그'에 대한 설명으로 옳은 것은?

이것은 세계에서 가장 큰 기마상으로 몽골 제국 수립 800주년을 기념해서 만들어졌습니다. 이 기마상의 주인공은 본명이 테무친으로 여러 부족이 난립하던 몽골 지역을 통합하고 부족장 회의인 쿠릴타이를 통해 칸으로 추대되었습니다. 그는 막강한 군사력으로 금을 공격하고 중앙아시아 여러 국가를 정복하였습니다.

① 재상제를 폐지하였다.
② 천호제를 정비하였다.
③ 지정은제를 시행하였다.
④ 신라와 연합하여 백제를 멸망시켰다.
⑤ 룽먼 등에 석굴 사원 조성을 시작하였다.

3

▶ 24059-0029

(가) 왕조에 대한 설명으로 옳은 것은?

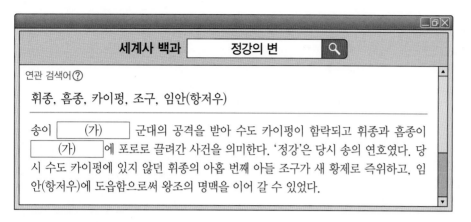

세계사 백과   정강의 변   🔍

연관 검색어 ⑦

휘종, 흠종, 카이펑, 조구, 임안(항저우)

송이 [(가)] 군대의 공격을 받아 수도 카이펑이 함락되고 휘종과 흠종이 [(가)]에 포로로 끌려간 사건을 의미한다. '정강'은 당시 송의 연호였다. 당시 수도 카이펑에 있지 않던 휘종의 아홉 번째 아들 조구가 새 황제로 즉위하고, 임안(항저우)에 도읍함으로써 왕조의 명맥을 이어 갈 수 있었다.

① 거란(요)을 멸망시켰다.
② 고구려 원정을 단행하였다.
③ 남월(남비엣)을 정복하였다.
④ 정복지에 도호부를 설치하였다.
⑤ 흉노를 축출하고 만리장성을 축조하였다.

4

▶ 24059-0030

(가), (나) 황제에 대한 설명으로 옳은 것은?

난징을 수도로 왕조를 개창한 부친과 달리 [(가)]이/가 베이징 천도를 단행한 것은 강남 정권이라는 꼬리표를 떼어 낸 조처였다. 물론 이 때문에 정치 중심지와 경제 중심지가 분리되어 강남과 베이징을 잇는 대운하의 활용이 필요하였다. 그는 자신보다 약 150년 전에 수도를 대도(베이징)로 정하고 남하하면서 대운하를 활용했던 [(나)]을/를 참고했던 것으로 보인다. 베이징을 수도로 정했던 것이나 바다를 통해 원정대의 파견을 단행했다는 공통점이 있다. …… [(가)]은/는 동쪽으로 일본과는 오랜 기간 단절되었던 책봉·조공 관계를 회복시켰는데, 이는 두 차례 일본 원정을 실패한 [(나)]에 비해 외교적 성과를 거둔 것이라 할 수 있다.

① (가) – 사고전서를 편찬하였다.
② (가) – 파스파 문자를 제작하였다.
③ (나) – 남송을 정복하였다.
④ (나) – 정화의 함대를 파견하였다.
⑤ (가)와 (나) – 내각 대학사를 설치하였다.

5

▶ 24059-0031

(가), (나) 시기 사이에 있었던 사실로 옳은 것은?

> (가) 오삼계는 베이징에 들어와서 구원하라는 황제의 조서를 받고 산하이관에 이르렀다. 그러나 베이징이 농민군에 의해 함락되었다는 것을 듣고 어찌할 줄 몰라 군대를 진군하지 못하였다. 이자성은 오삼계의 부친 오양을 사로 잡은 뒤 편지를 써서 오삼계에게 투항할 것을 요구하였다.
>
> (나) 황제가 연갱요를 무원대장군으로 삼고 23만 명의 군사를 보내 티베트와 준가르를 정벌하였는데, 숙직하는 관원이 기밀을 누설할 것을 염려하여 처음으로 군기방을 만들었다가 후에 군기처로 이름을 바꾸었다.

① 공행 무역이 폐지되었다.
② 누르하치가 후금을 건국하였다.
③ 타이완의 반청 세력이 진압되었다.
④ 후금이 국호를 청으로 변경하였다.
⑤ 장거정이 일조편법을 확대 실시하였다.

6

▶ 24059-0032

밑줄 친 '황제' 재위 시기에 있었던 사실로 옳은 것은?

> 러시아가 건설한 동시베리아의 요새 도시인 네르친스크에 황제가 파견한 중국 대표와 러시아 차르가 파견한 러시아 대표가 마주 앉아 국경 협상을 벌였다. 통역은 라틴어로 이루어졌고, 협상은 보름 동안 진행되었다. 결국 양측 대표는 동시베리아와 북만주의 국경에 관한 역사적인 조약을 체결하였다. 조약문은 라틴어를 정본으로 하고, 러시아어, 만주어 등으로 작성되었는데, 중국과 러시아의 동부 지역 국경은 헤이룽강(아무르강)의 지류인 아르군강과 케르비치강, 외싱안링산맥으로 정한다는 내용이 담겨 있다. 이 조약은 북만주와 시베리아를 놓고 중국과 러시아 사이에 맺어진 최초의 국경 조약으로 평가받고 있다.

① 삼번의 난이 일어났다.
② 청이 조선을 공격하였다.
③ 9품중정제가 폐지되었다.
④ 태평천국 운동이 전개되었다.
⑤ 제1차 아편 전쟁이 발발하였다.

7

▶ 24059-0033

(가), (나) 시기 사이에 있었던 사실로 옳은 것은?

(가)	(나)
세계사 신문	**세계사 신문**
교토에 새 막부 수립	**도쿠가 가문, 새 막부 개창**
아시카가 다카우지는 고다이고 천황에 불만을 품은 무사들을 규합한 뒤 새로운 천황을 옹립하고 자신은 쇼군이 되어 교토에 막부를 열었다.	도요토미 히데요시 추종 세력과의 내전에서 승리하고 패권을 장악한 도쿠가와 이에야스가 드디어 새 막부를 열었다.

① 다이카 개신이 단행되었다.
② 일본이 견당사를 파견하였다.
③ 원이 두 차례 일본을 침공하였다.
④ 나가사키에 데지마가 조성되었다.
⑤ 중국과 일본 사이에 감합 무역이 이루어졌다.

8

▶ 24059-0034

다음 법령을 발표한 막부 시기에 볼 수 있는 모습으로 가장 적절한 것은?

> 제2조 다이묘(大名)와 쇼묘(小名)는 자신의 영지와 에도에 교대로 거주하도록 정하였으니, 매년 4월에 참근해야 한다.
> 제3조 새로 성곽을 만드는 것을 엄격히 금지한다.
> 제6조 새로운 일을 도모하여 도당을 맺거나 동맹의 서약을 맺는 일은 엄금한다.
> 제19조 크리스트교의 경우 전국 각지에서 더욱 엄히 금지해야 한다.

① 일본서기를 저술하는 학자
② 헤이안쿄 천도를 지시하는 천황
③ 가부키 공연 등을 관람하는 조닌
④ 이와쿠라 사절단을 수행하는 통역사
⑤ 견수사 일행으로 중국에 파견되는 승려

서아시아의 여러 제국과 이슬람 세계의 형성

① 고대 서아시아 세계의 발전

(1) 아시리아
① 발전
- 철제 무기와 기마병을 앞세워 서아시아 지역의 상당 부분을 통일 (기원전 7세기)
- 도로 정비, 정복지에 총독 파견, 수도 니네베에 왕립 도서관 건립
② 멸망 : 피지배 민족에 대한 강압적인 통치 → 각지의 반란으로 멸망

(2) 아케메네스 왕조 페르시아

발전	• 키루스 2세 : 제국의 기틀 마련(기원전 6세기) • 다리우스 1세 : 지방에 총독과 감찰관('왕의 눈', '왕의 귀') 파견, 수사와 사르디스를 연결하는 도로('왕의 길') 건설과 역참제 정비, 화폐와 도량형 정비 • 관용 정책 : 피지배 민족에게 공납을 받는 대신 그들의 전통과 신앙 존중
종교	조로아스터교 신봉
문화	페르세폴리스 건설(그리스, 이집트 등의 다양한 문화 반영)
쇠퇴	그리스 세계와의 전쟁에서 패배, 지방 총독들의 반란 → 알렉산드로스의 침공으로 멸망(기원전 4세기)

▲ 아케메네스 왕조 페르시아의 영역

(3) 파르티아
① 건국 : 알렉산드로스 제국의 분열 이후 이란 계통의 민족이 건국 (기원전 3세기)
② 발전 : 로마와 인도, 중국(한 왕조)을 연결하는 동서 무역로 장악, 중계 무역으로 번영
③ 쇠퇴 : 로마와의 대립으로 쇠퇴 → 사산 왕조 페르시아에 멸망

(4) 사산 왕조 페르시아

건국	아케메네스 왕조 페르시아의 부흥을 내세우며 건국(3세기 초)
발전	메소포타미아 지역에서 인더스강 유역에 이르는 대제국 건설, 동서 교통의 요충지를 장악하여 중계 무역으로 번영
종교	조로아스터교의 국교화, 마니교 등장
문화	금속 세공품과 유리 공예품 등이 유럽과 동아시아 지역까지 전파됨
쇠퇴	비잔티움 제국과의 계속된 전쟁 및 왕실의 내분으로 쇠퇴 → 이슬람 세력의 침입으로 멸망(651)

② 이슬람 세계의 형성과 발전

(1) 이슬람교의 성립과 전파

배경	6세기 이후 사산 왕조 페르시아와 비잔티움 제국의 갈등 고조 → 홍해와 아라비아해를 지나는 교역로 발달 → 메카, 메디나 등의 도시 번영 → 빈부 격차 심화, 부족 간의 갈등 고조
성립	메카의 상인 무함마드에 의해 알라를 유일신으로 하는 이슬람교 성립
특징	우상 숭배 배격, 모든 인간은 알라 앞에서 평등하다고 주장 → 민중의 지지를 받음
박해	메카의 보수적인 귀족들의 박해 → 무함마드가 메카에서 메디나로 이주(헤지라, 622)
전파	메디나에서 교세 확장 → 무함마드가 메카 장악, 아라비아반도 대부분 점령

(2) 이슬람 제국의 발전 및 변천
① 정통 칼리프 시대(무함마드 사후~661)

특징	무함마드 사후 이슬람 공동체의 지도자로 칼리프 선출(제1대~제4대)
팽창	이집트 정복, 사산 왕조 페르시아를 멸망시킴

② 우마이야 왕조(661~750)

성립	제4대 칼리프 알리 피살 → 무아위야가 칼리프가 된 후 우마이야 가문이 칼리프 세습 → 시아파와 수니파의 대립
발전	• 다마스쿠스에 도읍, 인더스강 유역에서 북아프리카와 이베리아반도에 이르는 대제국 건설 • 투르 · 푸아티에 전투(732)에서 프랑크 왕국에 패배, 아바스 가문에 멸망
통치 방식	아랍인 우대, 비아랍인 차별

③ 아바스 왕조(750~1258)

성립	아바스 가문이 우마이야 왕조에 불만을 가진 세력(비아랍인, 시아파)의 도움으로 건국, 제2대 칼리프 알 만수르가 바그다드 건설 후 수도로 삼음
통치 방식	아랍인의 특권을 폐지하고 비아랍인도 능력에 따라 등용
발전	당과의 탈라스 전투(751)에서 승리하여 동서 무역의 주도권 장악, 민족과 인종을 초월한 범이슬람 제국으로 발전
쇠퇴	지방 세력의 성장, 이민족의 침입 → 11세기 셀주크 튀르크에 정치적 실권 부여(술탄 칭호 인정) → 13세기 중엽 훌라구가 이끄는 몽골 세력의 침입으로 멸망

④ 후우마이야 왕조

성립	• 우마이야 왕조의 일족이 이베리아반도에 건국(756) • 코르도바에 도읍
발전	이슬람 문화의 유럽 전파에 기여, 10세기 전반에 칼리프 선언

⑤ 파티마 왕조

성립	북아프리카에 건국(10세기 초), 카이로를 중심으로 발전
발전	아바스 왕조의 권위를 부정하고 칼리프 칭호 사용

⑥ 셀주크 튀르크

성장	• 중앙아시아에서 서아시아로 이동 • 이슬람 세계에서 용병 등으로 활약, 이슬람교로 개종
발전	• 바그다드에 입성(1055)하여 아바스 왕조의 칼리프로부터 술탄의 칭호를 획득하고 정치적 실권을 위임받음 • 지중해에서 서아시아, 중앙아시아를 아우르는 지역까지 영토 확장 • 예루살렘과 소아시아 지역으로 세력 확대 → 비잔티움 제국 압박 → 십자군 전쟁 발발
쇠퇴	장기간 지속된 전쟁 및 왕조의 분열 → 멸망

(3) 이슬람 세계의 사회·경제·문화

사회	• 『쿠란』의 가르침이 일상생활 지배, 5행의 실천 중시(신앙 고백, 메카를 향한 예배, 라마단 기간의 금식, 가난한 사람에 대한 자선, 메카 순례) • 일부다처 허용, 돼지고기를 금기시하는 식생활 • 지즈야를 거두는 대신 피지배 민족의 종교 인정
경제	• 자유로운 상업 활동 보장 → 상인 성장, 교역로를 중심으로 도시 발달 • 이슬람 상인들은 낙타를 이용해 아프리카 내륙과 중국까지 왕래, 다우선을 이용해 바닷길 교역 주도
문화	• 이슬람 문화권의 공통 요소 : 이슬람교, 아랍어 • 학문 : 『쿠란』을 연구하는 과정에서 신학과 법학 발달, 아리스토텔레스의 저술이 아랍어로 번역됨 • 문학 : 『아라비안나이트』(여러 지역의 설화를 모음) • 건축 : 둥근 지붕(돔)과 뾰족한 탑을 특징으로 하는 모스크 양식, 아라베스크 무늬 사용 • 자연 과학 : 수학(인도 숫자를 도입하여 아라비아 숫자 완성), 화학(연금술 연구 등), 천문 지식과 역법 발달 • 의학 : 이븐 시나가 『의학전범』 저술
의의	• 유럽 문화에 자극을 주어 르네상스에 영향 • 중국의 제지법, 나침반, 화약 등을 유럽에 전파하는 등 동서 문화 교류에 공헌

③ 이슬람 세계의 팽창

(1) 오스만 제국의 발전

① 성립 : 튀르크 계통의 오스만족이 소아시아 지역에서 건국(13세기 말) → 발칸반도 대부분 지배, 술탄 칭호 사용

② 발전

• 메(흐)메트 2세 : 비잔티움 제국을 멸망시킴(1453), 콘스탄티노폴리스(이스탄불)를 수도로 삼음

• 셀림 1세 : 이집트의 맘루크 왕조 정복, 메카와 메디나의 보호권 장악(→ 이슬람 세계의 지배자로 군림)

• 술레이만 1세 : 동유럽 진출(헝가리 정복, 오스트리아 빈 포위), 유럽 연합 함대 격퇴(→ 지중해 교역에서 주도적 역할)

③ 통치 : 티마르제(일종의 군사적 봉건제) 실시, 데브시르메 제도를 통한 예니체리와 관료 육성

④ 사회 : 다른 민족과 종교에 대한 관용 정책 실시(지즈야 납부 시 비이슬람교도의 신앙 인정), 자치권을 행사하는 종교 공동체인 밀레트 인정

⑤ 경제 : 아시아와 유럽을 잇는 동서 교역의 교차로에 위치하여 동서 중계 무역으로 번영

⑥ 문화 : 이슬람 문화를 바탕으로 튀르크·페르시아·비잔티움 제국의 문화 융합, 천문학·수학·지리학 등 실용적인 학문 발달, 술탄 아흐메드 사원(블루 모스크) 건립 등

▲ 오스만 제국의 영역

(2) 티무르 왕조의 발전

성립	티무르가 몽골 제국의 부활을 내세우며 건국(14세기 후반)
발전	중앙아시아에서 서아시아에 이르는 제국 건설, 오스만 제국 압박, 동서 무역을 통해 번영, 수도 사마르칸트가 중앙아시아의 중심 도시로 성장
쇠퇴	티무르 사후 세력 약화 → 왕조의 분열 → 우즈베크인에게 멸망(16세기 초)

(3) 사파비 왕조의 발전

성립	이스마일 1세가 이란 지역에서 건국(16세기 초), 시아파 이슬람교를 국교로 정함, 전통적인 페르시아의 군주 칭호인 '샤' 사용
발전	수니파 국가인 오스만 제국과 대립, 아바스 1세 때 수도를 이스파한으로 옮기고 군사력 강화
쇠퇴	왕실 내부의 갈등과 혼란, 아프간족의 침입 등으로 쇠퇴 → 멸망(18세기 전반)

1단계 자료 분석

[2024학년도 수능]

'솔로몬의 잔'으로 알려진 이 유물의 중앙에는   (가) 의 샤한샤 호스로 1세가 묘사되어 있다. 그는 대내적으로 조세 제도와 군사 제도를 개혁하여 제국의 안정을 도모하였고, 대외적으로는 수도 크테시폰을 중심으로 적극적으로 영토를 확장하였다. 또한 인접국의 황제 유스티니아누스가 그리스 문화를 억압하는 가운데 아테네의 학교를 폐쇄하자, 이를 피해 온 학자들을 지원하여 학문 발달에 기여하였다.

수도 크테시폰을 중심으로 영토를 확장한 점, 인접국의 황제가 유스티니아누스인 점 등을 통해 (가) 왕조는 사산 왕조 페르시아임을 알 수 있다. 사산 왕조 페르시아는 아케메네스 왕조 페르시아의 부흥을 내걸고 수도 크테시폰을 중심으로 메소포타미아에서 인더스강에 이르는 대제국을 건설하였다. 이 과정에서 비잔티움 제국 등과 끊임없이 경쟁하였다.

2단계 유형 연습

▶ 24059-0035

1 (가) 왕조에 대한 설명으로 옳은 것은?

  (가) 의 호스로 1세는 철학과 인문 사상에 대해 관심을 갖고 있었기에 유스티니아누스 황제가 아테네의 학교를 폐쇄했을 때 많은 철학자를 받아들여 극진히 대접하였다. 그는 자신의 왕궁에 그리스의 철학자와 사상가뿐만 아니라 과학자들도 받아들여 학문에 정진하도록 지원해 주었고, 유스티니아누스 황제의 허락을 얻어 그리스 철학자들을 고향으로 돌려보내 주기도 하였다. 또한 수도인 크테시폰에 수많은 건축물을 짓고, 새로운 도시를 건설하는 등 제국의 정비에 힘을 쏟았다.

① 몽골의 침략으로 멸망하였다.
② 조로아스터교를 국교로 삼았다.
③ 시아파의 도움을 받아 건국하였다.
④ 델리 술탄 왕조 시대를 종식시켰다.
⑤ 다리우스 1세 때 전성기를 맞이하였다.

1단계 자료 분석

[2024학년도 수능 6월 모의평가]

샤 루흐는 이 왕조의 개창자인 부친과는 여러모로 달랐다. 부친이 몽골 제국의 계승을 내세워 정통성을 확보하려고 하였다면, 그는 이런 바탕 위에서 이슬람법에 기초한 통치 질서의 확대를 중시하였다. 또한 샤 루흐는 명 정벌을 시도한 부친과 달리 명과의 화친을 추구하여 사절단을 파견하였다. 이에 명의 영락제도 진성, 이달 등을 사절로 파견하여 샤 루흐 치세기에 양국 관계가 크게 개선되었다.

몽골 제국의 계승을 내세웠다는 점, 명 정벌을 시도한 점 등을 통해 밑줄 친 '이 왕조'는 티무르 제국임을 알 수 있다. 칭기즈 칸의 계승자를 자처한 티무르는 몽골 제국의 재건을 내걸고 티무르 왕조를 세웠다. 티무르는 인도 서북부에서 서아시아에 이르는 대제국을 건설하였으나, 명을 정복하러 가는 도중 병사하였다.

2단계 유형 연습

▶ 24059-0036

2 (가) 인물에 대한 설명으로 옳은 것은?

몽골 제국의 계승을 내세웠던   (가) 은/는 정복 활동을 통해 인도 서북부에서 서아시아에 이르는 제국을 건설하였다. 그는 칭기즈 칸의 일족을 몰아내고 한족의 왕조를 세운 명을 정복하여 이슬람으로 개종시키겠다는 의도를 공포하고 오트라르에 대군을 집결시켰다. 이는 중국의 문명이 철저하게 파괴될 수도 있는 중대한 위협이었다. 그러나   (가) 이/가 오트라르에서 병으로 사망하면서 명에 대한 원정은 중단되었다.

① 지즈야를 폐지하였다.
② 파르티아를 멸망시켰다.
③ 비잔티움 제국을 정복하였다.
④ 사마르칸트를 수도로 삼았다.
⑤ 델로스 동맹 결성을 주도하였다.

01
▶ 24059-0037

(가) 왕조에 대한 설명으로 옳은 것은?

> ☐(가)☐ 의 크세르크세스 1세는 이집트와 바빌로니아 지역의 반란을 진압하고 부친의 숙원 사업인 그리스 정복을 위해 군사를 일으켰다. 그리스 침공 초기에는 크세르크세스 1세의 군대가 아테네로 진격하여 아크로폴리스를 파괴하였다. 그러나 살라미스 해전과 미칼레 전투 등에서 잇달아 패하면서 결국 그리스 원정을 포기하였다. 이후 크세르크세스 1세는 파르스 지역으로 돌아와 자신의 부친이 시작한 페르세폴리스 건축에 열을 올렸다.

① 밀레트 제도를 시행하였다.
② 알렉산드리아를 건설하였다.
③ 쿠트브 미나르를 건립하였다.
④ 우르에 지구라트를 축조하였다.
⑤ 왕의 귀라고 불리는 감찰관을 파견하였다.

02
▶ 24059-0038

밑줄 친 ㉠ 시기에 있었던 사실로 옳은 것은?

> 예언자 무함마드의 죽음은 이슬람 공동체의 위기를 초래하였고, 이를 극복하려면 무함마드의 권위를 물려받아 이슬람 공동체를 이끌어 갈 지도자가 필요하였다. 무슬림은 두 가지 견해로 갈라졌다. 한편에서는 무함마드의 혈족이자 사위인 알리를 지지하였고, 다른 한편에서는 아부바크르를 추대하였다. 이슬람 공동체의 원로들은 합의를 통해 아부바크르를 제1대 칼리프로 선출하였고, 이후 ㉠제4대까지 총 네 명의 칼리프를 선출하였다.

① 헤지라가 단행되었다.
② 자이나교가 등장하였다.
③ 파스파 문자가 사용되었다.
④ 레판토 해전이 발생하였다.
⑤ 사산 왕조 페르시아가 멸망하였다.

03
▶ 24059-0039

(가) 왕조에 대한 설명으로 옳은 것은?

> ☐(가)☐ 의 무아위야가 죽자 그의 아들 야지드가 칼리프를 계승하였다. 그러나 이라크 등지의 아랍인들은 야지드에 반대하며 제4대 칼리프였던 알리의 차남 후세인에 대한 지지를 표명하였다. 양측 간에 전투가 벌어졌고, 후세인은 쿠파로 이동하다가 카르발라에서 야지드의 군대에 살해당하였다. 알리와 그 후손들을 지지하던 이슬람교도는 후세인의 죽음에 크게 분노하였고 이슬람 세계에 분열이 나타났다.

① 이베리아반도로 진출하였다.
② 네르친스크 조약을 체결하였다.
③ 우즈베크인에 의해 멸망하였다.
④ 술탄 아흐메드 사원을 조성하였다.
⑤ 로마와 한 왕조 사이에서 중계 무역으로 번영하였다.

04
▶ 24059-0040

(가) 제국에 대한 설명으로 옳은 것은?

> ☐(가)☐ 의 술탄인 무라드 1세는 언제든지 동원할 수 있고 제대로 훈련받은 새로운 군대를 만들고자 하였다. 이에 무라드 1세는 크리스트교 청소년 등을 징집하여 이슬람교로 개종시키고 엄격한 신체 훈련과 각종 무기를 다루는 기술을 익히게 했다. 이후 이들은 ☐(가)☐ 이/가 콘스탄티노폴리스를 점령하는 데 큰 역할을 하기도 하였으나, 이후 점차 영향력이 커지면서 반란을 일으켜 술탄을 죽이거나 폐위시키기도 하였다.

① 코르도바를 수도로 삼았다.
② 우마이야 왕조를 멸망시켰다.
③ 아도와 전투에서 승리하였다.
④ 군관구제와 둔전병제를 시행하였다.
⑤ 헝가리를 정복하고 빈을 포위 공격하였다.

1

▶ 24059-0041

(가) 제국에서 있었던 사실로 옳은 것은?

> [(가)]의 창건자인 아르다시르 1세는 파르스 지방에서 자신의 세력을 공고히 한 후 본격적으로 세력을 확장하였다. 그는 동쪽으로는 케르만, 남쪽으로는 페르시아만까지 영토를 확장하였고, 호르미즈다간 전투에서의 승리를 계기로 파르티아를 멸망시켰다. 이후 아르다시르 1세의 영향력이 확대되자 위기를 느낀 로마 황제가 [(가)] 을/를 공격하였으나, 다른 지역에서 발생한 전쟁으로 인해 공격을 지속하지는 못하였다. 이 틈을 이용하여 아르다시르 1세는 당시 로마 제국령이었던 하트라, 니시비스 등을 공격하여 점령하였다.

① 마니교가 출현하였다.
② 산치 대탑이 축조되었다.
③ 세포이의 항쟁이 일어났다.
④ 아라비 파샤가 봉기를 일으켰다.
⑤ 수사와 사르디스를 잇는 왕의 길이 건설되었다.

2

▶ 24059-0042

밑줄 친 '이 왕조'에서 있었던 사실로 옳은 것은?

> 이 왕조의 칼리프인 알 만수르는 몇 년 동안이나 그의 영토를 돌아보며 새로운 수도를 세울 완벽한 입지를 물색하였고, 티그리스강과 유프라테스강이 인접하여 도시가 자리 잡기에 적합한 곳을 찾았다. 그는 10만여 명의 장인, 노동자 등을 동원하여 원형 도시인 바그다드 건설에 매진하게 하였다. 이후 바그다드는 각지의 문물이 모여들며 번영하였는데, 페르시아만을 향해 흐르는 두 줄기의 큰 강 덕분에 중국과 인도, 아프리카 등 각지의 상품이 들어왔으며, 물품을 거래하는 상인들로 인해 활기가 넘쳤다.

① 탈라스 전투가 발생하였다.
② 티마르 제도가 시행되었다.
③ 와하브 운동이 전개되었다.
④ 마라타 동맹의 반란이 일어났다.
⑤ 칼리다사가 샤쿤탈라를 집필하였다.

3

▶ 24059-0043

(가) 왕조에 대한 설명으로 옳은 것은?

아바스 왕조가 사실상 시아파 부와이 왕조의 지배를 받게 되면서 수니파가 대다수를 차지하고 있던 제국은 혼란에 빠졌다. 이에 칼리프 알 카임 1세는 [(가)]의 투그릴 베그에게 부와이 왕조의 무리를 처단해 달라고 도움을 요청하였다. 투그릴 베그는 칼리프의 요청을 받아들여 부와이 왕조의 군대를 몰아내고 칼리프를 구출하였다. 이후 알 카임 1세는 투그릴 베그를 술탄으로 인정하고, 동서의 왕이라는 칭호를 내렸다.

① 보로부두르를 건립하였다.
② 이스마일 1세가 수립하였다.
③ 500인 평의회를 설치하였다.
④ 비잔티움 제국과 충돌하였다.
⑤ 카르타고 등 여러 도시를 세웠다.

4

▶ 24059-0044

(가) 제국에서 볼 수 있는 모습으로 가장 적절한 것은?

이곳은 톱카프 궁전으로, 톱카프는 대포가 있는 문이라는 뜻입니다. 이 궁전은 세 개의 문과 그에 딸린 네 개의 넓은 마당을 가지고 있는데, 첫 번째 문인 술탄의 문에는 [(가)]의 메(흐)메트 2세가 궁전을 완공했다는 기록이 새겨져 있습니다. 술탄의 문을 들어서면 넓은 마당이 있는데 이곳은 예니체리가 위치한 장소였다고 하여 예니체리 마당이라고도 불립니다.

① 수시력을 제작하는 학자
② 페르세폴리스 건설에 동원된 장인
③ 시크교도의 반란에 참여하는 농민
④ 에프탈의 침략에 맞서 싸우는 군인
⑤ 데브시르메 제도에 의해 징집되는 청소년

5

▶ 24059-0045

(가) 술탄에 대한 설명으로 옳은 것은?

> (가) 은/는 합스부르크 왕가를 견제하기 위해서, 당시 합스부르크 왕가와 갈등 관계에 있던 프랑스와의 관계를 발전시켜 나갔다. 또한 반합스부르크 정책과 종교 개혁가들에 대한 지원 정책을 통해 유럽의 분열을 조장하여 제국의 유럽 진출을 모색하기 위한 전략적인 방법도 취하였다. 당시 합스부르크 왕가는 종교 개혁 문제로 군사적 힘을 소비하고 있었기 때문에 (가) 의 헝가리 정복과 계속되는 빈 포위에도 제대로 대처하지 못하였다. 이러한 상황에서 (가) 와/과 프랑스 왕 프랑수아 1세는 공동의 적인 합스부르크 왕가를 견제하기 위해 동맹 관계를 맺었다.

① 탄지마트를 추진하였다.
② 타지마할을 조성하였다.
③ 다마스쿠스를 수도로 삼았다.
④ 유럽 연합 함대를 격파하였다.
⑤ 니네베에 왕립 도서관을 건립하였다.

6

▶ 24059-0046

(가) 왕조에 대한 설명으로 옳은 것은?

♥ 좋아요

오늘은 이스파한의 이맘 광장에 왔어. (가) 의 아바스 1세는 이곳 이스파한으로 천도하고 모스크와 이슬람 학교, 시장 등을 건설하였어. 당시 이스파한은 유럽과 아시아에서 수많은 상인이 모여들고 다양한 물품이 들어와 '세계의 절반'이라는 찬사를 받기도 하였어.

① 바부르에 의해 수립되었다.
② 베르됭 조약으로 분열하였다.
③ 투르 · 푸아티에 전투에서 승리하였다.
④ 시아파 이슬람교를 국교로 정하였다.
⑤ 알렉산드로스의 침공으로 멸망하였다.

인도의 역사와 다양한 종교·문화의 출현

① 고대 인도 세계의 발전

(1) 불교와 자이나교의 출현(기원전 6세기경)

배경	갠지스강 유역의 상업 발달, 도시 국가 간 빈번한 전쟁 → 크샤트리아와 바이샤 세력의 성장 → 형식화된 브라만교의 제사 의식 반대, 브라만 중심 사회 비판
불교	고타마 싯다르타(석가모니)가 창시, 인간 평등과 윤리적 실천을 통한 해탈 강조
자이나교	바르다마나(마하비라)가 창시, 고행과 금욕 강조

(2) 마우리아 왕조의 성립과 발전

건국	알렉산드로스의 인더스강 유역 침공으로 인한 혼란 → 찬드라굽타 마우리아가 인도 북부를 통일하며 건국(기원전 4세기경)
전성기 (아소카왕)	• 남부를 제외한 인도 대부분 지역 통일 • 개인의 해탈을 강조하는 상좌부 불교 발달(동남아시아로 전파) • 산치 대탑 등 불탑(스투파)과 칙령 등을 새긴 석주(돌기둥) 건립
쇠퇴	아소카왕 사후 급격히 약화, 이민족의 침입으로 분열

(3) 쿠샨 왕조의 성립과 발전

건국	1세기경 이란 계통의 쿠샨족이 건국
발전	서아시아·인도·중국을 연결하는 중계 무역으로 번영(파르티아와 한으로 이어지는 동서 교역로 확보)
전성기 (카니슈카왕)	• 북인도에서 중앙아시아에 이르는 최대 영토 확보 • 중생 구제를 강조하고 부처를 신앙의 대상으로 삼는 대승 불교 발달
간다라 양식	인도 서북부의 간다라 지방에서 발달, 인도 문화와 헬레니즘 문화가 융합하며 불상 제작, 대승 불교와 함께 중앙아시아를 거쳐 동아시아로 전파

② 굽타 왕조와 인도 고전 문화의 발달

(1) 굽타 왕조의 성립과 발전

건국	4세기에 갠지스강 유역에서 찬드라굽타 1세가 건국
발전	찬드라굽타 2세가 벵골만에서 인더스강 유역까지 세력을 확장하며 최대 영토 확보
쇠퇴	5세기 이후 에프탈의 침입과 왕위를 둘러싼 내분으로 쇠퇴하다 6세기에 멸망

(2) 힌두교의 발전

형성	브라만교를 바탕으로 불교 및 다양한 민간 신앙이 융합
특징	• 브라흐마, 비슈누, 시바 등 다양한 신을 숭배 • 왕들이 자신을 비슈누에 비유하며 힌두교 후원 • 카스트에 따른 의무 수행 강조 • 『마누 법전』 정비(힌두교도의 일상생활에 영향)

(3) 인도 고전 문화의 발달

문학	• 산스크리트어가 공용어가 되면서 산스크리트 문학 발달 • 칼리다사가 희곡 『샤쿤탈라』 집필 • 서사시인 『마하바라타』와 『라마야나』가 정리됨
굽타 양식	• 간다라 양식과 인도 고유의 특색 융합 • 아잔타 석굴 사원·엘로라 석굴 사원의 불상과 벽화 등
자연 과학 발달	원주율을 이용한 지구 둘레 추산, 지구의 자전 파악, 영(0)과 10진법 사용 → 이슬람 세계의 자연 과학 발달에 기여

③ 인도 문화와 이슬람 문화의 공존

(1) 이슬람 세력의 인도 진출(8세기경부터 시작)

가즈니 왕조	10세기 후반 아프가니스탄에서 건국, 펀자브 지방 차지
구르(고르) 왕조	12세기 후반 건국, 인도 내륙으로 세력 확장

(2) 델리 술탄 왕조 시대(13~16세기)

성립과 발전	아이바크가 델리 정복(쿠트브 미나르 건립) 후 이슬람 왕조 수립, 이후 델리 중심의 이슬람 왕조들이 연이어 북인도 지배
사회와 문화	지즈야만 납부하면 다른 신앙 인정, 카스트제에 대한 불만 등으로 일부 힌두교도가 이슬람교로 개종, 인도 문화와 이슬람 문화의 융합 노력

(3) 무굴 제국의 성립과 발전

건국		티무르의 후손으로 알려진 바부르가 16세기 초 북인도 정복, 델리 술탄 왕조를 무너뜨리고 새로운 이슬람 왕조 개창
발전	아크바르 황제	• 데칸고원 이남을 제외한 인도 지역 통일 • 중앙 집권 체제 확립 : 관료제와 지방 행정 구역 정비 • 힌두교도 관료 등용, 비이슬람교도에 대한 지즈야 폐지
	아우랑제브 황제	• 인도 남부 지역까지 진출 → 최대 영토 확보 • 이슬람 제일주의 지향 : 힌두교 사원 파괴, 지즈야 부활
쇠퇴		시크교도(펀자브 지방)와 마라타 동맹(중부 인도) 등의 반란, 영국과 프랑스 등 서양 세력이 침투하여 세력 확장
경제		인도양 무역 발달(면직물·향신료 수출) → 신항로 개척 이후 서양 상인 진출
문화	언어	힌두어에 페르시아어와 아랍어 등이 합쳐진 우르두어가 널리 사용, 공식 문서나 외교에서는 페르시아어 사용
	종교	이슬람교 발전, 힌두교 등 다른 종교 인정, 펀자브 지방을 중심으로 시크교 발전(나나크가 창시, 힌두교와 이슬람교가 융합)
	건축	타지마할(샤자한 황제 시기 건축, 이슬람 건축 양식에 인도의 연꽃무늬 등 가미)
	회화	무굴 회화 발달(페르시아의 세밀화와 인도 양식 조화)

(4) 인도 문화의 동남아시아 전파

보로부두르	샤일렌드라 왕조 때 자와섬에 건립, 대승 불교 사원
앙코르 와트	앙코르 왕조(크메르 제국) 때 건립, 힌두교 사원이었으나 불교 사원으로 바뀜

1 단계 자료 분석

[2024학년도 수능]

유물은 <u>이 왕조</u>의 전성기를 연 왕의 입상입니다. 입상에는 이 왕을 '위대한 왕, 왕 중의 왕, 신의 아들, 카니슈카'라고 칭송하는 문구가 새겨져 있습니다. 그의 치세 중 영토는 서쪽으로 파르티아와 접하고, 남쪽으로 안드라 왕조 방면으로 뻗어 가며, 동쪽으로 갠지스강 유역까지 이르렀습니다.

자료에서 카니슈카왕이 언급된 점, 서쪽으로 파르티아와 접하고 동쪽으로 갠지스강 유역까지 이르렀던 점 등을 통해 밑줄 친 '이 왕조'는 쿠샨 왕조임을 알 수 있다. 쿠샨 왕조는 중국의 한과 서아시아의 파르티아를 연결하는 중계 무역으로 번영하였으며 카니슈카왕 시기에 간다라 지방을 포함하는 최대 영토를 확보하며 전성기를 누렸다.

2 단계 유형 연습

▶ 24059-0047

1 (가) 왕조에 대한 설명으로 옳은 것은?

[앞면]

[뒷면]

이 금화의 앞면에는 ☐☐(가)☐☐ 왕조의 통치자 모습과 함께 그리스어로 '왕 중의 왕, 카니슈카'라는 글이 새겨져 있다. 또한 뒷면에는 그리스 지역에서 숭배하는 태양신 헬리오스의 모습이 표현되어 있어 ☐☐(가)☐☐ 왕조 시기 헬레니즘 문화의 영향을 엿볼 수 있다.

① 델리를 수도로 삼았다.
② 간다라 양식이 발달하였다.
③ 몽골 제국의 재건을 내세웠다.
④ 조로아스터교를 국교로 삼았다.
⑤ 찬드라굽타 1세에 의해 개창되었다.

1 단계 자료 분석

[2024학년도 수능]

☐☐☐(가)☐☐☐의 후마윤은 아프간족의 공세에 밀려 사파비 왕조의 영역으로 피신하였다. 사파비 왕조의 군주는 후마윤에게 시아파 이슬람교로의 개종을 요구하면서 군사적 지원을 약속하였다. 그의 지원 아래 후마윤은 내분에 빠져 있던 아프간족을 공략해 델리를 수복하였지만 곧 사망하였다. 그 후 제위를 계승한 후마윤의 아들은 대외적으로 사파비 왕조와의 협력을 강화하는 데 힘쓰는 한편, 대내적으로는 비이슬람교도에 부과하던 지즈야를 폐지하는 등 토착 세력을 포용하는 정책을 펼쳤다.

자료에서 사파비 왕조 시기에 존재한 국가라는 점, 델리를 수복하였다는 점, 비이슬람교도에 부과하던 지즈야를 폐지하였다는 점 등을 통해 (가) 제국은 무굴 제국임을 알 수 있다. 무굴 제국의 황제 아크바르는 후마윤의 뒤를 이어 즉위하였으며 지즈야를 폐지하는 등 비이슬람교도에 대한 관용 정책을 펼쳤다.

2 단계 유형 연습

▶ 24059-0048

2 밑줄 친 '제국'의 문화에 대한 설명으로 옳은 것은?

황제는 힌두교도인 라지푸트족 출신을 아내로 맞았다. 황제가 죽은 뒤 셋째 아들 자한기르가 제국의 새로운 황제로 등극하였다. 자한기르는 지즈야를 폐지한 아버지의 종교 관용 정책을 유지하면서도 무슬림 지배 계층의 불만을 의식하여 그들에게 영토를 분할하는 등 일종의 유화 정책을 펼치기도 하였다. 하지만 자한기르의 치세 말기에 이르러 자식들 간의 황위 계승 분쟁 등으로 반란이 잦았고, 사파비 왕조의 공격으로 칸다하르를 빼앗기기도 하였다.

① 타지마할이 조성되었다.
② 자이나교가 등장하였다.
③ 샤쿤탈라가 집필되었다.
④ 산치 대탑이 축조되었다.
⑤ 쿠트브 미나르가 건립되었다.

01
▸ 24059-0049

밑줄 친 '그'에 대한 설명으로 옳은 것은?

그는 난다 왕조를 멸망시키고 파탈리푸트라를 수도로 삼아 펀자브 지역을 정복하기 시작하였다. 이후 이 지역을 되찾기 위해 인더스강을 건너 침략해 온 셀레우코스 부대와의 전투에서도 승기를 잡았다. 당시 그는 셀레우코스와 평화 조약을 체결하고 힌두쿠시산맥과 펀자브 지역, 그리고 아프가니스탄의 일부를 할양받았으며, 셀레우코스에게 수백 마리의 코끼리를 선물로 보냈다. 이 평화 조약으로 서쪽 국경을 안정시킨 그는 최초로 인도 북부를 통일하며 영토를 크게 넓혔다. 한편 알렉산드로스의 부하 장군 출신인 셀레우코스는 제국의 패권을 두고 벌어진 입소스 전투에서 선물 받은 코끼리들을 활용하여 승리를 거둔 것으로 알려져 있다.

① 보로부두르를 세웠다.
② 자이나교를 창시하였다.
③ 산치 대탑을 건립하였다.
④ 마우리아 왕조를 개창하였다.
⑤ 몽골 제국의 재건을 내걸었다.

02
▸ 24059-0050

(가) 왕조에서 볼 수 있는 모습으로 가장 적절한 것은?

　(가)　의 왕이 제4차 불전 결집을 후원하여 대승 불교를 널리 전파하였다. 이 시기 파르티아의 학자들이 　(가)　에 와서 페르시아의 전통 종교와 철학을 전파하였으며 산스크리트어로 쓰인 불경을 모으고 번역하기도 하였다. 이 과정에서 불교로 개종한 파르티아인들도 많았으며, 이들이 중국으로 건너가 불교 전파에 공헌하기도 하였다. 후한의 수도 뤄양에서 산스크리트어 불경을 한문으로 번역한 안세고가 대표적인 인물이다.

① 샤쿤탈라를 읽는 학자
② 타지마할 건축에 동원된 인부
③ 앙코르 와트를 방문하는 승려
④ 쿠트브 미나르 축조를 감독하는 관료
⑤ 간다라 양식의 불상을 제작하는 장인

03
▸ 24059-0051

(가) 왕조에 대한 설명으로 옳은 것은?

　(가)　 시기에는 브라만교를 중심으로 민간 신앙과 불교 등이 융합되어 힌두교가 발전하였다. 브라만들은 강력한 왕권의 비호 아래 안정된 사회를 유지하기를 바랐고, 왕들은 브라만의 권위를 빌려 왕권을 극대화하고자 하였다. 이런 배경에서 당시의 왕들은 힌두교 신인 비슈누에 비교되었다. 특히 찬드라굽타 2세를 비롯한 　(가)　의 왕들은 '데바', 즉 신으로 불리기도 하였다. 이는 선대 왕조의 왕들이 '데바푸트라', 즉 신의 아들로 불린 것과 비교해 볼 때 특기할 만한 변화였다.

① 시크교를 탄압하였다.
② 델리를 수도로 삼았다.
③ 밀레트 제도를 운영하였다.
④ 에프탈의 침략으로 쇠퇴하였다.
⑤ 아소카왕 시기에 전성기를 맞이하였다.

04
▸ 24059-0052

(가) 제국에 대한 설명으로 옳은 것은?

뒤로 보이는 바드샤히 모스크는 　(가)　의 황제가 마라타족에 대한 원정 승리를 기념하기 위해 세운 것입니다. 힌두교 사원을 파괴하는 등 비이슬람 종교를 탄압하였던 그의 치세에는 마라타족을 비롯한 힌두교도의 반란이 계속해서 일어났습니다.

① 군기처를 설치하였다.
② 벵골 분할령을 내렸다.
③ 예니체리를 창설하였다.
④ 우르두어를 사용하였다.
⑤ 티무르에 의해 수립되었다.

1

▶ 24059-0053

(가), (나) 시기 사이에 있었던 사실로 옳은 것은?

> (가) 술탄 마흐무드는 물탄 정복 당시 불손한 태도를 보인 샤히 왕국의 왕 아난다팔라를 응징하기로 결정하였다. 이를 눈치챈 아난다팔라는 힌두스탄의 왕들에게 도움을 요청하였다. 가즈니 왕조의 침공 소식을 듣게 된 왕들은 우자인, 델리, 아지메르에 이르는 여러 곳에서 군대를 모아 펀자브 지역으로 보냈다.
>
> (나) 일투트미시는 술탄의 자리에 오른 이후 몇 년 동안은 경쟁자들을 물리치는 데 시간을 보냈다. 그는 수도 델리를 중심으로 벵골과 펀자브 지역까지 진출하였다. 바그다드의 아바스 왕조 칼리프 알 무스탄시르 1세는 그에게 예복을 보내고 인도의 지배권을 인정하였다.

① 바부르가 델리를 정복하였다.
② 카니슈카가 불교 전파를 지원하였다.
③ 아이바크가 이슬람 왕조를 수립하였다.
④ 아크바르가 중앙 집권 체제를 정비하였다.
⑤ 찬드라굽타 1세가 굽타 왕조를 개창하였다.

2

▶ 24059-0054

밑줄 친 '그'에 대한 설명으로 옳은 것은?

> 바부르의 손자로 제3대 황제에 즉위한 그는 영토 확장에 특별한 관심을 기울였다. 치토르를 점령한 이듬해 라지푸트의 중요한 두 요새인 란탐보르와 칼린자르를 정복하였으며, 이후 구자라트 지역을 점령하여 제국에 합병하였다. 또한 3년간의 원정 후 비하르와 벵골 지역도 합병하였다. 하지만 제국 동부 지역의 무슬림 세력이 그의 종교 정책에 반기를 들었고, 그들의 지지를 받은 펀자브 지역 총독 무함마드 하킴이 황제를 자칭하며 반란을 일으켰다. 이를 제압한 이후에 우즈베크족 출신 압둘라 칸이 다시 펀자브 지역에서 반란을 일으키자 이를 진압하고 카불과 칸다하르를 제국의 영토로 편입하였다. 그러나 여러 차례 원정에도 불구하고 그의 치세에 데칸고원에 대한 완전한 점령은 끝내 이루지 못하였다.

① 인도 국민 회의를 지원하였다.
② 제국의 최대 영토를 확보하였다.
③ 시아파 이슬람교를 국교로 삼았다.
④ 군사적 봉건제인 티마르제를 운영하였다.
⑤ 비이슬람교도에 대한 지즈야를 폐지하였다.

① 그리스 세계의 성립과 발전

(1) 폴리스의 성립

구조	아크로폴리스(종교적·군사적 거점, 신전 건축), 아고라(광장, 집회와 상거래 장소)
동족 의식	'헬레네스' 명칭 사용, 공통의 언어·종교, 올림피아 제전

(2) 아테네와 스파르타

아테네	• 평민의 성장 : 귀족정 → 상공업 발달, 부유한 평민이 중장 보병으로 활약 → 평민의 정치적 권리 요구 및 귀족과 대립 • 솔론 : 재산 정도에 따라 정치적 권리 차등 분배(금권정) → 귀족과 평민 모두의 불만 • 페이시스트라토스 : 혼란 속에 참주가 되어 정권 장악 • 클레이스테네스 : 부족제 개편, 500인 평의회 설치, 도편 추방제 마련 → 민주 정치의 기틀 마련 • 페리클레스 : 민회의 권한 강화, 특수직(장군 등)을 제외한 관직과 배심원을 추첨으로 임명, 공무 수당 지급
스파르타	소수 이주민(도리스인)이 다수 원주민 정복·지배 → 전사로 훈련받은 시민이 헤일로타이(예속 농민)와 페리오이코이(반자유민)를 통제 → 군사 통치 체제의 성격

(3) 그리스·페르시아 전쟁과 펠로폰네소스 전쟁

그리스·페르시아 전쟁	• 전개 : 아케메네스 왕조 페르시아의 세력 확대, 그리스 세계와 충돌 → 마라톤 전투, 살라미스 해전 등 • 결과 : 그리스 세계 승리, 아테네가 델로스 동맹의 맹주가 됨
펠로폰네소스 전쟁	• 전개 : 델로스 동맹(아테네 중심)과 펠로폰네소스 동맹(스파르타 중심)의 충돌 • 결과 : 펠로폰네소스 동맹의 승리 → 그리스 세계의 내분과 혼란 → 마케도니아(필리포스 2세)에 정복됨

(4) 그리스의 문화

특징	인간 중심적·합리적 문화
철학	자연 철학(만물의 근원 탐구), 소피스트(진리의 상대성 강조), 소크라테스(보편적·절대적 진리 강조), 플라톤(이상 국가 구상), 아리스토텔레스(여러 학문의 체계적 정리)
문학	호메로스의 『일리아스(일리아드)』, 『오디세이아』
역사	헤로도토스의 『역사』(그리스·페르시아 전쟁 서술), 투키디데스의 『역사』(펠로폰네소스 전쟁 서술)
예술	조화와 균형의 미 추구, 파르테논 신전

② 알렉산드로스 제국과 헬레니즘 문화

(1) 알렉산드로스 제국의 성립과 발전

성립	알렉산드로스의 동방 원정 : 이소스 전투 승리, 이집트와 아케메네스 왕조 페르시아 정복, 인더스강 유역 진출
동서 융합 정책	알렉산드리아 건설 및 그리스인 이주 장려, 그리스인과 페르시아인의 결혼 장려, 동방의 전제 군주제 수용, 피정복민의 문화 존중
멸망	알렉산드로스 사후 마케도니아, 시리아, 이집트 등으로 분열 → 로마에 정복

(2) 헬레니즘 문화

특징	그리스 문화와 오리엔트 문화 융합, 세계 시민주의적 경향
내용	• 철학 : 스토아학파, 에피쿠로스학파 • 자연 과학 : 물리학, 수학, 천문학 등 • 예술 : 사실적·관능적 미 추구, 「밀로의 비너스상」, 「라오콘 군상」, 간다라 미술 성립에 영향

③ 로마의 발전과 문화

(1) 로마 공화정의 발전

건국	기원전 8세기, 라틴인이 도시 국가 건설(왕정)
발전	• 공화정 수립 : 귀족 중심(원로원, 집정관 독점) • 평민권 신장 : 부유한 평민이 중장 보병으로 활약 → 정치적 권리 요구 → 호민관, 평민회 설치, 12표법, 리키니우스법, 호르텐시우스법 제정
로마의 팽창	이탈리아반도 통일 → 포에니 전쟁(카르타고와의 세 차례 전쟁) 승리 → 서지중해 패권 장악, 이후 마케도니아와 그리스 등 정복
위기	• 자영농의 몰락, 대농장(라티푼디움) 확산 • 그라쿠스 형제의 개혁 : 농지법, 곡물법 제정 → 귀족 반대로 실패 → 귀족파와 평민파의 투쟁 • 스파르타쿠스의 난(노예 반란)
삼두 정치	제1차 삼두 정치(갈리아 전쟁을 수행한 카이사르 주도) → 카이사르 암살 → 제2차 삼두 정치 → 악티움 해전 이후 옥타비아누스가 로마의 지배권 장악

(2) 로마 제정의 성립과 쇠퇴

발전	• 옥타비아누스 : 사실상 제정 시작, '프린켑스(제1 시민)' 자처, 원로원이 '아우구스투스(존엄한 자)' 칭호 부여 • '로마의 평화(Pax Romana)' 시대 : 옥타비아누스 시대부터 5현제 시대까지 200여 년간 전개
위기	3세기 군인 황제 시대, 이민족의 침입, 콜로나투스 확산
중흥	• 디오클레티아누스 황제 : 4분할 통치, 전제 군주제 도입 • 콘스탄티누스 황제 : 크리스트교 공인(밀라노 칙령), 니케아 공의회 소집, 콘스탄티노폴리스 건설 및 천도
분리	테오도시우스 황제 사후 동로마 제국과 서로마 제국으로 분리
멸망	• 서로마 제국 : 게르만족 출신 용병 대장(오도아케르)에게 멸망(476) • 동로마(비잔티움) 제국 : 약 천 년간 지속, 오스만 제국에 멸망(1453)

(3) 로마의 문화

특징	실용적 분야(법률·건축 등) 발달
법률	12표법(관습법을 성문화) → 시민법(로마 시민에게 적용) → 만민법(제국 내 모든 민족에게 적용)
건축	콜로세움(원형 경기장), 도로와 수도 시설 등
학문	스토아 철학 유행, 리비우스의 『로마사』
크리스트교 발전	로마 제정기에 성립 → 황제 숭배 거부 등으로 탄압 → 콘스탄티누스 황제의 밀라노 칙령으로 공인(313), 니케아 공의회(325)에서 아타나시우스파의 교리를 정통으로 인정 → 테오도시우스 황제 때 국교로 지정

1 단계 자료 분석

[2024학년도 수능 6월 모의평가]

> 　　(가)　　은/는 메시니아와 라코니아 등 넓은 지역을 정복하고 피정복민을 헤일로타이라는 예속 농민으로 삼았는데, 다수의 헤일로타이를 지배하고 정복 활동을 지속하기 위해서는 시민들을 강한 전사로 키워야 했다. 이에 　　(가)　　은/는 의무적인 공동 식사와 엄격한 군사 훈련 등을 통해 군사력을 강화하였고, 이를 바탕으로 주변 세력들을 규합하여 아테네와 어깨를 겨루는 강력한 도시 국가로 발돋움하였다.

자료에서 피정복민을 헤일로타이라는 예속 농민으로 삼은 점, 다수의 헤일로타이를 지배하기 위해 시민들을 강한 전사로 키워야 한 점, 아테네와 어깨를 겨루는 강력한 도시 국가인 점 등을 통해 (가) 도시 국가는 스파르타임을 알 수 있다. 펠로폰네소스 동맹을 주도한 스파르타는 기원전 5세기에 아테네가 이끄는 델로스 동맹과 펠로폰네소스 전쟁을 벌여 승리하였다.

2 단계 유형 연습

▶ 24059-0055

1 (가) 도시 국가에 대한 설명으로 옳은 것은?

> 　　(가)　　은/는 타소스가 델로스 동맹의 탈퇴를 선포하고 지원을 요청하자 아테네에 대한 원정을 약속하였다. 그러나 원정은 단행되지 못하였다. 이 시기에 발생한 거대한 지진으로 도시 전체가 심각하게 파괴되었고, 이를 틈 타 헤일로타이의 반란이 일어났기 때문이다. 　　(가)　　이/가 자국의 반란을 진압하기 위해 그리스 세계에 지원 요청을 하자 공교롭게도 아테네가 중장 보병 부대를 파견하였다. 그러나 자유로운 성향의 아테네인으로 구성된 지원 부대가 헤일로타이를 더욱 선동할 수 있다고 판단되어 진입이 거부되었다.

① 카르타고를 건설하였다.
② 솔론이 개혁을 단행하였다.
③ 포에니 전쟁에서 패배하였다.
④ 도리스인에 의해 건국되었다.
⑤ 유스티니아누스 법전을 편찬하였다.

---

1 단계 자료 분석

[2022학년도 수능]

그림은 18세기 프랑스에서 제작된 것으로 고대 지중해 세계에서 벌어진 해전을 묘사하고 있다. 우측에는 안토니우스의 함대가 있었다. 그의 함대는 클레오파트라 등이 합류한 연합군이었다. 좌측에는 　　(가)　　의 함대가 있었다. 그의 함대는 잘 훈련된 군사들로 구성되었으며, 아그리파라는 뛰어난 전략가의 지휘 아래 봉쇄 작전을 펼쳐 안토니우스의 함대를 격파하였다. 　　(가)　　은/는 이 해전에서 승리한 이후에 원로원으로부터 아우구스투스라는 칭호를 부여받았다.

클레오파트라와 연합한 안토니우스의 함대를 격파한 점, 원로원으로부터 아우구스투스라는 칭호를 부여받은 점 등을 통해 (가) 인물은 옥타비아누스임을 알 수 있다.

2 단계 유형 연습

▶ 24059-0056

2 (가) 인물에 대한 설명으로 옳은 것은?

> 내전을 거치면서 원로원에는 전통 귀족들이 보기에 그 권위에 걸맞지 않은 다양한 민족과 계층 출신이 넘쳐 났다. 원로원의 인원도 300명이던 것이 1,000여 명으로 불어났다. 안토니우스를 물리치고 로마로 돌아온 　　(가)　　은/는 그중 200여 명을 숙청하였다. 그러자 전통 귀족들은 이 조치를 원로원의 권위를 높이려는 시도로 보고 오히려 좋게 평가하기도 하였다. 이후 　　(가)　　은/는 원로원 회의에서 '공화정의 회복'을 선언하였다. 감격한 원로원은 그에게 '존엄한 자'라는 뜻의 칭호를 부여하였다.

① 성 소피아 성당을 건립하였다.
② 제1차 삼두 정치를 주도하였다.
③ 제국의 4분할 통치를 시작하였다.
④ 프린켑스(제1 시민)를 자처하였다.
⑤ 정복지 곳곳에 알렉산드리아를 건설하였다.

01
▶ 24059-0057

(가) 도시 국가에 대한 설명으로 옳은 것은?

라우레이온 광산에서 풍부한 은맥이 발견되면서 큰 수입이 들어오자 처음에는 이를 시민들에게 분배하려 하였다. 테미스토클레스는 여기에 반대하며 광산의 수입으로 전쟁에 대비한 신형 삼단 노선을 건조하도록 설득하였다. 이 선택은 그때까지 중장 보병 육성에 주력하고 있던 [(가)]이/가 그리스 최고의 해군 국가로 성장하는 기반이 되었다. 그리고 결국 [(가)]은/는 페르시아의 해군으로부터 승리를 거두는 데 크게 기여하였으며, 델로스 동맹의 맹주로 성장하였다.

① 밀레트 제도를 운영하였다.
② 도편 추방제를 마련하였다.
③ 페르세폴리스를 건설하였다.
④ 호르텐시우스법을 제정하였다.
⑤ 펠로폰네소스 전쟁에서 승리하였다.

02
▶ 24059-0058

다음 연설을 행한 인물에 대한 설명으로 옳은 것은?

제군들이 국왕이자 지휘관인 나에 대해 비판한다면 더 이상 말할 것은 없다. 하지만 기억하라. 지금까지 제군들은 카파도키아와 리디아, 페니키아, 그리고 이집트를 점령하였다. 시리아와 메소포타미아, 수사도 이제 제군들의 손에 있다. 페르시아는 물론 그들이 이전에 통치하던 영토나 그렇지 않은 영토들까지 모두 제군들의 손에 들어온 것이다. 그리고 이제 인더스강도 우리가 통치하는 지역을 흐르고 있다. 이런 모든 것을 달성한 상황에서 왜 제군들은 베아스강까지 우리 마케도니아의 지배권을 확장하는 것을 주저하는가?

① 이소스 전투에서 승리하였다.
② 성 소피아 성당을 건립하였다.
③ 왕의 귀라고 불리는 감찰관을 파견하였다.
④ 특수직을 제외한 관직을 추첨으로 임명하였다.
⑤ 원로원으로부터 아우구스투스라는 칭호를 받았다.

03
▶ 24059-0059

밑줄 친 '개혁'의 배경으로 가장 적절한 것은?

형 티베리우스가 살해되면서 중단되는 듯했던 개혁은 동생 가이우스가 호민관으로 선출되면서 재개되었다. 가이우스는 곡물법을 통해 빈민들을 구제하고자 하였다. 그의 법안은 대중으로부터 큰 인기를 얻었지만 원로원 귀족들은 이를 위협으로 받아들였다. 가이우스가 이탈리아 동맹국에 완전한 로마 시민권을 부여하는 법안을 제안하여 대중의 반대에 직면하자 원로원은 이를 기회로 여겼다. 이후 원로원은 추종자들을 모아서 가이우스를 죽음에 이르게 하고 개혁을 좌절시켰다.

① 콜로나투스 제도가 확산되었다.
② 군인 출신 황제가 연이어 등장하였다.
③ 신항로 개척 이후 가격 혁명이 일어났다.
④ 흑사병의 유행으로 유럽 인구가 감소하였다.
⑤ 라티푼디움의 성행으로 자영농이 몰락하였다.

04
▶ 24059-0060

(가) 황제의 재위 시기에 볼 수 있는 모습으로 가장 적절한 것은?

[(가)]이/가 공동 황제 리키니우스와 합의한 칙령으로 크리스트교가 합법적 지위를 얻게 되었다. 이후 예수의 신성을 둘러싼 교리 논쟁으로 교회가 큰 혼란에 빠지자, [(가)]은/는 이를 해결하기 위해 공의회를 소집하였다. 이 공의회를 통해 아리우스의 사상이 이단으로 선언되었다. 당시 아리우스에 맞선 사람은 알렉산드로스 주교와 그의 부제였던 아타나시우스였다. 공의회 이후에는 아타나시우스가 주교직을 이어받아 아리우스파와 대립하며 삼위일체설을 공고히 하였다.

① 12표법을 제정하는 귀족
② 파르티아군과 전투를 벌이는 장군
③ 콘스탄티노폴리스로 이주하는 관리
④ 스파르타쿠스의 난을 진압하는 군인
⑤ 크리스트교를 국교로 선포하는 황제

1

▶ 24059-0061

밑줄 친 '이 전쟁'에 대한 탐구 활동으로 가장 적절한 것은?

고대 아테네의 수많은 종교 행사 중 큰 의미를 갖는 판아테나이아 제전은 아테나 여신의 탄생일에 맞춰 진행되었는데 소제전은 매년, 대제전은 4년마다 열렸다. 판아테나이아 제전의 운영 방식은 시기에 따라 몇 차례 변화하였다. 참주 페이시스트라토스의 집권 시기에는 쌍두마차 경기가 시작되고 음악 경연이 도입된 것으로 보인다. 이후 등장한 클레이스테네스의 집권 시기에는 새롭게 개편한 10개 부족의 연대감을 높이기 위해 부족끼리 겨루는 운동 경기가 나타났다. 한편 이 전쟁 이후에는 아테네의 동맹국들이 제전에 참여하게 되었는데, 특히 이 전쟁 당시 벌어졌던 마라톤 전투에서 아테네에 유일하게 지원군을 보낸 폴리스인 플라타이아이가 가장 높은 대우를 받았다. 당시 플라타이아이는 제전에서 아테네와 함께 번영을 기원받는 유일한 폴리스였다.

① 살라미스 해전의 결과를 살펴본다.
② 농노 해방령 선포의 배경을 조사한다.
③ 투르·푸아티에 전투의 의의를 정리한다.
④ 신성 로마 제국이 해체된 계기를 찾아본다.
⑤ 클레르몽 공의회에서 논의된 내용을 알아본다.

2

▶ 24059-0062

(가) 국가에 대한 설명으로 옳은 것은?

데모스테네스의 명성은 페르시아 왕의 귀에까지 들어갔다. 왕은 데모스테네스에게 금품을 보내고 그를 가장 존귀한 사람으로 떠받들었다. 그가 [(가)]의 필리포스 2세에 맞서 싸우도록 아테네인들을 설득하여 페르시아가 안전할 수 있다고 생각하였기 때문이다. 그러나 아테네를 비롯한 그리스 연합군은 카이로네이아 전투에서 필리포스 2세에게 패배하였다. 그럼에도 아테네인들은 데모스테네스가 계속 국정에 참여할 수 있도록 하였다. 그는 필리포스 2세가 죽었다는 소식을 듣자 테베 등과 동맹을 맺고 다시 [(가)]을/를 공격하도록 아테네인들을 설득하였으며, 페르시아에 편지를 보내 필리포스 2세의 아들은 철모르는 아이라고 비웃었다. 그러나 필리포스 2세의 아들이 몸소 군대를 이끌고 테베의 영토를 침략하자, 아테네인들은 그 기세에 눌려 원군을 보내지 않았고 테베는 결국 완전히 멸망하고 말았다.

① 펠로폰네소스 동맹을 주도하였다.
② 카르타고와 세 차례에 걸쳐 전쟁을 벌였다.
③ 수사와 사르디스를 잇는 왕의 길을 건설하였다.
④ 부족제를 개편하여 500인 평의회를 설치하였다.
⑤ 그리스 세계를 정복하고 동방 원정을 단행하였다.

3

▶ 24059-0063

(가), (나) 시기 사이에 있었던 사실로 옳은 것은?

(가) 자마 전투 패배 이후 체결한 항복 조건에 카르타고의 군사 행동 금지 조항이 있었다. 카르타고에 이웃한 누미디아가 이 조항을 이용하여 여러 차례 카르타고의 영토를 침공하였다. 결국 참지 못한 카르타고가 누미디아에 반격을 가하자 이를 응징하기 위해 스키피오 아이밀리아누스가 군대를 이끌고 카르타고에 쳐들어왔다. 그는 자마 전투의 개선 장군인 스키피오 아프리카누스의 손자였다. 이 전쟁에서 카르타고는 다시 패배하였고 도시는 완전히 파괴되었다.

(나) 트라키아 출신의 한 검투사가 다수의 동료들과 함께 카푸아의 검투사 양성소에서 도망쳐 나왔다. 그의 이름은 스파르타쿠스였다. 그는 생계 수단을 상실한 농부와 노예들을 끌어모아 군사 훈련을 시켰다. 이들은 집정관 등이 이끄는 정규군을 격파하고 베수비우스산에 마련한 기지들을 근거지로 활동 반경을 넓혀나갔다. 하지만 이들은 크라수스가 이끄는 군대에 패배하였고 스파르타쿠스는 전사하였다. 일부 잔존한 세력도 폼페이우스에 의해 격파되었다.

① 악티움 해전이 벌어졌다.
② 베르됭 조약이 체결되었다.
③ 콘스탄티노폴리스가 건설되었다.
④ 제국의 4분할 통치가 실시되었다.
⑤ 그라쿠스 형제가 개혁을 추진하였다.

4

▶ 24059-0064

(가) 인물에 대한 설명으로 옳은 것은?

이 은화는 　(가)　의 암살을 주도한 브루투스가 발행한 것이다. 은화의 뒷면에는 두 개의 단도 사이로 해방 노예가 쓰는 모자가 새겨져 있는데 이는 공화정을 위협하는 참주에게서 해방되었다는 의미이다. 그 아래 새겨진 'EID·MAR'는 암살 날짜인 3월 15일을 뜻한다. 갈리아 전쟁을 벌여 세력을 키운 　(가)　이/가 동맹자 크라수스가 전사한 이후 또 다른 동맹자였던 폼페이우스와의 내전에서도 승리하고 정권을 장악하자, 위협을 느낀 원로원 귀족들이 브루투스의 주도로 그를 암살하였다.

① 도편 추방제를 마련하였다.
② 제1차 삼두 정치를 주도하였다.
③ 옥타비아누스와의 내전에서 패배하였다.
④ 호민관에 선출되어 곡물법을 제정하였다.
⑤ 밀라노 칙령으로 크리스트교를 공인하였다.

유럽 세계의 형성과 변화

1 서유럽 봉건 사회의 성립

(1) 게르만족의 이동

배경	인구 증가로 새로운 농경지 필요, 훈족의 압박
경과	게르만족이 서로마 제국으로 이동 및 여러 왕국 건설
영향	게르만족 출신 용병 대장 오도아케르에게 서로마 제국 멸망(476)

(2) 프랑크 왕국의 발전

클로비스	• 5세기 말 메로베우스 왕조 개창 • 로마 가톨릭교(아타나시우스파)로 개종
카롤루스 마르텔	• 궁재로 실권 장악 • 투르 · 푸아티에 전투(732)에서 이슬람 군대 격퇴
피핀	• 교황의 지지 속에 카롤루스 왕조 개창 • 롬바르드족(랑고바르드족)으로부터 빼앗은 지역을 교황에게 기증(교황령의 기원)
카롤루스 대제	• 프랑크 왕국의 전성기, 옛 서로마 제국 영토의 상당 부분 차지, 곳곳에 교회를 세워 크리스트교 전파 → 교황 레오 3세에 의해 서로마 황제로 대관(800) • 카롤루스 르네상스(궁정 학교 설립, 학문과 고전 연구 후원) → 중세 서유럽 문화의 기틀 마련(로마 문화, 크리스트교, 게르만 문화의 융합)

(3) 프랑크 왕국의 분열

배경	카롤루스 대제 사후 분할 상속에 따른 내분 발생
경과	베르됭 조약(843)과 메르센 조약(870)으로 동프랑크, 서프랑크, 중프랑크로 분열(각각 오늘날 독일, 프랑스, 이탈리아의 기원)

2 봉건 사회의 형성

(1) 봉건제의 성립

배경	• 프랑크 왕국의 분열 • 노르만족의 이동 : 원래 스칸디나비아 지방 등에 거주, 9세기경부터 본격적 이동 → 노브고로드 공국 · 키예프 공국 · 노르망디 공국 · 노르만 왕조 등 건설 • 마자르족 · 이슬람 세력의 침입
성립	전사 계급 성장과 예속 농민 발생 → 정치적으로 주종제, 경제적으로 장원제에 기초한 지방 분권적 사회 질서 형성

(2) 봉건제의 구조

① 주종제(쌍무적 계약 관계)

주군	봉신에게 봉토 수여, 봉신으로부터 충성 서약 및 군사적 봉사를 받음
봉신	불입권 보유(주군의 간섭 없이 재판권 · 징세권 행사) → 지방 분권화 촉진

② 장원제

토지	영주 직영지 · 농민 보유지 · 공동 방목지 · 삼림 등으로 구성, 삼포제로 경작
농노	영주와 지배 · 예속 관계, 영주 직영지 경작, 지대 및 각종 세금 부담, 거주 이전의 자유 없음, 결혼과 재산 소유 가능

(3) 크리스트교의 성장과 교황권

① 동서 교회의 분열

성상 파괴령 (726)	비잔티움 제국 황제 레오 3세가 반포 → 동서 교회(콘스탄티노폴리스 교회와 로마 교회)의 대립 격화
동서 교회의 분열(1054)	비잔티움 제국 황제가 지배하는 그리스 정교회와 로마 교황 중심의 로마 가톨릭교회로 분리

② 로마 가톨릭교회의 성장과 세속화

성장	봉토와 기증받은 토지 등을 기반으로 세력 확대, 교황을 정점으로 대주교 · 주교 · 사제에 이르는 계서제 성립
세속화	세속 권력이 성직자 서임권 차지, 성직 매매 등 부패와 타락 → 교회 개혁 운동 전개(10세기 초 클뤼니 수도원 중심)

③ 교황과 황제의 대립

카노사의 굴욕(1077)	성직자 서임권을 둘러싼 교황(그레고리우스 7세)과 신성 로마 제국 황제(하인리히 4세)의 대립 → 교황의 황제 파문 → 황제가 카노사로 교황을 찾아가 사죄
보름스 협약(1122)	교황이 성직자 서임권 차지
교황권의 성장	13세기 교황 인노켄티우스 3세 때 교황권 절정('교황은 해, 황제는 달'에 비유)

(4) 중세 서유럽의 문화

특징	크리스트교 중심의 문화
철학	신학의 보조 학문으로 발달(아우구스티누스의 교부 철학), 스콜라 철학 유행(토마스 아퀴나스의 『신학대전』, 신앙과 이성의 조화)
교육	교회, 수도원 중심 → 12세기 이후 대학의 발전(볼로냐 대학 · 파리 대학 등, 교회와 세속 권력의 통제에서 벗어나 자치적으로 운영)
문학	기사도 문학 발달(『롤랑의 노래』 등)
건축	• 교회와 수도원 건축 발달 • 11세기 로마네스크 양식 유행(두꺼운 벽, 원형의 아치, 돔, 피사 대성당) → 12세기 이후 고딕 양식 유행(첨탑, 스테인드글라스, 샤르트르 대성당)

3 비잔티움 제국의 발전

(1) 비잔티움 제국의 특징

① 황제 교황주의 : 강력한 권력을 가진 황제가 교회 지배
② 수도 : 콘스탄티노폴리스(동서 교통과 무역의 중심지)

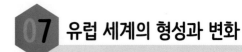

(2) 비잔티움 제국의 변천

유스티니아누스 황제	• 비잔티움 제국의 전성기(6세기) • 옛 로마 제국 영토의 상당 부분 회복 • 『유스티니아누스 법전』 편찬(로마법 집대성) • 성 소피아 성당 건축
쇠퇴	• 유스티니아누스 황제 사후 잦은 외침으로 인한 위기 상황에서 군관구제와 둔전병제 실시 → 외침과 대토지 사유화 • 셀주크 튀르크의 침입과 제4차 십자군의 약탈 등
멸망	오스만 제국의 공격으로 콘스탄티노폴리스 함락(1453)

(3) 비잔티움 제국의 문화

① 특징 : 그리스 정교 바탕, 그리스·로마 문화와 헬레니즘 문화 융합, 그리스어가 공용어, 그리스 고전 연구 및 보존 → 르네상스에 영향
② 건축 : 비잔티움 양식(웅장한 돔과 모자이크 벽화) 발달, 성 소피아 성당
③ 영향 : 슬라브족에 전파 → 동유럽 세계의 문화 발전에 기여

④ 봉건 사회의 변화

(1) 십자군 전쟁

배경	• 삼포제 확산, 농업 생산력 증대, 인구 증가, 서유럽의 대외 팽창 움직임 • 11세기 셀주크 튀르크의 위협과 비잔티움 제국 황제의 지원 요청 → 교황 우르바누스 2세가 성지 회복을 위한 전쟁 호소(클레르몽 공의회)
전개	• 제1차 십자군 : 성지 탈환 성공, 예루살렘 왕국 건설 • 제4차 십자군 : 베네치아 상인 개입, 콘스탄티노폴리스 점령 → 라틴 제국 수립
영향	• 정치 : 교황권 약화, 제후와 기사 계층 몰락, 왕권 강화 • 경제 : 지중해 교역과 동방 교역 활발 → 이탈리아 도시 번영 • 문화 : 이슬람 문화와 비잔티움 문화 유입 → 서유럽 문화 발전 자극

(2) 교역의 확대와 도시의 성장

① 교역의 확대 : 원거리 교역과 동방 무역 발달 → 지중해 무역권(이탈리아의 베네치아·피렌체 등), 북유럽 무역권(한자 동맹 결성), 샹파뉴 정기시(지중해와 북유럽 무역권 연결)
② 도시의 성장
• 자치권 획득 : 도시민들이 재력 또는 무력으로 특허장 획득 및 자치권 행사 → 독자적으로 도시 행정 운영
• 길드 조직 : 도시의 상공업자들이 공동의 이익과 안전을 위해 조직(상인 길드, 수공업자 길드), 생산과 상업 활동 통제

(3) 서유럽 장원제의 해체

배경	• 화폐 경제의 발달 → 영주들이 농노에게 부역 대신 현물·화폐 지대 요구 → 농노의 경제적 지위 향상 • 흑사병의 유행으로 노동력 감소 → 농노의 처우 개선
결과	자영 농민 증가, 장원 점차 해체

농민 봉기	일부 영주들의 속박 강화, 백년 전쟁(1337~1453)으로 인한 과도한 증세 → 자크리의 난(프랑스, 1358), 와트 타일러의 난(영국, 1381)

(4) 교황권의 쇠퇴

배경	십자군 전쟁의 실패로 교황의 권위 하락
아비뇽 유수 (1309~1377)	• 배경 : 교회와 성직자에 대한 과세 문제로 프랑스 왕(필리프 4세)과 교황(보니파키우스 8세)이 대립 • 경과 : 필리프 4세가 교황을 굴복시킴 → 이후 교황청의 아비뇽 이전
교회의 대분열 (1378~1417)	로마와 아비뇽에서 각각 교황이 선출되어 대립
교회 개혁의 움직임	위클리프와 후스가 교회 비판, 『성서』에 기반을 둔 신앙 강조
콘스탄츠 공의회 (1414~1418)	• 위클리프를 이단으로 규정, 후스 화형 • 새로운 단일 교황 선출(로마 교황의 정통성 인정)

(5) 왕권의 강화와 유럽 각국의 변화

① 배경 : 봉건 영주의 세력 약화, 교황권의 쇠퇴, 도시 상공업자들의 성장 → 국왕이 상비군과 관료제 도입, 사법권과 과세권 확대
② 유럽 각국의 변화

영국	백년 전쟁(1337~1453), 장미 전쟁(1455~1485, 왕위 계승 분쟁) → 귀족 세력 약화, 중앙 집권 국가로 발전
프랑스	백년 전쟁(잔 다르크의 활약 등으로 승리) → 중앙 집권 국가로 발전
독일	신성 로마 제국 황제의 명목상 통치, 봉건 제후의 강력한 세력 유지
이탈리아	교황령, 베네치아, 피렌체 등의 도시 국가와 나폴리 왕국 등으로 분열
이베리아반도	재정복 운동 과정에서 아라곤, 카스티야 성립 → 에스파냐 왕국 탄생(15세기 후반) → 이슬람의 근거지인 그라나다 정복, 카스티야로부터 독립한 포르투갈의 성장

⑤ 르네상스와 종교 개혁

(1) 르네상스

① 의미 : 14~16세기에 전개된 그리스·로마의 고전 문화 부흥 운동, '부활'·'재생'을 의미
② 이탈리아의 르네상스

배경	옛 로마 제국의 중심지로 고전 문화의 전통 잔존, 비잔티움 제국 멸망 이후 많은 학자들의 유입, 지중해 무역으로 부유해진 상인·군주들이 문예 활동 장려
특징	그리스·로마 고전 연구, 인문주의(휴머니즘) 및 예술 발달
인문주의자	페트라르카(라틴어 고전 연구, 서정시), 보카치오(『데카메론』), 마키아벨리(『군주론』)
미술	보티첼리(『비너스의 탄생』), 레오나르도 다빈치(『모나리자』), 미켈란젤로(『다비드상』), 라파엘로(『아테네 학당』)
건축	르네상스 양식(열주와 돔 강조) 유행, 성 베드로 성당

③ 알프스 이북의 르네상스

배경	이탈리아의 르네상스가 알프스 이북으로 확산
특징	현실 사회와 교회 비판, 초기 크리스트교로 돌아갈 것을 주장 → 종교 개혁에 영향
인문주의자	에라스뮈스(『우신예찬』), 토머스 모어(『유토피아』)
미술	반에이크 형제(유화 기법 개발), 브뤼헐(서민 생활 표현)
문학	국민 문학 발달, 세르반테스(『돈키호테』), 셰익스피어(『햄릿』 등)

(2) 종교 개혁

① 종교 개혁의 전개

루터의 종교 개혁	• 계기 : 교황 레오 10세가 성 베드로 성당의 증축 비용 마련을 위해 면벌부 판매 • 전개 : 루터의 「95개조 반박문」 발표(1517) → 루터파와 로마 가톨릭교회 대립 → 아우크스부르크 화의(1555, 루터파 인정)
칼뱅의 종교 개혁	• 내용 : 예정설 주장, 근면하고 검소한 직업 생활 강조 • 확산 : 신흥 상공업자의 호응, 영국·프랑스·네덜란드 등지로 전파
영국의 종교 개혁	• 배경 : 헨리 8세가 자신의 이혼 문제를 계기로 교황과 대립 • 전개 : 수장법을 통해 국왕이 영국 교회의 수장임을 선포(1534) → 수도원 해산, 교회의 토지·재산 몰수 → 엘리자베스 1세의 통일법 반포(1559, 영국 국교회 확립)

② 로마 가톨릭교회의 대응

트리엔트 공의회	16세기 중엽, 교황과 교회의 권위 재확인, 폐단 시정 노력, 교회 내부의 결속 강화(종교 재판소 설치 등)
예수회	에스파냐의 로욜라가 설립, 아시아·아프리카·아메리카에서 선교 활동 전개

③ 종교 전쟁

배경	프로테스탄트(신교)와 로마 가톨릭교(구교) 대립 격화
네덜란드	신교도(고이센)를 중심으로 에스파냐와 전쟁 → 독립
프랑스	위그노 전쟁 → 낭트 칙령(1598, 위그노에게 신앙의 자유 부분적 허용)
독일	30년 전쟁(1618~1648) → 국제 전쟁으로 확대 → 베스트팔렌 조약 체결(1648, 칼뱅파 인정)

⑥ 신항로 개척과 유럽 교역망의 확장

(1) 신항로 개척

배경	• 동방에 대한 관심 증대(마르코 폴로의 『동방견문록』, 향신료와 비단 등 동방 산물에 대한 욕구) • 오스만 제국의 동서 무역 주도 → 새로운 무역로 필요 • 조선술과 항해술의 발달 → 원양 항해 가능

전개	• 주도 : 포르투갈과 에스파냐(대서양 진출에 유리한 지역에 위치) • 포르투갈의 후원 : 바르톨로메우 디아스(아프리카 남단의 희망봉 도착, 1488), 바스쿠 다 가마(인도 항로 개척, 1498) • 에스파냐의 후원 : 콜럼버스(아메리카 대륙의 서인도 제도 도착, 1492), 마젤란 일행(세계 일주 성공, 1522)

(2) 아메리카 문명의 파괴와 아메리카의 변화

① 아메리카 문명의 파괴

아스테카 문명	멕시코고원 일대, 테노치티틀란(수도), 그림 문자 사용, 피라미드식 신전 건설 → 에스파냐 코르테스에 의해 파괴
잉카 문명	안데스고원 일대, 쿠스코(수도)에 거대한 태양 신전 건설, 새끼줄 매듭(키푸) 사용 → 에스파냐 피사로에 의해 파괴

② 아메리카의 변화 : 원주민 수 급감(수탈 및 전염병 등), 대농장 운영(아프리카인 노예 노동 이용, 사탕수수와 담배 재배)

(3) 유럽 교역망의 확대

① 교역망의 확대 : 지중해 → 대서양으로 확대

② 대서양 교역의 발달 : 삼각 무역 중심, 노예 무역 성행, 세계 교역망의 통합(아메리카의 은 매개)

③ 가격 혁명 : 금, 은 등 귀금속의 유럽 유입 → 유럽 물가 급등(봉건 영주 불리, 시민과 농노 계층 유리)

④ 유럽의 경제 성장 : 상업 혁명 → 근대 자본주의 발달

⑦ 절대 왕정

(1) 절대 왕정의 성립

① 배경 : 16~18세기 유럽 각국에서 왕권이 강화되고 중앙 집권 체제 발전, 중세 봉건 국가에서 근대 국민 국가로 전환되는 과도기에 성립

② 기반 : 국왕을 중심으로 관료제와 상비군 정비, 왕권신수설 유행, 중상주의 경제 정책 실시

(2) 서유럽의 절대 왕정

에스파냐	펠리페 2세 : 레판토 해전(1571)에서 오스만 제국 격파 → 영국에 무적함대 패배, 가톨릭 강요 정책으로 네덜란드 독립 자극
영국	엘리자베스 1세 : 영국 국교회 확립, 에스파냐의 무적함대 격파, 동인도 회사 설립(1600)
프랑스	루이 14세 : '태양왕', 콜베르 등용(중상주의 정책 실시), 베르사유 궁전 건축 → 무리한 전쟁으로 재정난 심화, 낭트 칙령 폐지로 인한 위그노의 해외 망명 증가 등으로 산업 위축

(3) 동유럽의 절대 왕정

특징	도시와 상공업 발달 부진, 시민 계급 미약, 농노제 강화
프로이센	프리드리히 2세 : 계몽 전제 군주, '국가 제일의 공복' 자처, 오스트리아로부터 슐레지엔 차지, 폴란드 분할 점령
러시아	• 표트르 대제 : 서유럽화 정책, 북방 전쟁 승리, 상트페테르부르크 건설 후 수도로 삼음, 청과 네르친스크 조약 체결 • 예카테리나 2세 : 계몽 전제 군주, 프로이센·오스트리아와 함께 폴란드 분할 점령

1단계 자료 분석

[2024학년도 수능]

> (가) 의 테오도리쿠스 4세가 사망할 당시 실권자였던 궁재는 새 왕을 옹립하지 않고 자신이 전권을 행사하였다. 그러나 궁재직을 물려받은 그의 아들 피핀은 왕좌를 비워 두는 데 부담을 느껴 선왕의 먼 친척을 킬데리쿠스 3세로 추대하였다. 그는 스스로 왕이 되려는 야심이 있었지만, 당시에는 신의 재가를 받아야 왕조를 개창할 수 있다는 믿음이 팽배하였기에 함부로 왕위에 오를 수는 없었다. 이에 신의 대리자인 교황의 권위를 빌리고자 교황과의 협력을 적극적으로 추구하여 결국 왕위에 올랐다.

자료에서 피핀이 궁재직을 물려받은 점, 피핀이 신의 대리자인 교황의 권위를 빌리고자 교황과의 협력을 적극적으로 추구하여 왕위에 오른 점 등을 통해 (가) 왕조는 메로베우스 왕조임을 알 수 있다. 카롤루스 마르텔은 메로베우스 왕조의 궁재로 실권을 장악하고, 투르·푸아티에 전투에서 이슬람 세력에 승리하였다. 이후 그의 아들 피핀이 교황의 지지 속에 메로베우스 왕조의 왕을 몰아내고 카롤루스 왕조를 개창하였다.

2단계 유형 연습

▶ 24059-0065

1 밑줄 친 '왕조' 시기에 있었던 사실로 옳은 것은?

> 연이어 어린 왕들이 즉위하면서 왕조의 실질적인 권력이 점차 궁재에게 넘어갔다. 란덴의 피핀이 궁재가 된 이후 대체로 그의 집안에서 궁재를 세습하였다. 그의 외손자로 궁재에 오른 헤리스탈의 피핀은 왕국의 내분을 수습하며 전 지역에 영향력을 행사하였다. 그의 아들인 카롤루스 마르텔이 궁재이던 시기에는 이슬람 세력이 피레네산맥을 넘어 북진하였다. 이에 맞서 카롤루스 마르텔이 군대를 이끌고 투르·푸아티에 전투에서 승리를 거두었다. 그는 이후 일련의 전투를 통해 남부 갈리아의 대부분 지역에서 이슬람군을 몰아냈다.

① 앙리 4세가 낭트 칙령을 반포하였다.
② 찰스 1세가 권리 청원을 승인하였다.
③ 클로비스가 로마 가톨릭교로 개종하였다.
④ 카롤루스 대제가 서로마 황제의 관을 받았다.
⑤ 클레이스테네스가 도편 추방제를 마련하였다.

1단계 자료 분석

[2024학년도 수능]

신항로 개척을 주도한 두 국가는 세력권 분할을 위한 조약을 체결하였다. 분할선을 기준으로 서쪽은 콜럼버스의 항해를 후원한 (가) 의 영역으로, 동쪽은 바스쿠 다 가마의 인도 항로 개척을 지원한 (나) 의 영역으로 정하였다. 그 후 (가) 은/는 원주민 제국을 파괴하고 주로 태평양 연안 지역을 장악하였고, (나) 은/는 오늘날의 브라질에 해당하는 지역을 차지하였다.

신항로 개척을 주도한 두 국가 중 하나로 콜럼버스의 항해를 후원하였으며, 원주민 제국을 파괴하고 주로 태평양 연안 지역을 장악하였다는 내용을 통해 (가) 국가는 에스파냐, 바스쿠 다 가마의 인도 항로 개척을 지원하고, 오늘날의 브라질에 해당하는 지역을 차지하였다는 내용을 통해 (나) 국가는 포르투갈임을 알 수 있다.

2단계 유형 연습

▶ 24059-0066

2 (가), (나) 국가에 대한 설명으로 옳은 것은?

> 교황 알렉산데르 6세는 콜럼버스가 서인도 제도에 다녀온 제1차 항해 이후 그가 새로 발견한 모든 영토의 소유권을 항해를 지원한 (가) 의 페르난도와 이사벨라 공동 왕이 갖는다는 칙서를 발표하였다. 이들이 교황 즉위 과정에 큰 도움을 주었기 때문이다. 그러나 교황의 이 칙서는 3대에 걸쳐 아프리카 해안 탐험을 지원하고, 바르톨로메우 디아스가 아프리카 남단 항해에 성공할 수 있도록 후원한 (나) 의 노력을 무시하는 조치였다. 결국 두 국가의 군주들은 타협을 통해 토르데시야스 조약을 체결하여 세력권을 분할하였다.

① (가) - 잉카 제국을 멸망시켰다.
② (가) - 상수시 궁전을 건립하였다.
③ (나) - 무적함대를 격파하였다.
④ (나) - 콘스탄티노폴리스를 정복하였다.
⑤ (가)와 (나) - 백년 전쟁을 벌였다.

01
▶ 24059-0067

(가) 인물에 대한 설명으로 옳은 것은?

> 니케포로스 황제가 불가리아인들과의 전투에서 패배하고 죽임을 당한 이후 그의 사위 미카일이 황제가 되었다. 그때 [(가)   ]이/가 니케포로스 황제에게 보낸 사절단이 도착하였다. 이에 미카일 황제는 답례 사절단을 보내 니케포로스 황제 시기에 제안된 조약을 확정하고자 하였다. 아헨에 도착한 미카일 황제의 사절단은 그리스어로 연설하며 [(가)   ]을/를 '임페라토르이자 바실레우스', 즉 황제라 칭하였다. 이들은 돌아가는 길에 로마에도 들러 [(가)   ]을/를 서로마 황제로 대관한 교황 레오 3세에게 조약을 확인받았다.

① 메로베우스 왕조를 개창하였다.
② 유스티니아누스 법전을 편찬하였다.
③ 궁정 학교를 세워 고전 연구를 후원하였다.
④ 밀라노 칙령으로 크리스트교를 공인하였다.
⑤ 투르 · 푸아티에 전투에서 이슬람 군대를 물리쳤다.

02
▶ 24059-0068

밑줄 친 '이 관계'에 대한 설명으로 옳지 <u>않은</u> 것은?

> **사료로 보는 세계사**
>
> 나, 툴의 존은 본인이 트루아 백작 부인 베아트리스와 그의 아들 상파뉴 백작 테오발의 봉신임을 밝힙니다. 그러면서도 나는 쿠시의 앙조랑 경, 아르시의 존 경, 그리고 그랑프레 백작에게 또한 충성을 바칩니다. 만약 그랑프레 백작이 상파뉴 백작 부부와 자신의 문제로 전쟁을 벌이게 된다면 나는 그랑프레 백작을 직접 돕고, 상파뉴의 백작 부부에게는 그들을 수행할 기사들을 보낼 것입니다.
>
> --
>
> [해설] 이 사료는 <u>이 관계</u>에서 종종 나타났던 복잡한 상황을 잘 보여 준다. 사료에 나타난 봉신은 여러 명의 주군에게 충성을 바친다. 그래서 군사적 봉사가 핵심인 <u>이 관계</u>에서 자신의 주군들이 서로 전쟁을 벌일 경우에 충성을 바치는 위계와 방법도 미리 정해 놓고 있다.

① 지방 분권화를 촉진하였다.
② 봉토를 매개로 한 관계였다.
③ 둔전병 제도에 기반을 두었다.
④ 영지에서의 불입권을 보장하였다.
⑤ 상호 의무에 기반을 둔 계약 관계였다.

03
▶ 24059-0069

다음 자료를 활용한 탐구 활동으로 가장 적절한 것은?

> 레오 3세 황제 폐하
> 우리는 루피누스를 통해 황제께서 우리에게 보낸 편지를 받았습니다. 우리는 황제께서 예수와 관련된 성물들을 인정하기를 거부하고, 교황과 성인들의 모범을 따르지 않는 등 잘못을 고수하려고 하는 것에 깊은 유감을 표합니다. …… 사람들은 성화를 이용하여 어린아이들과 젊은이들, 그리고 이교도에게 신앙을 가르칩니다. 그러나 황제께서는 신도가 성화를 멀리하게 하고, 헛된 설교, 사소한 것들, 악기 연주, 딸랑이와 장난감으로 그들을 만족시키려 하며, 그들이 감사를 표하는 것이 아니라 어리석은 이야기를 듣는 것에 정신을 팔도록 합니다.
>
> 교황 그레고리우스 2세

① 동서 교회의 분열 과정을 파악한다.
② 보름스 협약을 체결하게 된 배경을 알아본다.
③ 십자군 전쟁 이후 교황권의 변화를 살펴본다.
④ 교황청이 아비뇽으로 옮겨진 이유를 조사한다.
⑤ 클뤼니 수도원이 전개한 개혁 운동의 결과를 찾아본다.

04
▶ 24059-0070

밑줄 친 '이들'에 대한 설명으로 옳은 것은?

> 파티마 왕조의 재상 알 아프달은 처음에 이들을 콘스탄티노폴리스의 황제가 요청하여 도착한 용병 정도로 여기고, 셀주크 튀르크와 싸우는 자신들에게도 도움이 될 것이라고 생각하였다. 이후 알 아프달은 셀주크 튀르크로부터 예루살렘을 빼앗고, 자신의 총독을 예루살렘에 파견하였다. 그리고 이들에게 언제든 예루살렘을 방문해도 귀한 손님으로 보호해 주겠다는 내용의 편지를 보냈다. 하지만 답장에는 보호가 아닌 예루살렘 자체를 원하며 지금 창을 높이 세우고 가고 있다는 내용이 담겨 있다. 결국 이들은 파티마 왕조로부터 예루살렘을 빼앗아 점령하고 예루살렘 왕국을 선포하였다.

① 탈라스 전투에서 패배하였다.
② 사산 왕조 페르시아를 멸망시켰다.
③ 바그다드에 입성하여 술탄의 칭호를 받았다.
④ 아바스 왕조를 무너뜨리고 훌라구 울루스를 수립하였다.
⑤ 클레르몽 공의회에서의 교황의 호소로 원정을 시작하였다.

05
▶ 24059-0071

(가) 전쟁 시기에 유럽에서 볼 수 있는 모습으로 적절한 것만을 〈보기〉에서 고른 것은?

그림으로 보는 전쟁의 역사

그림은 ___(가)___ 을/를 종결 짓는 전투로 알려진 카스티용 전투를 소재로 한 것이다. 왼쪽 진영의 깃발에는 발루아 왕가의 백합 문양이 그려져 있고, 오른쪽 진영의 깃발에는 발루아 왕가의 왕위를 요구하는 의미로 사자 문양에 백합 문양이 추가되어 있다. 발루아 왕가의 왕위 계승 문제와 플랑드르 지방에 대한 지배권을 두고 벌인 두 나라의 오랜 전쟁은 결국 영국의 패배로 막을 내렸다. 영국에게 남은 것은 칼레와 그 주변 지역뿐이었다.

| 보기 |

ㄱ. 아비뇽의 교황청을 방문하는 사제
ㄴ. 스위스에서 예정설을 전파하는 신교도
ㄷ. 흑사병의 창궐로 시골로 피난하는 귀족
ㄹ. 낭트 칙령 발표 소식에 기뻐하는 위그노

① ㄱ, ㄴ ② ㄱ, ㄷ ③ ㄴ, ㄷ
④ ㄴ, ㄹ ⑤ ㄷ, ㄹ

06
▶ 24059-0072

다음 상황을 배경으로 나타난 사실로 가장 적절한 것은?

작센의 선제후 프리드리히는 면벌부 판매로 인해 로마로 끊임없이 자금이 유출되는 상황에 심기가 불편하였다. 그는 면벌부 판매를 외국에서 이루어지는 교황청의 사업을 위해 독일인에게 매겨진 일종의 세금으로 여겼다. 특히 교황 레오 10세가 성 베드로 성당을 증축하기 위해 발행한 면벌부의 판매 책임은 독일의 마인츠 대주교 알브레히트가 맡았는데, 그 수입은 알브레히트 이외에도 교황청 및 그에게 자금을 대출해 준 푸거 가문으로 빠져나갔다.

---

① 루이 16세가 삼부회를 소집하였다.
② 루터가 95개조 반박문을 발표하였다.
③ 클로비스가 로마 가톨릭교로 개종하였다.
④ 위클리프가 교회의 세속화를 비판하였다.
⑤ 필리프 4세가 의회의 지지를 얻어 교황을 굴복시켰다.

07
▶ 24059-0073

(가) 인물에 대한 설명으로 옳은 것은?

당시 유럽인들은 아프리카 대륙 남쪽 끝이 미지의 남방 대륙과 연결되어 있어서 바다를 통해서 아시아로 가는 것은 불가능하다고 믿고 있었다. 아프리카 남쪽에 인도양으로 이어지는 바다가 열려 있다는 점을 확인해 준 희망봉의 발견은 유럽인들에게 매우 충격적인 사건이었다. 그리고 드디어 ___(가)___ 의 선단이 희망봉을 넘어 아시아 항해에 처음 성공함으로써 중세 이래 늘 신비의 땅, 환상적인 부의 지역으로 알려진 인도에 직접 가는 길이 열렸다. 당시 아시아의 바다에 들어간 유럽인들은 이미 그곳에 아주 잘 짜인 해상 교역망이 존재한다는 사실을 발견하였다.

---

① 항해법을 제정하였다.
② 동방견문록을 남겼다.
③ 포르투갈의 후원을 받았다.
④ 아스테카 제국을 정복하였다.
⑤ 서인도 제도로 가는 항로를 개척하였다.

08
▶ 24059-0074

(가) 국왕에 대한 설명으로 옳은 것은?

「무엇이 왕을 만드는가」라는 제목의 이 그림은 ___(가)___ 을/를 풍자한 것이다. 왼쪽에는 가발과 부르봉 왕가의 문양이 그려진 망토, 하이힐 등의 의상이 그려져 있고, 가운데는 볼품없는 노인의 모습이, 오른쪽에는 노인이 화려한 의상을 입고 국왕으로서의 품위를 갖추고 있는 듯한 모습이 그려져 있다. ___(가)___ 은/는 베르사유 궁전을 건립하고 수많은 초상화를 통해 신화적 이미지를 부여하는 등 국왕의 권위를 높이기 위해 여러 방면으로 주의를 기울였는데, 그러한 경향이 의상에도 과장된 방식으로 나타났던 것이다.

① 콜베르를 등용하였다.
② 철혈 정책을 시행하였다.
③ 대륙 봉쇄령을 발표하였다.
④ 계몽 전제 군주를 자처하였다.
⑤ 상트페테르부르크를 건설하였다.

1
▶ 24059-0075

(가), (나) 시기 사이에 있었던 사실로 옳은 것은?

> (가) 뷔르츠부르크의 주교 부르카르트 등으로 구성된 사절단은 교황 자카리아스에게 가서 조언을 구하였다. 그들이 왕의 칭호는 가지고 있으나 실질적인 권위가 없는 인물이 왕국을 다스리는 것에 관하여 묻자 교황은 실질적인 권력을 가진 자가 왕이라 불리는 것이 옳다고 답하였다. 이후 교황의 의중을 확인한 궁재 피핀은 기존의 왕을 몰아내고 새로운 왕조를 개창하였다.
>
> (나) 치열한 내전 끝에 세 형제는 베르됭에서 만나 왕국의 분할에 합의하였다. 카롤루스는 잉글랜드 방향 연안에서 뫼즈에 이르는 서쪽 지역을, 루도비쿠스는 동편, 즉 라인강까지 이르는 독일 지역을 받았으며 여기에 라인강 동쪽의 일부 도시와 영토들이 포함되었다. 마지막으로 맏형 로타리우스는 황제 칭호와 함께 중간 지역인 북해에서 이탈리아 지역에 이르는 길쭉한 땅을 받았다.

① 신성 로마 제국이 해체되었다.
② 투르·푸아티에 전투가 벌어졌다.
③ 서로마 제국이 오도아케르에게 멸망하였다.
④ 클뤼니 수도원이 교회 개혁 운동을 전개하였다.
⑤ 교황이 프랑크 왕국의 국왕을 서로마 황제로 대관하였다.

2
▶ 24059-0076

밑줄 친 '갈등'의 배경으로 옳은 것은?

> 주님의 종들 중의 종, 그레고리우스가 신앙의 수호자이신 모든 성직자와 독일 왕국의 귀족들에게 사도의 축복과 인사를 전합니다.
> 여러분들은 우리와 공동의 목적을 위해 함께하였고, 최근의 갈등에서 우리와 위험을 함께하였기 때문에 사건의 경과에 대해 여러분께 알려 드리는 것이 옳다고 생각하였습니다. 하인리히 4세가 이탈리아로 참회하러 온 과정과 그를 사면하게 된 과정에 대해 말입니다.
> 그는 이탈리아에 들어서기 전에 우리에게 자신의 잘못에 대한 완전한 참회와 시정을 약속하고 순종할 것을 다짐하였습니다. 우리는 협상 과정에서 지난날의 잘못에 대해 그를 엄하게 꾸짖었고, 그는 사흘에 걸쳐 눈물로 사죄하였습니다. 그때까지도 주저하던 우리는 그의 끊임없는 회개와 주변 사람들의 간청으로 결국 파문 결정을 거두고 그를 다시 교회의 품으로 받아들였습니다.

① 비잔티움 제국의 황제가 성상 파괴령을 내렸다.
② 교황이 세속 군주의 성직자 서임권을 금지하였다.
③ 프랑스 왕이 교회와 성직자에게 세금을 부과하려 하였다.
④ 교황이 성 베드로 성당 증축을 위해 면벌부를 판매하였다.
⑤ 클레르몽 공의회에서 교황이 성지 회복을 위한 전쟁을 호소하였다.

3

▶ 24059-0077

밑줄 친 '황제'에 대한 설명으로 옳은 것은?

벨리사리우스 장군은 북아프리카의 반달 왕국에 대한 원정에서 빠르게 승리를 거두었다. 장군은 막대한 전리품과 함께 콘스탄티노폴리스로 돌아왔다. 하지만 이어진 이탈리아 지역의 동고트 왕국 원정은 쉽지 않았다. 벨리사리우스에 이어 지휘관이 몇 차례나 바뀌었으며 프랑크 왕국과 랑고바르드족에서 모집된 용병의 도움으로 겨우 승리를 얻어 냈다. 이렇게 황제는 북아프리카와 이탈리아 전선에서 승리를 거두고 옛 로마 제국의 영토를 상당 부분 회복하였다. 하지만 동방의 사산 왕조 페르시아와의 전선 상황은 밝지 않았다. 카프카스 지역 등지에서 패권을 두고 전쟁을 벌이던 두 제국은 결국 다라에서 50년간의 평화 조약에 합의하였다.

① 밀레트 제도를 마련하였다.
② 성상 파괴령을 반포하였다.
③ 성 소피아 성당을 건립하였다.
④ 콘스탄티노폴리스로 천도하였다.
⑤ 교황으로부터 서로마 황제의 관을 받았다.

4

▶ 24059-0078

다음 자료를 활용한 탐구 활동으로 가장 적절한 것은?

날이 밝자 십자가와 성상을 든 탄원 행렬이 항복의 뜻을 전하고 정복자들에게 자비를 간청하였다. 궁전은 플랑드르 백작과 몬페라토 후작에게 점령되었고, 침략자들은 성스러운 주간에조차 약탈을 통해 배를 채웠다. 전리품의 규모는 과거의 경험이나 예상치를 훨씬 상회하였다. 이후 정복자들은 선거인단을 지명하여 황제를 선출하기로 하였다. 그들은 성령께 엄숙히 기도를 올린 후 심사숙고한 끝에 투표를 하였다. 결국 플랑드르 백작 보두앵이 콘스탄티노폴리스에서 황제 자리에 올라 라틴 제국이 수립되었다. 그는 로마 교황을 대공의회에 초청하는 한편 순례자들에 대한 축복과 용서를 구하였다. 교황 인노켄티우스 3세는 인간의 악덕을 규탄하고 신의 섭리를 찬양하며 정복자들은 앞으로의 행실에 따라 용서를 받거나 단죄받을 것이라고 답하였다.

① 러시아 원정의 배경을 찾아본다.
② 예수회를 창설한 인물을 알아본다.
③ 콘스탄츠 공의회의 결과를 파악한다.
④ 제4차 십자군 전쟁의 전개 과정을 조사한다.
⑤ 플랑드르 지방의 지배권을 둘러싼 전쟁을 탐구한다.

5

▶ 24059-0079

밑줄 친 '공의회'에 대한 설명으로 옳은 것은?

후스는 <u>공의회</u>가 열리는 도시에 도착하고 얼마 뒤 지기스문트왕의 안전 보장 약속에도 불구하고 투옥되어 재판을 받았다. 많은 보헤미아 귀족들이 탄원서를 제출했지만, 교회의 대분열을 수습하기 위해 합의한 지고한 권위를 후스가 인정하지 않고 자신의 주장을 고수한다는 이유로 <u>공의회</u>는 그의 사제직을 박탈하고 화형을 결정하였다. 후스의 처형은 잔혹할 뿐 아니라 어리석은 짓이기도 하였다. 보헤미아의 많은 이들은 후스를 억울하게 순교 당한 의연한 설교가로 여겼으며, 그는 보헤미아 민족주의의 중요한 상징이 되었다. 이후 보헤미아를 다스리게 된 지기스문트왕은 후스파와의 반란에 직면하여 오랫동안 곤욕을 치러야 하였다.

① 위클리프를 이단으로 규정하였다.
② 성지 회복을 위한 전쟁을 호소하였다.
③ 아타나시우스파의 교리를 정통으로 인정하였다.
④ 독일 제후에게 칼뱅파를 선택할 권리를 부여하였다.
⑤ 루터파 등에 의한 종교 개혁 확산을 배경으로 개최되었다.

6

▶ 24059-0080

(가) 국가에 대한 설명으로 옳은 것만을 〈보기〉에서 고른 것은?

  (가) 의 국왕은 쿠스코를 중심으로 한 제국 등을 정복한 후 아메리카의 은광 개발에 몰두하면서 큰 수익을 얻었다. 원칙적으로 광산의 생산물 중 5분의 1이 국왕 몫으로 정해졌는데, 물론 그 양이 정직하게 지켜지지는 않았지만 왕실의 재정에 큰 도움을 주었다. 포토시 은광을 비롯한 각지의 은광 개발로 (가) (으)로 들어온 은은 왕실의 정치 자금 및 전쟁 비용으로 쓰였다. 그러나 경제적 기반이 취약했기 때문에 결국 유럽의 다른 나라로 유출되었다. 이러한 은의 대량 공급은 유럽에 물가 폭등을 유발하기도 하였다.

┌─ **보기** ─
ㄱ. 아스테카 제국을 정복하였다.
ㄴ. 관세 동맹 결성을 주도하였다.
ㄷ. 마젤란 함대의 세계 일주를 지원하였다.
ㄹ. 바르톨로메우 디아스의 항로 개척을 후원하였다.
└──

① ㄱ, ㄴ   ② ㄱ, ㄷ   ③ ㄴ, ㄷ   ④ ㄴ, ㄹ   ⑤ ㄷ, ㄹ

7

▶ 24059-0081

밑줄 친 '이 칙령'에 대한 설명으로 옳은 것은?

> 왕위에 오르는 과정의 모든 혼돈과 무질서, 끔찍한 갈등에도 불구하고 나, 앙리 4세는 신의 섭리와 은총으로 즉위하였다. 백성들 사이에 분쟁과 혼란이 발생할 수 있는 여지를 완전히 없애기 위해 위그노들이 괴롭힘을 당하거나 박해받거나 종교를 이유로 행동에 제약을 당하는 일 없이 왕국의 모든 도시와 마을 그리고 지방에서 자유롭게 거주하고 생활할 것을 허락하노라. 또한 이 칙령을 준수하는 이들이 종교를 이유로 거주지와 길에서 수색당하는 일이 없을 것이다.

① 밀라노에서 크리스트교 공인에 합의하였다.
② 프랑스에서 일어난 종교 전쟁을 수습하였다.
③ 영국을 경제적으로 압박하기 위한 목적이었다.
④ 7년 전쟁으로 인한 재정 위기가 배경이 되었다.
⑤ 네덜란드가 독립 전쟁을 일으키는 계기가 되었다.

8

▶ 24059-0082

(가) 국가에 대한 설명으로 옳은 것은?

이 메달은 [(가)]이/가 무적함대를 물리친 후 제작된 것으로 메달의 앞면(왼쪽)에는 해전의 장면과 함께 '신께서 바람을 보내시니 그들이 흩어졌더라.'라는 글이 각인되어 있다. 이는 칼레 해전에서 패배하고 회항하던 무적함대가 남쪽에서 불어오는 거센 바람에 발이 묶이고, 이후 서쪽에서 폭풍이 몰아치면서 전투에서의 피해보다 더 큰 피해를 보게 된 상황을 보여 주고 있다.

① 콜베르를 중심으로 중상주의 정책을 펼쳤다.
② 레판토 해전에서 오스만 제국을 격파하였다.
③ 동인도 회사를 앞세워 해외 시장을 개척하였다.
④ 프로이센, 오스트리아와 함께 폴란드를 분할하였다.
⑤ 가톨릭 강요 정책에 반발하여 에스파냐로부터 독립하였다.

THEME 08 시민 혁명과 산업 혁명(1)

① 과학 혁명

(1) **개념** : 16~17세기에 일어난 과학의 발전과 세계관의 변화

(2) **배경** : 이슬람의 과학과 기술 수용, 르네상스 시대의 학문 발전 → 과학적 사고방식 발달

(3) **천문학 및 물리학의 발전**
① 코페르니쿠스 : 『천체의 회전에 관하여』에서 지동설 주장 → 천동설에 기초한 중세의 우주관 비판
② 케플러 : 행성의 운동이 태양을 중심으로 한 타원 운동임을 밝힘 (지동설 수정·발전)
③ 갈릴레이 : 망원경으로 천체를 관측하여 지동설 입증
④ 뉴턴 : '만유인력의 법칙' 발견, 천체 및 물체의 운동 법칙을 수학적으로 증명 → 기계론적 우주관 확립

(4) **의학의 발달** : 하비의 혈액 순환론 연구 등

② 근대 학문과 사상의 발전

(1) **근대 철학의 발전** : 과학 혁명으로 촉진된 과학적 방법론과 사고 방식을 인간 사회를 이해하는 데 적용

(2) **사회 계약설** : 자연 상태에 살던 개인들이 기본권을 보장받기 위해 합의나 계약을 맺어 국가와 사회가 출현하였다고 보는 이론
① 홉스 : 『리바이어던』 저술, 인간의 자연 상태를 '만인의 만인에 대한 투쟁'으로 파악, 절대 군주 옹호
② 로크 : 『시민 정부론』 저술, 자연권 보장을 위한 저항권 인정, 영국 명예혁명 정당화
③ 루소 : 『사회 계약론』 저술, 일반 의지 형성, 인민 주권의 원리 제시

(3) **계몽사상**
① 배경 : 과학 혁명의 성과 + 사회 계약설 등의 사상 → 18세기 유럽에서 확산
② 내용 : 이성 중시, 미신과 무지 배격, 불합리한 제도와 관습 타파 등을 통해 사회가 진보한다고 믿음
③ 계몽사상가

볼테르	관용의 원리·신앙과 언론의 자유 설파, 계몽 전제 군주의 개혁 지지
몽테스키외	입법·사법·행정의 삼권 분립 주장
루소	사회 계약에 따른 국가의 성립, 인민 주권의 이념 제시 → 프랑스 혁명에 영향
디드로, 달랑베르 등	『백과전서』 편찬 → 계몽사상의 확산에 기여

④ 의의 : 미국과 프랑스의 시민 혁명과 민주주의 이념에 영향

(4) **그 외 학문** : 애덤 스미스가 『국부론』에서 개인의 자유로운 경제 활동 주장 → 고전 경제학의 토대 마련

③ 영국 혁명

(1) **혁명의 배경** : 젠트리와 시민 계급의 성장, 청교도의 세력 확대 (의회에 진출), 제임스 1세의 전제 정치(스튜어트 왕조를 수립한 이후 왕권신수설을 내세우며 의회를 무시하고 청교도 탄압)

(2) **청교도 혁명**
① 발단 : 제임스 1세의 뒤를 이어 즉위한 찰스 1세가 의회와 대립하며 청교도 박해 → 의회가 권리 청원 제출(1628) → 국왕은 승인 후 의회 해산 → 스코틀랜드와의 전쟁 비용 마련 등을 위해 다시 의회 소집(1640)
② 전개 : 의회는 국왕을 비난하고 과세 요구 거부 → 국왕이 의회를 무력 탄압 → 왕당파와 의회파 사이에 내전 발생(1642) → 크롬웰이 이끄는 의회파 승리 → 찰스 1세 처형 → 공화정 수립(1649)
③ 크롬웰의 통치 : 아일랜드 원정, 항해법 제정(네덜란드 견제), 의회 해산, 호국경 취임 → 청교도 윤리를 앞세운 금욕적 독재 정치 실시
④ 왕정복고 : 크롬웰 사후 찰스 2세 즉위(1660)

(3) **명예혁명**
① 배경

찰스 2세	가톨릭교도 우대, 전제 정치 → 의회는 심사법·인신 보호법 제정으로 대응, 토리당(국왕 옹호)과 휘그당(의회 존중)의 대립
제임스 2세	심사법·인신 보호법을 무시하는 등 전제 정치 강화

② 전개 : 의회의 제임스 2세 폐위(1688) → 제임스 2세의 딸인 메리와 그녀의 남편인 윌리엄을 공동 왕으로 추대 → 권리 장전 승인(1689) 결과 의회 중심의 입헌 군주제 토대 마련

(4) **이후 변화** : 대영 제국의 수립(앤 여왕 때 스코틀랜드 병합), 하노버 왕조의 수립(조지 1세, "왕은 군림하나 통치하지 않는다."라는 원칙 확립, 내각 책임제 시행)

④ 미국 혁명

(1) **혁명 전의 북아메리카**
① 이주 : 17세기부터 신앙의 자유와 경제적 기회를 찾아 영국인들이 이주해 옴
② 식민지 건설 : 동부 해안에 13개의 영국 식민지 형성 → 식민지는 독자적인 의회 구성 등 자치를 누림

(2) **혁명의 배경** : 7년 전쟁으로 영국의 재정난 심화 → 식민지에 인지세·차세 등 각종 세금 부과, 중상주의 정책 강화 → 식민지의 납세 거부 운동 전개("대표 없는 곳에 과세할 수 없다.") → 보스턴 차 사건(1773) → 영국 정부가 보스턴항을 폐쇄하며 강경 조치

(3) 혁명의 전개

① 제1차 대륙 회의(1774) : 식민지 대표들이 필라델피아에 모여 영국에 항의

② 렉싱턴 전투 : 영국군과 식민지 민병대 간의 무력 충돌(1775)

③ 제2차 대륙 회의 : 워싱턴을 총사령관으로 임명, 독립 선언문 발표(1776. 7. 4.)

④ 독립 전쟁 : 초반 열세 → 프랑스, 에스파냐 등의 지원 → 요크타운 전투 승리(1781) → 파리 조약(1783)으로 독립 승인

(4) 미합중국의 성립

① 헌법 제정 : 연방주의, 삼권 분립, 공화주의에 입각한 연방 헌법 제정

② 정부 수립 : 워싱턴을 초대 대통령으로 선출(1789)

③ 의의 : 자유주의와 민주주의에 기초한 공화국 수립, 프랑스 혁명에 영향을 끼침

⑤ 프랑스 혁명

(1) 혁명 전의 프랑스

① 구제도의 모순 : 절대 왕정, 가톨릭교회, 신분제에 기초한 사회

성직자, 귀족	제1, 2 신분으로 면세 특권을 누리며 고위직과 대토지 차지
평민	제3 신분으로 인구의 절대다수 차지, 과중한 세금 부담, 정치에서 소외

② 시민 계급 성장 : 상공업자들의 부 축적, 계몽사상 수용

③ 정부 재정 위기 : 잦은 전쟁과 미국 혁명에 대한 지원으로 재정 적자 심화

(2) 혁명의 발발과 전개

① 발발 : 루이 16세가 재정 위기 해소를 위해 삼부회 소집 → 표결 방식을 둘러싼 각 신분 대표들 간의 대립(제1 신분과 제2 신분은 신분별 표결, 제3 신분은 머릿수 표결 주장) → 국민 의회 결성과 '테니스코트의 서약' → 국왕의 국민 의회 탄압

② 파리 민중의 봉기 : 바스티유 함락(1789. 7. 14.) → 혁명의 확산과 농민 봉기

③ 국민 의회

• 봉건제 폐지 선언

• 「인간과 시민의 권리 선언(인권 선언)」 발표

• 루이 16세와 왕비가 국외로 탈출하려다 체포됨(1791. 6.) → 민중의 반감 자극

• 헌법 제정(1791. 9.) : 입헌 군주제, 재산에 따른 제한 선거제 → 입법 의회 구성

④ 입법 의회 : 오스트리아·프로이센의 군사적 위협 → 오스트리아에 선전 포고 → 혁명전쟁 발발(1792)

(3) 혁명의 급진화

① 혁명전쟁 발발 → 물가 상승, 식량 부족 → 파리의 민중(상퀼로트) 봉기 → 왕궁 습격 → 왕권 정지

② 국민 공회 : 공화정 선포(제1 공화정) → 루이 16세 처형 → 급진파인 자코뱅파가 온건파인 지롱드파를 꺾고 권력 장악, 공화제와 보통 선거제에 기초한 헌법 제정

③ 자코뱅파의 독재와 공포 정치 : 로베스피에르를 중심으로 자코뱅파는 혁명 재판소·공안 위원회를 통해 공포 정치 실시

④ 테르미도르 반동(1794) : 공포 정치에 대한 반발, 로베스피에르 처형 → 총재 정부 수립(1795)

⑤ 총재 정부 : 5명의 총재가 주도하는 집단 지도 체제 등장

(4) 혁명의 의의

① 시민 사회의 토대 마련 : 자유, 평등, 우애의 이념 아래 구제도 타파

② 인간의 보편적 권리 확립 : 인권 선언

⑥ 나폴레옹 시대

(1) 나폴레옹의 집권

① 통령 정부 : 나폴레옹이 쿠데타로 권력 장악 → 제1 통령 취임(1799)

② 대외 정책 : 오스트리아 격파, 영국과 휴전 → 대프랑스 동맹 와해

③ 내정 개혁

• 프랑스 은행 설립

• 『나폴레옹 법전』 편찬 → 시민 사회의 새로운 규범 제시

• 국민 교육 제도 정비

(2) 제1 제정 시대

① 제1 제정의 성립 : 국민 투표를 통해 나폴레옹이 황제에 즉위(1804)

② 유럽 대륙 제패 : 트라팔가르 해전(1805)에서 영국에 패배하였으나, 오스트리아·러시아 등에 승리 → 신성 로마 제국 해체

(3) 나폴레옹의 몰락

① 대륙 봉쇄령 : 영국과의 통상 금지 등을 규정 → 러시아가 이를 어기고 영국과 통상

② 러시아 원정(1812) : 러시아의 후퇴 전술과 기습 작전 → 퇴각

③ 대프랑스 동맹군과의 전투에서 프랑스군의 패배 → 나폴레옹의 퇴위와 유배

④ 나폴레옹의 재집권 → 워털루 전투(1815)에서 영국·프로이센 등의 연합군에 패배

(4) 나폴레옹 전쟁의 영향

① 프랑스 혁명 이념의 전파 : 자유주의 이념의 확산 → 구체제에 대한 저항

② 민족주의의 확산 : 프랑스의 침략에 대한 저항 의식 → 유럽 각국의 민족주의 고양

1단계 자료 분석

그들은 국왕 찰스 1세가 단지 세워진 관료에 불과하고, 주권은 인민에게 있다고 주장하였다. 그리고 전쟁을 일으켜 인민의 재산을 파괴하고, 인민에게 피를 흘리게 하였으며, 공익을 위해 사용하도록 인민이 맡긴 위임을 배반하고 자신과 가족의 이익을 위해 주권자의 지위, 전쟁과 화평의 권한을 훔쳤다는 비난을 찰스 1세에게 퍼부었다. 1월 26일에는 판결문이 만들어졌고, 1월 27일에는 선고가 내려졌다. …… 찰스 1세는 1월 30일, 그가 평소에 아끼던 화이트홀 궁전의 연회실 밖에서 처형되었다.

– 김중락, 「국왕 죽이기 : 잉글랜드 찰스 1세의 재판과 반역법」 –

찰스 1세는 청교도를 탄압하고 의회를 무시하는 전제 정치를 펼쳤다. 이에 젠트리와 시민 계급을 중심으로 한 의회는 자의적 과세를 금지하는 내용의 권리 청원을 제출하였다. 권리 청원을 승인한 찰스 1세는 의회를 해산하였고, 이후 의회파와 왕당파 간의 갈등은 결국 내전으로 이어졌다(1642, 청교도 혁명). 처음에는 왕당파가 우세하였으나, 의회파를 이끈 크롬웰이 왕당파 군대를 격파한 후 찰스 1세가 처형되고 공화정이 수립되었다(1649).

2단계 유형 연습

▶ 24059-0083

1 (가) 국왕에 대한 설명으로 옳은 것은?

      (가)   은/는 의회의 간섭을 배제하고자 국왕이 가진 특권을 이용해 징세함으로써 세수를 늘렸다. …… 1634년에는 연안에 위치하는 주에 선박세*를 부과하였다. 이는 의회가 간섭할 수 없는 국왕의 특권에 속하였다. …… 이후 왕권을 절대화하려는 그의 시도는 난관에 부딪혔다. 의회권과 왕권의 다툼, 지역 간의 갈등이 종교 분쟁과 겹쳐서 진행되었다. 마침내   (가)   은/는 1649년에 의회의 결정에 따라 처형당하였다. 이로써 의회가 주도하는 공화정이 선포되었다.

* 선박세 : 해군의 비용을 충당한다는 명목으로 항구나 연안 지역에 부과한 세금

① 호국경에 취임하였다.   ② 청교도를 탄압하였다.
③ 권리 장전을 승인하였다.   ④ 대륙 회의를 개최하였다.
⑤ 하노버 왕조를 개창하였다.

1단계 자료 분석

[2024학년도 수능]

시에예스를 비롯한 일단의 정치가들이 이탈리아 원정 등으로 인기가 높았던 장군을 앞세워 정변을 일으켰다. 파리 각지에 병력이 배치되고 정부에 대한 압박이 이루어지는 가운데 5명의 총재 중 3명이 스스로 물러났고 사임을 거부한 2명은 감금되었다. 다음 날 정변 주도자들은 의회에서 근위대를 동원하여 반대파의 저항을 무력으로 제압하였다. 곧이어 시에예스 등은 반대파 의원들을 자코뱅으로 규정하여 축출하였고 새로운 헌법 제정에 착수하였다. 이에 대의제, 소유권, 평등권, 자유권 등을 담은 헌법이 제정되었고, 이를 토대로 새로운 정부가 공식적으로 수립되었다.

자료에서 정변이 발생한 점, 5명의 총재가 권력을 상실한 점 등을 통해 밑줄 친 '새로운 정부'가 통령 정부임을 알 수 있다. 국민 의회가 제정한 헌법에 따라 입법 의회가 수립되었다. 입법 의회는 오스트리아에 선전 포고함으로써 혁명전쟁을 시작하였으나, 상퀼로트가 주도한 왕궁 습격 사건 이후에 국민 공회로 대체되었다. 국민 공회는 공화정을 선포하고 루이 16세를 처형하였으며, 권력을 잡은 로베스피에르와 급진적인 자코뱅파는 공안 위원회와 혁명 재판소를 통해 공포 정치를 펼쳤다. 테르미도르 반동 이후 국민 공회를 대신하여 5명의 총재가 이끄는 총재 정부가 들어섰다. 그러나 식량 부족과 물가 폭등 등의 당면 문제를 해결하는 데 무능함을 드러낸 총재 정부는 이탈리아 원정 등으로 인기가 높았던 나폴레옹을 중심으로 한 쿠데타로 무너지고, 결국 통령 정부가 수립되었다.

2단계 유형 연습

▶ 24059-0084

2 다음 법령을 제정한 의회에 대한 설명으로 옳은 것은?

1. 이 순간부터 공화국의 땅에서 적을 몰아낼 때까지 모든 프랑스인에 대하여 군 복무를 위한 영구 징발을 단행한다. 젊은 남자들은 전장으로 가야 한다. 기혼 남자들은 무기를 만들고 군수품을 수송해야 한다. 여자들은 텐트와 옷을 만들고 병원에서 일해야 한다. 어린이들은 낡은 아마포를 재활용하는 일을 해야 한다. 나이 든 사람들은 공공장소에서 전사들의 용기를 북돋우고 군주에 대한 증오심과 공화국의 단합을 설교해야 한다.

        ……

5. 공안 위원회는 모든 종류의 무기를 제작하는 데 필요한 조치를 취한다. 작업 수행에 필요한 장소, 공장, 그 밖의 다른 기관들이 공화국 전역에서 징발되며, 필요한 기술을 지닌 장인과 노동자도 징발된다.

① 루이 16세를 처형하였다.
② 미국의 독립 전쟁을 지원하였다.
③ 영국군과 렉싱턴에서 충돌하였다.
④ 항해법을 제정하여 네덜란드를 견제하였다.
⑤ 오스트리아에 선전 포고하고 혁명전쟁을 시작하였다.

01
▶ 24059-0085

(가) 인물에 대한 설명으로 옳은 것은?

> 1684년 8월, ___(가)___ 은/는 케임브리지를 방문한 에드먼드 핼리에게서 행성이 태양으로부터 거리의 제곱에 반비례하는 인력을 받는 경우 어떤 궤적을 그리는지에 대해 질문을 받았다. 타원이라고 답한 그는, 이 만남을 계기로 행성의 궤도에 대한 논문을 같은 해 12월 핼리를 통해 왕립학회에 제출하였다. 라틴어로 쓰인 이 논문이 「물체의 궤도 운동에 관하여」이다. 이후 이 논문은 ___(가)___ 이/가 만유인력의 법칙을 발견하여 처음 소개한 『자연 철학의 수학적 원리』, 즉 『프린키피아』로 발전하게 된다.

① 스콜라 철학을 집대성하였다.
② 기계론적 우주관을 확립하였다.
③ 혈액 순환의 원리를 입증하였다.
④ 콘스탄츠 공의회에서 이단으로 지목받았다.
⑤ 유토피아를 집필하여 영국 사회를 비판하였다.

02
▶ 24059-0086

(가)에 들어갈 내용으로 가장 적절한 것은?

> 기업주들은 공공의 이익을 증진하려고 일하는 것이 아니며, 그들은 자신들이 얼마나 공공의 이익을 증진하는지 알지도 못한다. …… 그들은 오로지 자신의 이득만을 추구하는데, 여기서 '보이지 않는 손'에 의해 자신이 전혀 의도하지 않았던 공적 목적이 달성되는 것이다.   ― 『국부론』 ―

18세기 인물인 이 책의 저자는 ___(가)___

① 중상주의 정책을 추진하였습니다.
② 인민 주권의 원리를 제시하였습니다.
③ 백과전서의 편찬 사업을 주도하였습니다.
④ 낭트 칙령이 폐지되면서 국외로 망명하였습니다.
⑤ 정부의 시장 개입을 최소화해야 한다고 주장하였습니다.

03
▶ 24059-0087

밑줄 친 '그'에 대한 설명으로 옳은 것은?

> 최고 권력은 군대와 그 지도자인 그에게 있었으며, 이론적으로 입법권은 '프라이드의 숙청*'에서 살아남은 의원들로 구성된 의회에, 행정권은 재판관, 군 장교 등이 포함된 국무 회의에 있었다. 즉, 형식상으로 이제 국가의 정치 체제는 의회와 국무 회의로 운영되는 공화정이 된 것이다. 그는 1653년부터 세상을 떠난 1658년까지 국가 원수이자 호국경으로서, 의회가 채택한 『통치 장전』과 이후 이를 대체한 『겸손한 청원과 조언』이라는 두 개의 헌법으로 국가를 통치하였다.
>
> * 프라이드의 숙청 : 군 지휘관인 프라이드가 주도한 사건으로 다수의 의원이 체포되거나 의원직을 강제 박탈당함

① 예수회를 설립하였다.
② 권리 청원을 승인하였다.
③ 상수시 궁전을 축조하였다.
④ 네덜란드 견제 정책을 추진하였다.
⑤ 메리 공주와 공동 왕으로 추대되었다.

04
▶ 24059-0088

다음 자료를 활용한 탐구 주제로 가장 적절한 것은?

> 독일에서 나고 자란 조지 1세는 영어를 못했고 하노버를 다스리기 위해 자주 런던을 비웠기 때문에, 내각 회의에 참석하지 못하는 경우가 많았고 사후에 회의 결과를 서면으로 보고 받곤 하였다. 왕이 불참하면 내각 회의는 꼭 왕궁 안에서 개최될 필요가 없었다. 회의가 열리는 곳은 으레 수상의 집이 되었다. 어느 날 공주가 "폐하, 사람들은 내각이 모든 것을 다하고 폐하는 아무것도 하지 않는다고 생각합니다."라고 말했는데, 왕은 그저 미소만 지을 뿐이었다. 이처럼 조지 1세 때부터 영국에서는 '왕은 군림하나 통치하지 않는다.'라는 불문율이 형성되었다.

① 영국 국교회의 확립
② 내각 책임제의 기원
③ 장미 전쟁의 전개 과정
④ 인신 보호법의 제정 의도
⑤ 젠트리의 성장과 청교도의 의회 진출

05

▶ 24059-0089

(가) 국가에 대한 설명으로 옳은 것은?

> 국왕은 우리 사이에 내란을 선동하였고, 분별없이 파괴를 일삼
> 는 무자비한 인디언 야만인들을 우리 변경에 거주시키려 하였
> 다. …… 우리는 ___(가)___ 의회가 우리에 대한 사법권을
> 부당하게 확대하려는 시도에 맞서 여러 차례 경고하였다. ……
> 이에 전체 회의에 모인 우리 아메리카 제주(諸州) 연합의 대표
> 들은 우리의 공정한 의도를 세계의 최고 심판에 호소하며, 선량
> 한 인민의 이름과 권능으로 엄숙히 발표하고 선언한다. 이 연합
> 에 소속된 13개 식민지는 모두 자유롭고 독립된 국가이며, 당연
> 히 그러한 국가여야 한다. 또한 이 연합의 모든 식민지는
> ___(가)___ 왕권에 대한 충성의 의무에서 면제되고,
> ___(가)___ 와/과 체결된 모든 정치적 관계는 완전히 해소
> 되며, 당연히 그렇게 되어야 한다.

① 베르사유 궁전을 축조하였다.
② 레판토 해전에서 승리하였다.
③ 7년 전쟁으로 재정난이 심화하였다.
④ 바스쿠 다 가마의 항해를 후원하였다.
⑤ 파리 조약을 통해 독립을 인정받았다.

06

▶ 24059-0090

(가) 사람들에 대한 설명으로 옳은 것은?

> 국가가 생존하고 번영하기 위해서는 무엇이 필요한가? 개인의
> 활동과 공적 작용이 필요하다. 개인의 모든 활동은 네 가지로
> 분류할 수 있다. 첫 번째는 농촌에서 이루어지는 활동이다. 두
> 번째는 일차적 원료에 다소 복합적인 이차적 가치를 추가하는
> 수공업이며, 세 번째는 생산과 소비 사이에서 자연스럽게 생겨
> 나는 유통업과 상업이다. 마지막 네 번째 활동에는 가장 높게
> 평가받는 학술 연구에서부터 가장 사소한 것으로 평가받는 가
> 사 노동까지 포함된다. 그러면 프랑스에서 누가 이러한 활동을
> 하는가? ___(가)___(이)다. 공적 작용 또한 군사, 법률, 종
> 교, 행정의 네 가지로 분류할 수 있다. 굳이 자세히 살펴보지 않
> 아도 현재 프랑스의 공적 작용 영역에서 ___(가)___ 이/가
> 20분의 19를 차지하고 있으며, 특권 신분이 꺼리는 매우 힘들고
> 고된 일들을 이들이 담당하고 있음을 알 수 있다. 그런데도 공
> 적 작용을 통해 큰 이익을 누리는 지위나 직책은 모두 특권 신
> 분이 점유하고 있다.
> ― 시에예스 ―

① 에스파냐에 맞서 독립 전쟁을 주도하였다.
② 삼부회가 소집되자 머릿수 표결을 요구하였다.
③ 아우크스부르크 화의를 통해 신앙을 인정받았다.
④ 남쪽으로 이동하여 노르망디 공국을 수립하였다.
⑤ 베르됭 조약과 메르센 조약이 체결되면서 분열하였다.

07

▶ 24059-0091

(가) 인물에 대한 설명으로 옳은 것은?

> 혁명력 2년 테르미도르 9일, 자타가 공인한 국민 공회의 '주인'
> ___(가)___ 이/가 실각하였다. 이날 첫 발언자로 나선 생쥐
> 스트가 준비한 보고서를 읽기 시작하자, 동료 의원 탈리앵이 연
> 단에 뛰어올라 그를 밀어냈다. 비요바렌은 '새로운 5월 31일*이
> 도래하였다.'라고 외치면서 지롱드파의 최후를 기억하는 의원들
> 에게 두려움을 불러일으켰다. …… ___(가)___ 은/는 여러
> 차례 발언을 시도하였으나 의장 콜로데르부아의 제지와 독재자
> 타도를 외치는 의원들의 고함에 막혀 좌절되었다. 제대로 된 항
> 변조차 해보지 못한 그는 생쥐스트, 쿠통, 르바, 동생인 오귀스
> 탱과 함께 체포되어 이튿날 처형되었다.
>
> * 5월 31일 : 1793년 파리 시민의 봉기로 지롱드파가 축출되었는데 이 봉
> 기가 5월 31일에 시작되었음

① 수장법을 통해 국왕이 교회의 수장임을 선포하였다.
② 오스트리아에 선전 포고하여 혁명전쟁을 시작하였다.
③ 청교도 윤리를 앞세워 금욕적 독재 정치를 시행하였다.
④ 프랑스 은행을 설립하고 국민 교육 제도를 정비하였다.
⑤ 혁명 재판소와 공안 위원회를 통해 반혁명 세력을 탄압하였다.

08

▶ 24059-0092

밑줄 친 '그'에 대한 설명으로 옳은 것은?

> 그는 틸지트에서의 엄숙한 약속을 러시아의 알렉산드르 1세가
> 위반하고 있다고 지적하면서, 만일 러시아가 영국이나 영국 식
> 민지로 상품을 수송하는 중립국 선박에 대해 항구를 열어 주고
> 영국과 평화를 유지한다면 전쟁은 피할 수 없을 것이라고 경고
> 하였다. 그런데 알렉산드르 1세가 중립국 선박에 항구를 개방함
> 으로써 자신의 대륙 봉쇄령을 위반하자, 그는 공세로 전환하여
> 1811년 1월과 3월에 독일과 북부 이탈리아 지역에서 각각 '대육
> 군' 건설에 착수하였다.

① 스코틀랜드를 병합하였다.
② 신성 로마 제국을 해체하였다.
③ 상트페테르부르크를 건설하였다.
④ 트라팔가르 해전에서 승리하였다.
⑤ 대륙 회의를 통해 총사령관으로 임명되었다.

1

▶ 24059-0093

(가) 인물에 대한 설명으로 옳은 것은?

> 내전이 일어나 군주가 왕위에서 축출되었다. 의회를 적으로 선언했던 군주는 반역죄로 처형당하였다. 이 같은 상황에서 ___(가)___ 은/는 『리바이어던』을 저술하여 자연 상태에 있어 전쟁에 대한 공포와 평화에 대한 희구(希求)를 강조하며 주권자의 절대성을 옹호하였다. 그는 자연 상태에서 상호 간 전쟁 상태에 놓인 사람들이 이에 따른 공포로 인하여 주권자를 통해 보호받기로 한 것이므로, 주권자의 절대적 권력은 정당하다는 결론을 제시하였다. 하지만 이런 논리는 당대에도 쉽게 동의받기 어려웠을 것으로 보이는데, 내전 자체에 반대하는 일종의 반전 운동이 전개될 정도로 당시 잉글랜드 사람들은 공포에 압도당하지 않은 채 일정 수준의 자율성을 유지하고 있었다.

① 튜더 왕조를 개창하였다.
② 국가 제일의 공복임을 자처하였다.
③ 입법·사법·행정의 삼권 분립을 제안하였다.
④ 국가의 존립 근거를 사회 계약으로 설명하였다.
⑤ 시민 정부론을 저술하였으며 명예혁명을 정당화하였다.

2

▶ 24059-0094

다음 자료를 활용한 탐구 활동으로 가장 적절한 것은?

> • 우리가 대중 앞에 내놓는 『백과전서』는 여러 학자의 공동 저작이다. 그들은 모두 높은 평가를 받는 인사들이며, 또한 그만한 평가를 받을 만하다. …… 따라서 우리는 힘에 벅찬 이 무게를 경솔하게 홀로 지려 하지 않으며, 편집자로서 우리의 역할은 주로 우리에게 제공된 자료를 정리하는 데 있다고 선언한다.
>
> – 달랑베르 –
>
> • 국가 수립의 목적인 공공의 복지에 따라서 국가의 모든 힘을 이끌 수 있는 것은 일반 의지뿐이다. 개개인의 이해관계가 서로 대립하여 사회의 설립이 필요하게 된 것이라면, 설립된 사회는 개개인의 이해관계가 조정되는 상황에서만 유지될 수 있기 때문이다. 사회는 오직 이와 같은 공통의 이해관계를 바탕으로 통치되어야 한다. 주권이라는 것은 다름 아닌 일반 의지의 행사이므로 결코 양도될 수 없다.
>
> – 루소 –

① 베스트팔렌 조약의 종교적 의의를 파악한다.
② 계몽사상이 서유럽에 끼친 영향을 살펴본다.
③ 신항로 개척과 가격 혁명의 상관관계를 분석한다.
④ 로마네스크 양식이 유행할 수 있었던 이유를 알아본다.
⑤ 마키아벨리가 강력한 군주의 필요성을 역설한 배경을 조사한다.

3

▶ 24059-0095

다음 편지가 작성된 시기를 연표에서 옳게 고른 것은?

> 존 펠에게
>
> ……
>
> 얼마 전의 사태는 그만큼 긴박하였습니다. 만일 의회가 2~3일만 더 열렸더라도 런던과 지방을 막론하고 스튜어트 가문의 후손에게 매우 유리한 상황이 전개되었을 것입니다. 이미 1만 명의 군대가 영국 상륙을 준비하고 있었고, 또 다른 1만 명의 군대가 의회에 동조자가 있으리라는 예상으로 왕정복고를 요청하는 추악한 진정서를 제출하러 나타났을 겁니다. 그러나 과감한 의회 해산을 통해 이 같은 여러 음모를 미연에 방지하고 공화정을 지켜 낼 수 있었습니다.
>
> ……
>
> 사무엘 하틀립 보냄

(가)	(나)	(다)	(라)	(마)
동인도 회사 설립	제임스 1세 즉위	권리 청원 제출	찰스 1세 처형	심사법 제정	권리 장전 승인

① (가)　　　② (나)　　　③ (다)　　　④ (라)　　　⑤ (마)

4

▶ 24059-0096

밑줄 친 '이 회의'에서 제창되었을 구호로 가장 적절한 것은?

> 이 회의에 참석한 우리는 국왕 폐하와 정부에 따뜻한 애정과 의무의 감정을 바치며, 현재 국교회를 흡족한 마음으로 신봉하며, 식민지의 미래를 깊이 걱정하고 있습니다. 그동안 우리가 거주하고 있는 식민지의 여러 사정을 신중히 고려한 결과, 식민지인의 기본적인 권리와 자유에 관하여, 그리고 최근 본국 의회가 제정한 몇몇 법률로 인해 발생한 식민지인의 생활상 불만에 관하여 우리의 소박한 견해를 다음과 같이 밝히는 것이 당연하다고 생각합니다.
>
> 1. 식민지에 사는 국왕 폐하의 신민은 본국에서 출생한 신민과 마찬가지로 폐하께 충성과 의무를 다하고 있으며, 존경하는 의회에 대해서도 정당한 복종의 의무를 지고 있습니다.
>
> ……
>
> 8. 의회가 최근 제정한 '아메리카 식민지에서 인지세와 그 밖의 세금을 인허 및 적용하는 법률' 때문에 식민지 주민에게 전에 없던 세금이 부과되고 있으며, 이 법률은 식민지인의 권리와 자유를 억압하려는 의도를 명백히 드러내고 있습니다.
>
> 9. 의회가 최근 제정한 법률이 부과하는 세금은 식민지의 특수한 사정 때문에 매우 과중하여 불평과 불만을 불러일으킬 것이며, 또한 은화와 금의 부족으로 실제 세금 징수는 거의 불가능할 것입니다.

① 국왕 폐하가 곧 국가이다!

② 네덜란드의 독립을 승인하라!

③ 대표 없는 곳에 과세할 수 없다!

④ 구원은 신에 의해 미리 정해져 있다!

⑤ 프로이센에 빼앗긴 슐레지엔을 되찾자!

5

▶ 24059-0097

다음 요구가 제기된 이후의 사실로 옳은 것은?

> 국왕은 자신의 이익과 국민의 이익을 분리하였습니다. 그래서 우리는 국왕처럼 그의 이익과 우리의 이익을 분리하겠습니다. 국왕은 국내외의 적에게 공식적으로 대항하지 않았습니다. 대신 그는 끝없이 헌법에 불복종하는 행위를 저질렀습니다. 이런 왕이 존재하는 한 우리의 자유는 뿌리내리지 못할 것입니다. 우리는 자유롭게 살고 싶습니다. 조국이 위험에 처해 있기에 우리는 아직 남아 있는 관용을 최대한 발휘하여 의회가 루이 16세를 무력화시키리라고 희망하였습니다. 그러나 헌법은 이러한 희망을 막아섰습니다. 루이 16세는 끊임없이 헌법을 내세웠습니다. 이제 우리 차례가 되었고, 우리도 헌법을 원용하여 다음과 같이 말하겠습니다. 우리는 루이 16세의 폐위를 요구합니다.
> – 파리 시장 제롬 페티옹 드 빌뇌브 –

① 전제 정치의 상징인 바스티유가 함락되었다.
② 재정 위기 해결을 위해 삼부회가 소집되었다.
③ 상퀼로트의 왕궁 습격으로 왕권이 정지되었다.
④ 국민 의회가 구성되어 테니스코트의 서약을 단행하였다.
⑤ 입헌 군주제에 기초한 헌법 제정으로 입법 의회가 구성되었다.

6

▶ 24059-0098

(가) 인물에 대한 설명으로 옳지 않은 것은?

> ☐ (가) ☐ 은/는 시에예스가 제시한 신헌법 초안을 거부하고 자신이 확고하게 실질적 권력을 독점할 수 있도록 헌법안을 고칠 것을 도누에게 지시하였다. 도누는 공화력 3년 헌법의 주요 작성자 중 한 사람이었는데, 공화력 8년 헌법에서도 그가 작성한 초안이 제헌 위원회의 승인을 받은 바 있었다. 이렇게 수립된 정부는 장관, 대사를 비롯한 모든 공무원의 임명권을 독점하고 법안 제출 권한을 갖는 제1 통령에 ☐ (가) ☐ 을/를, 그리고 그의 결정에 대해 회의록에 이견을 기록할 권한만을 갖는 제2 통령과 제3 통령으로 각각 캉바세레스와 르브룅을 임명하였다. …… ☐ (가) ☐ 은/는 사실상 호민원, 입법원, 원로원으로 나뉜 입법부의 구성원을 선택할 수 있게 되었다. 거수기에 불과한 보조 통령 2명과 보조 의원 수백 명을 거느리는 제1 통령으로서 명실상부한 절대 권력자가 된 것이다.

① 대륙 봉쇄령을 단행하였다.
② 워털루 전투에서 패배하였다.
③ 테르미도르 반동을 주도하였다.
④ 국민 투표로 황제에 즉위하였다.
⑤ 엘바섬을 탈출하여 재집권하였다.

시민 혁명과 산업 혁명(2)

1 빈 체제와 자유주의의 확산

(1) 빈 회의(1814~1815)

① 참가국 : 오스트리아, 영국, 프로이센, 러시아, 프랑스 등(오스트리아의 메테르니히 주도)

② 기본 원칙 : 유럽의 질서를 프랑스 혁명 이전으로 되돌리려 함

③ 영향 : 자유주의와 민족주의 운동 탄압, 신성 동맹(오스트리아, 프로이센, 러시아), 4국 동맹(신성 동맹 국가 + 영국) 결성

(2) 각국의 자유주의 · 민족주의 운동

① 독일 : 부르셴샤프트(학생 조합)의 활동

② 그리스 : 오스만 제국에 맞서 독립 운동 전개 → 러시아, 영국, 프랑스 정부와 유럽 지식인들의 지원으로 독립

③ 러시아 : 데카브리스트의 봉기(입헌 군주제 지향 → 실패, 1825)

④ 이탈리아 : 카르보나리당(단)의 활동

⑤ 라틴 아메리카 : 독립 운동 전개, 미국의 지지(먼로 선언, 1823)

2 프랑스의 자유주의 운동

(1) 7월 혁명과 2월 혁명

	7월 혁명(1830)	2월 혁명(1848)
배경	샤를 10세의 전제 정치(언론 탄압 · 의회 해산)	노동자 계층 성장, 부유한 시민에게만 선거권 부여
전개	자유주의자들과 파리 시민 봉기, 샤를 10세 추방(부르봉 왕조 붕괴)	중하층 시민과 노동자들이 봉기 (선거권 확대 요구)
결과	루이 필리프 즉위, 입헌 군주제 수립(7월 왕정)	7월 왕정 붕괴, 제2 공화정 수립 (대통령에 루이 나폴레옹을 선출)
영향	벨기에 독립, 유럽 각지의 자유주의 운동 자극	오스트리아의 혁명(메테르니히 실각 → 빈 체제 붕괴), 프로이센 등 유럽 각지에서 자유주의 · 민족주의 운동 확대

(2) 프랑스의 정치적 변화

제2 제정 (1852~1870)	루이 나폴레옹의 황제 즉위(나폴레옹 3세) → 프로이센에 패하면서 제2 제정 붕괴 → 제3 공화정 수립
파리 코뮌 (1871)	파리 시민과 노동자들의 자치 정부 수립 → 프랑스 정부가 파리 코뮌 진압

3 영국의 자유주의 개혁

(1) 종교 분야 : 심사법 폐지(1828), 가톨릭 해방법 제정(1829)

(2) 선거법 개정

① 제1차 선거법 개정(1832) : 부패 선거구 폐지, 도시 상공업자에게 선거권 부여, 노동자는 대상에서 제외

② 차티스트 운동 : 인민헌장(1838)을 통해 노동자 계층이 보통 선거와 비밀 투표 등을 요구

(3) 경제 분야 : 곡물법 폐지(1846), 항해법 폐지

4 민족주의의 확산과 국민 국가의 발전

(1) 이탈리아의 통일

① 마치니 : 프랑스 2월 혁명의 영향으로 통일 운동 전개 → 실패

② 카보우르 : 사르데냐 왕국의 재상으로 프랑스의 지원을 받아 오스트리아와의 전쟁에서 승리 → 이탈리아 중북부 지역 통합

③ 가리발디 : 의용군을 이끌고 남부 원정(시칠리아섬 · 나폴리 등 점령) → 사르데냐 왕국에 헌상 → 이탈리아 왕국 수립(1861)에 기여

④ 왕국 발전 : 베네치아 병합(1866), 로마 교황령 병합(1870)

(2) 독일의 통일

① 관세 동맹(1834) : 프로이센 주도로 경제적 통합 추구

② 프랑크푸르트 국민 의회(1848~1849) : 통일 방안 논의

③ 비스마르크의 철혈 정책 : 프로이센의 재상으로 군비 증강, 북독일 연방 결성, 프로이센이 프랑스에 승리(독일 제국 수립, 1871)

(3) 미국의 발전

① 남북 전쟁(1861~1865) : 링컨의 대통령 당선 → 남부 여러 주의 연방 탈퇴 → 남북 전쟁 발발 → 노예 해방 선언 → 북부의 승리

② 발전 : 대륙 횡단 철도의 개통으로 시장 확대 및 산업화 촉진

(4) 러시아의 변화

① 크림 전쟁(1853~1856) 패전 : 흑해 방면으로의 남하 좌절

② 알렉산드르 2세 : 농노 해방령(1861) 등 내정 개혁 단행

③ 전제 정치 강화 : 브나로드 운동의 성과가 미흡한 가운데 알렉산드르 2세가 암살됨 → 차르의 전제 정치가 더욱 강화

5 산업 혁명

(1) 산업 혁명의 배경 : 신항로 개척 이후 상품 수요 증가 → 선대제 · 매뉴팩처 체제로 전환 → 공장제 기계 공업 등장

(2) 영국의 산업 혁명(18세기 후반) : 국내외 시장 확보, 풍부한 노동력, 정치적 안정, 상대적으로 풍부한 철과 석탄 등 → 방적기 · 방직기 발명, 제임스 와트의 증기 기관 개량

(3) 교통과 통신의 발달 : 철도 건설, 유선 전신(모스) 등

(4) 산업 혁명의 확산과 결과

① 산업 혁명의 확산 : 19세기 전반(벨기에 · 프랑스), 19세기 중후반(미국 · 독일 · 러시아 · 일본) → 대량 생산, 산업 자본주의 발달

② 인구 증가와 도시화 : 도시 인구의 증가, 도시 문제 발생

③ 새로운 계급 출현 : 산업 자본가와 임금 노동자의 분화

(5) 사회 문제 해결을 위한 노력

① 노동 문제 발생 : 저임금, 장시간 노동, 아동 노동 문제 등

② 노동 운동 : 기계 파괴 운동(러다이트 운동), 노동조합 결성 등

③ 초기 사회주의 : 푸리에 · 생시몽 · 오언 등, 자본가와 노동자가 타협과 협력을 통해 이상 사회를 건설할 수 있다고 주장

④ 마르크스 · 엥겔스 : '과학적 사회주의' 주장, 노동자와 자본가 계급 간의 계급 투쟁 강조

⑤ 영향 : 사회주의 정당 출현, 사회 민주주의 등장 등

자료 탐구 1 독일의 통일 과정

1단계 자료 분석

[2024학년도 수능 6월 모의평가]

우표로 보는 세계사

우표 속 인물은 7년 전쟁에서 슐레지엔 지방을 둘러싸고 오스트리아와 접전을 벌인 (가) 의 지휘관이다. 훗날 그는 워싱턴이 이끄는 식민지군의 훈련 교관으로서, (가) 의 프리드리히 2세가 개혁한 병참 및 전술 체제 등을 식민지군에 전수하여 미국 혁명의 성공에 기여하였다.

자료에서 오스트리아와 7년 전쟁을 벌인 점, 프리드리히 2세가 국왕인 점 등을 통해 (가) 국가가 프로이센임을 알 수 있다. 19세기에 들어 프로이센은 관세 동맹 체결을 주도하여 독일의 경제 통합을 이루었다. 이후 프랑스 2월 혁명의 영향으로 자유주의자들이 프랑크푸르트 국민 의회에서 정치적 통일 방안을 논의하였으나 성과를 얻지 못하였고, 통일의 주도권은 프로이센으로 넘어갔다. 재상 비스마르크의 주도로 강력한 군비 확장 정책(철혈 정책)을 펼친 프로이센은 북독일 연방을 창설한 데 이어 프랑스와의 전쟁에서도 승리하고 남독일의 여러 나라를 아울러 독일 통일을 이루었다.

2단계 유형 연습

▶ 24059-0099

1 (가) 국가에 대한 설명으로 옳은 것은?

눈여겨보아야 할 것은 (가) 의 자유주의가 아니라 군비입니다. …… (가) 은/는 지금까지 여러 번의 좋은 기회를 놓쳤는데, 이를 거울삼아 앞으로 있을 좋은 기회에 대비하여 힘을 모아야 합니다. 빈 회의 이래 우리의 국경은 정상적인 국가에 어울리는 것이 아니었습니다. 오늘날 중요한 문제들은 연설과 다수결로 결정되지 않습니다. 그렇게 생각했던 것이 1848년과 1849년에 범한 중대한 오류였습니다. 철과 피에 의해서만 문제가 해결될 수 있습니다.

① 샤를 10세를 추방하였다.
② 가톨릭 해방법을 제정하였다.
③ 데카브리스트의 봉기를 진압하였다.
④ 마치니에 의해 통일 운동이 전개되었다.
⑤ 나폴레옹 3세와 벌인 전쟁에서 승리하였다.

자료 탐구 2 민족주의의 확산과 국민 국가의 발전

1단계 자료 분석

[2024학년도 수능 9월 모의평가]

(가)
소중한 벗에게
이곳은 혁명의 열기로 가득합니다. 라틴 아메리카에서 활약하였던 혁명가가 혁혁한 전과를 올리고 있습니다. 시칠리아섬을 평정한 그는 의용대를 이끌고 나폴리를 향해 출정할 준비를 갖추고 있습니다. 나는 팔레르모에서 그를 만나 통합의 열의를 확인하고 최근 우리 미국의 정세 변화에 관해 많은 의견을 나누었습니다. 그의 이런 활약이 남북 간의 심각한 분열로 치닫고 있는 우리 나라에 시사하는 바가 매우 크다고 생각합니다. 헨리

(나)
장군님께
귀하께서 우리 연방 정부를 위해 참전해 주신다면, 노예 해방을 염원하는 수많은 이탈리아인들이 함께할 것이라 기대됩니다. 남부 여러 주의 탈퇴로 촉발된 참혹한 내전으로 지난 1년여간 고통받던 우리 미국인들은 환호할 것입니다. 그리고 많은 사람들은 '이탈리아의 워싱턴'이라 불리는 당신의 지휘 아래에서 북부군의 대열에 합류하는 것을 큰 영광으로 여길 것입니다. 미 외교관

(가) 자료는 의용대를 이끈 점, 시칠리아섬을 평정하고 나폴리로 출정하려는 점 등을 통해 가리발디가 이탈리아 남부 원정을 추진하고 있는 시점임을 알 수 있다. 가리발디는 시칠리아섬과 나폴리 등 자신이 점령한 지역을 사르데냐의 국왕에게 바쳤는데, 이로써 남북을 통합한 이탈리아 왕국이 수립되었다(1861). (나) 자료는 노예 해방이 언급된 점, 남부 여러 주의 탈퇴로 내전이 촉발되어 1년간 고통받은 점 등을 통해 미국에서 남북 전쟁이 발발하고 1년여가 지난 시점임을 알 수 있다. 미국의 남북 전쟁은 1861년부터 1865년까지 치러졌으며, 전쟁 중에 대통령인 링컨은 노예 해방을 선언하였다.

2단계 유형 연습

▶ 24059-0100

2 (가) 인물에 대한 설명으로 옳은 것은?

청년 이탈리아당의 혁명 운동에 가담했던 (가) 은/는 사르데냐 왕국 주도의 통일이 가시화되는 상황에서 1860년에 1,000여 명의 '붉은 셔츠대'를 이끌고 시칠리아섬을 점령하였다. 그리고 이어서 부르봉 가문의 지배에 저항하여 봉기를 일으킨 나폴리도 점령하였다. (가) 은/는 이 두 지역에서 주민 투표를 실시하여 북부와의 합병을 결정한 후, 자신이 점령한 지역을 사르데냐 왕국의 국왕에게 바쳤다.

① 빈 회의를 주도하였다.
② 파리 코뮌을 진압하였다.
③ 브나로드 운동을 전개하였다.
④ 과학적 사회주의를 주창하였다.
⑤ 이탈리아 왕국 수립에 기여하였다.

01
▶ 24059-0101

다음 자료를 활용한 탐구 주제로 가장 적절한 것은?

1830년대에 프랑스는 선거법을 개정하여 유권자 수를 늘리고 귀족 세력을 제어하면서 어느 정도의 개혁을 단행하였다. 그러나 여전히 선거권은 부유한 시민에게만 제한적으로 부여되었다. 한편 1840년대에 들어서면서 프랑스의 경제는 크게 발전하였다. 1847년의 증기 기관 생산은 1830년의 약 8배, 석탄의 소비는 약 5배에 달하였다. 또한 1842년 철도법의 시행으로 각종 토목 공사가 크게 번창하게 되었다. 그러나 이러한 경제 성장의 이면에는 열악한 노동 조건이 존재하고 있었고, 노동자를 비롯한 기층 민중의 삶은 매우 비참하였다. 이 때문에 당시에는 급진주의 이론과 함께 공상적 사회주의가 만연하였다. 특히 1840년대 후반, 농산물 흉작에서 시작된 경제 공황과 이에 따른 실업 및 사회 불안이 전 유럽을 휩쓸었다. 프랑스의 기조 내각은 탄압을 위주로 하는 반동적인 정책으로 이 같은 상황에 대응하였다.

① 2월 혁명의 발생 배경
② 총재 정부 수립의 계기
③ 제3 공화정의 권력 구조
④ 부르셴샤프트의 결성 과정
⑤ 나폴레옹 법전의 편찬 목적

02
▶ 24059-0102

밑줄 친 '개정 법안' 통과 이후의 상황으로 옳은 것은?

당시 영국에서 선거권을 가질 수 있는 자격 요건은 일정한 양의 토지 소유였다. 토지를 소유하고 있으면서 연 40실링의 세금을 내는 사람만 선거를 할 수 있었는데, 이는 1세기 넘게 변하지 않고 있었다. 당시 농촌에는 소작농이 대부분이었고 이와 같은 토지 소유 요건을 충족하는 귀족이나 젠트리 등은 많지 않았기 때문에, 부패 선거구 폐지의 내용까지 포함된 개정 법안이 통과되기 전 영국에서 실제 선거에 참여할 수 있는 사람은 42명 중 1명에 불과하였다.

① 심사법이 제정되었다.
② 하노버 왕조가 개창되었다.
③ 차티스트 운동이 전개되었다.
④ 크롬웰이 호국경에 취임하였다.
⑤ 엘리자베스 1세가 영국 국교회를 확립하였다.

03
▶ 24059-0103

밑줄 친 ㉠의 영향으로 가장 적절한 것은?

알렉산드르 2세가 농노 해방을 추진한 지 10여 년이나 되었을까? 혁명적인 젊은이들이 상트페테르부르크, 모스크바, 키예프, 오데사, 사라토프, 사마라, 하리코프를 출발하여 미래를 담보한다고 믿었던 농촌의 민중 속으로 들어갔다. 그러나 이 같은 움직임은 중앙 집중적인 계획에 따른 것도 아니었고, 동질적이지도 않았으며, 목적도 서로 달랐다. 직접적인 선동이나 장기적 선전 중 어느 쪽에 비중을 두어야 하는가에 대해서도 합의를 이루지 못하고 있었다. 그럼에도 불구하고 참가자들 사이에는 몇 년 이내에 이른바 사회 혁명의 완수가 가능하다는 낙관론이 우세하였다. 그러나 현실은 이들의 기대와는 정반대였다. 농민들은 선동이나 선전에 귀를 기울이기는커녕 냉담한 반응을 보이기 일쑤였고, 심지어 당국에 고발하기까지 하였다. 결국 농촌으로 들어간 약 2,000여 명의 젊은이들 중 1,600명 정도가 체포되면서 ㉠이들의 활동은 별다른 성과를 거두지 못한 채 끝났다.

① 크림 전쟁이 발발하였다.
② 차르의 전제 정치가 더욱 강화되었다.
③ 모스크바가 나폴레옹의 공격을 받았다.
④ 표트르 대제가 서유럽화 정책을 추진하였다.
⑤ 예카테리나 2세가 폴란드를 분할 점령하였다.

04
▶ 24059-0104

다음 주장이 제기된 시기의 (가) 국가 상황으로 옳지 않은 것은?

제임스 와트는 증기 기관을 개량하여 산업을 발전시켰다. 현재 30만 마력까지 힘을 낼 수 있는 이 기계는 사람 200만 명의 힘과 맞먹는다. …… 아크라이트라는 이발사가 방적기를 발명했는데 …… 이 위대한 발명이 있은 지 50여 년 후, (가) 에서는 100만 명 이상이 직접 또는 간접으로 이 기계에 의존하는 산업에 고용되어 있다. …… (가) 은/는 인도의 면화를 가져와 아크라이트의 기계에 맡겨 실을 뽑고, 다시 그 생산품을 아시아로 보낸다. 이에 따른 시간 손실이나 항해 비용에도 불구하고, 기계로 만든 면포는 목화밭 옆에서 손으로 짜서 바로 파는 인도의 면포 가격보다 싸다.

– 샤를 뒤팽 –

① 공장에서 일할 노동력이 풍부하였다.
② 석탄과 철광석 등의 지하자원을 보유하였다.
③ 시민 혁명을 거치며 입헌 정치가 확립되어 있었다.
④ 인구 증가와 식민지 확대로 국내외 시장을 확보하였다.
⑤ 국가 주도로 중화학 공업에서 급속한 산업화가 진행되었다.

1

▶ 24059-0105

다음 전투가 벌어질 당시 유럽의 상황으로 가장 적절한 것은?

세 연합국은 무력시위를 통해 실제적인 해결 방안을 찾고자 연합 함대를 동지중해로 파견하고, 펠로폰네소스반도를 봉쇄하여 이집트군에 전달되는 병참 지원을 차단하는 데 주안점을 두었다. 동시에 연합국은 오스만 제국이 그리스 저항 세력에 대한 적대 행위를 중단할 것과 15일 이내에 답변할 것을 요구하고, 오스만 제국이 이에 불응하는 경우 무력을 사용하겠다고 최후통첩을 보냈다. 오스만 제국 측이 답변을 회피하며 그리스 저항 세력을 계속 진압하려고 하자, 삼국의 연합 함대는 교전을 위한 준비에 착수하였다. 사령관 코드링턴은 20여 척으로 이루어진 영국, 러시아, 프랑스의 연합 함대를 이끌고 나바리노만을 향해 전진하였다. 그곳에는 오스만 제국과 이집트의 군선(軍船) 90척가량이 정박해 있었다. 교전 발생 후 채 얼마 되지 않아 오스만 제국 측은 전체 함대의 2/3가 격침되었고 약 8천 명의 병력을 잃었다.

① 러시아에서 농노 해방령이 선포되었다.
② 정부 주도로 독일 제국의 산업화가 추진되었다.
③ 신성 동맹 등을 기반으로 빈 체제가 유지되었다.
④ 프랑스에서 제2 공화정에 뒤이어 제2 제정이 수립되었다.
⑤ 헨리 8세가 수장법을 통해 스스로 영국 교회의 수장이 되었다.

2

▶ 24059-0106

다음 자료를 활용한 탐구 활동으로 가장 적절한 것은?

야심 찬 엘리트 청년들에게 정치는 답답한 상황이었다. 나이와 재산에 따른 제한 선거제로 인해 '노인 정치' 시대로 불렸던 왕정복고기에는 제도적으로 젊은이들의 정치적 표현이 원천 봉쇄되어 있었다. 선거권은 30세 이상 및 300프랑 이상 납세자, 피선거권은 40세 이상 및 1,000프랑 이상 납세자에 한정되었다. 당시 선거권자는 십만 명, 피선거권자는 만 오천 명 정도였으며, 인구의 9분의 1에 불과했던 57세 이상이 정치권에서 절반 이상의 자리를 차지하고 있었다. 또한 샤를 10세와 보수 내각의 반동적인 정책 역시 학생들을 비롯한 젊은이들 대부분의 저항을 받았다. 적극적인 저항을 표현하지 않았던 젊은 낭만주의자들 역시 왕정복고 말기에는 대부분 과격 왕당파와 완전히 결별하거나 적어도 어느 정도 거리를 두고 있었다. 당대 사람들은 정치 영역과 사회 영역 모두에서 젊은이와 노인 간의 간극이 점점 커지고 있으며 이 둘 사이에 갈등이 일어나고 있음을 목격하였다.

① 파리 코뮌이 추진한 정책의 내용을 알아본다.
② 데카브리스트의 봉기가 끼친 영향을 분석한다.
③ 루이 필리프가 왕으로 추대된 계기를 살펴본다.
④ 프랑크푸르트 국민 의회가 실패한 이유를 파악한다.
⑤ 먼로의 선언으로 민족주의 운동이 고조된 지역을 조사한다.

3

▶ 24059-0107

(가)에 들어갈 내용으로 가장 적절한 것은?

밀 가격 동향에 우리 영국 내 여러 계층의 관심이 뜨겁습니다. 현 상황을 어떻게 보십니까?

우리 당이 주도한 1815년의 입법 덕분에 1쿼터 기준 가격으로 80실링이 될 때까지 밀 수입을 억제하고 있으므로 지주의 이익은 확실히 보장될 것입니다.

토리당 관계자

사회자

그게 문제입니다. 경제 발전을 위해서는 노동자의 임금을 낮출 필요가 있는데 오히려 지주의 이익만 보장하는 결과를 초래하므로 (가)

경제학자 리카도

① 곡물법은 폐지되어야 합니다.
② 대륙 봉쇄령은 철회되어야 합니다.
③ 러다이트 운동을 탄압해서는 안 됩니다.
④ 청교도의 아메리카 이주를 금지해야 합니다.
⑤ 오언이 운영하는 이상적 공동체를 지원해야 합니다.

4

▶ 24059-0108

밑줄 친 '새 왕국'이 수립된 시기를 연표에서 옳게 고른 것은?

"가리발디의 병사인 자네는 이제 붉은 셔츠는 입지 않나?" 탄크레디는 마치 독사에게 물리기라도 한 듯 화들짝 놀라며 말하였다. "가리발디의 병사라뇨, 외삼촌! 전에는 분명 그랬어요. 하지만 이제 다릅니다. 아직은 사르데냐 왕국 소속이지만, 이제 곧 저는 새 왕국의 떳떳한 장교가 됩니다. 가리발디가 해산을 결정했을 때, 저는 집으로 돌아갈지 아니면 군대에 머무를지를 선택해야 했어요. 지금 저는 정말 제대로 된 군대에 몸담고 있습니다. 붉은 셔츠 무리와는 더 이상 함께하지 않아요."

– 주세페 토마시 디 람페두사, 『표범』 –

(가)	(나)	(다)	(라)	(마)
워털루 전투	벨기에 독립	메테르니히 실각	루이 나폴레옹의 황제 즉위	독일 제국 수립	3국 동맹 체결

① (가)　　　② (나)　　　③ (다)　　　④ (라)　　　⑤ (마)

5

▶ 24059-0109

밑줄 친 '나'에 대한 설명으로 옳은 것은?

> 오후에 비스마르크 백작, 궁정 장관 슐라이니츠와 여러 가지 현안을 논의했다. 나의 칭호 문제와 관련하여 비스마르크 백작은, 바이에른 대표들이 '독일의 황제[Kaiser von Deutschland]'라는 칭호를 받아들이려 하지 않아서 결국 '독일 황제[Deutscher Kaiser]'라는 칭호로 합의할 수밖에 없었다고 고백했다. 그는 바이에른과의 합의가 이미 헌법 내용에 수용되었으니 이제 와 칭호를 바꾸기는 어렵다고 하면서, '독일 황제'는 고대 로마 황제의 계승자 같은 느낌을 준다고 나를 설득했다. 마음에 들지는 않았으나 공식적인 명칭은 '신의 은총을 받은 독일 황제 빌헬름, 프로이센의 왕'으로 정해졌다. 하지만 통상적인 언어 표현에서는 '독일의[von Deutschland]'라는 구절이 사용될 것이다.

① 크림 전쟁을 일으켰다.
② 북독일 연방을 결성하였다.
③ 사보이(사부아)와 니스를 할양받았다.
④ 오스트리아로부터 슐레지엔을 차지하였다.
⑤ 베를린, 비잔티움, 바그다드를 잇는 정책을 추진하였다.

6

▶ 24059-0110

밑줄 친 '전쟁' 중에 있었던 사실로 옳은 것은?

> 대통령 선서를 하기 위해 두 번째로 이 자리에 선 지금, 첫 번째보다 긴 연설을 해야 할 까닭은 없습니다. 4년의 세월이 흘렀으나 아직도 이 나라의 에너지를 빼앗고 있는 전쟁에 대하여 새로이 말할 것은 별로 없습니다. 모든 사람이 의지하는 우리 군대의 작전 상황에 대해서는 저 자신은 물론 대중들도 잘 알고 있을 것입니다. …… 4년 전에 취임 연설이 여기서 진행될 때, 우리는 연방을 지키려고 애썼으나 반란을 일으킨 자들은 연방을 해체하려 하였습니다. 두 당파 중 어느 한쪽은 국가를 존속시키려는 마음이 없었기 때문에, 그리고 다른 한쪽은 국가를 멸망시킬 수는 없었기 때문에 전쟁을 선택하였습니다. …… 양쪽은 같은 성경을 읽으며 같은 신에게 기도합니다. 그리고 각자 다른 편에서 신에게 도움을 호소합니다. 다른 사람의 땀으로 본인의 빵을 얻기 위해 신의 도움을 구한다면 실로 이상하게 보일 것입니다. 그러나 심판받고 싶지 않다면 심판하지 맙시다. 양측의 기도는 응답받을 수 없었습니다. 그 어느 쪽의 기도도 충분한 응답을 받지 못했습니다.

① 대륙 회의가 개최되었다.
② 대륙 횡단 철도가 개통되었다.
③ 노예 해방 선언이 발표되었다.
④ 미일 화친 조약이 체결되었다.
⑤ 워싱턴이 총사령관으로 임명되었다.

10 제국주의와 민족 운동

1 제국주의의 등장과 세계 분할

(1) 제국주의의 의미와 특징
① 의미 : 19세기 후반 열강이 군사력과 경제력을 앞세워 식민지 건설을 추진한 정책
② 특징 : 식민지 확대, 침략적 민족주의, 사회 진화론, 인종주의

(2) 열강의 아프리카 분할

영국	수에즈 운하 관리권 차지, 이집트 보호국화, 아프리카를 남북으로 연결(종단 정책, 카이로~케이프타운)
프랑스	알제리 장악, 튀니지 보호령화, 아프리카를 동서로 연결(횡단 정책, 알제리~마다가스카르) → 파쇼다 사건(파쇼다에서 영국과 충돌, 1898)
독일	독일령 동아프리카 · 독일령 남서아프리카 · 카메룬 · 토고 등 차지, 모로코를 둘러싸고 프랑스와 대립(모로코 사건, 1905 · 1911)
벨기에	레오폴드(레오폴트) 2세가 콩고를 식민지로 삼아 고무 등 착취
결과	20세기 초 에티오피아, 라이베리아 외 대부분의 아프리카 지역이 식민지화

(3) 열강의 아시아와 태평양 분할

영국	17세기 동인도 회사를 앞세워 인도 진출, 플라시 전투(1757) 승리로 벵골 지역 통치 → 19세기 중엽 인도 대부분 장악(영국산 면직물 판매, 목화 · 아편 재배 강요), 미얀마를 식민지화하여 영국령 인도 제국에 병합, 싱가포르를 거점으로 말레이반도와 보르네오섬 북부 차지, 오스트레일리아와 뉴질랜드 자치령화
프랑스	17세기 동인도 회사 설립, 인도차이나반도로 진출, 베트남을 보호국으로 삼음(1883) → 청프 전쟁의 결과 베트남 지배권을 인정받음 → 베트남 · 캄보디아를 합쳐 프랑스령 인도차이나 연방 수립(이후 라오스도 편입)
미국	무력시위로 일본을 개항시킴, 하와이 제도 병합, 에스파냐와의 전쟁(1898) 승리(필리핀 · 괌섬 차지, 쿠바를 사실상 보호국화)
독일	태평양의 비스마르크 제도, 마셜 제도 등 점령
네덜란드	17세기 인도네시아 진출, 네덜란드령 동인도 건설

2 중국의 문호 개방

(1) 청 · 영국 간 무역 구조의 변화
① 청의 공행 무역 체제 : 광저우 한 곳만 서양과의 무역 항구로 개방, 공행을 통한 교역만 인정 → 대영 무역에서 차 수출 급증으로 은의 대량 유입
② 영국의 대응 : 자유 무역 요구 → 청의 거절 → 영국은 청과의 무역 적자를 메우기 위해 인도의 아편을 청으로 밀수출(삼각 무역)

(2) 아편 전쟁과 중국의 문호 개방
① 제1차 아편 전쟁(1840~1842)

배경	영국의 삼각 무역 추진 → 은 유출로 인한 청의 재정 파탄, 아편 중독자 증가로 심각한 사회 문제 발생 → 임칙서가 광저우에서 아편을 몰수하여 폐기하고 영국 상인의 아편 무역 금지
경과	영국이 군함을 파견하여 청 공격 → 영국 승리

결과	난징 조약 체결(1842, 상하이 등 5개 항구 개항, 홍콩섬 할양, 공행 무역 폐지, 배상금 지불 규정) → 중국의 문호 개방, 추가 조약 체결(영사 재판권 인정, 최혜국 대우 인정)

② 제2차 아편 전쟁(1856~1860)

경과	영국의 무역 확대 요구 → 청의 거절 → 애로호 사건과 프랑스 선교사 피살 사건 발생 → 영 · 프 연합군이 청 공격
결과	톈진 조약(1858, 베이징에 외교관 주재, 10개 개항장 추가, 크리스트교 포교 자유 인정), 베이징 조약(1860, 톈진 조약의 내용 비준, 영국에 주룽반도 일부 할양, 러시아의 연해주 획득 등) 체결

3 중국의 근대화 운동

(1) 태평천국 운동(1851~1864)

배경	제1차 아편 전쟁을 계기로 청 왕조의 권위 추락, 배상금 지불로 농민의 조세 부담 가중, 물가 폭등 발생 → 반청 감정 고조
전개	홍수전이 크리스트교 신앙을 바탕으로 상제회 조직 → 거병, '멸만흥한' 주장 → 태평천국 건설(난징을 수도로 삼음)
개혁 추진	천조전무 제도(토지 균등 분배, 남녀평등 등 개혁 정책 제시), 전족 · 축첩 금지 및 변발 · 아편 금지 발표 → 농민층의 지지
결과	한인 관료와 신사 주도로 조직된 향용의 반격, 서양 열강의 청 왕조 지지, 태평천국군 내부의 분열로 실패

(2) 양무운동

배경	아편 전쟁과 태평천국 운동 진압 과정에서 개혁의 필요성 인식
주도	태평천국 운동 진압에 앞장선 증국번, 이홍장 등 한인 출신 관료
전개	'중체서용'을 바탕으로 부국강병 추구 → 근대적 공장 설립, 군수 산업 육성, 서양식 육해군 창설, 신식 학교 설립, 유학생 파견 등
결과	중앙 정부의 체계적인 계획 부족, 기업 활동에 대한 관료의 지나친 간섭 → 청일 전쟁(1894~1895)의 패배로 한계 노출

(3) 변법자강 운동

배경	청일 전쟁 패배로 시모노세키 조약 체결(1895, 일본에 타이완 할양, 배상금 지불), 열강의 이권 침탈, 양무운동 실패에 대한 반성
주도	캉유웨이, 량치차오 등 입헌 군주제를 지향하는 개혁적 지식인
전개	일본의 메이지 유신을 본떠 정치 제도 개혁 주장 → 과거제 개혁, 신교육 실시, 상공업 육성 등 근대적 개혁 추진(무술변법)
결과	서태후, 위안스카이 등 보수 세력의 탄압으로 실패(무술정변)

(4) 의화단 운동

배경	열강의 이권 침탈 심화(광산 채굴권 · 철도 부설권 등 차지, 조차지와 세력 범위 설정), 크리스트교 확산으로 배외 감정 고조
내용	의화단이 산둥에서 봉기, '부청멸양' 주장, 교회와 철도 등 파괴, 청 왕조의 후원 → 베이징 외국 공관 습격 → 8개국 연합군(영국, 독일, 러시아, 일본 등)의 의화단 진압 → 열강의 베이징 점령
결과	신축조약(베이징 의정서) 체결(1901) → 외국군의 베이징 주둔 인정

(5) 광서신정 : 보수 세력이 개혁의 필요성 인식 → 신식 군대 편성, 과거제 폐지, 신식 학교 설립, 산업 진흥 등의 개혁 추진

(6) 신해혁명

배경	광서신정의 한계, 쑨원의 중국 동맹회 결성(1905, 일본 도쿄) 및 삼민주의 제창
전개	청조의 철도 국유화 조치(외국 차관 도입 추진) → 철도 국유화 반대 운동(쓰촨 봉기) → 우창 신군 봉기(1911. 10.) → 각 성 독립 선언
결과	중화민국 수립(1912, 난징에 도읍), 임시 대총통에 쑨원 취임 → 위안스카이와 혁명군의 타협 → 청 왕조의 멸망 → 대총통에 위안스카이 취임, 위안스카이가 혁명파를 탄압, 황제 제도의 부활 시도 → 위안스카이 사후 각지에 군벌 세력 대두 → 군벌 시대 전개

(7) 신문화 운동 : 유교 중심의 전통 문화 비판, 서양의 과학과 민주주의 수용 주장, 천두슈·후스 등이 주도, 잡지 『신청년』 간행

(8) 5·4 운동(1919)

배경	신문화 운동 확산, 파리 강화 회의 결정(독일이 갖고 있던 산둥반도의 이권 회수를 요구한 중국의 요청이 수용되지 않음)에 반발
전개	베이징 학생들 주도로 일본의 대중국 '21개조 요구' 철폐, 산둥반도 이권 반환 요구 → 반봉건·반군벌·반제국주의 운동으로 발전

④ 일본의 근대화와 제국주의

(1) 일본의 개항 : 미국 페리 제독의 무력시위 → 미일 화친 조약(1854, 시모다·하코다테 개항, 최혜국 대우 인정) → 미일 수호 통상 조약(1858, 추가 개항, 영사 재판권 인정, 협정 관세)

(2) 메이지 유신 : 막부 타도 운동 전개(사쓰마번·조슈번 중심) → 에도 막부 붕괴, 왕정복고 → 메이지 정부 수립(1868)

① 메이지 정부의 개혁 내용

정치	에도의 명칭을 도쿄로 고치고 수도로 삼음, 폐번치현(지방 제도 정비 → 중앙 집권 체제 수립)을 단행
경제	근대적 토지·조세 제도 확립, 상공업 육성, 근대적 공장 설립
사회	봉건적 신분제 개혁(사민평등), 봉건적 특권 폐지, 서양식 교육 도입
기타	이와쿠라 사절단 파견(1871), 징병제, 신도의 국교화, 철도 부설 등

② 성격 : 급진적·전면적 서구화를 지향한 위로부터의 근대화 운동

(3) 자유 민권 운동 : 1870년대부터 시작, 헌법 제정과 서양식 의회 설립 주장 → 메이지 정부의 탄압 → 메이지 정부의 일본 제국 헌법 공포(1889), 제국 의회 개설(1890)

(4) 대외 팽창 정책

정한론	새로운 외교 관계 수립을 거부하던 조선 정벌 주장 → 실행 보류
대외 침략	• 타이완 출병, 류큐 병합(→ 오키나와현 설치) • 청일 전쟁(1894~1895) : 조선에 대한 주도권을 놓고 청과 충돌, 시모노세키 조약으로 타이완, 랴오둥반도 차지 → 러시아 등이 주도한 삼국 간섭으로 랴오둥반도 반환 • 러일 전쟁(1904~1905) : 포츠머스 조약(미국의 중재)으로 일본이 남만주와 한반도에 대한 이권 확보

⑤ 인도와 동남아시아의 민족 운동

(1) 영국의 인도 침략

배경	빈번한 전쟁, 지방 세력의 반란 등으로 무굴 제국 쇠퇴
과정	동인도 회사의 활동 → 플라시 전투(1757, 영국이 벵골·프랑스 연합군 격퇴) 후 벵골 지역의 통치권 장악

(2) 세포이의 항쟁

배경	영국의 식민 통치와 착취, 세포이의 반발
과정	세포이의 봉기(1857) → 영국 동인도 회사의 무력 진압 → 무굴 제국 황제 폐위 → 인도 통치 개선법 제정(1858) → 동인도 회사의 인도 지배권 박탈 → 영국령 인도 제국 성립(1877, 영국 빅토리아 여왕이 인도 제국 황제 겸임)

(3) 인도의 근대화 운동

① 배경 : 근대 교육을 받은 지식인의 등장, 민족 자본가 성장

② 브라흐마 사마지 운동 : 19세기 전반 람 모한 로이 중심, 순수 힌두교 교리로의 복귀 등 종교 운동으로 출발하여 사회 개혁 운동으로 확대, 카스트제 반대, 사티 등 폐습 타파 주장

③ 인도 국민 회의 결성과 초기 활동 : 영국이 인도인 회유를 위해 정치 조직 결성 지원 → 지식인, 관리, 민족 자본가, 지주 등의 주도로 결성(1885), 영국에 협조하면서 인도인의 권익 확보에 주력

④ 인도 국민 회의의 반영 운동

배경	영국이 서벵골(힌두교도 다수)과 동벵골(이슬람교도 다수)로 분리 통치하고자 벵골 분할령 발표(1905) → 힌두교와 이슬람교 대립 조장, 인도인을 분열시키고 민족 운동을 약화시키고자 함
전개	틸라크 등이 주도한 콜카타 대회에서 4대 강령 채택[스와라지(자치), 스와데시(국산품 애용), 영국 상품 불매, 국민 교육 진흥] → 영국이 전 인도 이슬람교도 연맹 후원, 인도 국민 회의와 대립 조장
결과	벵골 분할령 취소(1911), 명목상 인도인의 자치 인정

(4) 동남아시아의 민족 운동

태국	짜끄리 왕조의 근대화 정책, 영·프 세력 간 완충 지대로 독립 유지
베트남	판보이쩌우의 동유 운동 전개(일본에 유학생 파견) → 신해혁명에 자극을 받아 베트남 광복회 결성 → 반프랑스 무력 투쟁 주도
필리핀	호세 리살, 필리핀 연맹(필리핀 민족 동맹) 조직(1892)

⑥ 서아시아와 아프리카의 민족 운동

(1) 오스만 제국의 민족 운동

① 배경 : 오스만 제국의 쇠퇴, 오스만 제국을 둘러싼 열강의 대립

② 탄지마트 : 행정, 군사 등 각 분야에 대한 근대적 제도 개혁 추진(미드하트 파샤 주도로 근대적 헌법 제정) → 보수파의 반발, 외세의 간섭, 러시아와의 전쟁 등으로 개혁 성과 미흡

③ 청년 튀르크당의 활동 : 무장봉기로 정권 장악(1908) → 헌법 부활, 근대 산업 육성 → 극단적 튀르크 민족주의로 피지배 민족 반발

(2) 아랍, 이란의 민족 운동

① 와하브 운동 : 이슬람교 순화 운동("『쿠란』으로 돌아가라.")

② 이란의 민족 운동 : 카자르 왕조 쇠퇴 → 러시아·영국의 침략 → 영국이 담배 독점권 획득 → 아프가니가 담배 독점권 반환 촉구 → 담배 불매 운동 전개 → 헌법 제정(1906)

(3) 아프리카의 민족 운동

① 이집트 : 무함마드 알리(오스만 제국으로부터 자치권 획득), 아라비 파샤(영국에 맞서 외세 배격 운동 전개 → 실패)

② 기타 : 헤레로족의 봉기(나미비아), 아도와 전투(에티오피아)

1단계 자료 분석

[2024학년도 수능 9월 모의평가]

> 동료 의원 여러분
> 최근 전쟁의 결과로 체결된 조약이 상원에서 승인되었습니다. 영국 왕의 인도 제국 통치를 경험한 바 있는 키플링은 이 중요한 시기에 '백인의 짐'을 발표하여 우리의 승리가 문명화의 임무를 수행할 기회라고 평가하였습니다. 하지만 <u>우리 나라</u>가 이번 전쟁을 통해 얻은 마닐라 일대와 괌 등의 현지인들은 우리의 법과 제도를 원하지도 않고 수용할 마음도 없어 보입니다. 왜 우리는 우리 문명을 강요하는 데 혈안이 되어 있습니까? 단지 소수의 돈벌이를 위해 그들을 압박하는 것일 뿐입니다.

이번 전쟁을 통해 마닐라 일대와 괌 등을 얻은 점 등을 통해 밑줄 친 '우리 나라'는 미국임을 알 수 있다. 19세기 후반 미국은 하와이 제도를 병합하였으며, 에스파냐와의 전쟁에서 승리하여 필리핀과 괌섬을 식민지로 삼았다.

2단계 유형 연습

▶ 24059-0111

1 (가) 국가에 대한 설명으로 옳은 것은?

> ＿＿(가)＿＿은/는 하와이인의 다수가 동의하지 않는 가운데 하와이 왕실을 무력으로 전복하고 하와이 제도를 병합하였다. ＿＿(가)＿＿의 제국주의 정책이 본격화된 것은 에스파냐와의 전쟁을 통해서였는데, 전쟁에서 승리한 후 쿠바, 푸에르토리코, 필리핀 등 에스파냐가 갖고 있던 식민지를 차지하였다. 그러나 이 과정이 쉽지는 않았다. 에스파냐로부터 독립을 기대했던 필리핀인은 새 점령자에 강하게 저항하였고, 이로 인해 10만 명 이상의 필리핀인이 사망하였다.

① 이집트를 보호국화하였다.
② 무력시위로 일본을 개항시켰다.
③ 상트페테르부르크를 건설하였다.
④ 이산들와나 전투에서 승리하였다.
⑤ 청으로부터 베트남 지배권을 인정받았다.

1단계 자료 분석

[2024학년도 수능 9월 모의평가]

> 차르는 <u>봉기</u>를 일으킨 반란 세력을 진압하여 질서를 회복한다는 명분으로 군대를 보내 영국, 프랑스 등과 함께 연합군을 이루어 무고한 민간인들을 학살하였다. …… 독일 제국주의 세력에 침탈당한 산둥성에서 시작된 <u>봉기</u>는 화북 일대로 확산하여 수도의 외국 공사관 등을 공격 대상으로 삼았다. 그들은 왜 유럽인들과 유럽 문명을 공격하는가? 겉으로는 크리스트교 확산을 내세우며 속으로는 이익을 침탈하는 유럽의 자본가들을 어찌 증오하지 않을 수 있겠는가?

영국, 프랑스, 러시아 등이 연합군을 조직한 점, 산둥성에서 봉기가 시작된 점, 화북 일대로 확산하여 수도의 외국 공사관 등을 공격한 점 등을 통해 밑줄 친 '봉기'는 의화단 운동임을 알 수 있다. 의화단 세력이 '부청멸양'을 내세우며 베이징의 외국 공관을 습격하자 영국, 프랑스, 러시아 등이 8개국 연합군을 조직하여 의화단 운동을 진압하였다.

2단계 유형 연습

▶ 24059-0112

2 밑줄 친 '봉기'에 대한 설명으로 옳은 것은?

> 산둥에서 시작된 이들의 봉기가 화북 일대로 퍼져 나갔다. 원래 이들은 백련교의 잔당이었는데, 크리스트교와 민중의 대립이 심화됨에 따라 점차 외세를 배척하는 모습을 띠게 되었고 제국주의에 반대하며 무력을 동원하였다. <u>봉기</u>가 확산되면서 각 지역의 민중들이 구름처럼 일어나 봉기에 참여하였고, 이들은 곳곳의 교회를 불태우고 외국인을 살해하였으며 전선과 철도를 파괴하는 등 극단적인 배타주의의 모습을 보이고 있다.
>
> − 평위상 −

① 난징 조약의 체결로 이어졌다.
② 8개국 연합군에 의해 진압되었다.
③ 캉유웨이, 량치차오 등이 주도하였다.
④ 제2차 국공 합작이 체결되는 계기가 되었다.
⑤ 파리 강화 회의의 결과에 반발하여 일어났다.

01

▶ 24059-0113

(가) 국가에 대한 설명으로 옳은 것은?

사진으로 보는 세계사

사진은 [(가)]의 군대가 마다가스카르섬에 상륙하는 모습이다. 19세기에 들어 제국주의 열강은 아프리카 분할에 나섰는데, [(가)]은/는 마다가스카르섬을 침략하여 섬의 통치자를 폐위한 후 자국의 식민지로 삼았다.

① 벵골 분할령을 발표하였다.
② 베트남을 식민 지배하였다.
③ 아스테카 제국을 파괴하였다.
④ 헤레로족의 봉기를 진압하였다.
⑤ 에스파냐와 전쟁을 벌여 필리핀을 차지하였다.

02

▶ 24059-0114

밑줄 친 '귀국'에 대한 설명으로 옳은 것은?

귀국은 우리와 6, 7만 리나 떨어져 있다. 그런데도 앞을 다투어 무역하러 오는 까닭은 다름 아닌 막대한 이익을 챙기기 위해서이다. 중국에서 발생하는 이익이 당신들을 이롭게 해 주었다. 그런데도 아편으로 우리 인민을 해치다니, 이익을 탐한 나머지 타인에게 해를 입힌다면 양심이 있다고 할 수 있는가? 귀국에서는 아편을 금지한다고 들었다. 이는 아편의 해로움을 잘 알고 있기 때문이라 생각한다. 자국에 해를 가하는 물건을 금지하는 이상, 타국에는 더더욱 해를 가해서는 안 될 것이다.

① 플라시 전투에서 승리하였다.
② 레판토 해전에서 패배하였다.
③ 신성 로마 제국을 해체하였다.
④ 하와이 제도와 괌섬을 차지하였다.
⑤ 데카브리스트의 봉기를 진압하였다.

03

▶ 24059-0115

밑줄 친 '반란군'에 대한 설명으로 옳은 것은?

홍수전이 사람들을 모아 놓고 자신을 지극히 평화로운 하늘나라의 천왕이라 선언하였다. 홍수전을 따르는 반란군은 본거지를 떠나 북쪽으로 진군하였고, 이 과정에서 현금, 식량 및 새로운 조직원을 확보하였다. …… 3월에 반란군은 난징을 손에 넣었는데, 비록 정부군이 있었지만 이들의 공격을 막아 낼 수 없었다.

① 부청멸양을 내세웠다.
② 삼번의 난을 일으켰다.
③ 천조전무 제도를 발표하였다.
④ 삼민주의를 강령으로 채택하였다.
⑤ 철도 국유화 조치에 반발하여 봉기하였다.

04

▶ 24059-0116

다음 자료를 활용한 탐구 주제로 가장 적절한 것은?

신 이홍장은 생각하는 바가 있어 동치 원년에 상하이에 온 이후, 기회가 있을 때마다 서양식 소총과 대포를 사들여 공장을 설치하였습니다. …… 작년 봄 각종 화기의 제조에 대한 성과가 어떠하냐는 질문에 대해 서양식 대포와 화약은 서양식 기계를 완전히 손에 넣지 못하면 규정대로 제작할 수 없어, 이에 계속 무기를 사들이기 위한 방책을 강구하고 있다고 답변하였습니다. 서양식 각종 기계를 손에 넣는 데 노력하고 만약 그들의 비밀을 모두 알아낸다면 유사시에 적의 업신여김을 막을 수 있고, 평온한 경우에도 나라의 위신을 알릴 수 있습니다.

① 제3 세계의 등장
② 러일 전쟁의 결과
③ 다이카 개신의 목적
④ 대약진 운동의 영향
⑤ 양무운동의 전개 과정

05

▶ 24059-0117

밑줄 친 '그'에 대한 설명으로 옳은 것은?

혁명이 일어났을 때 그는 열강의 경제적, 정치적 지원을 얻기 위해 서구에서 활동하고 있었다. 자국 내 혁명 소식을 들은 그는 귀국하였고, 그동안의 여러 공로를 인정받아 난징에서 임시 대총통에 취임하였다. 그러나 그는 공식적으로나 실질적으로 중화민국 임시 대총통의 권한을 오랫동안 행사하지는 못하였다. 청 왕조가 혁명군을 진압하고자 위안스카이를 기용하였고, 혁명군이 위안스카이의 군대를 막아 내기에는 역부족이었기 때문이었다. 결국 위안스카이가 혁명군과 타협하여 황제를 퇴위시키고, 중화민국의 임시 대총통이 되었다.

① 군기처를 설치하였다.
② 상제회를 조직하였다.
③ 시안 사건을 일으켰다.
④ 중국 동맹회를 결성하였다.
⑤ 일조편법을 확대 시행하였다.

06

▶ 24059-0118

밑줄 친 '조약'에 대한 설명으로 옳은 것은?

그림은 이홍장 등 청 대표단과 이토 히로부미 등 일본 대표단이 강화 회담을 벌이는 모습이다. 일본은 조선에 군대를 파병하고 청군을 기습 공격하여 전쟁을 일으켰다. 이후 일본군은 성환 전투, 평양 전투 등에서 청군에 승리하였고 강화 회담을 열어 조약을 체결하였다.

① 에도 막부 시기에 체결되었다.
② 공행 무역 폐지에 영향을 주었다.
③ 외국 군대의 베이징 주둔을 허용하였다.
④ 시모다, 하코다테가 개항되는 계기가 되었다.
⑤ 일본에 타이완을 할양하는 내용이 포함되었다.

07

▶ 24059-0119

밑줄 친 '봉기'의 결과로 옳은 것은?

영국 동인도 회사에 고용된 인도인 용병들이 봉기를 일으켰다. 그들은 제국의 수도 델리로 진격하였고, 힘을 잃은 제국의 마지막 황제를 지도자로 받들고 영국 통치에 반대한다고 선언했다. 봉기는 인도 북부 지방으로 빠르게 퍼졌고, 영국의 토지 정책과 수탈로 가난해진 농민과 수공업자가 합세하며 기세를 올렸다. 이로 인해 델리 일대가 여러 달 동안 영국의 지배에서 벗어나게 되었다.

① 롤럿법이 제정되었다.
② 와하브 운동이 전개되었다.
③ 마라타 동맹이 결성되었다.
④ 쿠트브 미나르가 건립되었다.
⑤ 인도 통치 개선법이 발표되었다.

08

▶ 24059-0120

다음 자료를 활용한 탐구 활동으로 가장 적절한 것은?

아시아, 유럽, 아프리카에 걸쳐 광대한 영역을 지배하였던 제국이 소수 민족의 독립 운동과 서양 열강의 압박으로 쇠퇴하기 시작하였다. 이에 19세기 압둘 메지드 1세 통치 시기 톱카프 궁전 외곽에서 귈하네 칙령이 발표되었다. 귈하네 칙령은 제국 내의 모든 백성은 종교, 민족에 따른 차별 없이 법 앞에 평등하며 모든 개인의 생명과 재산권 및 재판권을 보장한다는 등의 내용을 담고 있었다. 이는 술탄의 권한을 제한하고 헌법에 기초한 통치 질서를 여는 첫걸음이었다. 이후 행정 제도 및 사법 제도의 개혁과 더불어 신교육 제도를 도입하는 등 여러 개혁이 단행되었다.

① 탄지마트의 내용을 알아본다.
② 심사법의 폐지 목적을 조사한다.
③ 차티스트 운동의 전개 과정을 분석한다.
④ 테르미도르 반동이 끼친 영향을 살펴본다.
⑤ 브라흐마 사마지 운동에서 내세운 주장을 찾아본다.

1
▶ 24059-0121

(가), (나) 국가 사이의 관계에 대한 설명으로 옳은 것은?

그림은 모로코를 둘러싼 ___(가)___ 와/과 ___(나)___ 의 갈등을 묘사하고 있다. ___(가)___ 이/가 모로코에 대한 내정 간섭을 강화하자 ___(나)___ 의 황제 빌헬름 2세는 모로코의 탕헤르를 방문하였다. 빌헬름 2세가 모로코의 자주권을 선언하면서 양국 간의 군사 충돌 위기가 발생하였다.

① 추축국 동맹을 결성하였다.
② 필리핀 지배를 두고 전쟁을 벌였다.
③ 제1차 세계 대전에서 교전을 벌였다.
④ 미국의 중재로 포츠머스 조약을 체결하였다.
⑤ 얄타 회담에서 대일전 참여 문제를 논의하였다.

2
▶ 24059-0122

(가), (나) 국가에 대한 설명으로 옳은 것은?

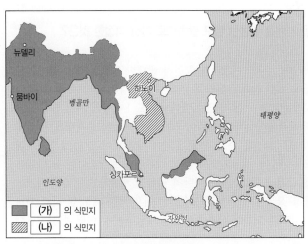

▲ (가), (나) 국가의 인도 및 동남아시아 식민 지배

① (가) – 대륙 봉쇄령을 공포하였다.
② (가) – 아도와 전투에서 승리하였다.
③ (나) – 폴란드를 분할 점령하였다.
④ (나) – 상트페테르부르크를 수도로 삼았다.
⑤ (가)와 (나) – 수단의 파쇼다에서 충돌하였다.

3

▶ 24059-0123

(가) 운동에 대한 설명으로 옳은 것은?

산둥에서 봉기가 일어난 이후 교회와 철도 등이 파괴되자 독일, 프랑스 등 각국이 톈진에 병력을 집결하고 청 정부에 2개월 내로 평정하지 않으면 직접 평정하겠다고 공언하고 있는데, 이는 모두 청 정부가 [(가)]을/를 몰래 지원하여 서양인들과 갈등을 빚었기 때문이다. …… 무릇 국토가 크건 작건 국세의 강약을 막론하고 이미 독립한 나라는 자주권을 가지고 있어야 한다. 그러므로 우리 나라가 다른 나라에 해를 끼치고 있으면 힘써 그것을 제거해야 할 것이고 그 나라를 지켜 주어 그들이 조금이라도 화를 입지 않게 해야 할 것이다. 만약 다른 나라가 우리 나라에 해를 끼치고 있다면 또한 이를 배척하고 강경한 어조로 이를 거부하여 자치권을 온전히 지켜야 할 것이다.

– 『청의보』 –

① 천두슈, 후스 등이 주도하였다.
② 신축조약이 체결되는 배경이 되었다.
③ 청일 전쟁의 패배로 한계가 드러났다.
④ 중화민국이 수립되는 결과를 가져왔다.
⑤ 증국번 등이 이끄는 향용에 의해 진압되었다.

4

▶ 24059-0124

밑줄 친 '봉기'에 대한 탐구 활동으로 가장 적절한 것은?

10월 9일 한커우의 러시아 조계에서 폭탄이 폭발하였다. 청 정부는 사건을 조사하며 혁명 단체에 가입한 군인들과 조직원들의 명부를 입수하였다. 이에 혁명 단체는 당장 무슨 일을 하지 않으면 조직이 산산조각 나고 더 많은 사람이 목숨을 잃을 것임을 알았다. 가장 먼저 행동을 취한 군대는 우창의 신군으로 이들은 10월 10일 이른 아침에 봉기를 일으켜 무기고를 점령하였다. 이들이 우창의 본부 요새에 대한 공격에 성공하자 날이 저물 무렵 다른 신군 3개 연대가 그들을 도우러 왔다.

① 신해혁명의 전개 과정을 파악한다.
② 제2차 국공 합작의 추진 목적을 조사한다.
③ 영국, 독일 등 8개국 연합군의 활동을 찾아본다.
④ 상하이 등 5개 항구를 개항하게 된 배경을 알아본다.
⑤ 일본이 랴오둥반도를 중국에 반환한 이유를 분석한다.

5
▶ 24059-0125

다음 자료에 나타난 운동에 대한 설명으로 옳은 것은?

13개 지역 전문학교와 대학의 학생 대표들은 베이징에 모여 5개의 결의안을 작성하였다. 첫째, 베르사유 회의에서 결정한 산둥 해결 방안에 반대할 것, 둘째, 전국의 대중에게 중국이 처한 어려움을 일깨울 것, 셋째, 베이징 인민 대회를 개최할 것, 넷째, 베이징 학생 연합의 결성을 촉구할 것, 다섯째, 그날 오후 베르사유 조약에 반대하는 시위를 벌일 것이 그것이었다. 다섯 번째 결의는 당장 실행에 옮겨졌다. 시위를 금지한다는 경찰의 명령을 무시하고 3천여 명의 학생들이 톈안먼 광장에 모여 외국 조계지를 향해 행진을 시작하였다. 학생들은 행진하면서 우리의 권리를 빼앗긴다면 중국의 영토를 보존할 수 없다는 점을 알리며 저항에 참여할 것을 호소하였다.

① 서태후 등 보수파의 반발로 실패하였다.
② 정부의 철도 국유화 조치에 반대하였다.
③ 중국이 상하이 등을 개항하는 계기가 되었다.
④ 일본의 대중국 21개조 요구 철폐를 주장하였다.
⑤ 중체서용을 바탕으로 서구 문물 수용을 내세웠다.

6
▶ 24059-0126

밑줄 친 '신정부'가 추진한 정책으로 옳은 것은?

그림은 세이난 전쟁의 가장 큰 전투였던 다바루자카 전투를 묘사한 것이다. 왕정복고로 수립된 신정부가 징병제를 도입하고 칼의 휴대를 금지하는 폐도령을 발표하는 등의 정책을 펼치자, 이에 불만을 품은 사족들이 사이고 다카모리를 중심으로 결집하였다. 이런 상황에서 사이고 다카모리를 중심으로 반군이 봉기하여 세이난 전쟁이 일어났다. 이후 신정부가 파견한 군대와 반군 사이에 다바루자카 전투를 비롯한 여러 전투가 일어났고, 결국 반란이 진압되었다.

① 과거제를 폐지하였다.
② 금릉 기기국을 설치하였다.
③ 산킨코타이 제도를 시행하였다.
④ 이와쿠라 사절단을 파견하였다.
⑤ 중국과 감합 무역을 실시하였다.

7

▶ 24059-0127

밑줄 친 '이 운동'에 대한 설명으로 옳은 것은?

우표로 보는 세계사

우표 속 인물은 람 모한 로이이다. 그는 신문 검열 반대, 언론과 종교의 자유 등을 요구하며 저항 운동을 펼쳤다. 아울러 그는 힌두교의 순수한 교리로 돌아가자는 종교 운동인 이 운동을 주도하였으며, 서양의 문물과 학문을 도입하여 인도 사회를 개혁하기 위해 노력하였다.

① 군벌 타도를 목표로 추진되었다.
② 애로호 사건을 빌미로 촉발되었다.
③ 우상 숭배와 카스트제에 반대하였다.
④ 프랑스의 식민 지배에 맞서 전개되었다.
⑤ 동인도 회사의 인도 지배권 박탈의 계기가 되었다.

8

▶ 24059-0128

다음 자료에 대한 탐구 활동으로 가장 적절한 것은?

커즌 총독의 조치에 반대하여 5백 명에서 5만 명까지 참여한 대중 집회가 곳곳에서 열렸다. 정치 단체와 신문들이 조치에 반대하는 운동을 주도하였으며 약 7만 명이 서명한 건의서가 런던에 제출되기도 하였다. 가장 대표적인 국민 저항은 인도 국민 회의에서 개최한 콜카타 대회였다. 이 대회에서 스와데시 및 스와라지, 영국 상품 불매, 국민 교육 진흥 등이 강령으로 채택되었다. 과격파 지도자인 파알은 영국 상품 배척 운동을 각 지방에까지 파급시켜 영국 지배에 대항할 정치적 무기로 사용할 것을 주장하였으며, 라이 역시 토산물 장려 운동과 영국 상품 배척 운동을 인도의 새로운 자기희생적 애국심의 표현이자, 영국 지배에 대한 인도의 국민 투쟁으로 찬양하며 지지하였다.

① 심사법이 제정된 목적을 분석한다.
② 동유 운동의 전개 과정을 찾아본다.
③ 인민헌장이 발표된 배경을 살펴본다.
④ 벵골 분할령이 끼친 영향을 조사한다.
⑤ 무굴 제국 황제가 폐위된 이유를 알아본다.

9

▶ 24059-0129

밑줄 친 '제국'에 대한 설명으로 옳은 것은?

www.○○○.kr

세계사 사전 ×

청년 튀르크당 🔍

▲ 청년 튀르크당 당원

청년 튀르크당은 제국의 술탄 압둘 하미드 2세가 러시아와의 전쟁을 이유로 헌법을 정지시키고 전제 정치를 부활하자 청년 장교, 지식인 등이 중심이 되어 결성한 단체이다. 이들은 무장봉기로 정권을 장악하고 헌법을 부활시켰으며, 산업을 육성하고 세제 개혁 등을 추진하였다.

① 크림 전쟁에서 승리하였다.
② 사마르칸트를 수도로 하였다.
③ 관세 동맹 결성을 주도하였다.
④ 아프리카 종단 정책을 추진하였다.
⑤ 고아와 믈라카에 무역 기지를 건설하였다.

10

▶ 24059-0130

(가) 왕조에서 있었던 사실로 옳은 것은?

| (가) |은/는 전략적으로 중요한 지역이 분명하다. 물론 그 나라의 자원과 지형만 고려한다면 그다지 중요하지 않을 수도 있다. 하지만 우리와 경쟁 관계인 나라들이 페르시아만에 관심을 기울이기 시작했다는 사실을 상기한다면, 그곳은 분명히 중요한 지역이다. …… | (가) |은/는 북쪽으로 카스피해 동쪽 방면에서 남하하는 러시아의 영토와 맞닿아 있고, 동남쪽 경계는 우리 대영 제국이 장악하고 있는 아프가니스탄 지역과 접하고 있으며, 이란 지역을 차지하고 있다. …… 우리 정부는 다음과 같은 사실을 인식해야 한다. 육지를 통해서건, 바다를 통해서건, 대영 제국이 확실한 이유로 우리의 세력권이라 여기는 지역에서 차츰 다른 나라들의 도전을 받고 있다는 사실을 말이다.

① 담배 불매 운동이 일어났다.
② 이산들와나 전투가 발생하였다.
③ 네르친스크 조약이 체결되었다.
④ 아라비 파샤가 봉기를 일으켰다.
⑤ 호세 리살이 독립 운동 단체를 조직하였다.

THEME 11 두 차례의 세계 대전

1 제1차 세계 대전

(1) 유럽 열강의 대립

① 독일과 영국의 제국주의 정책과 갈등

독일	영국
• 비스마르크 : 유럽의 현상 유지와 프랑스의 고립화 추진 → 오스트리아·헝가리 제국, 이탈리아와 3국 동맹 체결(1882) • 빌헬름 2세 : 팽창 정책(베를린·비잔티움·바그다드 연결 추진), 모로코 사건(1905, 1911)	• 카이로·케이프타운·콜카타를 연결하는 정책 추진 • 3국 협상 : 독일 빌헬름 2세의 팽창 정책에 맞서 영국·프랑스·러시아에 의해 성립(1907)

② 범게르만주의(발칸 지역에서 독일이 오스트리아·헝가리 제국 후원)와 범슬라브주의(러시아가 세르비아 후원)의 대립

③ 발칸 전쟁(1912~1913) : 발칸반도의 여러 민족이 오스만 제국에 저항하여 독립하는 한편 영토를 획정하는 과정에서 발발 → 발칸반도의 민족주의 대립 심화

(2) 제1차 세계 대전(1914~1918)

① 배경 : 보스니아의 사라예보를 방문한 오스트리아·헝가리 제국의 황태자 부부가 암살됨(사라예보 사건, 1914)

② 발발 : 세르비아에 대한 오스트리아·헝가리 제국의 선전 포고 → 동맹국(오스트리아·헝가리 제국, 독일)과 협상국(영국, 프랑스, 러시아)의 참전 → 오스만 제국과 불가리아는 동맹국 측에 가담, 원래 동맹국이던 이탈리아는 협상국(연합국) 측에 가담(1915)

③ 독일군의 진격 : 벨기에 침공(1914), 프랑스로 진격 → 마른 전투·솜 전투 등(전쟁이 교착 상태에 빠짐, 참호전 전개), 동부 전선에서 러시아와 대립

④ 전세의 변화 : 영국 해군이 북해 봉쇄 → 독일이 무제한 잠수함 작전 전개 → 미국 참전, 러시아에서 러시아력 10월 혁명(11월 혁명) 발생(1917), 러시아는 독일 등 동맹국들과 단독 강화를 체결(브레스트리토프스크 조약, 1918)하여 전쟁에서 이탈

⑤ 전쟁의 종결
- 동맹국(불가리아, 오스만 제국, 오스트리아·헝가리 제국) 항복
- 독일 킬 군항의 해군 봉기를 계기로 독일에서 혁명 발생 → 독일 빌헬름 2세 망명, 공화국 선포 → 협상국(연합국) 측과 독일 임시 정부 사이에 휴전 조약 체결(1918. 11.)

⑥ 전쟁의 특징 : 총력전(전후방 구분 없이 국가 전체의 인력과 물자 투입), 참호전, 신무기(탱크, 전투기, 잠수함, 독가스 등)의 등장

2 러시아 혁명과 소련의 성립

(1) 혁명 이전의 정세

① 사회 변화 : 노동자 계급 성장, 레닌 등이 사회주의 정당 설립

② 정치 동요 : 러일 전쟁에서 열세, 차르의 전제 정치에 대한 불만 고조 → 시위 전개 → 무력 진압(피의 일요일 사건, 1905) → 대규모 시위 확산 → 니콜라이 2세가 두마(의회)의 입법권 보장 등 개혁 약속

(2) 러시아 혁명의 전개(1917)

① 러시아력 2월 혁명(3월 혁명)
- 배경 : 제1차 세계 대전의 장기화로 물자 부족, 거듭된 패전으로 사기 저하
- 경과 : 페트로그라드(상트페테르부르크)에서 노동자·병사 소비에트 중심의 혁명 발생 → 니콜라이 2세 퇴위 → 임시 정부 수립

② 러시아력 10월 혁명(11월 혁명)
- 배경 : 임시 정부의 전쟁 지속, 개혁 실패
- 경과 : 노동자·병사 소비에트와 임시 정부의 대립 → 레닌 중심의 볼셰비키 혁명(전쟁 반대, 사회주의 지향) → 임시 정부 타도, 소비에트 정부 수립

(3) 혁명 후의 상황

레닌의 통치	• 독일을 비롯한 동맹국들과 단독 강화 조약 체결 • 사회주의 개혁 추진 : 토지 분배 및 주요 산업 국유화 등 • 신경제 정책[NEP] 실시 : 급격한 공산화에 따른 경제적 혼란 극복 목적, 자본주의적 요소 일부 도입 • 소비에트 사회주의 공화국 연방(소련) 수립(1922)
스탈린의 통치	• 경제 개발 5개년 계획 추진(중공업 육성, 농업 집단화) • 독재 체제 강화

3 제1차 세계 대전 이후의 세계

(1) 베르사유 체제의 성립

① 파리 강화 회의 개최(1919. 1.) : 전승국 대표들이 회의 주도, 윌슨의 평화 원칙 14개조에 입각하여 진행, 전승국의 이익 추구와 패전국에 대한 응징

② 베르사유 조약(1919. 6.) : 전승국과 독일 사이에 체결 → 독일의 모든 식민지 상실, 알자스·로렌 지방을 프랑스에 양도, 군대 규모 및 군비 축소, 배상금 지불 → 베르사유 체제 성립

(2) 평화 구축을 위한 노력

① 국제 연맹 창설(1920) : 국제 평화와 협력을 위한 기구, 미국의 불참, 창설 당시 독일·소련 제외(독일은 1926년, 소련은 1934년에 가입), 군사적 제재 수단 미비

② 평화 유지 노력 : 워싱턴 회의(1921~1922) 등에서 군비 축소 논의, 로카르노 조약과 켈로그·브리앙 조약(부전 조약) 체결

(3) 전후 민주주의의 발전

① 제정의 붕괴와 공화국 수립 : 독일 제국(→ 바이마르 공화국), 오스트리아·헝가리 제국(→ 오스트리아 공화국 등)

② 보통 선거권 확산 : 노동자와 여성의 참정권 확대

(4) 중국의 민족 운동

① 제1차 국공 합작(1924) : 5 · 4 운동 이후 중국 국민당 개편, 중국 공산당 결성 → 반군벌 · 반제국주의를 목표로 국민당과 공산당 연대

② 국민 혁명 : 군벌 타도와 국민 혁명을 추진하던 쑨원 사망 이후 장제스가 실권 장악 → 공산당 탄압 및 군벌 제압, 베이징을 점령하고 북벌 완성(1928)

③ 대장정 : 장제스의 국민당이 공산당 토벌 작전 전개 → 공산당이 대장정 단행(1934), 옌안 방면으로 이동

④ 제2차 국공 합작(1937) : 시안 사건(1936)을 계기로 내전 중단과 항일 투쟁 분위기 고조 → 중일 전쟁 발발(1937) 직후 제2차 국공 합작, 장기적인 항일 전쟁 전개

(5) 인도와 터키(튀르키예)의 민족 운동

인도	• 간디 : 비폭력 · 불복종 운동 전개, 롤럿법의 폐지와 완전한 자치 요구, 소금 행진(소금의 생산과 유통을 통제하는 영국의 소금법에 항의) 전개 • 네루 : 인도의 완전한 독립 요구 • 신인도 통치법(1935) : 영국이 인도의 각 주에 대해 외교와 군사를 제외한 자치권 인정
터키 (튀르키예)	• 무스타파 케말이 술탄제 폐지, 터키 공화국 수립(1923) • 근대화 정책 : 여성의 지위 향상, 정교분리, 근대적 교육 제도 실시, 일부다처제 금지 등

④ 대공황과 전체주의

(1) 대공황의 발생과 대응

발생	• 전개 : 제1차 세계 대전 이후 과잉 생산과 투자, 소비 시장 축소 → 미국 증권 거래소의 주가 대폭락(1929) → 전 세계로 경제 위기 확산 • 영향 : 각국 정부의 통제 경제 정책 강화, 블록 경제의 형성, 전체주의의 확산
대응	• 미국 : 루스벨트의 뉴딜 정책(테네시강 유역 개발 공사, 와그너법 제정 등) • 영국 : 파운드 블록 형성 • 기타 : 이탈리아 · 독일 · 일본의 전체주의 세력 성장, 대외 팽창 추진

(2) 전체주의의 등장

① 특징 : 국가 지상주의, 일당 독재, 군국주의, 언론 통제 등

② 각국의 전체주의

이탈리아 (파시즘)	전후 물가 폭등, 실업자 증가 → 무솔리니가 파시스트당 결성 → 로마 진군(1922) → 일당 독재 체제 구축(대공황 이전) → 에티오피아 침공(1935) → 국제 연맹 탈퇴(1937) → 알바니아 침공(1939)
독일 (나치즘)	바이마르 공화국의 사회 · 경제 혼란 → 총선에서 나치당 승리(1932) → 히틀러가 총리로 취임, 국제 연맹 탈퇴(1933) → 히틀러가 총통으로 취임 → 반유대 정책 추진, 재무장 선포
일본 (군국주의)	만주 사변(1931) → 만주국 수립(1932) → 국제 연맹 탈퇴(1933) → 중일 전쟁 도발(1937), 난징 대학살

⑤ 제2차 세계 대전

(1) 전쟁 전의 유럽 상황

에스파냐 내전	프랑코 군부 세력의 반란(1936) → 이탈리아 · 독일의 지원 → 프랑코 정권 수립
추축국 형성	독일 · 이탈리아 · 일본의 3국 방공 협정 체결(1937) → 추축국 동맹 형성
독일의 팽창	라인란트 점령, 오스트리아 병합, 체코슬로바키아의 수데텐 지방 점령, 독소 불가침 조약 체결(1939. 8.)

(2) 제2차 세계 대전의 전개

① 전쟁의 발발과 확대

• 독일의 폴란드 침공(1939. 9.) → 영국과 프랑스의 대독 선전 포고 → 독일의 노르웨이, 덴마크, 네덜란드, 벨기에 침략

• 독일의 프랑스 공격 : 파리 점령(→ 비시 정부 수립), 드골의 영국 망명 → 망명 정부(자유 프랑스) 수립, 프랑스 국내 레지스탕스 운동

• 독일의 소련 공격 : 독소 불가침 조약을 파기하고 소련 영토로 진격(1941)

• 이탈리아의 침략 : 그리스, 북아프리카 지역 침공(1940)

• 일본의 팽창 : 대동아 공영권 표방, 동남아시아 침략 → 미국, 영국 등의 일본에 대한 경제 제재 → 일본이 미국 하와이 진주만 기습 공격(태평양 전쟁 발발, 1941)

② 연합군의 반격과 승리 : 미국의 미드웨이 해전 승리(1942), 소련의 스탈린그라드 전투(1942. 8. ~ 1943. 2.) 승리 → 이탈리아 항복 → 노르망디 상륙 작전 성공(1944) → 독일 항복 → 일본 항복(전쟁 종결, 1945. 8.)

③ 전쟁 중 회담 : 카이로 회담(1943, 미국 · 영국 · 중국, 전후 일본 영토 처리 문제 협의), 얄타 회담(1945, 미국 · 영국 · 소련, 소련의 내일전 참전 및 전후 독일 처리 문제 협의), 포츠담 회담(1945, 미국 · 영국 · 소련, 독일을 비롯한 유럽의 전후 문제 논의)

(3) 전후 처리

① 방향 : 연합국과 패전국 간의 개별 조약 체결

② 내용 : 전범 처벌을 위한 국제 군사 재판 개최(뉘른베르크, 도쿄), 미국 · 영국 · 프랑스 · 소련의 독일 분할 관리(→ 독일의 동서 분단), 일본의 주권 회복(샌프란시스코 강화 회의, 1951), 오스트리아의 중립국화

(4) 국제 연합[UN]의 성립(1945)

과정	• 대서양 헌장(1941) : 루스벨트와 처칠이 발표, 전후 평화 수립의 원칙을 제시하여 국제 연합 창설의 기초 마련 • 샌프란시스코 회의(1945) : 국제 연합 헌장 채택 → 정식 출범(51개국 참가)
특징	• 안전 보장 이사회의 결의가 총회의 결정보다 우선 • 상임 이사국(미국 · 영국 · 프랑스 · 소련 · 중국)에 거부권 부여 • 국제 연합군(유엔군)을 파견하여 국제 분쟁에 무력 개입 가능

1단계 자료 분석

[2024학년도 수능 6월 모의평가]

○○○에게

전쟁이 언제 끝날지 모르겠다. 마른 전투에서 적의 진격을 저지하였지만 계속해서 참호를 파고 대치하고 있는 중이야. 조금 전에도 포탄과 기관총탄이 빗발쳤는데 그 상황을 본다면 사람이 살아남아 있을 것이라고 그 누구도 믿을 수 없을 거야. 오스만 제국이 동맹국에 가입했다는 소식도 들었는데 전쟁이 더 길어질 것 같아 불안하기만 해. 전쟁이 빨리 끝나서 집에 가고 싶다. 그때까지 무사히 잘 지내.

□□가

마른 전투에서 적의 진격을 저지하였다는 내용, 참호를 파고 적과 대치하는 상황, 오스만 제국이 동맹국에 가입했다는 사실 등을 통해 자료의 전쟁이 제1차 세계 대전임을 알 수 있다. 제1차 세계 대전에서는 참호전이 전개되었으며, 탱크와 독가스 등의 무기가 사용되었다. 또한 제1차 세계 대전에서 오스만 제국은 독일이 속한 동맹국 측에 가담하였다. 원래 동맹국이었던 이탈리아는 1915년 협상국 측에 가담하였다.

2단계 유형 연습

▶ 24059-0131

1 밑줄 친 '이 전쟁'에 대한 설명으로 옳은 것은?

나는 아직도 탱크를 처음 본 그 날을 잊지 못합니다. 거대한 쇳덩어리들은 솜강 유역을 뒤흔들며 독일군의 참호를 향해 나아갔습니다. 빗발치는 기관총탄도 탱크 앞에서는 무용지물이었습니다. 솜강 전투 이후 오늘날까지 2년간 탱크 제조 기술은 발전하였습니다. 저는 여러분이 러시아가 독일 등과 단독 강화 조약을 체결해 이 전쟁에서 발을 뺀다는 소식을 듣고 불안해한다는 사실을 알고 있습니다. 하지만 잊지 마십시오. 우리 탱크는 자국의 혁명으로 이 전쟁에서 빠지는 러시아 군대보다 믿음직스럽다는 사실을.

① 크롬웰의 집권에 기여하였다.
② 포츠머스 조약으로 마무리되었다.
③ 국제 연맹 결성 이후에 발발하였다.
④ 사라예보 사건을 배경으로 시작되었다.
⑤ 원자 폭탄의 투하를 계기로 종결되었다.

1단계 자료 분석

[2021학년도 수능 6월 모의평가]

오늘 새벽 4시, 선전 포고도 없이 독일군이 우리 나라를 침략하였습니다. 저들은 비행기로 키이우(키예프), 세바스토폴 등 우리의 도시를 폭격하였습니다. 이는 배신행위입니다. 우리 정부는 독일과 상호 불가침 조약을 체결하였고, 이를 성실하게 지켜 왔음에도 불구하고 공격이 자행되었습니다. 나폴레옹이 우리 땅을 침공했을 때 우리의 대답은 조국을 위한 전쟁이었고, 패배라는 운명이 그에게 주어졌습니다. 우리 군대는 자유를 위해 다시 한번 전쟁에서 승리할 것입니다.

독일과 상호 불가침 조약을 체결하였지만 그 이후에 독일의 침공을 받았으며, 키이우(키예프)와 세바스토폴 등을 영유하는 국가라는 사실에서 자료의 '우리 나라'는 소련임을 알 수 있다. 독일은 1939년 소련과 불가침 조약을 체결하고 폴란드를 기습 침공하였다. 이에 영국과 프랑스가 독일에 선전 포고를 하여 제2차 세계 대전이 발발하였다. 독일은 소련과의 불가침 조약을 일방적으로 파기하고 1941년 6월 소련을 침공하였다.

2단계 유형 연습

▶ 24059-0132

2 다음 연설이 발표된 이후에 일어난 사실로 옳은 것만을 〈보기〉에서 고른 것은?

며칠 전 우리 독일은 미래를 위해 소련과 상호 무력 사용을 배제하는 조약을 체결하였습니다. 이 조약은 독일과 소련이 경제적으로 협력할 수 있게 하고 무엇보다도 위대한 두 국가의 힘이 서로에게 소진되지 않게 보장합니다. 이 조약은 여러분들이 환영한 것처럼 모스크바에서도 환영을 받았습니다. 나는 단치히 및 회랑 지대의 문제를 해결하기로 결심하였습니다. 이를 위해 본인은 폴란드 정부가 변화를 꾀할 때까지 싸울 것입니다.

┌ 보기 ┐
ㄱ. 중일 전쟁이 발발하였다.
ㄴ. 국제 연합이 창설되었다.
ㄷ. 무솔리니가 이탈리아의 정권을 잡았다.
ㄹ. 미국이 미드웨이 해전에서 승리하였다.

① ㄱ, ㄴ   ② ㄱ, ㄷ   ③ ㄴ, ㄷ
④ ㄴ, ㄹ   ⑤ ㄷ, ㄹ

01
▶ 24059-0133

(가) 국가에 대한 설명으로 옳은 것은?

> _____ (가) _____의 비스마르크는 유럽의 현상 유지와 프랑스의 고립화를 추진하였다. 그러나 _____ (가) _____의 지도자 빌헬름 2세는 이른바 세계 정책을 내세우며 적극적인 팽창 정책을 추진하였다. 그는 자국의 수도와 비잔티움, 바그다드를 연결하고자 하였다. 또한 빌헬름 2세는 대규모의 전함을 제작하는 등 군비 확장에도 힘을 기울였다. 이에 대항하여 영국은 군비 확장은 물론 유럽 열강과의 관계 개선을 위해 노력하였다.

① 탄지마트를 단행하였다.
② 3국 동맹을 구성하였다.
③ 필리핀을 식민지로 삼았다.
④ 벵골 분할령을 발표하였다.
⑤ 네르친스크 조약을 체결하였다.

02
▶ 24059-0134

밑줄 친 '이 전쟁'의 영향으로 가장 적절한 것은?

> 사라예보 사건을 계기로 시작된 이 전쟁에서는 독가스가 사용되었기에 사진에 보이는 것처럼 사람은 물론 동물에게 방독면을 씌우기도 하였다. 이 전쟁 중에 독가스에 노출된 이들은 사망하거나 살아 남더라도 후유증에 시달렸다.

① 빈 체제가 수립되었다.
② 신성 로마 제국이 해체되었다.
③ 베스트팔렌 조약이 체결되었다.
④ 독일이 해외 식민지를 상실하였다.
⑤ 영국 노동자들이 차티스트 운동을 전개하였다.

03
▶ 24059-0135

다음 청원서가 발표된 시기를 연표에서 옳게 고른 것은?

> 1월 22일 일요일, 상트페테르부르크의 군중은 차르 니콜라이 2세에게 다음 자료와 같은 요구를 하며 시위를 일으켰습니다. 시위가 진압되는 과정에서 많은 사상자가 발생하였습니다.

> 우리는 차르 당신께 정의와 보호를 구하기 위해 여기에 왔습니다. 우리는 과도한 노동의 무거운 짐을 지고 수치스러운 대우를 받았습니다. 우리는 평범한 인간으로 인정받지 못하고 노예 취급을 받고 있습니다. …… 모든 사람이 원하는 사람을 자유롭게 선택할 수 있도록 하고, 이를 위해 제헌 의회 선거가 선거의 원칙에 따라 치러지게 하십시오. 이는 우리의 중요한 청원입니다.

(가)	(나)	(다)	(라)	(마)
러일 전쟁 발발	제1차 세계 대전 발발	러시아력 2월 혁명 (3월 혁명)	러시아력 10월 혁명 (11월 혁명)	국제 연맹 창설	소련 수립

① (가)　　② (나)　　③ (다)　　④ (라)　　⑤ (마)

04
▶ 24059-0136

(가), (나) 시기 사이에 있었던 사실로 옳은 것은?

> (가) 어제 장쭤린이 베이징을 포기하고 떠났으니 중원을 호령하려던 그의 야망은 일장춘몽이 되었다. 중국 국민당의 군대는 북벌 성공의 축가를 부르고 있다. 청천백일기가 베이징 하늘에 휘날리는 가운데 북벌을 이끈 장제스는 각급 지휘관의 공로를 치하하였다.
>
> (나) 이틀 전 시안에서 장쉐량을 중심으로 한 인사들이 병력을 동원하여 장제스를 감금하였다고 한다. 장제스가 살해되었다는 풍설이 도는 가운데, 그의 생사를 확인하려는 노력이 이어지고 있다.

① 5·4 운동이 일어났다.
② 신축조약이 체결되었다.
③ 태평천국 운동이 전개되었다.
④ 제1차 국공 합작이 이루어졌다.
⑤ 중국 공산당이 대장정을 단행하였다.

05

▶ 24059-0137

밑줄 친 '이러한 법'에 대한 탐구 주제로 가장 적절한 것은?

제1차 세계 대전이 종전된 직후 인도에서는 영국인 판사 롤럿을 의장으로 한 위원회가 조직되었다. 이 위원회는 인도의 치안을 유지한다는 명목으로 인도 내에서의 혁명 활동을 통제하는 새로운 법안을 제출하였다. 통과된 법은 혐의만으로 용의자를 영장 없이 체포하는 규정을 비롯하여 배심원 없이 피고를 재판하는 것을 인정하는 규정 등을 포함하였다. 제1차 세계 대전 중 영국은 인도의 자치를 허용한다며 인도인의 지원을 이끌어 냈다. 하지만 전쟁이 끝난 직후 영국은 약속을 지키지 않고 이러한 법을 제정하여 오히려 인도인에 대한 탄압을 강화하였다.

① 콜카타 대회의 전개 과정
② 무굴 제국 황제가 폐위된 요인
③ 세포이가 대규모의 항쟁을 일으킨 계기
④ 간디가 비폭력·불복종 운동을 추진한 배경
⑤ 힌두교 지도자들이 추진한 브라흐마 사마지 운동의 내용

06

▶ 24059-0138

(가)에 들어갈 내용으로 가장 적절한 것은?

건축으로 보는 세계사

◉ 명칭 : 후버댐
◉ 위치 : 미국 애리조나주와 네바다주 경계
◉ 특징 : 콜로라도강의 블랙 협곡을 막아 건설된 댐이다. 세계적 경제 위기를 맞이한 후버 대통령은 이러한 초대형 댐 건설로 인력 고용을 촉진하였다. 그의 후임인 루스벨트 대통령이 추진한 테네시강 유역 개발 공사도 유사한 사례라 할 수 있다. 또한 루스벨트 대통령은 경제 위기를 극복하는 차원에서 (가)

① 사회 보장 제도를 시행하였다.
② 노예 해방 선언을 발표하였다.
③ 제1차 대륙 회의를 개최하였다.
④ 신경제 정책[NEP]을 추진하였다.
⑤ 미국 최초의 대륙 횡단 철도를 개통하였다.

07

▶ 24059-0139

밑줄 친 '이 전쟁' 기간 중에 있었던 사실로 옳은 것은?

이 전쟁은 우리 프랑스만의 싸움으로 끝나지 않습니다. 이는 전 세계에 걸친 투쟁입니다. …… 우리는 독일의 기계화 부대에 패배했지만 미래에는 이를 극복할 수 있을 것입니다. 현재 영국 런던에 있는 나 드골은 무기를 가졌든 가지고 있지 않든 상관없이 영국 영토에 있는 우리 나라의 군인 및 투쟁에 동참하려는 이들을 초청합니다. 나는 영국 영토에 있는 군수 산업의 기술자들과 특수 노동자, 또는 나와 연락하여 투쟁에 힘을 보태려는 이들도 초청합니다. 우리 나라 레지스탕스의 불길은 어떤 경우에도 꺼지지 않아야 하며 꺼지지 않을 것입니다.

① 베르사유 조약이 체결되었다.
② 독일이 국제 연맹을 탈퇴하였다.
③ 노르망디 상륙 작전이 전개되었다.
④ 일본이 대중국 21개조 요구를 제출하였다.
⑤ 이탈리아가 에티오피아 침공을 개시하였다.

08

▶ 24059-0140

다음 자료에 대한 탐구 활동으로 가장 적절한 것은?

영국·미국·소련은 여러 국가에서 히틀러의 군대가 자행한 잔학 행위, 학살에 대한 증거를 여러 방면으로 수집하였다. 나치 지배 아래에서 모든 사람은 최악의 고통을 겪었다. 이는 히틀러 세력에게서 해방되고 있는 소련, 프랑스에서 드러난 극악무도한 범죄에 의해 명백히 입증되었다. 따라서 우리 세 나라는 다음과 같이 선언한다.
잔학 행위와 학살에 대한 책임이 있거나 이에 동조한 독일군, 나치당원은 독일의 압제에서 벗어난 각 나라의 법에 따라 처벌된다. 여러 국가에 걸쳐 범죄를 저지른 자, 연합국의 공동 결정이 필요한 자의 경우에는 이 원칙이 적용되지 않는다.

① 포츠머스 조약의 내용을 살펴본다.
② 뉴딜 정책이 추진된 배경을 파악한다.
③ 무솔리니가 권력을 장악한 계기를 조사한다.
④ 프랑스가 선포한 대륙 봉쇄령의 내용을 분석한다.
⑤ 뉘른베르크에서 진행된 국제 군사 재판의 목적을 알아본다.

1

▶ 24059-0141

(가) 국가에 대한 설명으로 옳은 것은?

6월 28일에 일어난 고통스러운 사건은 우리 [(가)] 영토의 특정 부분을 떼어 내려는 활동이 세르비아에 존재한다는 사실을 보여 준다. 하지만 세르비아 정부는 이를 진압할 조치를 전혀 취하지 않았다. 우리 황태자 부부를 암살한 이 사건 범죄자들이 세르비아의 단체인 나로드나 오드브라나(Narodna Odbrana)로부터 무기를 받았다는 사실은 명백하다. 우리 제국은 세르비아에 다음 사항의 준수를 요구한다.

1. [(가)]에 대한 증오와 경멸을 조장하는 모든 출판물 및 제국의 영토 보전에 반하는 경향이 있는 모든 출판물을 억제한다.

⋯⋯

7. 조사 결과 암살 사건에 연루된 것으로 밝혀진 인물을 지체 없이 체포한다.

① 마카오를 식민지로 삼았다.

② 청과 난징 조약을 체결하였다.

③ 바이마르 공화국이 수립되었다.

④ 플라시 전투에서 영국군에 패배하였다.

⑤ 제1차 세계 대전에서 이탈리아와 대립하였다.

2

▶ 24059-0142

밑줄 친 ㉠에 대한 탐구 활동으로 가장 적절한 것은?

레닌과 트로츠키는 일반적 대중 선거로 창출된 대의 기구 대신에 노동 대중의 유일한 대의체로서 소비에트 정부를 세웠다. 그러나 보통 선거, 언론·결사의 자유, 여론을 끌어들이기 위한 자유로운 투쟁이 보장되지 않는 상태에서는 단지 관료제만이 판치는 껍데기뿐인 정치 활동이 유지된다. 따라서 공공의 생활은 점차 동면에 들어가고 소수의 당 지도자들만이 명령하고 지배하게 될 것이다. 실제 그중에서도 ㉠특정 인물이 전권을 행사할 것이며, 노동자 계급 엘리트들은 가끔씩 회의에 초대되어 당 지도자의 연설에 박수를 치고, 이미 결론 내려진 제안에 동의만 하는 들러리가 될 뿐이다.

① 먼로 선언의 내용을 조사한다.

② 빈 체제가 해체된 요인을 분석한다.

③ 스탈린 통치 체제의 특징을 파악한다.

④ 농노 해방령이 선포된 배경을 찾아본다.

⑤ 브나로드 운동의 전개 과정을 알아본다.

3

▶ 24059-0143

밑줄 친 '지난 16년 동안'에 있었던 사실로 옳은 것은?

> 친애하는 동포 여러분!
> 파리 강화 회의가 개최된 해에 우리 선배들은 톈안먼 광장에 모여 '21개조 요구'의 폐기와 칭다오의 반환을 외친 운동을 일으켰습니다. 하지만 그 운동이 일어난 이후 지난 <u>16년 동안</u> 학생들은 학교에서 죽어라 공부하는 것이 본분이라 착각하였습니다. 일본의 침탈에 대응하는 방법이 있을 것이라는 당국자의 발언을 의심 없이 믿고, 민족 부흥의 '기적'을 명청하게 기다리고 있었던 것입니다. 넓은 화북 땅에 조용히 공부할 책상 하나 놓을 곳이 없게 되면 어찌 가만히 있을 수 있겠습니까? 중국의 모든 민중은 중국을 보위하는 책임을 져야 합니다. 일어섭시다! 오직 항쟁만이 우리가 찾을 수 있는 유일한 출구입니다.

① 신해혁명이 일어났다.
② 만주 사변이 발발하였다.
③ 태평천국 운동이 전개되었다.
④ 제2차 국공 합작이 이루어졌다.
⑤ 중화 인민 공화국이 수립되었다.

4

▶ 24059-0144

다음 연설이 발표될 당시에 볼 수 있는 모습으로 가장 적절한 것은?

> 10월 31일자 명으로 국왕께서는 저를 각료 회의 의장 및 내무부, 외무부 장관으로 임명하였습니다. 최근 7년간 정부는 위기를 맞이하였지만 간악하고 은밀한 책략으로 대처하였습니다. 이에 우리 이탈리아 국민은 새로운 정부를 구성한 것입니다. 저는 며칠 전 로마로 향한 '검은 셔츠' 혁명을 옹호하고 크나큰 가치를 부여합니다. 저는 의회를 폐쇄하고 파시스트만으로 정부를 구성할 수 있었지만 연립 정부를 구성하였습니다. 이탈리아는 공동의 승리를 위해 노력했지만 식민지는 고사하고 아무런 이익을 얻지 못한 채 빚더미 위에 앉았습니다. 저는 영국, 프랑스 총리를 만나 이 문제를 논의할 것입니다.

① 국제 연합이 결성된 사실을 보도하는 기자
② 베르사유 조약의 영향을 검토하는 독일 학자
③ 파리를 점령한 독일 군대를 비판하는 프랑스 학생
④ 독일, 일본과 방공 협정을 체결하는 이탈리아 관리
⑤ 루스벨트 대통령과 테네시강 유역 개발 공사를 논의하는 기술자

5

▶ 24059-0145

(가)에 들어갈 내용으로 가장 적절한 것은?

사진은 프랑스 북부 푸앵트 뒤 오크의 모습입니다. 노르망디 상륙 작전 당시 이곳에서는 연합군과 독일군 사이에 치열한 전투가 벌어졌습니다. 연합군은 본격적인 상륙 작전 전개에 앞서 이곳에 대규모의 공중 폭격과 함포 사격을 단행하였습니다. 이로 인해 현재까지도 여러 구덩이가 남아 있습니다. 당시 노르망디를 확보한 연합군은 파리 등을 수복하고 독일로 진격하였습니다. 이후   (가)

① 영국은 독일에 선전 포고를 하였습니다.
② 독일은 소련과 불가침 조약을 체결하였습니다.
③ 프랑스는 영국에 망명 정부를 수립하였습니다.
④ 미국은 히로시마에 원자 폭탄을 투하하였습니다.
⑤ 일본은 하와이의 진주만을 기습 공격하였습니다.

6

▶ 24059-0146

다음 자료에 대한 탐구 주제로 가장 적절한 것은?

우리 연합국 국민들은 일생 중에 두 번이나 말할 수 없는 슬픔을 인류에 가져온 전쟁의 불행에서 다음 세대를 구하고 기본적 인권, 인간의 존엄 및 가치, 남녀 및 대소 각국의 평등권에 대한 신념을 재확인하며 정의와 조약 및 기타 국제법으로부터 발생하는 의무를 계속 존중하고 유지할 수 있는 조건을 확립하며, 더 많은 자유 속에서 사회적 진보와 생활 수준의 향상을 촉진할 것을 결의하였다. …… 안전 보장 이사회는 국제 평화와 안전의 유지 또는 회복에 필요한 공군·해군 또는 육군에 의한 조치를 취할 수 있다.

① 제국주의 등장과 열강의 식민지 확대
② 독일의 통일과 동유럽 공산권의 붕괴
③ 트루먼 독트린의 발표와 냉전의 형성
④ 대공황의 발생과 경제적 혼란의 극복
⑤ 제2차 세계 대전의 종전과 국제 질서

12 냉전과 탈냉전, 21세기의 세계

① 냉전 체제의 전개와 제3 세계

(1) 냉전 체제

① 의미 : 제2차 세계 대전 이후 미국 중심의 자본주의 진영과 소련 중심의 공산주의 진영 사이의 대립

② 성립

자본주의 진영		공산주의 진영
• 트루먼 독트린 발표(1947) • 마셜 계획 발표(1947)	↔	• 동유럽에 공산주의 세력 확대 • 코민포름(공산당 정보국), 코메콘(경제 상호 원조 회의) 조직
독일 내 관할 지역에 새로운 통화 제도 도입	↔	베를린 봉쇄(1948~1949)
북대서양 조약 기구[NATO] 결성	↔	바르샤바 조약 기구[WTO] 결성

③ 심화 : 6·25 전쟁(1950~1953), 베를린 장벽 설치(1961), 쿠바 미사일 위기(1962), 베트남 전쟁 등

(2) 제3 세계

① 등장 : 제2차 세계 대전 이후 식민 통치에서 벗어난 아시아·아프리카의 신생 독립국이 미국과 소련의 영향력을 배제하고 비동맹 중립주의·독자 노선을 표방

② 발전

• 평화 5원칙(1954) : 네루(인도), 저우언라이(중국)가 발표

• 평화 10원칙(1955) : 인도네시아 반둥에서 열린 아시아·아프리카 회의(반둥 회의)에서 발표

• 제1차 비동맹 회의(1961) : 티토(유고슬라비아)·네루(인도)·나세르(이집트), 제3 세계의 협력·결속 강화 선언

② 냉전의 해체와 세계 질서의 재편

(1) 냉전의 완화

① 배경 : 미국과 소련 사이에 긴장 완화 분위기 조성

② 사례

소련	서독과 국교 회복, 흐루쇼프의 평화 공존 추구
미국	닉슨 독트린 발표(1969), 소련과 전략 무기 제한 협정[SALT] 체결(1차, 1972), 베트남 전쟁에서 군대 철수, 중국과 국교 수립(1979)
기타	서독의 빌리 브란트가 동독 및 동유럽 공산권 국가와 관계 개선 노력(동방 정책)

(2) 소련의 해체

고르바초프의 개혁	소련 공산당 서기장으로서 집권(1985) → 페레스트로이카(개혁)·글라스노스트(개방) 표방, 시장 경제 도입, 미국 및 서방 국가와의 관계 개선, 언론 통제 완화, 동유럽 국가들에 대한 불간섭 선언
소련 해체	옐친의 주도로 독립 국가 연합[CIS] 출범, 소련의 해체(1991)

(3) 독일의 통일과 동유럽 공산주의권의 붕괴

독일의 통일	• 배경 : 서독과 동독의 경제 성장 격차 심화, 서독과 동독의 교류, 동독의 민주화 및 통일 요구 시위 • 통일 : 베를린 장벽 붕괴(1989), 독일 통일(1990, 동독 자유 총선거 실시 → 동독이 독일 연방에 가입)
동유럽 공산주의권의 붕괴	• 배경 : 소련의 개혁·개방 정책 및 정치적 간섭 약화 • 붕괴 : 폴란드(바웬사의 자유 노조 운동 주도), 헝가리(다당제, 시장 경제 제도 도입), 체코슬로바키아(하벨 주도로 민주화 운동 전개 → 하벨 대통령 당선)

(4) 중국의 변화

① 중화 인민 공화국 수립(1949)과 개혁 : 토지 개혁, 산업의 국유화 실시, 마오쩌둥 주도로 대약진 운동 전개(인민공사 조직을 통한 농업 집단화 추구 → 실패, 마오쩌둥의 권력 기반 약화 및 실용주의 세력 대두)

② 문화 대혁명(1966~1976) : 마오쩌둥이 홍위병을 앞세워 류사오치·덩샤오핑 등 반대파를 몰아냄, 중국의 전통 문화유산 파괴 등의 문제 발생

③ 덩샤오핑의 개혁·개방 정책 : 흑묘백묘론에 바탕, 시장 경제 체제 일부 도입, 동남 해안 지대에 경제특구 설치 → 빈부 격차, 관료의 부정부패 심화 등 부작용 발생

④ 톈안먼 사건(1989) : 학생과 지식인들이 톈안먼 광장에서 부정부패 추방과 정치 민주화 요구 → 덩샤오핑 등 당시 공산당 지도부에 의해 무력 진압됨

(5) 탈냉전 시대의 분쟁과 세계 질서의 재편

분쟁의 발생	카슈미르 분쟁, 구 유고슬라비아 지역 및 아프리카 등지에서의 분쟁(르완다의 후투족과 투치족 사이의 분쟁 등), 팔레스타인 분쟁, 체첸과 러시아 분쟁
세계 질서의 재편	• 브레턴우즈 회의(1944) : 미국의 달러화를 기축 통화로 결정, 국제 부흥 개발 은행[IBRD]과 국제 통화 기금[IMF] 창설 • 관세 및 무역에 관한 일반 협정[GATT] 체결(1947) • 세계 무역 기구[WTO] 출범(1995)
지역화·블록화 경향	• 아시아·태평양 경제 협력체[APEC] 설립(1989) • 북미 자유 무역 협정[NAFTA] 체결 • 유럽 연합[EU] : 마스트리흐트 조약 체결을 통해 출범(1993), '유로'라는 단일 화폐 사용

③ 21세기의 세계

(1) 과학·기술 혁명 : 양자 역학, 유전 공학 등의 발전, 정보 통신 기술 발달(인터넷과 무선 통신 발달, 휴대 전화 확산 등), 인공 지능[AI]의 진화

(2) 21세기 인류의 과제 : 신자유주의와 세계화의 확산으로 빈부 격차 심화, 여성 및 소수자 차별, 에너지 및 환경 문제(에너지 고갈, 무분별한 개발로 인한 환경 파괴, 지구 온난화), 신종 질병의 출현 등

1단계 자료 분석

[2024학년도 수능 6월 모의평가]

자료는 냉전 체제 속에서 군사적 대립이 심화되는 가운데 체결된 조약의 일부입니다. 이 조약으로 결성된 국제기구에 대해 말해 볼까요?

알바니아, 불가리아, 헝가리, 동독, 폴란드,
루마니아, 소련, 체코슬로바키아의
우호, 협력, 상호 원조를 위한 조약

제4조 개별적으로, 또는 다른 조약 당사국과의 합의에 따라 무력을 포함해 필요하다고 판단되는 모든 수단을 동원해 공격받는 국가, 또는 국가들을 즉시 지원한다.

냉전 체제 속에서 군사적 대립이 심화되는 가운데 체결된 조약의 일부라는 사실, 알바니아, 불가리아, 헝가리, 동독, 폴란드, 루마니아, 소련, 체코슬로바키아 등과 같은 동유럽 국가들이 군사적 지원을 포함한 협력과 상호 원조를 목적으로 체결했다는 사실을 통해 바르샤바 조약 기구[WTO]에 관한 조약임을 알 수 있다. 미국이 서유럽 각국과 군사 방위 체제를 구축하기 위해 북대서양 조약 기구[NATO]를 조직하자, 소련은 동유럽 국가를 규합하여 바르샤바 조약 기구를 창설하였다.

2단계 유형 연습

▶ 24059-0147

1 다음 조약으로 성립한 국제기구에 대한 설명으로 옳은 것만을 〈보기〉에서 고른 것은?

조약으로 보는 세계사

제5조 유럽 또는 북아메리카에서 하나 또는 그 이상의 회원국에 대한 무력 공격이 발생할 경우 회원국 모두에 대한 공격으로 간주한다.

제11조 이 조약은 벨기에, 캐나다, 프랑스, 룩셈부르크, 네덜란드, 영국, 미국을 포함한 회원국 과반수가 비준하는 즉시 발효된다.

[해설] 제2차 세계 대전이 끝난 직후 미국 등 북아메리카 국가와 영국, 프랑스 등 서유럽 국가는 이 조약을 통해 군사 방위 체제를 구축하였다.

보기
ㄱ. 트루먼 독트린 이후에 결성되었다.
ㄴ. 냉전 체제의 형성에 영향을 주었다.
ㄷ. 상임 이사국에 거부권을 부여하였다.
ㄹ. 쿠바 미사일 위기의 영향으로 창설되었다.

① ㄱ, ㄴ ② ㄱ, ㄷ ③ ㄴ, ㄷ ④ ㄴ, ㄹ ⑤ ㄷ, ㄹ

1단계 자료 분석

[2023학년도 수능 6월 모의평가]

인도네시아에서 29개국 대표가 모여 국제회의를 열었다. 이 회의에 대표를 파견한 나라들은 문화적, 인종적으로 두드러진 공통점이 없지만 한 가지 점에서는 모두 일치하였다. 바로 제국주의 열강의 식민 통치를 겪었거나 그에 맞서는 반(反)식민주의 역사를 경험한 것이었다. 이들은 식민주의가 이제 군사적 침략과 영토 점령이라는 노골적인 방법이 아니라, 경제적·문화적 지배라는 형태로 바뀌어 여전히 강력한 힘을 발휘하고 있다는 데 의견을 같이하였다. 인도네시아 대통령 수카르노는 식민주의에 대한 적개심으로 각국 대표와 인민이 하나로 뭉쳐 저항해야 한다고 외쳤다.

인도네시아에서 29개국이 식민주의와 제국주의로부터의 자유를 표방한 국제회의를 개최했다는 사실에서 아시아·아프리카 회의(반둥 회의)를 유추할 수 있다. 1955년에 아시아·아프리카 29개국의 대표들이 인도네시아 반둥에서 회의를 개최하여 식민지 문제에 대해 토론을 벌였다. 그리고 이들은 국제 연합 헌장 존중, 모든 국가의 주권과 영토 보존 존중, 타국의 내정 간섭 금지, 강대국에 유리한 집단 안보 체제 배제 등을 내용으로 하는 평화 10원칙을 채택하여 발표하였다.

2단계 유형 연습

▶ 24059-0148

2 밑줄 친 '회의'에 대한 설명으로 옳은 것은?

인도네시아 대통령 수카르노는 4월 18일 반둥에서 개최된 회의 개회사에서 아시아·아프리카에 새로운 시대가 열렸다는 사실을 천명하며, 평화와 단결을 강력히 호소하였다. 수카르노는 아직도 제국주의가 완전히 사라지지 않았다고 주장하며, 아시아·아프리카 주민들이 평화를 위해 힘을 모아야 한다고 강조하였다. 아울러 그는 반둥에 모인 29개국이 어떠한 블록을 형성하려는 것이 아니라 자유를 보호하기 위해 노력하고 있다고 연설하였다.

① 비동맹 중립주의를 표방하였다.
② 마스트리흐트 조약을 체결하였다.
③ 제2차 세계 대전 중에 개최되었다.
④ 국제 연합[UN] 창설에 영향을 주었다.
⑤ 독립 국가 연합[CIS] 출범의 성과를 가져왔다.

정답과 해설 34쪽

01
▶ 24059-0149

다음 자료를 활용한 탐구 주제로 가장 적절한 것은?

화폐로 보는 세계사

제2차 세계 대전이 종전된 이후 독일 서부와 서베를린을 관할하던 미국·영국·프랑스는 독일 화폐 가치 및 경제 안정화를 명목으로 자신들의 관할 지역에 화폐 개혁을 단행하였다. 미국에서 인쇄된 이 지폐(사진)는 그에 따라 발행된 100마르크화이다.

① 닉슨 독트린의 영향
② 베를린 봉쇄의 배경
③ 베르사유 조약의 내용
④ 와그너법의 시행 목적
⑤ 국제 연맹의 창설 과정

02
▶ 24059-0150

(가) 국가에 대한 설명으로 옳은 것은?

미국과 ⎡ (가) ⎤은/는 국제적 긴장을 완화하고 양국 사이의 신뢰를 강화하기 위하여 전략적 공격·방어 무기 등에 관해 다음과 같이 합의한다.
제1조 당사국은 이후 지상 고정식 대륙 간 탄도 미사일[ICBM] 발사대를 추가로 건설하지 않는다.
제3조 당사국은 잠수함 발사 탄도 미사일[SLBM] 발사대와 현대식 탄도 미사일 잠수함의 수를 본 협정의 서명일에 작전 중이거나 제작 중인 규모까지로 제한한다.
제5조 본 협정의 준수를 확인하기 위해 각 당사국은 국제법에서 일반적으로 인정되는 원칙에 따라 검증에 나설 수 있으며, 각 당사국은 이를 방해하지 않는다.

① 코메콘을 조직하였다.
② 마셜 계획을 추진하였다.
③ 카이로 회담에 참석하였다.
④ 스탈린그라드 전투에서 패배하였다.
⑤ 독일, 일본과 방공 협정을 체결하였다.

03
▶ 24059-0151

(가) 인물에 대한 설명으로 옳은 것은?

여러분, 올해 노벨 평화상 수상자는 ⎡ (가) ⎤입니다. 노르웨이 노벨 위원회는 동서 관계에서 일어난 급진적인 변화에서 주도적인 역할을 한 공로를 인정하여 그에게 이 상을 수여하기로 결정하였습니다. 그는 의심할 여지 없이 다른 국가들과 협력해 왔습니다. 폴란드, 체코슬로바키아, 헝가리 등은 자유를 되찾았으며 자국의 운명을 책임지게 되었습니다. 1985년 소련에서 가장 영향력이 있는 소련 공산당 서기장의 자리에 오른 ⎡ (가) ⎤은/는 1990년에 소련 대통령으로 선출되었습니다. 오늘날 전 세계는 엄청난 경제적·사회적·정치적 문제를 극복하기 위한 소련의 투쟁을 지켜보고 있습니다.

① 빈 체제를 주도하였다.
② 대서양 헌장을 발표하였다.
③ 페레스트로이카를 표방하였다.
④ 신경제 정책[NEP]을 시행하였다.
⑤ 제1차 비동맹 회의를 개최하였다.

04
▶ 24059-0152

밑줄 친 '시위'에 대한 설명으로 옳은 것은?

베이징의 40여 개 대학과 톈진·상하이 등지에서 온 학생들은 '민주주의'와 '부패 척결'을 내세우며 톈안먼 광장으로 집결하였다. 후야오방의 죽음을 애도하며 일어난 학생들의 민주화 시위에 시민까지 합세하여 그 규모가 수십만 명에 달하였다. 학생들은 10여 년간 이어진 중국의 개혁·개방 정책으로 중국 경제는 어느 정도 성장했지만 정치 개혁은 제자리를 맴돌고 있다고 비판하였다. 이들은 현재 소련과 동유럽 각국에서 이루어지는 정치 개혁을 예로 들며 중국의 정치도 변해야 한다고 강조하였다. 학생과 지식인들은 한목소리로 정치 개혁 없이는 경제의 안정적 성장도 기대할 수 없다고 주장하며 실질적인 개혁의 즉각적인 실천을 촉구하였다.

① 신축조약 체결에 영향을 주었다.
② 산둥반도 이권 반환을 요구하였다.
③ 중국 공산당에 의해 무력 진압되었다.
④ 대약진 운동을 추진하는 과정에서 일어났다.
⑤ 중국 국민당과 중국 공산당 사이의 내전으로 이어졌다.

1

▶ 24059-0153

다음 상황이 나타난 시기를 연표에서 옳게 고른 것은?

> 현지 시각 22일 밤 미국 대통령은 쿠바에 대한 해상 봉쇄를 선언하며, 소련이 쿠바를 미국에 대한 군사 기지로 만들고 있다고 비난하였습니다. 미국 대통령은 만약 쿠바에서 미사일이 발사될 경우 미국은 소련에 대해 전면적인 보복에 나설 것이라고 선언하였습니다. 지난주에 소련은 기지 건설을 부인하는 성명을 발표하였습니다. 하지만 미국 대통령은 소련이 쿠바에 장거리 핵미사일 기지를 건설하고, 핵폭탄 운반용 제트 폭격기를 배치하는 증거를 입수했다고 강조하였습니다. 미국 대통령은 무력 증강의 모습이 겉으로 드러나는데도 불구하고 소련의 그로미코 외무 장관이 설득력 없는 변명만 늘어놓는다고 비판하였습니다.

(가)	(나)	(다)	(라)	(마)
얄타 회담 개최	반둥 회의 개최	닉슨 독트린 발표	고르바초프 집권 시작	독일 통일	유럽 연합[EU] 성립

① (가)   ② (나)   ③ (다)   ④ (라)   ⑤ (마)

2

▶ 24059-0154

(가)에 들어갈 내용으로 가장 적절한 것은?

① 소련의 개혁 · 개방 정책 이후 독일에도 큰 변화가 일어났어.
② 킬 군항에서 독일 해군들이 일으킨 봉기가 성과를 거두었군.
③ 세계 무역 기구[WTO]를 통한 경제 교류가 더욱 활성화되겠어.
④ 마스트리흐트 조약의 체결로 통합의 새로운 기회가 마련되었어.
⑤ 히틀러와 나치당이 형성한 전체주의 체제가 이제야 붕괴되는군.

3

▶ 24059-0155

밑줄 친 '기간'에 있었던 사건으로 옳은 것은?

미술로 보는 세계사

◇ 작가 : 탕샤오허, 청리
◇ 제목 : 마오 주석을 뒤따르며, 거대한 바람과 큰 파도 속에서 성장한다
◇ 해설 : 혁명이 시작되자 마오쩌둥을 주제로 한 미술 창작 활동도 절정기에 접어들었다. 홍위병이 주축이 되어 발행된 잡지와 홍위병이 개최한 미술 전시에서 마오쩌둥을 중심인물로 설정한 작품들이 주요 흐름을 이루었다. 혁명 기간 동안 중국 화가의 상당수는 이러한 흐름에 동조하였다. 창장강을 배경으로 앉은 마오쩌둥이 학생들과 대화를 나누는 이 그림은 그 대표적인 사례로 볼 수 있다.

① 중국 공산당이 대장정을 단행하였다.
② 천두슈·후스 등이 신문화 운동을 전개하였다.
③ 미국 대통령 닉슨이 중국을 방문하여 정상 회담을 하였다.
④ 비약적인 경제 발전을 목적으로 한 대약진 운동이 일어났다.
⑤ 덩샤오핑이 중국의 경제특구를 순방하며 개혁·개방을 강조하였다.

4

▶ 24059-0156

다음 조약이 체결될 당시에 볼 수 있는 모습으로 가장 적절한 것은?

벨기에, 덴마크, 독일, 그리스, 에스파냐, 프랑스 …… 영국은 유럽 대륙에서 분열을 종식하는 과업의 역사적 중요성과 미래 유럽 건설을 위한 확고한 기반 구축의 필요성을 상기하고 자유, 민주주의, 인권과 기본적 자유, 법치의 원칙에 대한 헌신을 확인한다. …… 내부 국경이 없는 지역의 조성, 경제 및 사회적 결속력 강화 및 경제 및 통화 동맹의 설립을 통해 균형 있고 지속 가능한 경제 및 사회 발전을 촉진한다. 궁극적으로 이 조약의 조항에 따라 단일 통화 사용을 추진한다. 공동 외교 및 안보 정책의 시행을 통해 국제 현장에서 그 정체성을 주장하며, 이는 곧 공동 방위로 이어질 수 있다. …… 근로자의 고용 기회를 개선하고 이를 통해 생활 수준 향상에 기여하기 위하여 유럽 사회 기금을 설립한다. 이 기금은 노동자를 보다 쉽게 고용하고, 지역 사회 내에서 그들의 지리적·직업적 이동성을 증가시키며, 산업 변화와 생산 시스템의 변화에 대한 적응 촉진을 목표로 한다.

① 9·11 테러가 일어난 현장을 수습하는 군인
② 독립 국가 연합[CIS]의 가입국을 연구하는 학자
③ 북대서양 조약 기구[NATO]의 출범을 발표하는 정상
④ 반둥에서 개최된 아시아·아프리카 회의에서 연설하는 정치인
⑤ 루스벨트 대통령이 추진하는 뉴딜 정책에 의견을 제시하는 농부

사회탐구영역 **세계사**

실전 모의고사

문항에 따라 배점이 다르니, 각 물음의 끝에 표시된 배점을 참고하시오. 3점 문항에만 점수가 표시되어 있습니다. 점수 표시가 없는 문항은 모두 2점입니다.

▶ 24059-0157

1 밑줄 친 '이 문명'에 대한 설명으로 옳은 것은?

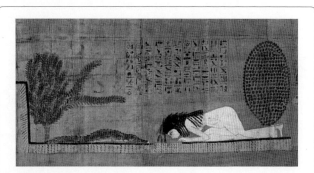

이 문명 사람들은 나일강과 그 유역에 사는 여러 동물을 특정한 신의 화신 혹은 신이 타고 다니는 존재라 여기고 숭배하였다. 악어, 하마, 매, 양, 자칼 등은 그 대표적인 동물이다. 특히 악어의 경우 나일강의 범람을 관장하는 신인 소베크(세베크)의 화신이라 여겨졌다. 그래서 위와 같이 이 문명 사람들은 악어를 섬기는 모습을 파피루스에 남겼으며, 악어를 미라로 만들어 매장하기도 하였다.

① 사자의 서를 제작하였다.
② 함무라비 법전을 편찬하였다.
③ 올림피아 제전을 개최하였다.
④ 점을 친 내용을 갑골에 새겼다.
⑤ 모헨조다로 등의 계획도시를 건설하였다.

▶ 24059-0158

2 (가) 왕조에 대한 설명으로 옳은 것은?

진승 등이 반란을 일으켜 나라 이름을 장초(張楚)라 하였다. 스스로 초왕(楚王)이 된 진승은 각지에 여러 장수를 파견하여 땅을 점령하게 하였다. 각지의 젊은이들도 그 지역의 지방관을 죽이고 반란을 일으켜 진승에게 동조하였다. 진승과 이들은 서쪽으로 진격하며 　(가)　을/를 토벌한다는 명분을 내세웠다. …… 진승이 파견한 군대가 희수(戱水)에 이르니 병력이 10만이었다. 　(가)　의 이세 황제는 크게 놀라 여러 신하와 대책을 논의하였다.

① 육유를 반포하였다.
② 양세법을 시행하였다.
③ 반량전을 주조하였다.
④ 장건을 서역에 파견하였다.
⑤ 고구려 원정을 추진하였다.

▶ 24059-0159

3 밑줄 친 '왕조'에서 있었던 사실로 옳은 것은?

중국 화북을 통일한 선비족 왕조에서 반포된 조서의 일부입니다. 여기에는 백성들에게 토지를 균등하게 나누어 주는 내용이 담겨 있습니다.

남자가 15세 이상이면 40무를 받고 부인은 20무를 받는다. 호(戶)의 구성원 모두가 연로자, 아이 및 장애가 있는 자인 경우에도 11세 이상인 아이 및 장애가 있는 자에게 일정한 토지를 지급한다.

① 오경정의가 편찬되었다.
② 한화 정책이 추진되었다.
③ 9품중정제가 폐지되었다.
④ 만한 병용제가 실시되었다.
⑤ 정화의 함대가 해외에 파견되었다.

▶ 24059-0160

4 밑줄 친 '이 막부'에서 있었던 사실로 옳은 것만을 〈보기〉에서 고른 것은? [3점]

이 막부는 네덜란드 상관의 나가사키 이전에 맞추어 네덜란드 상관장에게 해외 정보에 관한 보고서를 제출하게 하였다. 그 보고서는 일반적으로 화란풍설서라 불렸다. 또한 이 막부는 네덜란드로부터 서양의 학문을 수용하였다. 특히 제8대 쇼군 도쿠가와 요시무네는 크리스트교 포교와 관계없는 서양 서적의 경우 일반인에 대한 판매를 허용하여 학문 수용에 적극적으로 나섰다. 실용적인 지식에 관심이 많았던 그는 주변국인 조선에서 발간한 『동의보감』과 같은 서적에도 관심을 보였다.

┌ 보기 ┐
ㄱ. 견당사가 파견되었다.
ㄴ. 헤이안쿄로 천도가 단행되었다.
ㄷ. 산킨코타이 제도가 시행되었다.
ㄹ. 가부키 등의 조닌 문화가 발달하였다.

① ㄱ, ㄴ　② ㄱ, ㄷ　③ ㄴ, ㄷ　④ ㄴ, ㄹ　⑤ ㄷ, ㄹ

▶ 24059-0161

5 다음 문서가 작성될 당시에 볼 수 있는 모습으로 가장 적절한 것은? [3점]

하노버 왕가의 조지 3세 국왕이여, 당신은 매카트니를 통해 나에게 편지를 보냈습니다. 나는 당신에게 귀중한 선물을 보내며 이에 경의를 표합니다. 어제 매카트니는 무역의 확대를 중심으로 여러 가지를 청원하였지만 이를 수용하기 어렵습니다. 지금까지 귀국을 포함한 유럽 국가는 광저우에서 우리 나라와 무역을 해 왔습니다. 우리 나라는 모든 것을 풍부하게 갖고 있으며 그 어떤 물건도 부족하지 않습니다. 하지만 우리 나라가 생산하는 차, 비단, 도자기는 유럽 국가들의 필수품입니다. 그래서 우리 나라는 호의를 베푸는 차원에서 무역에 응한 것입니다. 유럽의 다른 나라처럼 귀국도 천주를 숭배합니다. 역사가 시작된 이래로 성스러운 황제와 현명한 통치자는 중국에 도덕 체계를 확립하고 법을 가르쳤습니다. 이단적 교리에 대한 동경은 없었습니다.

① 황건적의 난에 가담하는 농민
② 대진 경교 유행 중국비를 건립하는 장인
③ 쿠빌라이 칸의 명에 따라 이동하는 군인
④ 신사와 함께 공공사업을 진행하는 지방관
⑤ 개혁 정치의 방안을 두고 왕안석과 논쟁하는 학자

▶ 24059-0162

6 (가) 도시에 대한 설명으로 옳은 것은? [3점]

몽골인들은 원형 요새의 성벽을 넘고 네 개의 문을 통해 [(가)]에 진입한 후 남녀노소를 가리지 않고 주민을 마구 죽였다. 죽음에 직면한 주민들은 알라에게 귀의할 것이라는 『쿠란』의 구절을 암송하였다. 이 도시의 모스크와 세계 최고 수준의 도서관인 '지혜의 집'도 몽골인들의 칼날과 불길을 피할 수 없었다. 유럽과 지중해, 아시아를 잇는 교역로의 중심에 축적된 유물과 서적은 잿더미로 변하였다. 만수르가 건설하여 '세계의 시장'으로 자리 잡은 [(가)]은/는 처참하게 파괴되었다. 자신의 생명을 지키기 위해 막대한 돈을 지불한 일부 사람만이 이 도시에서 탈출할 수 있었다. 몽골인들을 이끌고 이곳에 온 훌라구는 칼리프의 거처를 찾아냈으며, 칼리프에게 선물을 가져오라고 명하였다.

① 아바스 왕조의 수도였다.
② 인더스 문명의 유적지이다.
③ 술탄 아흐메드 사원이 위치하였다.
④ 후우마이야 왕조의 중심지로 자리 잡았다.
⑤ 무함마드가 보수적 귀족층의 박해를 피해 이주한 곳이다.

▶ 24059-0163

7 (가), (나) 시기 사이에 있었던 사실로 옳은 것은? [3점]

(가) 술탄의 군대는 성벽 돌파에 성공하였다. 성벽 안 주민의 상당수는 성 소피아 성당으로 도망쳤다. 이들은 술탄의 공격에서 자신들을 구원할 천사의 강림을 외쳤다. 이 도시를 지배하던 비잔티움 제국의 마지막 황제 콘스탄티누스 11세는 혼란 중에 사라졌으며 술탄은 승리를 축하하였다.

(나) 술탄의 군대는 모하치에서 헝가리 군대와 격돌하였다. 헝가리 기병대가 선제공격을 퍼부었으며, 일부는 술탄에게 돌격하였다. 하지만 예니체리가 술탄을 호위하며 이들의 공격을 저지하였다. 포병대의 공격으로 헝가리 기병대는 제압되었으며, 헝가리 군인들은 사방으로 흩어졌고 헝가리 국왕 러요시 2세도 사망하였다. 술탄은 여세를 몰아 헝가리의 수도까지 함락하였다.

① 굽타 왕조가 수립되었다.
② 제1차 십자군 전쟁이 시작되었다.
③ 아이바크가 이슬람 왕조를 개창하였다.
④ 이슬람 세력이 탈라스 전투에서 승리하였다.
⑤ 오스만 제국의 군대가 북아프리카로 진출하였다.

▶ 24059-0164

8 (가) 인물의 통치 시기에 있었던 사실로 옳은 것은?

여기 비비 카 마크바라는 [(가)]의 치세에 건축된 것으로, 그의 아버지인 샤자한이 부인 뭄타즈 마할의 묘당으로 지은 타지마할과 비슷한 형태를 보입니다. [(가)]은/는 군대를 파견하여 남인도 지역 대부분을 정복하였습니다.

① 쿠트브 미나르가 축조되었다.
② 에프탈의 침입으로 정권이 약화되었다.
③ 알렉산드로스의 군대가 세력을 확장하였다.
④ 비이슬람교도에 대한 지즈야가 부활되었다.
⑤ 바스쿠 다 가마가 캘리컷(코지코드)에 도착하였다.

▶ 24059-0165

9 밑줄 친 '전쟁'의 영향으로 가장 적절한 것은?

그리스 세계는 전쟁 중에 삼단으로 노를 젓는 형태의 전함을 다수 운용하였다. 이러한 전함은 속도가 빠르고 방향 전환이 원활하다는 측면에서 두각을 나타냈으며, 특히 살라미스 해전에서 큰 전과를 올렸다. 그리스 세계의 군대는 단단한 재질로 조성된 전함의 앞머리(충각)를 페르시아 전함에 들이받는 전투 방법을 통해 많은 배를 침몰시켰다.

① 도편 추방제가 마련되었다.
② 솔론이 개혁을 단행하였다.
③ 아테네가 델로스 동맹을 이끌었다.
④ 페이시스트라토스가 참주가 되었다.
⑤ 클레이스테네스가 부족제를 개편하였다.

▶ 24059-0166

10 다음 대화가 이루어진 시기를 연표에서 옳게 고른 것은?

[3점]

만일 성서에 기반한 명확한 근거를 통해 나의 주장이 반박되지 않는다면 나는 교황과 공의회를 믿지 않을 것입니다. 왜냐하면 그들은 너무 자주 오류를 범하였으며, 모순에 빠졌기 때문입니다. 나는 내가 인용한 성서의 말씀을 확고히 믿습니다. 나는 아무것도 철회하지 않을 것입니다.

마르틴! 교회의 가슴을 찢은 이단 중에서 성서에 근거하지 않은 것이 없소. 성서는 이른바 개혁을 외치는 자들이 자신의 기만적인 주장을 이끌어 낸 무기고로 이용되기도 하였소. 아리우스, 펠라기우스도 성서 구절을 인용하여 자신의 학설을 뒷받침하였소. 4년 전에 당신이 비텐베르크에서 발표한 95개조의 글을 비롯해서 교황과 교회를 비판한 글의 내용을 철회하겠다고 여기에서 선언하시오.

(가)	(나)	(다)	(라)	(마)
레오 3세 성상 파괴령 반포	카노사의 굴욕	콘스탄츠 공의회 개최	아우크스 부르크 화의 체결	30년 전쟁 발발	베스트팔렌 조약 체결

① (가)　　② (나)　　③ (다)　　④ (라)　　⑤ (마)

▶ 24059-0167

11 밑줄 친 '그'의 재위 시기에 볼 수 있는 모습으로 가장 적절한 것은?

유네스코와 유산

상트페테르부르크 역사 지구와 관련 기념물군

서유럽의 여러 나라를 시찰한 그는 서유럽의 제도와 기술을 수용하여 내정 개혁과 군사력 강화를 추진하였다. 많은 학교와 공장을 설립하였으며, 농경지와 광산 개발에도 힘을 기울였다. 스웨덴과의 전쟁을 통해 발트해로 진출한 그는 상트페테르부르크를 건설하여 수도로 삼았다. 상트페테르부르크는 네바강 하구의 여러 섬과 강 양안에 계획적으로 건설된 도시로 '북유럽의 베네치아'라 불리기도 한다.

① 네르친스크 조약을 체결하는 관리
② 파르테논 신전 건축에 참여하는 장인
③ 데카브리스트의 봉기에 가담하는 지식인
④ 와트 타일러가 일으킨 난에 동조하는 농민
⑤ 레판토 해전에서 이슬람 세력을 공격하는 군인

▶ 24059-0168

12 밑줄 친 '항복' 이후에 있었던 사실로 옳은 것은? [3점]

콘월리스가 헨리 클린턴 경에게

10월 20일

저는 19일 적군에 항복하여 요크타운과 글로스터의 주둔지를 포기했다는 사실을 알립니다. 주둔지를 지키는 과정에서 총탄은 바닥이 나 버렸기에 저는 투항할 것인지, 군대를 이끌고 도망칠 것인지 결정해야 했습니다. 저는 후자를 선택하고 적군 사령관 워싱턴에게 보낼 편지도 준비하였습니다. 극비리에 준비를 마친 다음 일부 병사들은 글로스터에 상륙하였습니다. 그런데 날씨가 급변하여 격렬한 돌풍과 비바람이 몰아치는 바람에 탈출 계획은 제대로 성사되지 못하였습니다. 당시 우리는 총 한 발도 쏘지 못하는 상태였습니다. 적군 프랑스의 배가 인근에 있었으며, 질병과 피로로 인해 우리는 매우 지쳐 있었습니다.

① 자크리의 난이 일어났다.
② 보스턴 차 사건이 일어났다.
③ 투르 · 푸아티에 전투가 전개되었다.
④ 영국에서 동인도 회사가 설립되었다.
⑤ 북아메리카 13개 식민지가 헌법을 제정하였다.

▶ 24059-0169

13 (가), (나) 시기 사이에 있었던 사실로 옳은 것은?

> (가) 국민 의회는 혁명의 이념이 담긴 선언을 발표하였다. 여기에는 인간의 자유와 평등, 주권의 원천, 법 앞에서 만인의 평등, 소유권의 보호 등과 같은 내용이 포함되었다.
> (나) 공안 위원회의 바레르와 보안 위원회의 바디에가 연단에 오르는 동안 로베스피에르는 여러 차례 발언을 시도하였으나 좌절되었다. 그는 다음날 자신을 따르던 사람들과 함께 처형되었다.

① 낭트 칙령이 폐지되었다.
② 5인의 총재 정부가 수립되었다.
③ 샤를 10세가 왕위에서 물러났다.
④ 루이 16세가 삼부회를 소집하였다.
⑤ 입법 의회가 오스트리아에 선전 포고를 하였다.

▶ 24059-0170

14 (가), (나) 인물에 대한 설명으로 옳은 것은? [3점]

> • ____(가)____ 의 명에 따라 유럽 각지에서 동원된 군대는 모스크바로 진격하였다. ____(가)____ 은/는 자신이 내린 대륙 봉쇄령을 어기고 영국과 교역을 이어나간 차르의 항복을 기대하였다.
> • 2월 혁명 이후에 프랑스의 정권을 잡은 ____(나)____ 은/는 프로이센에 대항하여 몇몇 국가와의 동맹을 추진하였다. 하지만 프랑스에 병합된 니스 지방 등을 돌려받으려는 사르데냐 왕국은 이에 미온적인 입장을 취하였다.

① (가) – 빈 체제 수립을 주도하였다.
② (가) – 트라팔가르 해전에서 승리하였다.
③ (나) – 신성 로마 제국을 해체하였다.
④ (나) – 프랑스 7월 혁명의 영향으로 실각하였다.
⑤ (가)와 (나) – 황제에 즉위하였다.

▶ 24059-0171

15 밑줄 친 '지난 10년 동안'에 있었던 사실로 옳은 것은? [3점]

> 오늘 민국이 시작되는 날에 부덕한 저는 임시 대총통의 자리에 올랐습니다. 저는 국민의 열망에 부응하고자 경계를 늦추지 않습니다. 중국 전제 정치의 독은 200년 넘게 만연하였으며 국민들은 그것을 없애기 위해 노력하였습니다. 수십여 일 전에 우창 등지에서 봉기가 일어났으며 이미 많은 성은 독립을 선언하였습니다. 역사상 이렇게 빠른 속도로 달성된 적은 없습니다. …… 저는 전제 정치의 남은 독을 모두 제거하고 공화정을 확고히 하여 혁명의 취지를 달성하려 합니다. 나라의 근본은 인민에 있습니다. 한족, 만주족, 몽골족, 회족, 장족(티베트족)을 합하여 민족의 통일을 이루어야 합니다. …… 지난 10년 동안 혁명에 종사한 이들은 성실하고 순수한 정신으로 난관을 극복해 왔습니다. 훗날의 곤경이 이전보다 더 크다 하더라도 우리가 혁명의 정신을 지킨다면 이겨 낼 수 있습니다.

① 만주 사변이 일어났다.
② 중국 동맹회가 결성되었다.
③ 홍콩섬이 영국에 할양되었다.
④ 시모노세키 조약이 체결되었다.
⑤ 태평천국군이 난징을 점령하였다.

▶ 24059-0172

16 다음 자료의 상황이 나타나게 된 배경으로 가장 적절한 것은?

> 무관세와 다름없이 수입되고 있던 영국산 면직물을 비롯하여 외국산 제품에 대한 불매 운동과 국산품 애용을 장려하는 스와데시 운동이 일어났다. 보알리아 지역에서 열린 집회에서는 세탁공들이 외국산 옷의 세탁 거부를 결의하였으며, 이발사들은 외국산 제품을 사용하는 사람들의 이발을 거부하였다. 브라만 사제들은 외국산 제품 사용자들이 요청하는 의식 주관을 거부하였다. 콜카타 대회 중 일부 참가자들은 외국산 옷을 불태우고 외국산 제품 사용자를 사회적으로 매장해야 한다고 외쳤다. 이러한 사회적 분위기 속에서 외국산 제품을 사용한다고 소문난 집안의 자녀들은 결혼 상대를 구하는 데 어려움을 겪기도 하였다.

① 탄지마트가 단행되었다.
② 벵골 분할령이 발표되었다.
③ 신인도 통치법이 시행되었다.
④ 아라비 파샤의 주도로 혁명이 일어났다.
⑤ 간디가 비폭력 · 불복종 운동을 전개하였다.

▶ 24059-0173

17 (가) 국가에 대한 설명으로 옳은 것만을 〈보기〉에서 고른 것은? [3점]

> **사료로 보는 세계사**
>
> 파시스트 정치의 창시 이래 불굴의 결의로 공산주의 인터내셔널을 그 영토에서 내쫓은 이탈리아가 공산주의 인터내셔널에 대해 동일한 방위 의사를 견지하는 일본 및 ___(가)___ 와/과 함께 공동의 적에 맞서게 된 것을 감안한다.
>
> 1조 이탈리아는 일본과 ___(가)___ 사이에 체결된 공산주의 인터내셔널에 대한 협정 및 부속 의정서에 참가한다.
> --
> [해설] 1937년에 조인된 이 협정은 상기 세 국가의 결속을 확인한 것으로, 이들 국가는 이른바 추축국을 형성하였다.

> **보기**
> ㄱ. 폴란드를 침공하였다.
> ㄴ. 대서양 헌장을 발표하였다.
> ㄷ. 모로코 사건에서 프랑스와 대립하였다.
> ㄹ. 전략 무기 제한 협정[SALT]에 참여하였다.

① ㄱ, ㄴ ② ㄱ, ㄷ ③ ㄴ, ㄷ ④ ㄴ, ㄹ ⑤ ㄷ, ㄹ

▶ 24059-0174

18 밑줄 친 '재판'이 열린 계기로 가장 적절한 것은?

> 국민당 중앙 정치 회의에서 장쉐량에 대한 재판을 위임받은 군사 위원회는 특별 군법 회의를 개최하였다. 법정은 오전 9시부터 엄중한 경계 아래에서 개정되었다. 쑹쯔원과 함께 법정에 출두한 장쉐량은 자신이 주도하여 일으킨 이번 일은 화합을 위한 것이라 말하였다. 또한 자신은 장제스에 대해 경의를 표하고 보호하였다는 사실을 강조하였다. 재판부는 장쉐량에게 10년형 등을 선고하였다. 하지만 그에게 감금당했던 장제스가 그에 대한 처벌 경감을 청원한 상황에서 그에 대한 감형 혹은 사면이 예상된다.

① 시안 사건이 일어났다.
② 의화단 운동이 전개되었다.
③ 제2차 국공 합작이 이루어졌다.
④ 임칙서가 아편을 몰수하여 폐기하였다.
⑤ 위안스카이가 황제 제도의 부활을 시도하였다.

▶ 24059-0175

19 (가)에 들어갈 내용으로 가장 적절한 것은? [3점]

아시아와 아프리카의 지도자들이 함께 모여 공동의 관심사를 논의하는 이 자리는 세계사의 새로운 출발입니다. 아시아와 아프리카의 상당 지역이 여전히 자유롭지 못한데 어떻게 식민주의가 사라졌다 말할 수 있습니까? 인도네시아의 대통령으로, 이 나라에 오신 것을 환영하면서 저는 이 회의의 개최를 선언합니다.

1955년 회의에 모인 대표들은 모든 국가의 주권과 영토 보존을 내세웠지.

맞아. 그리고 ___(가)___

① 국제 연합[UN] 창설의 기반을 마련하였어.
② 독일이 전쟁 배상금을 지불해야 한다는 내용에 합의하였어.
③ 유럽 연합[EU]에 대응하는 상호 경제 협력체 출범을 협의하였어.
④ 베를린 장벽의 건설로 냉전 체제가 가속화되는 상황을 우려하였어.
⑤ 강대국 중심의 집단 안보 체제를 비판하고 내정 불간섭을 강조하였어.

▶ 24059-0176

20 다음 자료를 활용한 탐구 활동으로 가장 적절한 것은?

> 지난 18일 이래 홍위병의 난이 중국의 주요 도시를 미친 듯이 휩쓸어 진시황제의 분서갱유를 떠올리게 하는 일이 일어나고 있다. 그들은 중국의 고예술품과 문화유산을 마구 파괴하고 심지어는 교수, 의사, 예술인을 거리로 끌어내어 인민재판을 강행한다. 또한 외국 문화를 배격하는 운동에 나서서 고대 그리스·로마의 그림과 조각에서부터 레코드 등까지 때려 부수고 있다. 향수, 크림 등의 화장품은 물론 부르주아의 수정주의 습관을 길러 준다는 이유로 어린이의 장난감까지 압수해서 불사르고 있으며 부유한 집을 습격한다. 종교와 사상에 박해를 가하여 성직자를 공격하고 있다.

① 문화 대혁명의 전개 과정을 조사한다.
② 중화 인민 공화국의 수립 과정을 분석한다.
③ 양무운동을 주도한 세력의 주요 활동을 파악한다.
④ 신축조약(베이징 의정서)이 체결된 요인을 찾아본다.
⑤ 일본이 중국에 강요한 21개조 요구의 내용을 알아본다.

문항에 따라 배점이 다르니, 각 물음의 끝에 표시된 배점을 참고하시오. 3점 문항에만 점수가 표시되어 있습니다. 점수 표시가 없는 문항은 모두 2점입니다.

▶ 24059-0177

1 밑줄 친 '이 문명'에 대한 설명으로 옳은 것은?

● 세계사 알리미

오늘 소개할 곳은 이 문명의 대표적 유적인 모헨조다로입니다. 모헨조다로는 벽돌로 쌓은 성벽, 공중목욕탕 등이 질서 정연하게 배치되어 있는데, 이를 통해 모헨조다로가 계획에 따라 건설된 도시였음을 알 수 있습니다.

① 함무라비 법전을 편찬하였다.
② 올림피아 제전을 개최하였다.
③ 갑골에 점복의 내용을 기록하였다.
④ 최고 통치자를 파라오로 칭하였다.
⑤ 인더스강 유역을 중심으로 발전하였다.

▶ 24059-0178

2 (가) 황제에 대한 설명으로 옳은 것은? [3점]

예로부터 군주로서 창과 방패를 동원하기 좋아하다 망한 자를 이루 다 셀 수가 없습니다. 신은 지금 감히 폐하를 위해서 말씀드리겠습니다. [(가)]은/는 6국을 평정하고 처음으로 천하를 통일한 후 다시 북쪽과 남쪽의 오랑캐를 정벌하였습니다. 비록 국경을 천리나 개척하였으나 [(가)]이/가 죽어서 무덤의 흙이 마르기도 전에 사람들이 원망하고 배반하였으니, 이는 일찍이 그 유례가 없는 것이었습니다.

① 만리장성을 축조하였다.
② 파스파 문자를 만들었다.
③ 9품중정제를 시행하였다.
④ 장건을 서역에 파견하였다.
⑤ 통제거 등 대운하를 건설하였다.

▶ 24059-0179

3 (가) 왕조에서 있었던 사실로 옳은 것은? [3점]

카이펑으로부터 온 사신이 황제의 조서를 보이며 장수들에게 말하기를 "조정에서 [(가)]와/과 맹약을 맺어 거란(요)을 협공하기로 한 지 오래되었다. 만일 우리 나라가 전투를 망치고 저들이 거란(요)을 멸망시킨 후 우리와 경계를 맞대게 되면 어찌 책망하는 말이 없겠는가?"라고 하였다. 이에 유엽이 말하기를 "당대에 위구르에 의지하여 안록산의 난을 진압했지만, 위구르로 말미암은 모욕과 난리가 백 년 동안이나 그치지 아니하였습니다. 하물며 지금 [(가)]의 기세는 위구르에 비할 바가 아닙니다."라고 하였다.

① 분서갱유가 일어났다.
② 황건적의 난이 발생하였다.
③ 고구려 원정이 단행되었다.
④ 맹안 모극제가 시행되었다.
⑤ 왕안석이 신법을 추진하였다.

▶ 24059-0180

4 (가) 왕조에 대한 설명으로 옳은 것은?

www.○○○.kr

세계사 인물 검색 ✕

페르비스트

페르비스트는 예수회 선교사로 중국식 이름은 남회인이다. 그는 [(가)]의 황제인 강희제의 신임을 얻어 흠천감 감정으로 천체 관측 기기를 제조하고 역법 개정에 힘을 쏟았다. 또한 대포를 제작하여 삼번의 난을 진압하는 데 큰 공을 세우는 등 [(가)]에 서양 과학 지식을 전파하는 데 공헌하였다.

① 발해를 멸망시켰다.
② 군기처를 설치하였다.
③ 탕구트족이 건국하였다.
④ 황소의 난으로 쇠퇴하였다.
⑤ 견융의 침입을 받아 천도하였다.

▶ 24059-0181

5 밑줄 친 '막부'에 대한 설명으로 옳은 것은?

몽골군이 큰북을 두드리고 철포를 발사하며 함성을 질렀다. 그 함성에 말들이 놀라 허둥거렸으며, 막부의 무사들은 몽골군을 향해 나아갈 기력을 잃었다. 몽골군의 화살은 짧으나 화살촉에 독이 발라져 있어 맞으면 독에 당하지 않은 자가 없었다. 수만 명이 비가 내리듯 화살을 쏘니 빗나간 경우가 없었다. 몽골군은 한쪽에 줄지어 서 있다가 막부의 군대가 공격하면 양쪽 끝에서 둘러싸서 남김없이 토벌하였다.

① 헤이조쿄를 수도로 삼았다.
② 다이카 개신을 단행하였다.
③ 산킨코타이 제도를 시행하였다.
④ 이와쿠라 사절단을 파견하였다.
⑤ 미나모토노 요리토모가 개창하였다.

▶ 24059-0182

6 (가) 제국에 대한 설명으로 옳은 것은? [3점]

아테네인 히피아스의 인도 아래 (가) 의 군대가 마라톤 평원을 향해 진격하였다. 아테네는 그리스 최강의 전력을 자랑하던 스파르타에 지원을 요청하였지만, 스파르타는 종교 행사 등을 이유로 제때 군사를 보내지 못했다. 다른 폴리스들은 (가) 와/과의 대립을 원하지 않았기에, 보이오티아 지방의 폴리스인 플라타이아이만이 소수의 군대를 보냈다. 아테네의 중장 보병 밀집대는 밀티아데스 장군의 지휘하에 마라톤 평원에서 (가) 의 군대와 맞닥뜨리게 되었다.

① 밀레트 제도를 운용하였다.
② 500인 평의회를 설치하였다.
③ 탈라스 전투에서 승리하였다.
④ 사마르칸트를 수도로 하였다.
⑤ 알렉산드로스에게 멸망하였다.

▶ 24059-0183

7 (가) 왕조에 대한 설명으로 옳은 것은? [3점]

만지케르트 전투에서 (가) 이/가 비잔티움 제국의 군대를 무너뜨렸다는 소식은 유럽에 충격을 안겼다. …… 전투 이후 비잔티움 제국으로부터 서신이 연달아 날아왔다. 비잔티움 제국의 황제는 서유럽에 크리스트교의 이름으로 제국을 도우러 와 달라며 설명을 늘어놓았다. 콘스탄티노폴리스에 주재한 그리스 정교회 대주교는 로마 교황에게 급히 전갈을 보내 콘스탄티노폴리스가 무너진다면 이교도 세력이 곧장 로마로 쳐들어갈 것이라고 경고하였다. …… 교황은 클레르몽 공의회에서 (가) 을/를 예루살렘에서 몰아내도록 도와 달라며 호소하였다.

① 몽골 제국의 부활을 내세웠다.
② 데브시르메 제도를 시행하였다.
③ 사산 왕조 페르시아를 멸망시켰다.
④ 시아파와 비아랍인의 도움으로 건국하였다.
⑤ 아바스 왕조로부터 술탄의 칭호를 인정받았다.

▶ 24059-0184

8 (가) 제국의 문화에 대한 설명으로 옳은 것은?

이 사원은 (가) 의 황제 아크바르가 건설한 도시인 파테푸르 시크리 내에 있는 자마 마스지드입니다. 아크바르는 이 도시에 궁전과 공공건물뿐만 아니라 웅장한 규모의 이슬람 사원인 자마 마스지드도 건설하여 (가) 의 위용을 보여 주려 하였습니다.

① 샤쿤탈라가 집필되었다.
② 산치 대탑이 조성되었다.
③ 우르두어가 사용되었다.
④ 간다라 불상이 등장하였다.
⑤ 쿠트브 미나르가 건립되었다.

▶ 24059-0185

9 (가) 인물에 대한 설명으로 옳은 것은?

[오늘의 역사]

9월
2일

악티움 해전이 일어나다

오늘은 (가) 이/가 그리스 악티움 앞바다에서 클레오파트라와 연합한 안토니우스를 격퇴한 날이다. 그의 함대는 아그리파의 탁월한 전술에 힘입어 적의 함대를 격파할 수 있었다. 이후 (가) 은/는 원로원으로부터 아우구스투스라는 칭호를 부여받았다.

① 도편 추방제를 마련하였다.
② 알렉산드리아를 건설하였다.
③ 제국을 4분할하여 통치하였다.
④ 제1차 삼두 정치를 주도하였다.
⑤ 프린켑스라는 칭호를 사용하였다.

▶ 24059-0186

10 밑줄 친 '이 왕조'에서 있었던 사실로 옳은 것은?

교황 스테파누스 2세가 이 왕조의 개창자인 피핀의 궁정으로 직접 찾아와 피핀과 그의 어린 두 아들에게 성유를 부어 주었다. 이에 피핀은 기꺼이 교황의 바람막이가 되기를 자처하였고, 교황에게 이탈리아의 도시들과 롬바르드족이 차지하고 있는 땅을 돌려주겠다고 약속하였다. 이후 그는 두 차례에 걸친 원정을 통해 롬바르드족 군주 아이스툴프를 몰아내고 라벤나, 페루자 등을 교황에게 기증하였다. 이후 교황은 피핀에게 '로마인의 수호자'라는 칭호를 내려 주었다.

① 델로스 동맹이 결성되었다.
② 베르됭 조약이 체결되었다.
③ 페르세폴리스가 건설되었다.
④ 스파르타쿠스의 난이 일어났다.
⑤ 투르·푸아티에 전투가 발생하였다.

▶ 24059-0187

11 (가) 국가에 대한 설명으로 옳은 것은? [3점]

(가) 의 주앙 2세는 인도로 가는 항로 발견에 박차를 가하였다. 주앙 2세의 명을 받은 디오구 캉은 오늘날의 앙골라, 나미비아 해안을 탐험하면서 아프리카 서부 해안을 따라 항해하였다. 그러나 아프리카를 돌아 인도로 가는 길은 쉽지 않았고, 주앙 2세는 바르톨로메우 디아스에게 캉의 임무를 잇게 했다. 바르톨로메우 디아스의 항해는 훨씬 성공적이었다. 그는 마침내 희망봉에 도달하게 되었다.

① 아스테카 제국을 정복하였다.
② 바스쿠 다 가마의 항해를 지원하였다.
③ 북방 전쟁을 통해 발트해로 진출하였다.
④ 헤레로족의 봉기를 무력으로 진압하였다.
⑤ 콜베르를 등용하여 중상주의 정책을 추진하였다.

▶ 24059-0188

12 (가) 국왕에 대한 설명으로 옳은 것은? [3점]

왕당파가 봉기하고 아일랜드에서 온 정예병의 도움을 받았지만 (가) 은/는 올리버 크롬웰이 이끄는 의회파 군대에 맞설 수는 없었다. …… 1월 20일 역사적인 재판이 시작되었다. 하원은 왕을 재판대에 세우기 위해 새로운 법을 만든 후 135명의 의원으로 구성된 특별 법정을 설치하였고, 재판이 열리는 장소는 웨스트민스터 홀로 결정되었다. (가) 은/는 흔들림 없는 시선으로 배심원단을 훑어보았지만 대역죄라는 기소장이 낭독되고 결국 처형되었다.

① 무적함대를 격파하였다.
② 낭트 칙령을 폐지하였다.
③ 권리 청원을 승인하였다.
④ 상수시 궁전을 건립하였다.
⑤ 신성 로마 제국을 해체하였다.

▶ 24059-0189

13 밑줄 친 '이 혁명'의 결과로 옳은 것은?

그림은 이 혁명 당시 파리 시민들이 바리케이드를 치고 정부군에 맞서고 있는 모습입니다. 부르봉 왕실의 샤를 10세가 언론, 출판의 자유를 탄압하고 의회를 강제로 해산하는 등 전제 정치를 실시하자, 이에 맞서 파리 시민들이 봉기하였습니다.

① 테르미도르 반동이 일어났다.
② 메테르니히가 국외로 추방되었다.
③ 루이 필리프가 국왕으로 즉위하였다.
④ 신성 동맹과 4국 동맹이 결성되었다.
⑤ 루이 나폴레옹이 선거를 통해 대통령으로 선출되었다.

▶ 24059-0190

14 다음 자료에 나타난 전쟁의 영향으로 가장 적절한 것은? [3점]

영국과 프랑스 연합 함대는 보스포루스 해협을 통과해 흑해로 들어섰다. 프랑스의 나폴레옹 3세는 러시아의 차르에게 경고 서한을 보냈지만, 니콜라이 1세는 이를 무시하였다. 영국과 프랑스 양국은 러시아에 도나우강 연안의 오스만 제국령에서 철수하라는 최후통첩을 보냈고, 결국 러시아에 선전 포고하였다. …… 영국, 프랑스, 오스만 제국으로 구성된 연합군은 세바스토폴로 향하였다. 이들은 애초 정세를 낙관하고 몇 주 안에 포위전이 끝날 것으로 예상했지만 너무 안일한 예측이었다. 세바스토폴 요새는 러시아의 사령관 토틀레벤의 지휘 아래 완벽한 방어 태세를 갖추고 있었다. 토틀레벤은 참호를 파고 항만의 입구를 일곱 척의 군함으로 폐쇄하였다. 결국, 수차례에 걸친 연합군의 포위 공격은 실패로 돌아가게 되었다.

① 대서양 헌장이 발표되었다.
② 차티스트 운동이 일어났다.
③ 베스트팔렌 조약이 체결되었다.
④ 알렉산드르 2세가 개혁을 추진하였다.
⑤ 프랑크푸르트 국민 의회가 개최되었다.

▶ 24059-0191

15 다음 자료를 활용한 탐구 활동으로 가장 적절한 것은?

남부에 살고 있는 국민 사이에 공화당이 집권하면 그들의 재산과 평화 그리고 개인적 안전이 위험에 처할 것이라는 두려움이 있는 것 같습니다. 하지만 그것은 전혀 근거가 없는 두려움입니다. …… 지금까지 위협적인 것으로만 그쳤던 연방 분열 시도가 추진되어, 사우스캐롤라이나주 등이 연방을 탈퇴하였습니다. 우리의 보편적인 법칙과 헌법에 비추어 볼 때 연방은 영원해야 한다고 생각됩니다.

① 빈 체제의 성격을 분석한다.
② 위그노 전쟁의 원인을 찾아본다.
③ 보스턴 차 사건의 전개 과정을 조사한다.
④ 노예 해방 선언이 발표된 배경을 알아본다.
⑤ 니케아 공의회의 주요 결정 사항을 살펴본다.

▶ 24059-0192

16 (가) 국가에 대한 설명으로 옳은 것은? [3점]

문학으로 보는 세계사

잘 있거라, 사랑하는 나의 조국, 사랑받는 태양의 고향이여 …… 한 겹의 의혹도 두려움도 없이 너를 위해 목숨을 바치나니 …… 교수대에서건, 들판에서건, 전쟁에서건, 잔인한 순교대에서건, 내 집과 내 조국이 부르는 곳이면 어디나 다 한가지.

[해설]
이 작품은 [(가)]의 민족 운동가 호세 리살이 처형당하기 전 남긴 시입니다. [(가)]의 독립 운동을 이끈 호세 리살은 식민 통치의 잔혹성을 문학 작품을 통해 고발하였습니다.

① 탄지마트를 단행하였다.
② 동유 운동을 전개하였다.
③ 미국의 식민 통치를 받았다.
④ 이산들와나 전투에서 승리하였다.
⑤ 프랑스령 인도차이나 연방에 속하였다.

▶ 24059-0193

17 다음 발표가 있었던 시기를 연표에서 옳게 고른 것은?

[3점]

어제, 수치스러운 날로 기억될 그날, 미국은 뜻밖에 그러나 계획적인 일본 제국 군대의 기습을 받았습니다. …… 일본에서 하와이섬까지의 거리를 고려하면 그 공격은 몇 주 전에 의도적으로 계획된 것임을 명백히 보여 줍니다. …… 하와이섬들에 대한 어제의 공격은 미국의 해군과 육군에 심각한 손실을 입혔습니다. 수많은 미국인이 생명을 잃었습니다.

(가)	(나)	(다)	(라)	(마)
바이마르 공화국 수립	이탈리아의 에티오피아 침공	독소 불가침 조약 체결	노르망디 상륙 작전 전개	국제 연합[UN] 창설	쿠바 미사일 위기 발생

① (가)   ② (나)   ③ (다)   ④ (라)   ⑤ (마)

▶ 24059-0194

18 다음 자료에 나타난 사건에 대한 설명으로 옳은 것은?

모서리를 돌아서자 2층 높이는 될 법한 책더미가 불길에 싸여 있었다. 고막이 찢어져라 울리는 혁명 행진곡과 커다란 붉은 깃발이 흥분감을 고조시켰고, 깃발 위에는 혁명 구호가 쓰여 있었다. 눈앞에 펼쳐진 광경의 이유를 설명해 주는 구호들이었다. 홍위병들이 '봉건적 잔재를 불태우자.', '낡은 사회의 잿더미 위에서 새로운 사회가 탄생한다.'라는 구호가 적힌 깃발 아래 줄지어 앉아 있었다. 그들은 손뼉을 치며 위대한 지도자인 마오쩌둥의 노래 '마음을 강건하게'를 부르고 있었다. 나는 가방을 재로 뒤범벅된 바닥에 내려놓고 『인형의 모험』이라는 동화책을 꺼내 불길 속으로 던져 버렸다.

① 시안 사건을 계기로 발생하였다.
② 군벌 타도를 목표로 북벌을 추진하였다.
③ 대약진 운동의 실패를 배경으로 일어났다.
④ 제1차 국공 합작이 이루어지는 배경이 되었다.
⑤ 학생과 시민이 톈안먼 광장에서 정치 민주화를 요구하였다.

▶ 24059-0195

19 (가) 인물에 대한 설명으로 옳은 것은?

세계사 온라인 교실

이번 시간에는 소련의 변화와 해체에 대해 학습하겠습니다. 당시 소련 공산당 서기장이었던 [(가)]에 대해 조사한 내용을 공유해 봅시다.

○○○
동유럽 국가에 대한 불간섭을 선언하여 동유럽 민주화를 촉진하였어요.

△△△
아프가니스탄에서 소련군을 철수하였어요.

□□□
[(가)]의 사진을 올립니다.

① 자유 노조를 이끌었다.
② 신경제 정책[NEP]을 실시하였다.
③ 제1차 비동맹 회의를 개최하였다.
④ 독립 국가 연합[CIS] 출범을 주도하였다.
⑤ 페레스트로이카와 글라스노스트를 추진하였다.

▶ 24059-0196

20 (가) 기구에 대한 설명으로 옳은 것은?

[3점]

그림은 브렉시트(Brexit)를 소재로 한 풍자화이다. 2016년 6월 영국에서는 영국의 [(가)] 탈퇴 여부를 묻는 국민 투표가 시행되었고, 많은 논란 끝에 탈퇴가 결정되었다. 이로써 공동의 외교 및 안보 정책 이행, 단일 통화인 '유로' 사용 등을 통해 정치적·경제적 통합을 지향하던 [(가)]도 변화를 맞이하게 되었다.

① 반둥에서 평화 10원칙을 채택하였다.
② 상호 원조 강화를 위해 코메콘을 두었다.
③ 5개 상임 이사국에 거부권을 부여하였다.
④ 브레턴우즈 회의의 결정에 따라 설립되었다.
⑤ 마스트리흐트 조약 체결을 계기로 출범하였다.

문항에 따라 배점이 다르니, 각 물음의 끝에 표시된 배점을 참고하시오. 3점 문항에만 점수가 표시되어 있습니다. 점수 표시가 없는 문항은 모두 2점입니다.

▶ 24059-0197

1 (가) 사람들에 대한 설명으로 옳은 것은?

〈남아시아 학회 정기 학술 토론〉
인도 문명의 전개 과정을 다시 생각한다

화살표와 같이 이동한 (가) 은/는 언어적 특징이 유사한 유럽인, 이란인, 인도인의 공동 조상인 것으로 보입니다.

혈통이나 신체적 특징 등을 따지지 않고 언어만으로 (가) 을/를 유럽인, 이란인, 인도인의 조상으로 볼 수는 없습니다.

티베트고원
히말라야산맥
갠지스강
아라비아해
데칸고원
벵골만
→ 이동 방향
[시기별 정착지]
[//] 기원전 1500년경
[■] 기원전 1000년경
[▨] 기원전 500년경

① 스톤헨지를 세웠다.
② 카스트제를 만들었다.
③ 파라오의 통치를 받았다.
④ 점을 친 내용을 갑골에 적었다.
⑤ 빌렌도르프의 비너스를 남겼다.

▶ 24059-0198

2 밑줄 친 '이 나라'에 대한 설명으로 옳은 것은?

이 나라의 땅은 사방이 산과 황허강으로 둘러싸인 천연의 요새였다. 목공 이래 왕을 칭한 정(政)에 이르는 20여 임금은 항상 여러 제후 중에서도 뛰어났다. …… 시황(始皇)은 자신에 만족하여 남의 의견을 묻지 않았으며, 잘못을 범하여도 고치는 일이 없었다. 2세는 이것을 본받아 고치지 않았을 뿐 아니라 포악하여 그 화가 더욱 심각해졌다. 자영은 고립무원의 상태에서 취약하면서도 보좌할 신하가 없었다. 이 세 명의 군주들은 정신을 차리지 못하고 종신 깨닫지 못하였으니 이 나라가 망한 것도 당연하지 않은가?
— 『사기』 —

① 상앙과 이사를 등용하였다.
② 동쪽의 낙읍으로 천도하였다.
③ 장건을 대월지에 파견하였다.
④ 점토판에 쐐기 문자로 기록을 남겼다.
⑤ 토지를 국유화하고 노비 매매를 금지하였다.

▶ 24059-0199

3 (가) 인물에 대한 설명으로 옳은 것은?

문벌 귀족은 정치·사회·경제 등 각 방면에서 세력을 가지고 왕실과도 권력을 다투었으니, 이러한 문벌 귀족은 국가의 정령 집행에 저해 요인이 되기도 하였다. 북주 때 소작(蘇綽)이 권세 있는 가문에만 관리 선발 자격을 국한하지 말고 재덕을 기준으로 할 것을 건의하였고, 북주는 그의 주장에 따라 인재 기용의 편향성을 탈피할 수 있었다. 이후 통일의 위업을 달성한 (가) 은/는 관리 임용에 바로 이 같은 견해를 참작하였던 듯하다. 만약 그가 9품중정제를 유지했다면, 문벌 귀족이 지녀온 정치 기반을 약화할 수 없었을 것이다.
— 김선욱, 「 (가) 의 전제화에 관한 연구」 —

① 분서갱유를 단행하였다.
② 사고전서를 편찬하였다.
③ 남조의 진을 멸망시켰다.
④ 균수법과 평준법을 실시하였다.
⑤ 정관의 치로 불리는 정치적 번영을 이루었다.

▶ 24059-0200

4 (가), (나) 국가에 대한 설명으로 옳은 것은? [3점]

포위가 풀리자 다시 사람들의 마음이 해이해져 앞다투어 땅을 떼어 주고 강화하자는 주장을 폈다. 이강은 이에 반대하여, 군대를 출정시켜 오랑캐들과 맞서 싸워야 하며 또 반드시 승리할 수 있다고 진언하였다. 설령 강화한다고 해도 오랑캐들은 반드시 다시 침공할 것이라 지적하였다. 이렇게 주장하자 참언이 드세게 일어나 그는 다시 멀리 유배되었다. 그리고 몇 달이 못 되어 도성인 카이펑이 (가) 에 의해 함락되었다. 이후 건염 원년에 (나) 이/가 성립하였다. 이강은 맨 먼저 새 조정으로 달려가 정치를 수습하고 오랑캐를 몰아내는 일을 자신의 임무로 삼았다.
— 『회암집』 —

① (가) – 탕구트족이 건국하였다.
② (가) – 북면관과 남면관을 신설하였다.
③ (나) – 재상제를 폐지하였다.
④ (나) – 쿠빌라이 칸에 의해 멸망하였다.
⑤ (가)와 (나) – 전연의 맹약을 체결하였다.

5 다음 자료를 활용한 탐구 활동으로 가장 적절한 것은? [3점]

▶ 24059-0201

도찰원 우부도어사 주전은 주(奏)를 올려 "절강·강서·호광·남직예 가운데 배가 도달하지 않는 지방은 내야 할 토산품을 베와 비단, 은으로 환산해 거두어서 수도로 보내 녹봉에 충당하도록 해 주십시오."라고 하였다. 강서순무인 시랑 조신도 "강서성 소속 현에서 베와 비단을 헤아려 거두거나 은을 녹여 덩어리로 만들어 수도로 운반해 가서 관원의 봉록으로 주시면 편할 것입니다."라고 하였다. 소보 겸 호부상서 황복도 그렇게 청하였다. 이에 황제는 "이 같은 일을 행한 적이 있는가?"라고 물었다. 상서 호영 등이 "태조 홍무제께서 일찍이 섬서성에서 행하셨습니다. 백성들도 편하게 여겼습니다."라고 대답하였다.

① 안사의 난이 끼친 영향을 분석한다.
② 장거정이 추진한 개혁의 배경을 파악한다.
③ 원 왕조가 색목인을 우대한 이유를 알아본다.
④ 왕안석이 신법으로 이루려 한 목표를 살펴본다.
⑤ 청 왕조가 부과한 인두세 총액의 변화를 조사한다.

7 밑줄 친 '이들'에 대한 설명으로 옳은 것은? [3점]

▶ 24059-0203

11세기 무렵 이들에 패한 가즈니 왕조는 본거지에서 완전히 밀려나 현재의 파키스탄 지역에서 명맥만 유지하게 되었다. 이후 투그릴 베그의 영도 아래 이들은 1055년에 부와이 왕조를 몰아내고 바그다드를 장악하였다. 투그릴 베그 사후 그의 자리를 계승한 알프 아르슬란은 니잠 알 물크라는 와지르*에게 군대의 정비를 맡겼다. 니잠 알 물크는 사령관들에게 이크타**를 제공하여 운영하도록 하였으며, 그것을 통해 얻은 재원으로 무기와 식량을 마련하고 장병을 양성하도록 하였다.

* 와지르 : 페르시아어에서 유래한 말로 이슬람 국가의 재상을 뜻함
** 이크타 : 주로 이슬람 국가에서 군인에게 하사하는 토지를 가리킴

① 우즈베크인에게 멸망하였다.
② 이베리아반도에서 건국하였다.
③ 데브시르메 제도를 운영하였다.
④ 시아파 이슬람교를 국교로 삼았다.
⑤ 아바스 왕조의 칼리프를 보호하였다.

6 (가) 국가에 대한 설명으로 옳은 것은?

▶ 24059-0202

현재의 이란 지역을 근거지로 한　(가)　은/는 동쪽의 펀자브 지방에서 서쪽의 이집트, 남쪽의 아라비아반도 일부, 북쪽으로는 흑해 연안까지 지배한 대제국이었다. 이란의 지형은 서고동저, 북고남저이다. 서쪽은 자그로스산맥이, 북쪽은 알보르즈산맥이 버티고 있다.　(가)　의 계획도시인 페르세폴리스는 자그로스산맥 끝자락의 해발 1,700미터 이상인 고원 지대를 병풍으로 삼으며 앞은 확 트인 평원이라 방어에 유리한 입지이다. 이 고원 지대를 넘어 구릉을 따라가면 수사가 나온다. 수사에서 사르디스에 이르는 길이 그 유명한 '왕의 길'이다.

① 크테시폰에 도읍하였다.
② 칼리프의 칭호를 사용하였다.
③ 이소스 전투에서 패배하였다.
④ 도시에 지구라트를 건설하였다.
⑤ 조로아스터교를 국교로 삼았다.

8 밑줄 친 '그'의 활동으로 옳은 것은? [3점]

▶ 24059-0204

페르가나 계곡의 조그만 도시 안디잔에서 태어나 제국을 건설하고 아그라에서 병사할 때까지 생애 대부분을 전투와 정복으로 보낸 그가 전쟁을 끝내고 제일 먼저 한 일은 사원 건설이었다. 대표적인 사원으로는 델리 술탄 왕조 시대의 마지막인 로디 왕조의 이브라힘 로디를 파니파트에서 물리치고 건설한 카불리 바그 사원과, 힌두교의 신 라마의 탄생지로 알려진 아요디아에 건설한 사원이 있다. 한편, 당대 문헌에는 그가 직접 그림을 배웠다는 기록이 보이지 않으나 티무르계 왕자들이 그림을 배웠다는 기록은 적잖이 남아 있다.

① 쿠트브 미나르를 건립하였다.
② 불경을 정리하고 전국에 석주를 세웠다.
③ 비이슬람교도에 대한 지즈야를 폐지하였다.
④ 자신을 비슈누에 비유하며 힌두교를 후원하였다.
⑤ 아프가니스탄 방면에서 북인도 지역으로 진출하였다.

▶ 24059-0205

9 (가) 인물에 대한 설명으로 옳은 것은?

『갈리아 전기』에 의하면 전쟁은 기원전 58년경에 시작되었다. 오늘날 제네바 근처에 살던 헬베티족이 하이두이족을 약탈하자, 속주 총독인 ____(가)____ 은/는 '언제나 로마를 위해 최선을 다한' 하이두이족을 돕기 위해 출병하였다. 이것은 야심만만한 그에게 갈리아로 발을 들여놓을 좋은 구실이 되었을 것이다. 헬베티족은 거의 전멸되었고, 겨우 살아남은 이들은 고향으로 돌아갔다. 그런데도 ____(가)____ 은/는 군대를 돌리지 않았다. 이후 수년 동안 갈리아의 여러 부족과 싸움을 이어 나갔다. 이뿐만 아니라 로마군은 라인강 너머 게르만족과 겨루기도 하고, 바다 건너 브리타니아로 원정을 감행하기도 하였다. 의외로 오래 지속된 전쟁은 그의 정적인 폼페이우스가 원로원에 대한 영향력을 확대해 나가던 기원전 52년경에 종결된 것으로 보인다.

① 호민관 직책을 신설하였다.
② 니케아 공의회를 소집하였다.
③ 악티움 해전에서 승리하였다.
④ 제1차 삼두 정치를 주도하였다.
⑤ 제국의 4분할 통치를 도입하였다.

▶ 24059-0206

10 (가), (나) 시기 사이에 있었던 사실로 옳지 <u>않은</u> 것은? [3점]

(가) 바바리아의 공작인 타실로는 성인들의 유골에 손을 대고 수없이 맹세하였으며, 옥좌에 앉은 피핀과 카롤루스를 비롯한 그의 아들들에게 봉신이 주군에게 보여야 마땅한 정직한 마음과 헌신적 자세로 충성을 바칠 것을 약속하였다.
(나) 신성 로마 제국 황제인 나, 하인리히는 모든 서임권을 성스러운 로마 가톨릭교회에 바친다. 그리고 나의 왕국과 제국 내의 모든 교회에서 교회법에 따른 주교와 수도원장의 선출과 성직 수임의 자유를 보장하는 것에 동의한다.

① 메르센 조약이 체결되었다.
② 클레르몽 공의회가 소집되었다.
③ 비잔티움 제국의 레오 3세가 성상 파괴령을 내렸다.
④ 클뤼니 수도원을 중심으로 교회 개혁 운동이 일어났다.
⑤ 크리스트교가 로마 가톨릭교회와 그리스 정교회로 나뉘었다.

▶ 24059-0207

11 다음 자료를 바탕으로 한 역사적 추론으로 가장 적절한 것은? [3점]

현재의 세네갈에서부터 카메룬에 이르는 아프리카 서부가 최대의 흑인 송출 지대였다. 엘티스와 리처드슨에 따르면, 송출된 아프리카 흑인의 50%가 아프리카 서부 해안 지역, 45%가 남중부 아프리카, 그리고 나머지 5%는 오늘날 모잠비크와 탄자니아 지역인 남동 아프리카에서 노예선에 선적되었다. 한편, 이들이 가장 많이 옮겨진 곳은 서인도 제도였다. 토머스의 연구에 따르면, 1450년에서 1900년 사이에 아메리카에 온 아프리카 흑인 1,140만 명 중 36%가 서인도 제도, 35%가 브라질, 22%가 에스파냐령 아메리카 지역, 4.4%가 영국령 북아메리카에 하선했다. 서인도 제도와 브라질의 비율이 높은 이유는 16세기 후반과 17세기 초반부터 각각 포르투갈령 브라질, 영국령 바베이도스섬에서 사탕수수 재배가 본격화되었기 때문이다. 설탕은 당시 황금알을 낳는 세계 최고의 상품이었다. 물론 여기서 만든 설탕 대부분은 유럽으로 팔려 나갔다.

① 대서양 삼각 무역이 성립하였다.
② 흑사병의 창궐로 인구가 급감하였다.
③ 향신료와 비단 등에 대한 욕구가 커졌다.
④ 중세에서 근대로의 과도기에 절대 왕정이 나타났다.
⑤ 현물 또는 화폐 지대가 늘면서 농노의 지위가 향상되었다.

▶ 24059-0208

12 밑줄 친 ㉠, ㉡ 국왕에 대한 설명으로 옳은 것은? [3점]

믿음의 길

제△△호   1688년 발행

㉠프랑스 왕은 낭트 칙령을 폐지하여 신교 백성에 대해 늑대로서의 자신을 거침없이 드러냈다. ㉡런던의 우리 왕은 지금껏 교황의 계획을 공개적으로 지지해 왔는데, 오랫동안 은밀하게 추진해 온 그 계획이란 가톨릭교회의 손에 군대를 맡겨 프로테스탄트의 자유와 안전을 위협하려는 것이다.
……

① ㉠ – 콜베르를 등용하였다.
② ㉠ – 항해법을 제정하였다.
③ ㉡ – 권리 장전을 승인하였다.
④ ㉡ – 동인도 회사를 설립하였다.
⑤ ㉠과 ㉡ – 국가 제일의 공복임을 자처하였다.

▶ 24059-0209

13 (가) 기구에 대한 설명으로 옳은 것은?

_____(가)_____ 이/가 수립되어 헌법 제정 작업에 착수하고 헌법의 전문이라 할 수 있는 「인간과 시민의 권리 선언(인권 선언)」을 작성하기 위한 논의가 진행되면서, 계몽사상은 의원들의 담론 속으로 들어오기 시작하였다. '인간의 자연적이고 양도 불가능하며 신성한 권리', '행복', '최고 존재', '자유와 평등', '모든 주권의 원칙은 본질적으로 국민에게 있다.', '법은 일반 의지의 표현이다.', '종교의 자유', '권력 분할' 등의 표현과 용어는 명백히 계몽사상가들의 언어이다. 시에예스, 볼테르, 몽테스키외, 루소 등이 어렵지 않게 식별된다.

– 김응종, 「계몽사상과 프랑스 혁명」 –

① 공화정을 선포하였다.
② 혁명전쟁을 시작하였다.
③ 5명의 총재가 주도하였다.
④ 테니스코트의 서약을 이행하였다.
⑤ 왕궁을 습격하여 왕권을 정지시켰다.

▶ 24059-0210

14 (가)에 들어갈 내용으로 가장 적절한 것은? [3점]

휘그당의 개정 법안은 1832년 3월 24일 하원을 통과하였다. 이 법안은 3월 26일 상원에 제출되었고, 4월 14일 상원 제2 독회*도 무사히 통과하였다. 휘그당 내각은 부패 선거구 폐지 등의 내용을 담은 개정 법안이 상원에서 확실히 통과될 수 있도록 50~60명의 '새로운 귀족 만들기'를 국왕에게 건의하였다. …… 휘그당의 그레이 내각이 다시 구성되고 '새로운 귀족 만들기' 전략이 효과를 발휘하면서 마침내 개정 법안이 6월 4일 상원 제3 독회를 통과하였고, 6월 7일 국왕의 재가를 얻었다. 이 같은 노력의 결과로 _____(가)_____

* 독회(讀會) : 법안에 대한 입법부의 토론

① 비국교도에게도 공직이 허용되었다.
② 자유주의 경제 체제가 확립될 수 있었다.
③ 신흥 상공업자에게까지 선거권이 확대되었다.
④ 가톨릭교도에 대한 차별이 대부분 철폐되었다.
⑤ 자의적 체포나 구금으로부터 개인의 자유가 보장되었다.

▶ 24059-0211

15 (가) 국가에서 있었던 사실로 옳은 것은? [3점]

카보우르의 외교적 행보는 상당히 현란하였다. 우선 아무런 이해관계도 없는 크림 전쟁에 참전하여 전후 강화 회의의 한 자리를 얻어 내 이탈리아 문제를 안건으로 상정하였다. 다음으로 사르데냐 왕국만이 이탈리아에서 혁명을 방지할 수 있다는 논리로 _____(가)_____ 와/과 공수 동맹을 체결하였다. 마침내 티치노강*을 건너 오스트리아와 전쟁을 시작한 사르데냐 왕국은 격렬한 전투 끝에 마젠타와 솔페리노에서 오스트리아군을 꺾었다. 그러나 엄청난 피해에 놀란 _____(가)_____ 이/가 단독으로 오스트리아와 휴전하고는, 전쟁 지원의 대가로 사보이(사부아)와 니스를 할양받아 갔다. 카보우르는 롬바르디아를 얻은 것에 만족해야 했다.

– 장문석, 「이탈리아 만들기, 이탈리아인 만들기」 –

* 티치노강 : 사르데냐 왕국과 오스트리아령 롬바르디아의 경계를 이루고 있던 강

① 인도 통치 개선법이 제정되었다.
② 루이 나폴레옹이 황제로 즉위하였다.
③ 비스마르크가 철혈 정책을 추진하였다.
④ 알렉산드르 2세가 농노 해방령을 선포하였다.
⑤ 링컨의 대통령 당선으로 일부 주가 연방을 탈퇴하였다.

▶ 24059-0212

16 (가) 국가에 대한 설명으로 옳은 것은?

베를린 회의는 유럽 열강의 아프리카 분할을 이해하는 데 있어 중요한 사건이다. 특히, _____(가)_____ 의 레오폴드 2세는 이 회의를 통해 콩고를 개인 식민지로 만들어 지배할 수 있었다. 유럽 열강이 '베를린 회의에 관한 일반 조항'에 서명함으로써 그의 콩고 지배를 사실상 지지하였기 때문이다. 영국을 비롯한 유럽 열강은 자유 무역을 전제로 레오폴드 2세의 콩고 지배에 동의하였으며, 그는 1885년에 자신의 개인 식민지를 콩고 독립국이라 명명하고 이 거대한 땅을 통치하기 시작했다.

① 플라시 전투에서 승리하였다.
② 파쇼다에서 영국과 충돌하였다.
③ 헤레로족의 봉기를 진압하였다.
④ 19세기 전반에 산업화가 진행되었다.
⑤ 청일 전쟁 이후 삼국 간섭을 주도하였다.

▶ 24059-0213

17 선생님의 질문에 대한 학생의 답변으로 가장 적절한 것은?

> 이 그림은 일본에서 그려진 페리 제독의 초상화입니다. 그가 군함을 이끌고 내항하자 일본은 어떻게 대응하였나요?

① 산킨코타이 제도를 도입하였어요.
② 미국에 최혜국 대우를 허용하였어요.
③ 러시아와 포츠머스 조약을 체결하였어요.
④ 네덜란드에 나가사키의 데지마를 개방하였어요.
⑤ 의화단 운동 진압을 위한 연합군에 가담하였어요.

▶ 24059-0214

18 밑줄 친 '전쟁'이 전개된 시기에 있었던 사실로 옳은 것은?

> <u>전쟁</u> 발발 당시 서구 열강의 영토는 전 세계 면적의 85% 정도였다. 특히 유럽의 국가들은 광대한 식민지를 보유하고 있었기 때문에, 전쟁은 유럽에 국한되지 않았으며 세계사의 '보편적 표준'을 장악하기 위한 야만적 격돌의 성격을 지닌 것이었다. <u>전쟁</u>이 끝나자 새로운 질서를 만들기 위한 새로운 '보편적 표준'이 필요해졌다. 전후의 새 질서인 베르사유 체제가 표방했던 '보편적 표준'은 미국 대통령 우드로 윌슨이 천명한 평화 원칙 14개조에 기초한 것이었다.
> ─「베르사유 평화 체제의 '보편적 표준'과 한국과 일본의 이몽(異夢)」─

① 국제 연맹이 창설되었다.
② 벵골 분할령이 발표되었다.
③ 제1차 국공 합작이 추진되었다.
④ 무스타파 케말이 대통령에 취임하였다.
⑤ 독일 킬 군항의 봉기로 빌헬름 2세가 퇴위하였다.

▶ 24059-0215

19 (가) 국가에 대한 설명으로 옳은 것은?

> 일본이 빼앗거나 점령한 태평양의 모든 섬을 일본으로부터 박탈하는 것, 그리고 만주, 타이완, 펑후 군도 등 일본이 (가) (으)로부터 빼앗은 모든 영토를 원래대로 복구하는 것이 우리의 목적이다. 일본은 또한 폭력과 탐욕에 의해 빼앗은 다른 모든 영토에서도 추방될 것이다. 앞서 말한 3대 강국은 한국민의 노예 상태를 염두에 두고 있으며, 머지않아 한국이 자유롭게 되고 독립하게 될 것에 대하여 확신하고 있다.

① 미드웨이 해전에서 승리하였다.
② 서베를린으로 통하는 길을 봉쇄하였다.
③ 에스파냐 내전에서 프랑코 세력을 지원하였다.
④ 독일이 폴란드를 침공하자 즉시 선전 포고하였다.
⑤ 공산당의 승리로 중화 인민 공화국이 수립되었다.

▶ 24059-0216

20 밑줄 친 '합의'가 이루어진 시기를 연표에서 옳게 고른 것은? [3점]

> 대통령은 동생인 로버트 케네디 법무 장관에게 소련과 마지막으로 담판할 것을 지시하였다. 케네디 법무 장관은 이날 밤 도브리닌 주미 소련 대사를 만났다. 미국은 튀르키예에 배치한 핵무기를 철수하는 대신 소련의 양보를 받아 내려 하였다. 야심한 시각에 케네디 장관과 도브리닌 대사는 다음과 같이 <u>합의</u>하였다. '소련은 쿠바에 배치한 미사일을 철수한다. 미국은 쿠바에서 철수하는 소련군은 물론 쿠바를 공격하지 않는다. 4~5개월 후 미국은 튀르키예에 배치한 핵무기를 철수한다.'

	(가)		(나)		(다)		(라)		(마)	
국제 연합 출범		반둥 회의 개최		닉슨 독트린 발표		마오쩌둥 사망		고르바초프 서기장 취임		소련 해체

① (가)　　② (나)　　③ (다)　　④ (라)　　⑤ (마)

문항에 따라 배점이 다르니, 각 물음의 끝에 표시된 배점을 참고하시오. 3점 문항에만 점수가 표시되어 있습니다. 점수 표시가 없는 문항은 모두 2점입니다.

▶ 24059-0217

1 (가) 문명에 대한 설명으로 옳은 것은?

라메세움 신전 복원에 한국의 기술이 사용되다

사진 속 문화유산은 ☐☐(가)☐☐의 최대 규모 신전으로 꼽히는 룩소르 라메세움 신전의 탑문인데, 현재 붕괴된 상태로 남아 있다. 이 신전은 ☐☐(가)☐☐의 파라오 람세스 2세 때 나일강 서쪽에 건설되었는데, 현재 그 일부만 전해지고 있다. 한국의 문화재청은 붕괴된 이 신전의 탑문을 해체·복원하고 진입로를 정비하는 복원 사업에 참여하고 있다. － ○○신문, 2022. 1. 24. －

① 사자의 서를 제작하였다.
② 함무라비 법전을 편찬하였다.
③ 헤브라이인에 의해 탄생하였다.
④ 인더스강 유역에서 발생하였다.
⑤ 수도 니네베에 왕립 도서관을 세웠다.

▶ 24059-0218

2 (가) 왕조에서 있었던 사실로 옳은 것은?

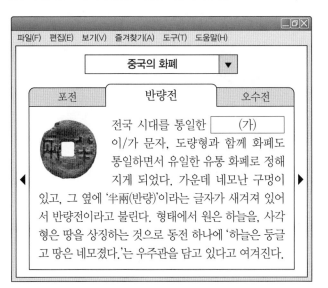

중국의 화폐

| 포전 | 반량전 | 오수전 |

전국 시대를 통일한 ☐☐(가)☐☐ 이/가 문자, 도량형과 함께 화폐도 통일하면서 유일한 유통 화폐로 정해지게 되었다. 가운데 네모난 구멍이 있고, 그 옆에 '半兩(반량)'이라는 글자가 새겨져 있어서 반량전이라고 불린다. 형태에서 원은 하늘을, 사각형은 땅을 상징하는 것으로 동전 하나에 '하늘은 둥글고 땅은 네모졌다.'는 우주관을 담고 있다고 여겨진다.

① 과거제가 시행되었다.
② 군현제가 실시되었다.
③ 황소의 난이 일어났다.
④ 전연의 맹약이 체결되었다.
⑤ 북면관제와 남면관제가 운영되었다.

▶ 24059-0219

3 밑줄 친 '황제'에 대한 설명으로 옳은 것은? [3점]

황제가 기다리던 소식이 있었으니, 바로 인도양을 거쳐 아프리카 동해안까지 파견되었던 정화 함대의 귀환 소식이었다. 당시 정화가 인솔한 함대는 황제의 명을 받아 출발한 지 1년 반 만에 동남아시아의 참파, 인도의 캘리컷, 아라비아반도의 아덴 등을 경유하고 돌아온 것이었다. 이 항해는 정화의 일곱 차례 해양 항해 중 네 번째로, 캘리컷 서쪽의 아프리카로 처음 진출한 항해로 알려져 있다.

① 팔기제를 운영하였다.
② 자금성을 건설하였다.
③ 9품중정제를 폐지하였다.
④ 파스파 문자를 제작하였다.
⑤ 평성에서 뤄양으로 천도하였다.

▶ 24059-0220

4 (가) 황제의 재위 시기에 있었던 사실로 옳은 것은? [3점]

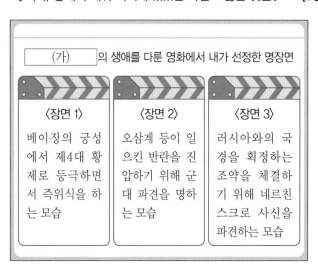

☐☐(가)☐☐의 생애를 다룬 영화에서 내가 선정한 명장면

〈장면 1〉
베이징의 궁성에서 제4대 황제로 등극하면서 즉위식을 하는 모습

〈장면 2〉
오삼계 등이 일으킨 반란을 진압하기 위해 군대 파견을 명하는 모습

〈장면 3〉
러시아와의 국경을 획정하는 조약을 체결하기 위해 네르친스크로 사신을 파견하는 모습

① 군기처가 설치되었다.
② 양세법이 마련되었다.
③ 진승과 오광의 난이 일어났다.
④ 일본과의 감합 무역이 이루어졌다.
⑤ 타이완의 반청 세력이 진압되었다.

▶ 24059-0221

5 (가) 막부 시대에 볼 수 있는 모습으로 가장 적절한 것은?

시민 교양 강좌

(가) 의 문화

◉ 일자 : 2024년 10월 매주 금요일
◉ 장소 : ○○대학교 도서관
◉ 주최 : ○○대학교 평생교육원

조닌 문화

(가) 에서는 도시가 크게 성장하고 상품 화폐 경제가 발달하면서 도시의 상인과 수공업자 등 조닌층의 사회적 영향력이 확대되었습니다. 이를 바탕으로 가부키와 분라쿠 등 조닌 문화로 불리는 서민 문화가 발달하였습니다. 시민 교양 강좌에서는 이 시기의 문화를 이해하는 시간을 갖고자 합니다. 강의의 세부 내용은 뒷장에 있는 QR 코드로 접속하여 확인하기 바랍니다.

① 우키요에를 구입하는 상인
② 일본서기를 저술하는 학자
③ 견당사 일행으로 중국에 파견되는 승려
④ 시모노세키 조약 체결 소식에 기뻐하는 관리
⑤ 몽골과 고려 연합군의 공격에 맞서 싸우는 무사

▶ 24059-0222

6 밑줄 친 '이 왕조'에 대한 설명으로 옳은 것은? [3점]

미트리다테스 1세의 정복 전쟁으로 이 왕조의 영역은 동으로는 이란 북동부에서 서로는 유프라테스강의 북쪽 유역까지 확장되었다. 이 왕조의 경제적 원천은 교역이었다. 로마와 인도, 중국의 한(漢)을 연결하는 동서 무역로를 장악하여 중계 무역으로 번성하였다. …… 장건의 기록에서 이 왕조는 안식국으로 표기되었는데, 쌀과 밀을 경작하는 비옥한 땅을 가지고 있으며 품질 좋은 포도주를 생산하고 수많은 중소 도시를 거느린 대국으로 표현되었다.

① 탈라스 전투에서 승리하였다.
② 사산 왕조 페르시아에 의해 멸망하였다.
③ 수도 이스파한에 모스크를 건설하였다.
④ 왕의 눈이라 불리는 감찰관을 각지에 파견하였다.
⑤ 군관구제와 둔전병제를 실시하여 외침에 대비하였다.

▶ 24059-0223

7 (가) 왕조에 대한 설명으로 옳은 것은? [3점]

세계사의 주요 전투

투르 · 푸아티에 전투

그림은 메로베우스 왕조의 궁재 카롤루스 마르텔이 투르 · 푸아티에 전투에서 **(가)** 의 이슬람군과 싸우는 장면을 묘사한 것이다. 당시 북아프리카를 넘어 서남부 유럽 쪽으로 확장하던 이슬람 세력은 이 전투에서 프랑시스카라고 불린 투척용 도끼, 원형 방패 등으로 무장한 프랑크군에게 패배하였다.

① 헤지라를 단행하였다.
② 데브시르메 제도를 시행하였다.
③ 다마스쿠스를 도읍으로 삼았다.
④ 조로아스터교를 국교로 삼았다.
⑤ 셀주크 튀르크에 술탄의 칭호를 부여하였다.

▶ 24059-0224

8 (가) 제국에서 있었던 사실로 옳은 것은?

황제는 힌두교를 믿는 라지푸트족과 결혼 동맹을 맺고 협력을 다졌다. 라지푸트족 출신의 마리암 후즈 자마니와 결혼한 황제는 지즈야를 폐지하고 힌두교도를 관료로 등용하는 등 종교 관용 정책을 펼쳤다. 이에 라지푸트족이 **(가)** 의 황제를 지지하게 되었다. …… 황제와 라지푸트족 출신의 황후가 낳은 아들이 훗날 황제로 즉위하였는데, 그가 바로 자한기르였다. 자한기르 황제도 라지푸트족 출신의 공주와 결혼하여 아들을 낳았는데, 그가 훗날 **(가)** 의 제5대 황제로 즉위한 샤자한이었다.

① 우르두어가 사용되었다.
② 산치 대탑이 조성되었다.
③ 쿠트브 미나르가 건립되었다.
④ 불교와 자이나교가 출현하였다.
⑤ 자연 현상을 찬미하는 베다가 제작되었다.

9 밑줄 친 '이 인물'에 대한 설명으로 옳은 것은?

▶ 24059-0225

> 19세의 젊은 나이에 카이사르의 양자가 된 이 인물은 내전을 거치면서 폼페이우스, 카이사르, 안토니우스 같은 정치 선배들의 실패를 거울삼아 신중하게 1인 지배 체제를 만들어 갔다. 이를 '프린켑스 체제', 즉 원수정(元首政)이라 부른다. 프린켑스는 국가의 '제1 시민'이라는 의미이다. 기원전 28년 이 인물은 내전기에 1,000여 명으로 불어난 원로원 의원들 중에서 200여 명을 숙청하여 이를 장악해 나갔다. 그는 기원전 27년 초에 원로원에 나가 "국가를 원로원과 로마 인민에게 이양한다."라고 선언하였고, 원로원은 그에게 존엄한 자라는 의미의 '아우구스투스'라는 명예 칭호를 부여하였다.

① 제국을 4분할 통치하였다.
② 악티움 해전에서 승리하였다.
③ 스파르타쿠스의 난을 진압하였다.
④ 수도를 콘스탄티노폴리스로 옮겼다.
⑤ 아케메네스 왕조 페르시아를 정복하였다.

10 (가), (나) 시기 사이에 있었던 사실로 옳은 것은? [3점]

▶ 24059-0226

> (가) 하인리히 4세는 신성 로마 제국의 황제로서 세속 군주가 주교 임명권을 가지고 있다고 주장하여 가톨릭교도로서는 가장 엄한 처벌인 파문을 당하게 되었다. 그러자 하인리히 4세는 카노사로 가서 교황 그레고리우스 7세에게 용서를 빌었다.
> (나) 교황 칼릭스투스 2세와 황제 하인리히 5세는 보름스에서 서임권을 둘러싼 분쟁을 종식시켰다. 교황은 황제가 성직 후보자를 선정할 때 참석할 수 있는 권리와 그에게 세속적인 권리와 수입을 나눠 줄 권리를 인정하였다. 반대로 황제는 교황이 사제를 종교적인 직무에 임면하는 권리를 승인하였다.

① 성상 파괴령이 반포되었다.
② 위그노 전쟁이 발발하였다.
③ 영국 국교회가 확립되었다.
④ 십자군이 예루살렘을 점령하였다.
⑤ 루터의 95개조 반박문이 발표되었다.

11 밑줄 친 '이 조약'에 대한 탐구 활동으로 가장 적절한 것은? [3점]

▶ 24059-0227

> 30년 전쟁을 종식시키기 위한 협상이 1643년에 시작되었다. 5년 후인 1648년 이 조약이 체결되었는데, 오스나브뤼크와 뮌스터에서 각각 조인되었다. 당시 오스나브뤼크에서는 신성 로마 제국, 스웨덴과 각각 그들의 동맹들이 조약 체결에 참여하였고, 뮌스터에서는 신성 로마 제국, 프랑스와 각각 그들의 동맹들이 조약 체결에 참여하였다. 신성 로마 제국 입장에서 이 조약은 루터의 종교 개혁으로 시작된 정치·영토 분쟁을 해결하고 1618년 보헤미아 분쟁, 그리고 1630년 스웨덴의 침략으로 촉발된 갈등을 종식시키는 것을 의미하였다.

① 잔 다르크의 활약상을 조사한다.
② 레판토 해전의 원인을 알아본다.
③ 라틴 제국이 수립된 과정을 살펴본다.
④ 와트 타일러의 난이 일어난 배경을 찾아본다.
⑤ 칼뱅파의 신앙이 인정받게 된 계기를 파악한다.

12 밑줄 친 '황제'에 대한 설명으로 옳은 것은?

▶ 24059-0228

세계사를 바꾼 역사의 한 장면
– 유럽 편 –

위 그림은 영국의 화가 윌리엄 터너가 트라팔가르 해전을 그린 것이다. 넬슨이 이끈 영국 함대는 빌뇌브가 이끈 프랑스, 에스파냐 연합 함대와 에스파냐의 남서쪽 트라팔가르에서 전투를 벌였다. 트라팔가르 전투는 영국군의 일방적인 승리로 끝났고, 이에 따라 프랑스의 황제가 시도한 영국 본토 상륙은 실패로 끝났다. 이후 그는 영국을 굴복시키기 위해 영국과 유럽 대륙의 교역을 금지한 대륙 봉쇄령을 내렸으나, 이는 유럽 국가들의 불만을 초래하였다.

① 권리 장전을 승인하였다.
② 낭트 칙령을 폐지하였다.
③ 러시아 원정을 단행하였다.
④ 데카브리스트의 봉기를 진압하였다.
⑤ 네덜란드 견제를 위해 항해법을 제정하였다.

▶ 24059-0229

13 밑줄 친 '이 혁명'의 영향으로 옳은 것은? [3점]

이 혁명은 보수주의에 대한 자유주의 투쟁으로서 빈 체제에 결정적인 타격을 가하였다. 노동자들의 선거권 확대 요구에 대해 "부자가 되어라! 그러면 투표할 수 있다."라고 응답한 프랑스의 총리 기조는 몰락하였다. …… 이 혁명은 바리케이드에서의 투쟁을 통해 왕정을 무너뜨리고 자유주의적이고 온건한 공화정을 수립하였다. 이에 따라 수립된 임시 정부는 성인 남성의 보통 선거제를 채택하고 정치 클럽의 활동과 정치 문건 유포에 대한 제한을 철폐하였다.

① 벨기에가 독립하였다.
② 샤를 10세가 추방되었다.
③ 나폴레옹이 제1 통령에 취임하였다.
④ 신성 동맹과 4국 동맹이 결성되었다.
⑤ 루이 나폴레옹이 대통령에 선출되었다.

▶ 24059-0230

14 다음 조서를 발표한 정부의 정책으로 옳지 않은 것은?

사료로 보는 일본사

지난번 다이묘들의 영지 반환 요청을 받아들여, 그들을 지사로 임명하였다. 그러나 수백 년 동안 내려온 관습 때문에 이름만 바뀌었을 뿐 과거와 다름없이 행동하는 자들이 있다. …… 이에 지금 번을 폐지하고 현을 설치한다. 이는 정치상 쓸데없는 것을 덜어 간소화해서 유명무실의 폐단을 없앰으로써 국가의 명령[政令]이 여러 곳에서 나오는 우려를 없애기 위함이다.

[해설] 이 사료는 에도 막부 붕괴와 왕정복고로 성립된 정부가 발표한 폐번치현 조서의 일부이다. 당시 정부는 기존에 다이묘가 통치하던 번(藩)들을 통폐합하여 현(縣)을 설치하고 중앙 정부가 직접 임명한 지사가 지방 행정을 담당하는 폐번치현을 단행하였다.

① 징병제를 실시하였다.
② 봉건적 신분제를 개혁하였다.
③ 일본 제국 헌법을 공포하였다.
④ 미일 수호 통상 조약을 체결하였다.
⑤ 이와쿠라 사절단을 서양에 파견하였다.

▶ 24059-0231

15 밑줄 친 '반발'의 내용으로 옳은 것은? [3점]

영국의 인도 총독 커즌이 벵골 분할령을 내렸다. 명분은 행정 편의와 종교 간 충돌 방지, 즉 광대한 벵골주를 효과적으로 다스리고 힌두·이슬람교도 간 분쟁을 방지한다는 것이었다. 그러나 진짜 목적은 숨겨져 있었다. '분할하여 통치한다.'라는 제국주의 논리에 따라 독립 운동 세력이 가장 강한 벵골주의 힘을 빼고 토지를 나눔으로써 조세 수입 증대를 노렸다. …… 비교적 온건한 식민 정책을 구사하던 전임 총독들과 달리 직접적인 식민 통치를 펼쳐 '인도의 영국인 마키아벨리'로 불렸던 커즌의 분할 정책은 혹독한 대가를 치렀다. 인도인들의 반발이 예상보다 훨씬 강했기 때문이다.

① 세포이의 항쟁이 일어났다.
② 플라시 전투가 발생하였다.
③ 인도 국민 회의가 결성되었다.
④ 브라흐마 사마지 운동이 시작되었다.
⑤ 스와라지, 스와데시 등 4대 강령이 제시되었다.

▶ 24059-0232

16 (가) 운동에 대한 설명으로 옳은 것은?

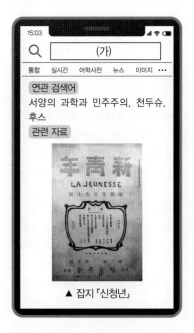

▲ 잡지 『신청년』

① 유교 중심의 전통문화를 비판하였다.
② 청일 전쟁의 패배로 한계가 드러났다.
③ 우창의 신군이 봉기하면서 본격화하였다.
④ 8개국이 결성한 연합군에 의해 진압되었다.
⑤ 외국 공사의 베이징 주재가 시작되는 결과를 가져왔다.

17 ▶ 24059-0233

밑줄 친 '전쟁' 중에 있었던 사실로 옳은 것은? [3점]

> 오늘 아침, 우리는 베를린 주재 대사를 통해 독일 정부에 최후통첩을 보냈습니다. 11시 정각까지 폴란드에서 즉각적인 군대 철수 결정 소식이 들려오지 않는다면 교전 상태로 돌입하겠다는 의사를 전달한 것입니다. 그리고 지금, 우리의 의사가 받아들여지지 않아 결국 우리 영국은 독일과 전쟁을 하기로 하였음을 국민 여러분께 알립니다. …… 이제 와서 히틀러는 자신이 타당한 제안을 내놓았으나 폴란드 측이 거부했다고 떠들고 있습니다만, 그 말은 사실이 아닙니다. …… 오늘 영국과 프랑스는 의무 이행에 나서려 합니다. 자국 국민에게 가해진 악랄하고 명목 없는 공격에 맞서 용감하게 저항하고 있는 폴란드를 지원하려 합니다.

① 미국에서 대공황이 시작되었다.
② 독소 불가침 조약이 체결되었다.
③ 프랑스에 비시 정부가 수립되었다.
④ 소련이 베를린 봉쇄를 단행하였다.
⑤ 오스만 제국이 동맹국 측에 가담하였다.

18 ▶ 24059-0234

밑줄 친 '주장'이 끼친 영향으로 가장 적절한 것은?

> 동북 지방을 잃어버린 지 이미 5년이 지났지만 국권은 쇠퇴하고 영토는 나날이 축소되었다. …… 장제스 위원장이 소인배에 둘러싸여 국민들을 방치하고 나라를 망친 죄가 심각하다. 장쉐량 등이 눈물을 흘리며 간언해 보았지만 그때마다 엄한 태도를 보이며 물러가게 하였다. …… 장쉐량 등 젊은 군인들은 이를 좌시할 수 없었기에, 장제스 위원장에게 최후의 간언을 올려 그 안전을 보장하면서도 반성을 촉구하게 된 것이다. 서북 지역의 군대와 국민들은 다음 내용을 주장한다.
> - 난징 정부를 개조하고 각 당파를 포용하여, 함께 구국의 책임을 질 것
> - 일체의 내전을 멈출 것
> - 구국 회의를 즉각 소집할 것

① 광서신정이 추진되었다.
② 중화민국이 수립되었다.
③ 중국 동맹회가 결성되었다.
④ 제2차 국공 합작이 체결되었다.
⑤ 중국 공산당이 대장정을 단행하였다.

19 ▶ 24059-0235

(가), (나) 국가 사이의 관계에 대한 설명으로 옳은 것은? [3점]

대서양 회담 모습

> 일본의 하와이 진주만 기습을 계기로 참전한 __(가)__ 의 루스벨트 대통령이 __(나)__ 의 처칠 총리와 북대서양 뉴펀들랜드 앞바다의 선상에서 회담을 하는 모습입니다. 회담 이후 양국 정상들은 대서양 헌장을 발표했는데, 이는 국제 연합[UN] 창설의 배경이 되었습니다.

① 코민포름에 가입하였다.
② 제1차 비동맹 회의에 참여하였다.
③ 전후 독일의 분할 점령에 참여하였다.
④ 제2차 아편 전쟁 때 함께 청을 공격하였다.
⑤ 모로코를 둘러싸고 두 차례 군사 충돌 위기를 겪었다.

20 ▶ 24059-0236

밑줄 친 '이 운동'이 전개된 배경으로 가장 적절한 것은? [3점]

> 왼쪽 포스터는 이 운동 당시 제작된 것으로 '낡은 세계를 때려 부수고 새로운 세계를 창립하자!'라는 내용의 글이 적혀 있다. 당시 이 운동을 주도한 마오쩌둥은 학생 조직인 홍위병을 앞세워 공산주의 원리에 위협이 되는 요소를 제거하고자 하였으며, 이로 인하여 중국의 전통문화가 파괴되고 많은 예술인과 지식인이 억압을 받았다.

① 신축조약이 체결되었다.
② 애로호 사건이 발생하였다.
③ 동남 해안 지대에 경제특구가 설치되었다.
④ 정치적 자유를 요구하는 톈안먼 사건이 일어났다.
⑤ 실용주의 세력이 대약진 운동의 문제점을 비판하였다.

문항에 따라 배점이 다르니, 각 물음의 끝에 표시된 배점을 참고하시오. 3점 문항에만 점수가 표시되어 있습니다. 점수 표시가 없는 문항은 모두 2점입니다.

▶ 24059-0237

1 밑줄 친 '이 문명'에 대한 설명으로 옳은 것은?

이것은 이 문명의 수메르인이 건설한 도시 니푸르의 지도가 새겨진 점토판입니다. 여기에는 주요 신전과 성문, 유프라테스강 등이 표시되어 있고 각각의 명칭 등이 쐐기 문자로 새겨져 당시의 도시 구조를 추정해 볼 수 있습니다.

① 알타미라 동굴 벽화를 남겼다.
② 하라파에 계획도시를 조성하였다.
③ 크레타섬을 중심으로 발전하였다.
④ 갑골에 점복의 내용을 기록하였다.
⑤ 우르 등에 지구라트를 건설하였다.

▶ 24059-0238

2 (가) 왕조의 문화에 대한 설명으로 옳은 것은?

    (가)   의 태종이 즉위 초기에는 돌궐의 침공을 예방하기 위하여 재물을 바쳤던 고조의 정책을 지속하였다. 그러나 돌궐 내부에서 반란이 일어나고 폭설 등의 재해가 겹치며 상황을 변화시킬 기회가 찾아왔다. 결국 태종은 동돌궐을 복속시키고 천가한이라는 칭호를 받았다. 이후   (가)   은/는 서돌궐 가한의 항복까지 받으며 중앙아시아에서 강력한 지배력을 확보하게 되었다.

① 경극이 유행하였다.
② 제자백가가 등장하였다.
③ 천공개물이 편찬되었다.
④ 주희가 성리학을 집대성하였다.
⑤ 이백과 두보 등의 시인이 활약하였다.

▶ 24059-0239

3 밑줄 친 '제국'에서 볼 수 있는 모습으로 가장 적절한 것은? [3점]

그는 서역으로 연결되는 역로 건설에 노력을 기울였다. 그 첫 단계로 대도-상도-카라코룸을 연결하는 역로를 개통하였다. 이 도로는 그가 대도와 상도를 순행하는 데뿐 아니라 전쟁에 대비한 군사 이동과 물자 보급에도 사용되었고, 고비사막 이북 지역에 기근이 닥쳤을 때 구제 물자를 운송하는 데에도 활용되었다. 이미 카라코룸에서 중앙아시아와 킵차크 초원으로 연결되는 역로가 개통되어 있었고, 각 울루스 역시 독자적으로 많은 역참을 설치하였다. 따라서 대도-상도-카라코룸 간 역로 개통은 대도에서부터 광대한 초원을 지나 제국 전역으로 연결되는 역참 교통 체계의 근간이 마련되었음을 의미하였다.

① 홍루몽을 집필하는 작가
② 지방의 인재를 추천하는 중정관
③ 곤여만국전도를 제작하는 선교사
④ 파스파 문자로 공문서를 작성하는 관리
⑤ 안사의 난을 진압하기 위해 출정하는 군인

▶ 24059-0240

4 (가) 왕조에 대한 설명으로 옳은 것은? [3점]

섭정 화석예친왕 도르곤의 군대가 베이징 동쪽의 퉁저우에 이르자 그곳 관리와 백성들이 나와 항복하였다. 그는 이들에게 치발령을 내려 변발을 하도록 하였다. 다음 날에   (가)   의 군대가 마침내 베이징에 이르렀다. 멸망한 왕조의 문무 관리들이 성 밖 5리까지 나와 이들을 맞이하였다. 환관 한 명은 자신이 모시던 황제의 가마를 자금성 밖에 놓고 도르곤에게 가마에 오르도록 권하였다. 도르곤은 의장대 앞 열에서 음악을 연주하게 하고는 하늘에 절하고 삼궤구고두의 예를 행하였다. 또 궁궐을 마주 보고 삼궤구고두의 예를 행하였다. 예를 마치자 지난 왕조의 관리였던 이들이 모두 엎드려 만세를 외쳤다.

① 군기처를 설치하였다.
② 천호제를 운영하였다.
③ 양세법을 마련하였다.
④ 분서갱유를 단행하였다.
⑤ 정화의 함대를 파견하였다.

▶ 24059-0241

5 (가) 막부 시기에 있었던 사실로 옳은 것은?

[번역의 역사 - 의학 용어 편]

　　(가)　　시기에 데지마를 통해 들어온 서양 학문이 발전하였다. 특히 스기타 겐파쿠는 서양의 의학 서적을 번역하여 『해체신서』를 간행하였다. 그는 번역 과정에서 당시 일본에 정립되어 있지 않았던 의학 용어를 고안하였는데, 몇 가지 사례는 다음과 같다.

신경(神經)	네덜란드어 ze'nuw의 번역어. 정신을 뜻하는 '신기(神氣)'와 경로를 뜻하는 '경맥(經脈)'의 앞 글자를 따서 '신경(神經)'이라는 단어가 만들어졌다.
연골(軟骨)	네덜란드어 kraak'been의 번역어. kraak'been이 부드러운 뼈라는 뜻이기 때문에 부드러움을 뜻하는 '연(軟)'과 뼈를 뜻하는 '골(骨)'이 합쳐져서 '연골(軟骨)'이라는 단어가 만들어졌다.

① 폐번치현이 단행되었다.
② 존왕양이 운동이 전개되었다.
③ 천황이라는 칭호가 처음 사용되었다.
④ 송으로부터 대량의 동전이 수입되었다.
⑤ 쇼토쿠 태자가 불교 진흥책을 시행하였다.

▶ 24059-0242

6 (가) 국가에 대한 설명으로 옳은 것은?　　[3점]

- 옥타비아누스는 가이우스 카이사르를 파견하여 동쪽 국경에 접한 아르메니아를 굴복시키고, 무력시위와 협상을 통해 　　(가)　　이/가 아르메니아를 포기하도록 만들었다. 당시 두 제국 모두 전쟁보다는 인도, 중국과의 교역을 위한 대상 로를 안정시키는 데 관심이 있었다.
- 트라야누스는 원정대를 이끌고 배로 유프라테스강을 따라 이동하였다. 원래 그는 운하를 뚫고 티그리스강으로 넘어가 　　(가)　　의 수도 크테시폰을 공략할 계획이었으나 기술상의 문제로 어려워지자 육로로 배를 끌어 옮겼다. 원정대가 다가오자 오스로에스 1세는 도망쳤고 수도는 곧 함락되었다.

① 조로아스터교를 국교로 삼았다.
② 사산 왕조 페르시아를 정복하였다.
③ 이란 계통의 민족에 의해 세워졌다.
④ 군관구제와 둔전병제를 운영하였다.
⑤ 왕의 눈이라는 감찰관을 각지에 파견하였다.

▶ 24059-0243

7 (가) 왕조에 대한 설명으로 옳은 것은?　　[3점]

　　(가)　　의 타흐마스프 1세는 카프카스 원정을 단행하고 포로로 잡힌 크리스트교도를 노예로 삼고 시아파로 강제로 개종시킨 뒤 샤에게만 충성하는 병사로 양성하였다. 이들은 노예 전사라는 뜻의 굴람으로 불리며 샤의 정예병으로 키워졌다. 그러나 타흐마스프 1세 사후 왕위 계승 혼란 속에 오스만 제국에 타브리즈를 빼앗기고 말았다. 이후 어린 나이에 즉위한 아바스 1세는 굴람을 대규모 상비군으로 양성하였으며, 이에 필요한 재원 마련을 위해 내정 개혁을 실시하였다. 그리고 마침내 아바스 1세는 군대를 이끌고 타브리즈를 탈환하였다.

① 티마르 제도를 운영하였다.
② 사마르칸트를 수도로 하였다.
③ 몽골군의 침략으로 멸망하였다.
④ 이스마일 1세에 의해 건국되었다.
⑤ 이베리아반도까지 영토를 확장하였다.

▶ 24059-0244

8 (가) 제국에 대한 설명으로 옳은 것은?

투그릴 베그는 니샤푸르를 비롯하여 가즈니 왕조의 영토 대부분을 장악하고 스스로 술탄의 관을 머리에 얹고 정복 활동에 나섰다. 　　(가)　　의 군대를 이끌고 점차 서쪽으로 이동한 그는 부와이 왕조가 장악하고 있던 바그다드에 들어섰다. 당시 바그다드에는 과거의 실권을 잃었지만 여전히 종교적 권위를 가진 칼리프가 있었다. 투그릴 베그는 그에게 바그다드에 평화롭게 머무는 대신 금요 기도 때 자신을 술탄으로 인정해 줄 것을 요구하였고 결국 자신의 뜻대로 되었다.

① 아바스 왕조를 멸망시켰다.
② 몽골 제국의 재건을 내세웠다.
③ 콘스탄티노폴리스를 점령하였다.
④ 델리 술탄 왕조 시대를 시작하였다.
⑤ 예루살렘과 소아시아를 차지하였다.

▶ 24059-0245

9 밑줄 친 '그'에 대한 설명으로 옳은 것은? [3점]

그는 내란을 치른 뒤에 자신의 아버지인 샤자한을 감금하고 왕
좌를 이어받았다. …… 그는 지즈야를 다시 힌두교도에 부과하
고 그 사원의 다수를 파괴함으로써 대다수 백성을 격분시켰다.
또한 제국의 버팀목이며 기둥이었던 자부심 강한 라지푸트족과
북부 지역 시크교도의 감정을 상하게 만들었다. 시크교도는 힌
두교와 이슬람교 사상을 종합한 평화적인 분파였는데 억압과
박해 때문에 군사적인 단체로 변모하였다.
                                            – 네루 –

① 타지마할을 조성하였다.
② 데칸고원을 차지하였다.
③ 산치 대탑을 건설하였다.
④ 쿠트브 미나르를 건립하였다.
⑤ 세포이의 항쟁을 진압하였다.

▶ 24059-0247

11 (가) 인물에 대한 설명으로 옳은 것은? [3점]

아바스 왕조의 침략 위기를 겨우 모면한 비잔티움 제국의 이레
네는 강력한 동맹이 필요하다는 생각으로 [(가)]에게
혼담을 넣었다. 그러나 몇 년 뒤 입지가 안정되었다고 판단한
이레네는 혼담을 일방적으로 깨 버렸다. 시간이 흘러 로마에서
곤경에 처한 교황 레오 3세를 구해 준 [(가)]이/가 그
로부터 황제의 관을 받고 '임페라토르 아우구스투스'의 칭호를
받았다. 이 대관식의 가치를 매몰차게 깎아내리던 이레네가 약
2년 뒤에 일어난 정변으로 물러나고, 새롭게 황위에 오른 니케
포로스는 [(가)]에게 사절을 보내 평화 조약을 체결하
였다. 하지만 니케포로스 역시 끝까지 새로운 황제의 탄생을 인
정하지는 않았다.

① 궁정 학교를 건립하였다.
② 카롤루스 왕조를 개창하였다.
③ 투르·푸아티에 전투에서 승리하였다.
④ 로마법을 집대성한 법전을 편찬하였다.
⑤ 밀라노 칙령으로 크리스트교를 공인하였다.

▶ 24059-0248

12 밑줄 친 '갈등'에 대한 탐구 활동으로 가장 적절한 것은?

사료로 읽는 서양사

성직 박탈을 걸고 엄격히 명하노니 모든 주교와 사제들은 순
종의 맹세에 따라 교황의 명령 없이는 세금을 지불하지 말지
어다. 이 금지 명령을 받기 전에 이미 약속하거나 합의한 경
우일지라도 어떤 것도 지불해서는 안 될 것이다. 성직자들은
세금을 내지 말 것이며 황제와 국왕 등 위에서 언급한 평신
도들은 어떤 방식으로든 어떤 것도 받아서는 안 된다. 그리
고 만약 누군가 지불하거나 받으면 그들은 그 행위로 말미암
아 파문에 처해질 것이다. 이 파문과 제명은 교황의 권위에
따른 특별 사면이 없다면 죽음의 순간을 제외하고는 어느 누
구도 사면될 수 없다.

────────────────────────────────

[해설] 이 자료는 교황 보니파키우스 8세가 발표한 것으로 세속
권력의 교회와 성직자에 대한 과세를 금지한 문서입니다. 당시
영국과의 전쟁 비용 마련으로 성직자에 과세하고 있던 프랑스
의 필리프 4세가 이에 반발하면서 갈등이 격화되었습니다.

① 낭트 칙령의 영향을 찾아본다.
② 30년 전쟁의 과정을 조사한다.
③ 베르됭 조약의 내용을 살펴본다.
④ 아비뇽 유수의 배경을 분석한다.
⑤ 콘스탄츠 공의회의 결과를 알아본다.

▶ 24059-0246

10 (가) 도시 국가에 대한 설명으로 옳은 것은?

이집트 원정에 실패한 [(가)]은/는 스파르타와의 평화
조약을 체결하기 위해 키몬을 파견하였다. 과거에 페르시아가
스파르타인들에게 뇌물을 주고 자신들을 공격하도록 종용한 적
이 있었기 때문에 양편 모두와 전쟁을 벌이는 일은 사전에 차단
하고자 한 것이다. 스파르타와의 5년 휴전 협정이 체결되자 키
몬의 주도로 키프로스 원정이 단행되었다. 원정 이후 페르시아
의 침공 위협이 사라진 것으로 판단한 동맹국들은 동맹의 존속
에 의문을 제기하며 [(가)]에 반란을 일으켰다.

① 호민관 제도를 만들었다.
② 페르세폴리스를 건설하였다.
③ 500인 평의회를 설치하였다.
④ 탈라스 전투에서 승리하였다.
⑤ 로마와 포에니 전쟁을 벌였다.

▶ 24059-0249

13 (가), (나) 국가 사이의 관계에 대한 설명으로 옳은 것은?

• 펠리페 2세는 [(가)]의 공격에 대항한 신성 동맹의 결성에 적극적으로 참여하였다. 그는 교황, 베네치아 등과 함께 연합 함대를 결성하고 자신의 이복동생인 돈 후안이 이를 이끌도록 하였다. 메시나에서 출발한 연합 함대는 코린토스만의 레판토에서 해전을 벌였고 승리를 거두었다.

• 펠리페 2세는 공공연하게 자국의 상선을 약탈하고 점점 해군력을 키워 가는 [(나)]을/를 응징하기 위한 계획을 세웠다. 그리고 거대한 규모의 무적함대를 출정시켰다. 그러나 무적함대는 이름도 무색하게 드레이크의 작전에 말려들어 패배하고 도주 중 태풍까지 만나 크게 격파되었다.

① 네르친스크 조약을 체결하였다.
② 제1차 세계 대전에서 전투를 벌였다.
③ 알자스·로렌 지방을 두고 대립하였다.
④ 일본과 함께 추축국 동맹을 결성하였다.
⑤ 모로코를 둘러싸고 두 차례 충돌 위기를 겪었다.

▶ 24059-0250

14 (가), (나) 국가에 대한 설명으로 옳지 <u>않은</u> 것은? [3점]

'왕들의 케이크'라는 제목의 이 그림은 폴란드 분할을 표현한 것이다. 가운데에서 왕관을 붙잡고 곤란해하는 인물은 폴란드 왕이고, 가장 왼편에서 지도를 쥐고 있는 인물은 [(가)]의 예카테리나 2세이다. 오른쪽에는 [(나)]의 프리드리히 2세와 합스부르크 왕가의 요제프 2세

가 마주 보며 대립하고 있다. 이 그림은 폴란드 분할을 세 명의 군주가 전쟁 없이 평화적으로 이루었다는 식으로 표현하여 비판을 받기도 하였다.

① (가) – 슐레지엔을 빼앗겼다.
② (가) – 크림 전쟁에서 패배하였다.
③ (나) – 관세 동맹을 주도하였다.
④ (나) – 상수시 궁전을 건립하였다.
⑤ (가)와 (나) – 나폴레옹에 맞서 대프랑스 동맹을 결성하였다.

▶ 24059-0251

15 (가) 의회 시기에 있었던 사실로 옳은 것은? [3점]

그들이 회의장에 들어가자 한 의원이 일어나서 "오늘은 위대한 날입니다. 흑인과 백인, 그리고 물라토가 프랑스의 식민지인 생도맹그의 자유 시민들을 대표해서 우리와 함께 자리하였습니다."라고 말하였다. 이튿날 뒤페이가 생도맹그를 뒤바꾼 사건들을 설명하는 인상 깊은 연설을 하였다. "그들은 '우리는 흑인이면서 프랑스인이다. 우리는 혁명전쟁 중인 프랑스를 위해 영국과 싸우지만, 대신 우리는 자유를 원한다.'라고 말합니다." 그의 연설이 끝나고 법안이 신속하게 작성되어 다음과 같이 선포되었다. "[(가)]은/는 공화국의 모든 영토에서 노예제 폐지를 선언한다. 따라서 피부색에 따른 차별 없이 모든 인간은 프랑스 시민의 권리를 향유할 것이다."

① 바스티유가 함락되었다.
② 공안 위원회가 설치되었다.
③ 대륙 봉쇄령이 선포되었다.
④ 베르사유 조약이 체결되었다.
⑤ 루이 나폴레옹이 대통령에 당선되었다.

▶ 24059-0252

16 밑줄 친 '이 운동'에 대한 설명으로 옳은 것은?

이 운동 세력의 군대가 상하이를 공격하자 도시의 부유한 상인 등이 자금을 조달하여 양창대(洋槍隊)라는 외국인 부대를 조직하였다. 이 부대는 미국인 프레더릭 워드가 외국인 도망자들과 실직한 선원들을 모집하여 꾸린 것이었다. 이들은 초기부터 승리하여 쑹장을 점령하였다. 베이징 조약이 체결된 이듬해 워드는 군대를 재편성하여 유럽인 장교들이 통솔하도록 하고 중국인과 필리핀 사병을 충원하여 유럽식으로 훈련하고 무장하였다. 양창대가 계속해서 승리를 거두자 황제는 그들에게 상승군(常勝軍)이라는 칭호를 부여하였다. 워드가 전사한 이후 헨리 버지바인에 이어 상승군을 이끌게 된 찰스 고든은 이홍장과 함께 쑤저우를 탈환하는 데 큰 공을 세웠다.

① 부청멸양을 내세웠다.
② 천조전무 제도를 발표하였다.
③ 우창 신군 봉기가 계기가 되었다.
④ 신축조약이 체결되는 배경이 되었다.
⑤ 일본의 21개조 요구 철폐를 주장하였다.

▶ 24059-0253

17 (가) 국가의 민족 운동에 대한 설명으로 옳은 것은?

> ⬚ (가) ⬚ 의 술탄 압둘 하미드 2세가 전제 정치를 강화하자, 청년 튀르크당이 중심이 된 무장봉기가 일어났다. 이를 통해 정권을 장악한 청년 튀르크당은 술탄을 압박하여 의회를 구성하는 등 정치 개혁을 추진하였다. 또한 언론을 활성화하는 등 사회 개혁도 전개하였다. 하지만 이 시기 불가리아는 독립을 선포하고 오스트리아·헝가리 제국은 보스니아 헤르체고비나를 병합하는 등 ⬚ (가) ⬚ 의 대외적인 위기는 계속해서 심화되었다.

① 메넬리크 2세가 군대를 개혁하였다.
② 판보이쩌우가 동유 운동을 주도하였다.
③ 미드하트 파샤 등이 헌법을 제정하였다.
④ 간디가 비폭력·불복종 운동을 전개하였다.
⑤ 람 모한 로이가 브라흐마 사마지 운동을 제창하였다.

▶ 24059-0254

18 다음 상황이 나타난 시기를 연표에서 옳게 고른 것은? [3점]

> 황제는 총리인 바덴의 막시밀리안 공에게 전화를 걸어 자신이 황제직을 내려놓을 준비가 되어 있음을 알렸다. 황제는 자신이 단지 황위만 내려놓는 것이고 프로이센의 왕으로 남아 군대를 이끌고 조국으로 돌아가겠다고 하였다. 그러나 막시밀리안 공은 황제가 황제직은 물론 프로이센의 왕위에서도 물러난다고 선포해 버렸으며 베를린에는 새로운 정부가 수립될 것이라고 선언하였다. 아래로부터의 혁명이 위로부터의 혁명을 통해 완성된 것이다. …… 황제는 흰색과 금색으로 어우러진 전용 열차를 타고 네덜란드로 들어섰다. 네덜란드의 여왕 빌헬미나는 최근 차르 일가의 운명을 의식하면서 그를 내치지 않았다.

(가)	(나)	(다)	(라)	(마)
3국 동맹 결성	사라예보 사건 발발	러시아력 2월 혁명 (3월 혁명) 발발	베르사유 조약 체결	로마 진군	대공황 발생

① (가) ② (나) ③ (다) ④ (라) ⑤ (마)

▶ 24059-0255

19 밑줄 친 '이 조치'의 배경으로 옳은 것은? [3점]

> 소련은 베를린과 서독 지역을 연결하는 철로를 차단하였고 3주 후에는 운하도 폐쇄하였다. 이 조치에 대하여 미국과 영국 정부는 공중 보급로를 통해 베를린의 자국 지구에 물품을 공급하기로 결정하고, 6월 26일 첫 번째 수송기가 템펠호프 공항에 착륙하였다. 이러한 공수 작전은 이 조치가 중단된 이듬해 5월 12일까지 계속되었으며 그 과정에서 수많은 승무원이 목숨을 잃기도 하였다. 이후 두 진영의 회담이 진행되었지만 성과 없이 끝나고 서독 의회 위원회가 서독 정부를 수립하는 기본법을 발효시키며 독일 연방 공화국이 탄생하였다. 동독에서도 역시 독일 민주 공화국이 수립되었다.

① 베를린 장벽이 설치되었다.
② 반둥에서 평화 10원칙이 채택되었다.
③ 바르샤바 조약 기구[WTO]가 결성되었다.
④ 서독 지역이 통합되고 화폐 개혁이 단행되었다.
⑤ 소련이 쿠바에 미사일 기지를 건설하고자 하였다.

▶ 24059-0256

20 (가) 기구에 대한 설명으로 옳은 것은?

> 소련이 해체된 이듬해 ⬚ (가) ⬚ 창설을 위한 조약이 체결되었고, 이 조약에는 통화 단일화와 산하에 유럽 공동 외교 안보 정책 조직을 구성한다는 내용이 담겨 있었다. 이후 ⬚ (가) ⬚ 은/는 정치·경제적 조건만 만족시키면 중부 유럽과 동유럽 국가들의 가입을 허용한다고 발표하였다. 소련권에 속해 있던 나라들은 대세에서 벗어나지 않기 위해 가입을 원하였다. 체코, 헝가리, 폴란드, 슬로베니아, 슬로바키아 등의 정상들이 독일의 강력한 지원 하에 프라하에 모여 가입을 공식적으로 요청하였다. 한편 1년 뒤에는 오스트리아, 스웨덴, 핀란드가 가입하였다.

① 상임 이사국에 거부권을 부여하였다.
② 브레턴우즈 체제 성립에 기여하였다.
③ 마스트리흐트 조약을 통해 출범하였다.
④ 세계 자유 무역 확대를 목적으로 하였다.
⑤ 옐친의 주도로 소련의 공화국들이 결성하였다.

 교육부

 EBS

학생 · 교원 · 학부모 온라인 소통 공간

ㅎㅎ 함께학교

정책 제안

내가 생각한 교육 정책!
여러분의 생각이 정책이 됩니다

정보나눔

실시간으로 학생·교원·학부모 대상
최신 교육자료를 함께 나눠요

고민상담

학교생활 답답할 때, 고민될 때
동료 선생님, 전문가에게 물어보세요

행복한 함께학교

우리 학교, 선생님, 부모님, 친구들과의
소중한 순간을 공유해요

안드로이드

ios

인스타그램 @togetherschool_moe
유튜브 '함께학교_교육부'를 통해서도 함께학교에 방문할 수 있어요!

혼 자 가 아 니 라
함 께 세 워 갑 니 다

지구상 가장 높이 자라는 나무,
레드우드가 그 큰 나무를 지탱하는 비결은
나무뿌리가 서로 얽혀있기 때문이죠.

대학 생활도 혼자가 아니라 함께 걸어갈 비전프렌드(VF)가 필요합니다.
총신대학교는 하나님의 사랑 안에 뿌리내려 서로 세워져가는 믿음의 공동체를 꿈꿉니다.

두 사람이 한 사람보다 나음은 그들이 수고함으로 좋은 상을 얻을 것임이라
혹시 그들이 넘어지면 하나가 그 동무를 붙들어 일으키려니와
홀로 있어 넘어지고 붙들어 일으킬 자가 없는 자에게는 화가 있으리라
— 전도서 4장 9~10절 —

EBS

2025학년도
수능 연계교재
수능완성

한 권에 수능 에너지 가득
YOU MADE IT!

5회분
실전 모의고사
수록

테마편 + 실전편

사회탐구영역

정답과 해설

세계사

본 교재는 대학수학능력시험을 준비하는 데 도움을 드리고자 사회과 교육과정을 토대로 제작된 교재입니다.
학교에서 선생님과 함께 교과서의 기본 개념을 충분히 익힌 후 활용하시면 더 큰 학습 효과를 얻을 수 있습니다.

문제를 사진 찍고
해설 강의 보기
Google Play | App Store

EBSi 사이트
무료 강의 제공

MY **BRIGHT** FUTURE

수요일 3교시
빅벤

네가
원하는
곳에서
배우면돼!

미래형대학 동서대학교 이런 대학 없습니다

- 전세계에 글로벌체험학습장(GELS)을 1000곳 이상 개발합니다
- '유목적 교과 시스템'으로 현장에서 전문가가 앞선 교육을 진행합니다
- 전국 도시와의 유기적 연계를 통해 다양한 도시에서 배움의 장이 열립니다
- 전세계와 지·산·학 협력체계를 구축, 학생들의 진출기반을 넓힙니다
- '문화콘텐츠'를 아시아 최고로 성장시키기 위한 과감한 투자를 하고 있습니다

DSU Dongseo University
동서대학교

한눈에 보는 정답

01 인류의 출현과 선사 문화, 문명의 발생

본문 5~7쪽

유형 연습 1 ① 2 ①

2점 테스트
01 ② 02 ⑤ 03 ⑤ 04 ③

3점 테스트
1 ② 2 ⑤

02 동아시아 세계의 형성

본문 10~14쪽

유형 연습 1 ③ 2 ③

2점 테스트
01 ④ 02 ④ 03 ③ 04 ③

3점 테스트
1 ⑤ 2 ④ 3 ⑤ 4 ②
5 ① 6 ①

03 동아시아 세계의 발전과 변동

본문 17~22쪽

유형 연습 1 ③ 2 ③

2점 테스트
01 ⑤ 02 ③ 03 ④ 04 ①

3점 테스트
1 ② 2 ② 3 ① 4 ③
5 ③ 6 ① 7 ⑤ 8 ③

04 서아시아의 여러 제국과 이슬람 세계의 형성

본문 25~29쪽

유형 연습 1 ② 2 ④

2점 테스트
01 ⑤ 02 ⑤ 03 ① 04 ⑤

3점 테스트
1 ① 2 ① 3 ④ 4 ⑤
5 ④ 6 ④

05 인도의 역사와 다양한 종교·문화의 출현

본문 31~33쪽

유형 연습 1 ② 2 ①

2점 테스트
01 ④ 02 ⑤ 03 ④ 04 ④

3점 테스트
1 ③ 2 ⑤

06 고대 지중해 세계

본문 35~38쪽

유형 연습 1 ④ 2 ④

2점 테스트
01 ② 02 ① 03 ⑤ 04 ③

3점 테스트
1 ① 2 ⑤ 3 ⑤ 4 ②

07 유럽 세계의 형성과 변화

본문 42~48쪽

유형 연습 1 ③ 2 ①

2점 테스트
01 ③ 02 ③ 03 ① 04 ⑤
05 ② 06 ② 07 ③ 08 ①

3점 테스트
1 ⑤ 2 ② 3 ③ 4 ④
5 ① 6 ② 7 ② 8 ③

08 시민 혁명과 산업 혁명(1)

본문 51~56쪽

유형 연습 1 ② 2 ①

2점 테스트
01 ② 02 ⑤ 03 ④ 04 ②
05 ③ 06 ② 07 ⑤ 08 ②

3점 테스트
1 ④ 2 ② 3 ④ 4 ③
5 ③ 6 ③

09 시민 혁명과 산업 혁명(2)

본문 58~62쪽

유형 연습 1 ⑤ 2 ⑤

2점 테스트
01 ① 02 ③ 03 ② 04 ⑤

3점 테스트
1 ③ 2 ③ 3 ① 4 ④
5 ② 6 ③

10 제국주의와 민족 운동

본문 65~72쪽

유형 연습 1 ② 2 ②

2점 테스트
01 ② 02 ① 03 ③ 04 ⑤
05 ④ 06 ⑤ 07 ⑤ 08 ①

3점 테스트
1 ③ 2 ⑤ 3 ② 4 ①
5 ④ 6 ④ 7 ③ 8 ④
9 ① 10 ①

11 두 차례의 세계 대전

본문 75~80쪽

유형 연습 1 ④ 2 ④

2점 테스트
01 ② 02 ④ 03 ① 04 ⑤
05 ④ 06 ① 07 ③ 08 ⑤

3점 테스트
1 ⑤ 2 ③ 3 ② 4 ②
5 ④ 6 ⑤

12 냉전과 탈냉전, 21세기의 세계

본문 82~85쪽

유형 연습 1 ① 2 ①

2점 테스트
01 ② 02 ① 03 ③ 04 ③

3점 테스트
1 ② 2 ① 3 ③ 4 ②

실전 모의고사 1회
본문 88~92쪽

1 ①	2 ③	3 ②	4 ⑤	5 ④
6 ①	7 ⑤	8 ④	9 ③	10 ③
11 ①	12 ⑤	13 ⑤	14 ⑤	15 ②
16 ②	17 ②	18 ①	19 ⑤	20 ①

실전 모의고사 2회
본문 93~97쪽

1 ⑤	2 ①	3 ④	4 ②	5 ⑤
6 ⑤	7 ⑤	8 ③	9 ⑤	10 ②
11 ②	12 ③	13 ③	14 ④	15 ④
16 ③	17 ③	18 ③	19 ⑤	20 ⑤

실전 모의고사 3회
본문 98~102쪽

1 ②	2 ①	3 ③	4 ④	5 ②
6 ③	7 ⑤	8 ⑤	9 ④	10 ③
11 ①	12 ①	13 ④	14 ③	15 ②
16 ④	17 ②	18 ⑤	19 ⑤	20 ②

실전 모의고사 4회
본문 103~107쪽

1 ①	2 ②	3 ②	4 ⑤	5 ①
6 ②	7 ③	8 ①	9 ②	10 ④
11 ⑤	12 ③	13 ⑤	14 ④	15 ⑤
16 ①	17 ③	18 ④	19 ③	20 ⑤

실전 모의고사 5회
본문 108~112쪽

1 ⑤	2 ⑤	3 ④	4 ①	5 ②
6 ③	7 ④	8 ⑤	9 ②	10 ③
11 ①	12 ④	13 ②	14 ①	15 ②
16 ②	17 ③	18 ③	19 ④	20 ③

THEME 01 인류의 출현과 선사 문화, 문명의 발생

1 메소포타미아 문명의 특징 이해

문제분석 자료에서 함무라비왕이 석비에 귀중한 말씀을 새겨 놓은 것, 석비가 소송을 분명하게 규명할 수 있도록 한다는 것 등을 통해 밑줄 친 '석비'를 만든 문명은 메소포타미아 문명임을 알 수 있다. 메소포타미아 문명의 바빌로니아 왕국에서는 이전의 법을 집대성한 함무라비 법전의 내용을 석비에 새겼다.

정답찾기 ① 메소포타미아 문명에서는 도시에 지구라트라는 신전을 축조하였다.

오답피하기 ② 이집트 문명에서는 죽은 자를 위한 안내서인 「사자의 서」를 파피루스에 기록하여 미라가 안치된 무덤에 넣기도 하였다.
③ 헤브라이인이 세운 왕국은 솔로몬왕 때 전성기를 맞았다. 솔로몬왕 사후에 왕국은 이스라엘과 유대로 분열되었다.
④ 인더스 문명에서는 하라파와 모헨조다로 등의 계획도시가 건설되었다.
⑤ 구석기 시대의 인류는 동굴 벽에 사냥의 성공을 기원하면서 여러 가지 그림을 그리기도 하였는데, 알타미라 동굴과 라스코 동굴의 벽화가 대표적이다.

2 이집트 문명의 특징 이해

문제분석 자료에서 미라를 만드는 과정을 표현, 피라미드에 미라를 안치하기도 한다는 점, 파피루스에 「사자의 서」를 적어 무덤에 넣기도 한다는 점 등을 통해 (가) 문명이 이집트 문명임을 알 수 있다.

정답찾기 ① 이집트 문명에서는 지배자를 파라오라 불렀으며, 파라오는 태양신에 대한 제사 의식을 주관하며 절대적인 권력을 행사하였다.

오답피하기 ② 중국에서 주 왕조는 기원전 11세기경 상을 멸망시키고 호경에 도읍하였다.
③ 인더스 문명에서는 계획도시인 모헨조다로가 건설되었다.
④ 메소포타미아 문명의 사람들은 제사 의식이나 공납의 내용 등을 점토판에 쐐기 문자로 기록하였다.
⑤ 로마 공화정 말기인 기원전 1세기에 스파르타쿠스의 난이 일어났다.

01 메소포타미아 문명의 특징 파악

문제분석 자료에서 수메르에서 시작, 지구라트, 아카드를 이어 바빌로니아 왕국이 명맥을 이었다는 점 등을 통해 밑줄 친 '이 문명'이 메소포타미아 문명임을 알 수 있다. 메소포타미아 문명에서는 도시에 지구라트를 건설하여 도시의 수호신을 섬겼다.

정답찾기 ② 메소포타미아 문명의 사람들은 『길가메시 서사시』를 남겼는데, 이는 도시 국가 우루크의 전설적인 왕 길가메시를 노래한 작품이다.

오답피하기 ① 인도 문명의 아리아인이 브라만교를 성립시켰다.
③ 인더스 문명의 사람들은 계획도시인 모헨조다로와 하라파를 건설하였다.
④ 중국의 상 왕조는 국가의 중요한 일을 점을 쳐서 결정하였는데, 점을 친 내용을 갑골에 기록하였다.
⑤ 헤브라이인은 여호와를 유일신으로 섬기는 유대교를 성립시켰다.

02 페니키아인의 활동 파악

문제분석 자료에서 지중해 연안에서 세력을 키우고 무역 활동을 전개한 점, 표음 문자를 만들었다는 점, 알파벳으로 발전하게 된 문자를 사용하였다는 점 등을 통해 밑줄 친 '이들'이 페니키아인임을 알 수 있다.

정답찾기 ⑤ 페니키아인은 지중해와 흑해를 무대로 해상 무역을 전개하였으며, 북아프리카의 카르타고 등 여러 도시를 건설하였다.

오답피하기 ① 아케메네스 왕조 페르시아는 페르세폴리스를 세웠다.
② 마우리아 왕조의 아소카왕은 산치 대탑을 건립하였다.
③ 중앙아시아에서 유목 생활을 하던 아리아인은 기원전 1500년경 인더스강 유역의 펀자브 지방에 정착하였고, 기원전 1000년경에 갠지스강 유역으로 진출하였다.
④ 로마 공화정 말기인 기원전 1세기에 스파르타쿠스의 난이 일어났으나, 크라수스 등에 의해 진압되었다.

03 인더스 문명 이해

문제분석 자료에서 모헨조다로, 고대 문명, 벽돌집, 공중목욕탕 등을 갖췄다는 점 등을 통해 밑줄 친 '이 문명'이 인더스 문명임을 알 수 있다. 인더스 문명에서는 계획도시인 모헨조다로와 하라파가 건설되었다.

정답찾기 ⑤ 인더스 문명을 건설한 사람들은 청동기와 문자를 사용하였으며 메소포타미아 지역과 교류하였다.

오답피하기 ① 앙코르 와트는 크메르족이 오늘날의 캄보디아 지역에서 개창한 앙코르 왕조에 의해 건설되었다.
② 헤브라이인이 세운 왕국은 솔로몬왕 때 전성기를 맞았다. 솔로몬왕 사후에 헤브라이인의 왕국은 이스라엘과 유대로 분열되었다.
③ 고대 아테네인들은 파르테논 신전을 아크로폴리스에 건립하였다.
④ 메소포타미아 문명의 사람들은 점토판에 쐐기 문자로 기록을 남겼다.

04 주 왕조의 특징 이해

문제분석 자료에서 상을 멸망시킨 점, 호경에 도읍한 점, 문왕 및 무왕 이후에 일어난 주요 사건을 기록한 점 등을 통해 (가) 왕조가 주 왕조임을 알 수 있다.

정답찾기 ③ 중국의 주 왕조는 종법에 기초한 봉건제를 실시하였다. 이에 따라 왕은 직할지를 통치하고, 나머지 지역은 왕족과 공신을 제후로 삼아 이들에게 봉토로 분배하여 다스리게 하였다.

오답피하기 ① 중국 문명의 상 왕조는 은허 유적을 남겼다.

② 한 무제가 흉노에 맞서 동맹을 모색하기 위해 장건을 대월지에 파견하였다.

④ 진은 전국 시대를 통일한 뒤 흉노를 북으로 몰아내고 만리장성을 축조하였다.

⑤ 인도 문명의 아리아인은 자연 현상을 찬미하는 『베다』를 제작하였다.

수능 3점 테스트

본문 7쪽

1 ②   **2** ⑤

1 이집트 문명의 특징 파악

문제분석 자료에서 피라미드와 스핑크스 모습, 미라전, 카노푸스의 단지, 파라오 투탕카멘의 황금 마스크, 파피루스 등을 통해 (가) 문명이 이집트 문명임을 알 수 있다.

정답찾기 ② 이집트 문명의 사람들은 영혼 불멸과 사후 세계를 믿어 미라와 『사자의 서』를 제작하였다.

오답피하기 ① 인도 문명의 아리아인은 원주민 사회를 지배하는 과정에서 엄격한 신분 질서인 카스트제를 확립하였다.

③ 메소포타미아 문명의 바빌로니아 왕국은 함무라비 법전을 편찬하였다.

④ 사산 왕조 페르시아는 조로아스터교를 국교로 삼았다.

⑤ 빌렌도르프의 비너스는 오스트리아에서 발견된 구석기 시대의 유물이다.

2 상 왕조의 특징 파악

문제분석 자료에서 거북의 배딱지나 소의 어깨뼈 등에 문자가 새겨진 갑골, 갑골이 출토된 곳이 은허라는 점 등을 통해 (가) 왕조가 중국의 상 왕조임을 알 수 있다.

정답찾기 ⑤ 상 왕조는 제정일치의 신권(신정) 정치로 운영되었다. 당시 국가의 중대사는 점을 쳐서 결정하였고, 점을 친 내용을 갑골에 기록하였다.

오답피하기 ① 한 고조는 군현제와 봉건제를 절충한 군국제를 마련하였다.

② 이집트 문명은 나일강 유역에서 발달하였다. 중국 문명의 상 왕조는 황허강 유역에서 성립하였다.

③ 주 왕조는 견융의 침입으로 수도를 호경에서 낙읍(뤄양)으로 옮겼다.

④ 전국 7웅 중 하나인 진(秦)은 기원전 4세기경 법가 사상가인 상앙을 등용하여 부국강병을 적극적으로 추진하였다.

02 동아시아 세계의 형성

1 진시황제의 정책 파악

문제분석 자료에서 처음으로 천하를 통일하였다는 점, 황제라는 칭호를 처음 만들었다는 점 등을 통해 해당 인물이 진시황제임을 알 수 있다. 중국을 최초로 통일한 진의 왕이 황제라는 칭호를 처음 사용하여 자신을 '시황제'라고 부르게 하였다.

정답찾기 ③ 분서갱유는 책을 불태우고 유생을 묻어 죽인다는 뜻으로, 진시황제가 단행한 사상 통제 정책이다.

오답피하기 ① 당 태종의 명으로 공영달 등이 훈고학을 집대성하여 『오경정의』를 편찬하였다.

② 금은 12세기 전반 송과 연합해 거란(요)을 공격한 후 멸망시켰다.

④ 한 무제는 흉노와의 전쟁 등 잦은 대외 원정으로 재정 상황이 악화되자, 이를 해결하기 위해 소금과 철의 전매제를 시행하여 재정을 확충하고, 균수법과 평준법을 시행하여 물가를 조절하였다.

⑤ 송의 신종은 왕안석을 등용하여 청묘법, 시역법, 모역법, 균수법, 보갑법, 보마법 등의 신법을 실시하였다.

2 당 왕조의 사회 모습 이해

문제분석 자료에서 최치원이 황소의 난을 토벌하는 데 참여하여 쓴 격문, 안사의 난으로 통치 체제가 흔들렸다는 점, 황소의 난을 계기로 국력이 급격히 약화되었다는 점 등을 통해 (가) 왕조는 당 왕조임을 알 수 있다. 황소의 난은 875~884년에 일어난 반란이며, 이로 인해 당이 급격히 쇠퇴하게 되었다.

정답찾기 ③ 당은 안사의 난 이후 자산을 기준으로 하여 여름, 가을에 세금을 징수하는 양세법을 시행하였다.

오답피하기 ① 명대에 중국에 들어온 예수회 선교사인 마테오 리치는 세계 지도인 「곤여만국전도」를 제작하였다.

② 송은 상거래가 활발해지면서 화폐 사용이 증가하자 동전의 주조량을 늘렸으며 교자와 회자 등의 지폐도 만들어 유통하였다.

④ 수의 문제(양견)는 9품중정제를 폐지하고 과거제를 시행하였다.

⑤ 원의 통치에 반발하는 농민의 불만이 커지면서 백련교도가 중심이 된 홍건적의 난이 일어났다.

01 춘추 전국 시대의 사회 모습 파악

문제분석 자료에서 진(秦) 효공이 변법에 공을 세운 상앙을 진급시켰

다는 점, 상앙이 법을 만들었다는 점 등의 내용을 통해 전국 시대의 상황을 보여 주고 있음을 알 수 있다.

정답찾기 ④ 춘추 전국 시대에는 제후국들이 부국강병을 추진하면서 능력 있는 인재들을 등용하였다. 이에 따라 제자백가라 불리는 다양한 사상가와 학파가 활약하였다. 그중에 유가 사상은 인과 예를 중심으로 한 도덕 정치를 주장하였다.

오답피하기 ① 『홍루몽』은 청대 서민들에게 많이 읽혔던 장편 소설이다.

② 청 건륭제 때에 약 8만 권에 이르는 서적을 경(經), 사(史), 자(子), 집(集)의 4부로 분류하여 정리한 『사고전서』가 편찬되었다.

③ 수대에 9품중정제가 폐지되고 시험으로 관리를 선발하는 과거제가 도입되었다.

⑤ 북위(386~534)의 효문제는 황족의 성씨인 탁발씨를 원씨로 바꾸었으며, 조정에서 선비어와 선비족 복장을 금지하는 대신 한족의 의복과 한어를 사용하도록 하였다.

02 진 왕조 시기의 사실 파악

문제분석 자료에서 산시성 셴양, 전국 시대를 통일한 뒤 문자, 도량형을 정비하였다는 점 등을 통해 밑줄 친 '이 왕조'가 진 왕조임을 알 수 있다. 진은 시황제 때 화폐, 도량형, 문자의 통일을 추진하였다.

정답찾기 ④ 진시황제 사후 진승·오광의 난 등이 일어나 진이 급격히 쇠퇴하였다.

오답피하기 ① 청의 옹정제는 황제권을 강화하기 위해 군기처를 설치하였다.

② 원대에 곽수경 등은 이슬람 천문학의 영향을 받아 천체 관측을 바탕으로 『수시력』을 편찬하였다.

③ 9세기 후반 황소의 난을 계기로 급격히 쇠퇴한 당은 결국 절도사 주전충에 의해 멸망하였다(907).

⑤ 기원전 8세기경 견융의 침입으로 주 왕조가 수도를 호경에서 낙읍(뤄양)으로 옮겼다.

03 당 왕조 시기의 사실 이해

문제분석 자료에서 대표적 시인이 두보라는 점, 천보의 난이 안사의 난을 가리킨다는 점 등을 통해 (가) 왕조는 당 왕조임을 알 수 있다. 안사의 난은 당의 현종 때 절도사였던 안녹산과 그의 부하 사사명이 일으킨 반란으로, 이를 계기로 당의 중앙 정부가 급격히 약화되고 절도사들이 독자적인 지배권을 강화하였다.

정답찾기 ③ 당은 넓은 지역을 효과적으로 다스리기 위해 정복지에 도호부를 설치하고 간접적으로 다스렸다.

오답피하기 ① 원대에는 지폐인 교초가 발행되었다. 그러나 교초가 남발되면서 물가가 크게 오르는 등 경제적인 혼란이 심화되었다.

② 신을 건국한 왕망은 토지를 국유화하고 노비 매매를 금지하는 등의 개혁을 실시하였으나 호족들의 반발로 실패하였다.

④ 청은 한족 지식인을 통제하기 위해 특정 문자나 용어, 문구 사용을 구실로 문자옥을 일으켜 반청 사상을 탄압하였다.

⑤ 춘추 전국 시대 제자백가 중 묵가는 차별 없는 사랑(겸애)과 평화주의를 강조하였다.

04 헤이안 시대의 사회 모습 파악

문제분석 자료에서 국풍 문화의 대표적 문화유산이라는 점, 당시에 관복, 주택 등에서 일본 고유의 특색이 나타났다는 점, 뵤도인이 가나로 쓰인 『겐지 이야기』의 무대 중 하나라는 점 등을 통해 밑줄 친 '이 시대'는 헤이안 시대임을 알 수 있다.

정답찾기 ③ 일본은 견당사라는 사절단을 당에 보내 중국의 선진 문물을 수용하였으나 헤이안 시대인 9세기 말에 견당사 파견이 중지되었다.

오답피하기 ① 도다이사는 나라 시대인 8세기에 창건되었다.
② 야마토 정권 시기인 7세기 중반 당 율령 체제의 영향을 받아 국왕 중심의 중앙 집권 체제를 지향한 다이카 개신이 단행되었다.
④ 에도 막부는 쇼군이 다이묘들을 통제하기 위해 정기적으로 다이묘를 에도에 머물다 가도록 하는 산킨코타이 제도를 실시하였다.
⑤ 야마토 정권의 쇼토쿠 태자는 6세기 말~7세기 초에 활동하였으며 불교 진흥책을 펼쳤다.

---

1 ⑤	2 ④	3 ⑤	4 ②
5 ①	6 ①		

1 진시황제의 정책 파악

문제분석 자료에서 전국 시대를 통일하였다는 점 등을 통해 (가) 황제가 진시황제임을 알 수 있다.

정답찾기 ⑤ 시황제 때 진은 남으로 광둥 지역까지 영토를 확대하였다.

오답피하기 ① 당 태종은 적극적인 대외 팽창에 나서 동돌궐을 복속시켰다.
② 한 무제는 국가 재정을 확충하기 위해 균수법과 평준법을 시행하였다.
③ 불교 승려 파스파는 몽골(원) 쿠빌라이 칸의 명령에 따라 몽골 문자인 파스파 문자를 만들었다.
④ 수 양제는 통제거, 영제거, 강남하 등 대운하를 건설하여 남북 간의 물자 유통을 원활히 하고자 하였다.

2 한 왕조의 사회 모습 파악

문제분석 제시된 자료에서 동중서가 황제에게 태학 설립으로 인재를 양성할 것을 주장한 것, 유교 중시를 강조한 것 등을 통해 한의 무제 때 상황임을 알 수 있다.

정답찾기 ④ 한 무제는 흉노와의 전쟁 등 잦은 대외 원정으로 재정 상황이 악화되자, 이를 해결하기 위해 소금과 철의 전매제, 균수법과 평준법 등을 시행하였다.

오답피하기 ① 송대에 남방에서 도입된 참파벼가 보급되어 강남 일부 지역에서 한 해에 벼를 두 번 수확할 수 있었다.
② 위진 남북조 시대에 관리 선발 제도로 9품중정제가 시행되었고, 수 문제가 9품중정제를 폐지하고 과거제를 실시하였다.

③ 진시황제 사후 진승·오광의 난 등이 일어나 진이 멸망하였다.
⑤ 명·청대에는 고구마, 감자, 옥수수 등 아메리카의 작물이 들어와 널리 재배되었다.

3 위진 남북조 시대의 문화 이해

문제분석 자료에서 고개지가 그린 「여사잠도」, 화북 지역에서 불교가 융성하고 강남 지역에서 귀족 문화가 발달한 점, 룽먼 석굴 사원, 고개지의 그림, 도연명의 시 등을 통해 밑줄 친 '이 시대'는 위진 남북조 시대임을 알 수 있다.

정답찾기 ⑤ 죽림칠현은 완적, 혜강 등을 포함한 위진 시대의 지식인 7명을 가리킨다. 이들은 당시의 청담 사상을 대표하는 인물들이다.

오답피하기 ① 청대에 『홍루몽』이 출간되어 서민들에게 널리 읽혔다.
② 명대 후기에 실학이 발달하여 『본초강목』, 『천공개물』 등의 서적이 편찬되었다.
③ 송의 사마광은 편년체 역사서인 『자치통감』을 저술하였다.
④ 명 말 중국에 들어온 예수회 선교사 마테오 리치는 명의 학자 서광계와 함께 서양의 서적을 번역하여 『기하원본』을 간행하였다.

4 북위의 특징 파악

문제분석 자료에서 윈강 석굴, 선비족이 세웠다는 점, 화북 지역을 통일하였다는 점, 국가적인 차원에서 불교를 장려하였다는 점, 황제의 모습을 본떠 큰 불상을 만들었다는 점 등을 통해 (가) 왕조가 북위임을 알 수 있다. 북위 시기에 윈강 석굴 사원이 조성되기 시작하였다.

정답찾기 ② 북위의 효문제는 자영농을 육성하기 위해 균전제를 실시하였는데, 이러한 균전제는 수·당에도 계승되었다.

오답피하기 ① 후금(청)은 행정 단위이자 군사 조직인 팔기제를 실시하였다.
③ 안사의 난은 당의 현종 때 절도사였던 안녹산과 그의 부하 사사명이 일으킨 반란이다.
④ 후한의 반고가 전한의 역사를 정리한 『한서』를 저술하였다.
⑤ 거란(요)은 이원적 통치 체제인 북면관제와 남면관제를 시행하였다.

5 탈라스 전투의 전개 파악

문제분석 자료에서 탈라스, 751년에 고선지 휘하의 군대가 지야드 이븐 살리흐 휘하의 군대에 패배하였다는 점 등을 통해 (가) 왕조가 당 왕조, (나) 왕조가 아바스 왕조임을 알 수 있다. 당은 아바스 왕조와의 탈라스 전투(751)에서 패배하였다.

정답찾기 ① 이연(당 고조)은 장안을 수도로 삼아 당을 세웠다.

오답피하기 ② 한 무제는 흉노를 견제하기 위해 장건을 서역에 파견하여 대월지와 동맹을 추진하였다.
③ 오스만 제국은 데브시르메 제도를 통해 정복지의 크리스트교도 청소년 등을 징집하여 이슬람교로 개종시킨 후 술탄의 친위 부대인 예니체리나 관료로 육성하였다.
④ 우마이야 왕조의 일파가 세운 후우마이야 왕조는 코르도바를 수도로 삼았다.

⑤ 프랑크 왕국과 우마이야 왕조는 투르·푸아티에 전투(732)를 벌였다.

6 일본 나라 시대의 특징 이해

문제분석 자료에서 도다이사 대불전이 만들어졌다는 점, 헤이조쿄를 수도로 삼았다는 점 등을 통해 (가) 시대는 일본 나라 시대임을 알 수 있다. 도다이사 대불전은 나라 시대에 세워진 건축물로 현재의 건물은 에도 막부 시대에 재건된 것이다.

정답찾기 ① 나라 시대에는 『일본서기』를 비롯해 『고사기』, 『만엽집』 등이 편찬되었다.

오답피하기 ② 『해체신서』는 스기타 겐파쿠 등이 네덜란드어로 된 의학 서적 『타펠 아나토미아』를 일본어로 번역하여 1774년에 출간한 책이다. 이 책의 출판은 에도 막부 시기 난학의 융성에 큰 영향을 끼쳤다.
③ 야마토 정권 시기인 7세기 중반 당 율령 체제의 영향을 받아 국왕 중심의 중앙 집권 체제를 지향한 다이카 개신이 단행되었다.
④ 쇼토쿠 태자는 6세기 말~7세기 초에 야마토 정권의 국정을 이끌었으며, 적극적인 불교 진흥책을 실시하여 아스카 문화 발전에 기여하였다.
⑤ 무로마치 막부 시기에 일본과 명 사이에 감합 무역이 이루어졌다.

THEME 03 동아시아 세계의 발전과 변동

유형 연습 본문 17쪽

1 ③　　　　2 ③

1 송 왕조의 정치 상황 파악

문제분석 자료에서 태조가 최종 시험에서 낙방한 사람을 접견하여 가려 뽑았다는 점, 태조가 친히 시험을 치렀다는 점, 황제가 주관하는 전시가 정례화되었다는 점 등을 통해 송 왕조의 상황임을 알 수 있다. 송 태조 조광윤은 과거제에 전시를 정례화하여 황제 독재 체제를 강화하였다.

정답찾기 ③ 「청명상하도」는 송대 장택단이 그린 것으로, 청명절에 수도 카이펑의 번화한 모습을 그린 두루마리 그림이다.

오답피하기 ① 『홍루몽』은 청대 서민들에게 많이 읽혔던 장편 소설이다.
② 명대 후기에 실학이 발달하여 『본초강목』, 『천공개물』 등의 서적이 편찬되었다.
④ 원의 통치에 반발하는 농민의 불만이 커지면서 백련교도가 중심이 된 홍건적의 난이 일어났다.
⑤ 당은 아바스 왕조와의 탈라스 전투(751)에서 패배하였다.

2 강희제의 정책 파악

문제분석 자료에서 순치제와 옹정제 사이에 재위했다는 점, 국내의 반란 세력을 진압하여 통치를 안정시켰다는 점, 러시아와 네르친스크 조약을 맺어 국경을 획정하였다는 점 등을 통해 (가) 황제는 청의 강희제임을 알 수 있다.

정답찾기 ③ 청의 강희제는 오삼계 등이 일으킨 삼번의 난과 타이완의 반청 세력을 진압하였다.

오답피하기 ① 위진 남북조 시대에 관리 선발 제도로 9품중정제가 시행되었고, 수 문제가 9품중정제를 폐지하고 과거제를 실시하였다.
② 불교 승려 파스파는 몽골(원) 쿠빌라이 칸의 명령에 따라 몽골 문자인 파스파 문자를 만들었다.
④ 진시황제는 중국을 통일한 뒤에 흉노를 북으로 몰아내고 그들의 침입을 막기 위해 만리장성을 축조하였다.
⑤ 한 무제는 동중서의 건의를 수용하여 유교를 통치 이념으로 채택하였다.

수능 2점 테스트 본문 18쪽

01 ⑤　　02 ③　　03 ④　　04 ①

01 왕안석의 신법이 끼친 영향 파악

문제분석 자료에서 이자를 낮게 하여 백성들의 궁핍함을 벗어나게 청묘법이 시행되고 있다는 점, 모역법, 보갑법, 시역법에 이익과 해로움이 있다고 언급한 점 등을 통해 왕안석의 신법과 관련된 내용임을 알 수 있다. 송의 신종은 왕안석을 등용하여 청묘법, 시역법, 모역법, 균수법, 보갑법, 보마법 등의 신법을 추진하였다.

(정답찾기) ⑤ 송에서는 왕안석의 개혁을 둘러싸고 신법당과 구법당 사이에 당쟁이 벌어져 정치가 혼란해지고 국력은 더욱 약화되었다.

(오답피하기) ① 북방의 다섯 민족이 5호(흉노, 갈, 선비, 저, 강)가 화북 지역으로 진출하였는데, 이후 이들이 여러 왕조를 세우면서 5호 16국 시대가 시작되었다. 선비족이 세운 북위가 439년에 5호 16국 시대의 혼란을 수습하면서 남북조 시대가 열렸다.

② 진시황제 사후 진승·오광의 난을 비롯한 반란이 각지에서 일어나 진 왕조는 결국 멸망하였다(기원전 206).

③ 한 무제는 흉노를 견제하기 위해 장건을 서역에 파견하여 대월지와 동맹을 추진하였다.

④ 명의 장거정은 16세기 후반에 전국적인 토지 조사를 추진하였으며 이를 토대로 일조편법을 확대 실시하였다.

02 쿠빌라이 칸의 정책 파악

(문제분석) 자료에서 칭기즈 칸의 손자, 대도를 수도로 삼고 국호를 원으로 정하였다는 점, 주현제에 근거한 중앙 집권 정치를 시행하였다는 점 등을 통해 자료에 소개된 인물이 쿠빌라이 칸임을 알 수 있다.

(정답찾기) ③ 원의 쿠빌라이 칸은 두 차례 일본 원정을 단행하였으나 태풍 등으로 인해 실패하였다.

(오답피하기) ① 당 고종은 서돌궐을 멸망시켜 중앙아시아 지역으로 세력을 넓혔다.

② 청의 건륭제 치세에 『사고전서』가 편찬되었다.

④ 청 옹정제는 군기처를 설치하여 주요 정보와 정책 결정권을 장악함으로써 황제 독재권을 강화하였다.

⑤ 삼번의 난은 청의 중국 정복을 도운 공으로 번왕으로 봉해진 한인 무장 오삼계 등이 17세기 후반에 일으킨 반란이다. 청의 강희제가 번의 폐지를 명령하자 이에 반발한 삼번의 세력들이 반란을 일으켰으나 진압되었다.

03 명 왕조의 사회 모습 파악

(문제분석) 자료에서 제3대 황제가 자금성을 짓기 시작하여 약 14년여 만에 완공하였다는 점, 황제가 난징에서 자금성이 있는 베이징으로 천도하였다는 점 등을 통해 밑줄 친 '이 왕조'가 명 왕조임을 알 수 있다. 명 영락제는 베이징에 자금성을 건설하고 난징에서 베이징으로 수도를 옮겼다.

(정답찾기) ④ 명 왕조 시기에 베이징에 진출한 예수회 선교사 마테오 리치는 세계 지도인 「곤여만국전도」를 제작하였다.

(오답피하기) ① 당 현종 때 절도사 안녹산과 그의 부하 사사명이 반란을 일으켰는데, 이를 안사의 난이라고 한다.

② 한의 사마천이 『사기』를 저술하였다.

③ 위진 남북조 시대에는 중정관이 인물의 덕망, 재주 등을 9등급으로 평가하여 추천하면 국가가 이를 바탕으로 인재를 등용하는 제도인 9품중정제가 실시되었다.

⑤ 죽림칠현은 위진 시대 현실 정치에 등을 돌리고 노자와 장자의 무

위자연 사상에 심취하여 죽림, 즉 자연에 묻혀 청담으로 세월을 보낸 완적, 혜강 등 7인의 지식인이다.

04 에도 막부의 사회 모습 파악

(문제분석) 자료에서 산킨코타이, 쇼군을 알현하러 떠나는 다이묘, 수행 무사 등을 통해 (가) 막부가 에도 막부임을 알 수 있다. 에도 막부는 쇼군이 다이묘들을 통제하기 위해 정기적으로 다이묘를 에도에 머물다 가도록 하는 산킨코타이 제도를 시행하였다.

(정답찾기) ① 에도 막부 시대에는 네덜란드와의 교류를 통해 서양의 의학, 천문학 등이 소개되었는데, 이를 난학(란가쿠)이라고 하였다.

(오답피하기) ② 아스카 문화는 일본 야마토 정권 시기인 6~7세기경에 발전한 불교문화를 가리킨다.

③ 일본은 견당사라는 사절단을 당에 보내 중국의 선진 문물을 수용하였으나 헤이안 시대인 9세기 말에 견당사 파견을 중지하였다.

④ 일본의 야마토 정권은 4세기경에 출현하여 8세기 초까지 이어졌다.

⑤ 12세기 말 미나모토노 요리토모가 가마쿠라 막부를 열었다.

수능 3점 테스트
본문 19~22쪽

| 1 ② | 2 ② | 3 ① | 4 ③ |
| 5 ③ | 6 ① | 7 ⑤ | 8 ③ |

1 서하와 송의 특징 이해

(문제분석) 지도에서 거란(요), 고려, 대리 등을 통해 (가) 왕조는 서하, (나) 왕조는 송 왕조임을 알 수 있다.

(정답찾기) ② 서하는 송으로부터 세폐를 받았으며, 고유 문자를 제작하였다.

(오답피하기) ① 후금(청)은 행정 단위이자 군사 조직인 팔기제를 운영하였다.

③ 중국 서북 지역에 있던 탕구트족은 서하를 건국하였다.

④ 위진 남북조 시대에는 중정관이 인물의 덕망, 재주 등을 9등급으로 평가하여 추천하면 국가가 이를 바탕으로 인재를 등용하는 제도인 9품중정제가 시행되었다. 이후 수대에 9품중정제가 폐지되고 시험으로 관리를 선발하는 과거제가 도입되었다.

⑤ 송은 거란(요)과 전연의 맹약을 맺고 막대한 양의 은과 비단을 주어 평화를 유지하고자 하였다.

2 칭기즈 칸의 활동 파악

(문제분석) 자료에서 몽골 제국 수립, 본명이 테무친, 몽골 지역을 통합하고 쿠릴타이를 통해 칸으로 추대, 금을 공격하고 중앙아시아 여러 국가를 정복 등을 통해 밑줄 친 '그'가 칭기즈 칸임을 알 수 있다.

(정답찾기) ② 몽골 제국의 칭기즈 칸은 천호제를 정비하여 강력한 몽골 군대를 편성하였다. 천호제는 유목민들을 1천 호씩 나누어 각각 천호장에게 맡기고, 그 아래 백호장, 십호장을 임명하는 군사·행정 조직이다.

(오답피하기) ① 명 홍무제는 재상제를 폐지하고 6부를 직접 통솔하여

황제권을 강화하였다.

③ 지정은제는 정세를 지세에 포함시켜 은으로 징수하게 한 제도로, 청의 강희제 때 일부 지역에 시행된 후 옹정제 때 이르러 전국으로 확대되었다.

④ 당의 고종은 신라와 연합하여 백제와 고구려를 멸망시켰다.

⑤ 북위의 효문제는 뤄양으로 천도한 후 룽먼 석굴 사원 등을 조성하기 시작하였다.

3 금의 대외 관계 파악

문제분석 자료에서 휘종, 흠종, 송의 수도 카이펑이 함락되었다는 점, 휘종과 흠종이 포로로 끌려갔다는 점, 휘종의 아들 조구가 임안(항저우)에 도읍함으로써 왕조의 명맥을 이어 갔다는 점 등을 통해 (가) 왕조가 금 왕조임을 알 수 있다. 금은 송을 공격하여 수도 카이펑을 함락하고 송의 황제 등을 포로로 잡아갔는데, 이를 정강의 변이라고 한다.

정답찾기 ① 금은 송과 연합하여 거란(요)을 공격한 후 멸망시켰다. 이후 금은 송을 공격하여 수도 카이펑을 점령하였다.

오답피하기 ② 수는 대규모 군사를 동원하여 고구려를 공격하였지만 고구려 원정에 실패하였다. 당은 신라와 연합하여 백제, 고구려를 멸망시켰다.

③ 남월(남비엣)을 정복한 것은 한 무제의 활동에 해당한다. 한 무제는 기원전 111년에 남월을 멸망시켰다.

④ 당은 넓은 영토를 효과적으로 통치하기 위해 직접 지배가 곤란한 지역은 도호부 등을 설치하고 간접적으로 다스리는 기미 정책을 실시하였는데, 안남 도호부, 안서 도호부 등 6도호부가 설치되었다.

⑤ 진시황제는 북쪽으로 유목 민족인 흉노를 축출하고 만리장성을 쌓았다.

4 명 영락제와 원 쿠빌라이 칸의 정책 파악

문제분석 자료에서 부친이 난징을 수도로 왕조를 개창하였다는 점, 베이징으로 천도를 단행한 점, 바다를 통해 원정대의 파견을 단행한 점 등을 통해 (가) 황제는 명의 영락제임을 알 수 있고, 약 150년 전에 수도를 대도(베이징)로 정하였다는 점, 두 차례 일본 원정을 실패하였다는 점 등을 통해 (나) 황제는 몽골(원)의 쿠빌라이 칸임을 알 수 있다.

정답찾기 ③ 원의 쿠빌라이 칸은 수도를 대도로 옮긴 후 남송을 멸망시키고 중국 전역을 장악하였다.

오답피하기 ① 청의 건륭제 치세에 『사고전서』가 편찬되었다.

② 불교 승려 파스파는 몽골(원) 쿠빌라이 칸의 명령에 따라 몽골 문자인 파스파 문자를 만들었다.

④ 명의 영락제와 선덕제는 정화의 함대를 해외에 파견하였다.

⑤ 명의 영락제는 내각 대학사를 설치하여 황제를 보좌하게 하였다.

5 청의 발전 과정 파악

문제분석 자료에서 베이징이 농민군에 의해 함락되었다는 점, 이자성이 오삼계에게 투항할 것을 요구하였다는 점 등을 통해 (가)는 17세기 중엽 이자성의 농민군이 베이징을 점령하여 명이 멸망한 상황(1644)임을 알 수 있다. 자료에서 황제가 처음으로 군기방을 만들었

다가 후에 군기처로 이름을 바꾸었다는 점 등을 통해 (나)는 18세기 옹정제 재위 시기임을 알 수 있다.

정답찾기 ③ 17세기 후반 청의 강희제는 오삼계 등이 일으킨 삼번의 난과 타이완의 반청 세력을 진압하였다.

오답피하기 ① 제1차 아편 전쟁의 결과 1842년 난징 조약이 체결되었으며, 난징 조약에 따라 공행 무역이 폐지되었다.

② 명의 세력이 약화하자, 17세기 전반 만주의 누르하치가 여진족(후의 만주족)을 통합하여 후금을 건국하였다.

④ 홍타이지(청 태종)는 1636년 국호를 청으로 변경한 후 조선을 침략하였다(병자호란).

⑤ 16세기 후반 명 만력제 때 장거정은 전국적인 토지 조사를 토대로 일조편법을 확대 시행하는 등 재정 개혁을 추진하였다.

6 강희제 재위 시기의 사실 파악

문제분석 자료에서 네르친스크에서 중국 대표와 러시아 대표가 국경 협상을 벌여 네르친스크 조약을 체결하였다는 점을 통해 밑줄 친 '황제'는 청의 강희제임을 알 수 있다. 17세기 후반 청의 강희제는 러시아와의 국경 획정을 위한 네르친스크 조약을 체결하였다.

정답찾기 ① 삼번의 난은 청의 중국 정복을 도운 공으로 번왕으로 봉해진 한인 무장 오삼계 등이 일으킨 반란이다. 청의 강희제가 번의 폐지를 명령하자 이에 반발한 삼번의 세력들이 반란을 일으켰으나 진압되었다.

오답피하기 ② 1636년 홍타이지(청 태종)는 조선을 침략하는 병자호란을 일으켰다.

③ 수의 문제(양견)는 9품중정제를 폐지하고 과거제를 시행하였다.

④ 홍수전 등이 주도한 태평천국 운동은 1851년부터 1864년까지 전개되었다.

⑤ 청이 임칙서를 광저우에 파견하여 아편을 단속하자, 영국은 이를 구실로 1840년 제1차 아편 전쟁을 일으켰다.

7 무로마치 막부의 사회 모습 파악

문제분석 자료에서 교토에 새 막부 수립, 아시카가 다카우지가 새로운 천황을 옹립하고 자신이 쇼군이 되어 막부를 열었다는 점 등을 통해 (가)는 1336년 무로마치 막부의 성립을 나타낸 것임을 알 수 있다. 자료에서 도쿠가와 가문이 새 막부를 수립한 점, 도쿠가와 이에야스가 도요토미 히데요시 추종 세력을 물리치고 새 막부를 열었다는 점 등을 통해 (나)는 1603년 에도 막부의 성립을 나타낸 것임을 알 수 있다.

정답찾기 ⑤ 무로마치 막부 시기에 일본과 명 사이에 감합 무역이 이루어졌다.

오답피하기 ① 7세기 중엽 당의 율령 체제를 모방하여 국왕 중심의 중앙 집권 체제를 지향한 다이카 개신이 단행되었다.

② 일본은 견당사라는 사절단을 당에 보내 중국의 선진 문물을 수용하였으나 헤이안 시대인 9세기 말에 견당사 파견을 중지하였다.

③ 일본은 가마쿠라 막부 시기에 두 차례에 걸친 원의 침공을 받았다.

④ 에도 막부는 나가사키 앞바다를 매립하여 인공 섬인 데지마를 조성하였다. 데지마를 통해 에도 막부와 교역한 네덜란드인들은 서양의 천문학과 의학 등을 일본에 전하였다.

8 에도 막부의 사회 모습 파악

문제분석 자료에서 다이묘가 자신의 영지와 에도에 교대로 거주하도록 정한 점, 크리스트교를 전국 각지에서 엄히 금지해야 한다는 점 등을 통해 에도 막부 시기에 발표된 법령임을 알 수 있다. 에도 막부는 쇼군이 다이묘들을 통제하기 위해 정기적으로 다이묘가 에도에 머물다 가도록 하는 산킨코타이 제도를 시행하였다.

정답찾기 ③ 에도 막부 시기에는 도시의 상공업자인 조닌이 성장하면서 가부키, 우키요에 등 조닌 문화가 발달하였다.

오답피하기 ① 나라 시대에는 『일본서기』를 비롯해 『고사기』, 『만엽집』 등이 편찬되었다.

② 8세기 말에 일본은 헤이안쿄로 천도하여 12세기 말 가마쿠라 막부가 개창될 때까지 헤이안 시대가 전개되었다.

④ 메이지 정부는 1871년 서양 문물 시찰과 미국 등과 맺은 불평등 조약 개정을 위한 예비 협상 등을 목적으로 이와쿠라 사절단을 파견하였다.

⑤ 일본은 중국의 수·당 왕조에 유학생, 승려 등이 포함된 견수사·견당사를 보내 적극적으로 중국의 문물을 받아들였다.

THEME 04 서아시아의 여러 제국과 이슬람 세계의 형성

1 사산 왕조 페르시아 파악

문제분석 자료에서 호스로 1세, 수도인 크테시폰, 유스티니아누스 황제 시기인 점 등의 내용을 통해 (가) 왕조는 사산 왕조 페르시아임을 알 수 있다. 사산 왕조 페르시아는 비잔티움 제국과의 계속된 전쟁으로 쇠퇴하였고, 이후 이슬람 세력의 공격으로 멸망하였다.

정답찾기 ② 사산 왕조 페르시아에서는 조로아스터교를 국교로 삼아 신봉하였다.

오답피하기 ① 아바스 왕조 등은 몽골의 침략으로 멸망하였다.

③ 아바스 가문은 시아파와 비아랍인 등 여러 세력의 지원을 받아 아바스 왕조를 세웠다.

④ 바부르는 델리 술탄 왕조 시대를 종식시키고 무굴 제국을 세웠다.

⑤ 아케메네스 왕조 페르시아는 다리우스 1세 시기에 전성기를 이루었다.

2 티무르의 활동 파악

문제분석 자료에서 몽골 제국의 계승을 내세운 점, 명을 정복하려고 한 점 등의 내용을 통해 (가) 인물은 티무르 왕조의 티무르임을 알 수 있다.

정답찾기 ④ 14세기 후반에 칭기즈 칸의 계승자를 자처한 티무르가 사마르칸트를 수도로 티무르 왕조를 세웠다.

오답피하기 ① 무굴 제국의 아크바르 황제는 비이슬람교도에 대한 지즈야를 폐지하였다.

② 사산 왕조 페르시아가 파르티아를 멸망시켰다.

③ 오스만 제국의 메(흐)메트 2세는 콘스탄티노폴리스를 점령하여 비잔티움 제국을 멸망시켰다.

⑤ 아테네는 아케메네스 왕조 페르시아의 재침에 대비한다는 명분 아래 델로스 동맹을 결성하였다.

01 아케메네스 왕조 페르시아 파악

문제분석 자료에서 그리스 정복을 위해 군사를 일으킨 점, 살라미스 해전, 페르세폴리스 건축 등을 통해 (가) 왕조는 아케메네스 왕조 페르시아임을 알 수 있다. 그리스·페르시아 전쟁의 주요 전투인 살라미스 해전에서 아케메네스 왕조 페르시아는 아테네 함대 등과 격돌하였지만 패배하였다.

정답찾기 ⑤ 아케메네스 왕조 페르시아는 다리우스 1세 때 지방에 총독을 파견하고 아울러 '왕의 눈', '왕의 귀'라고 불리는 감찰관을 보내 이들을 감독하였다.

오답피하기 ① 오스만 제국은 종교 공동체인 밀레트를 인정하여 제국의 안정을 꾀하였다.

② 마케도니아의 알렉산드로스는 정복지 곳곳에 자신의 이름을 딴 알렉산드리아라는 도시를 건설하였다.

③ 아이바크는 델리를 점령한 후 이슬람의 승리를 기념하기 위해 쿠트브 미나르를 건립하도록 하였다.

④ 메소포타미아 문명에서는 도시에 지구라트라는 신전을 세워 도시의 수호신을 섬겼다.

02 정통 칼리프 시대의 사실 이해

문제분석 자료에서 무함마드의 죽음, 제4대까지 총 네 명의 칼리프를 선출하였다는 내용을 통해 밑줄 친 ⊙ 시기는 정통 칼리프 시대임을 알 수 있다. 무함마드가 사망하자 이슬람 공동체에서는 후계자인 칼리프를 선출하였는데, 이 시대를 정통 칼리프 시대(무함마드 사후 ~661)라고 한다.

정답찾기 ⑤ 정통 칼리프 시대에 이슬람 세력은 이집트를 정복하고 사산 왕조 페르시아를 멸망시켰다.

오답피하기 ① 무함마드는 메카의 보수적인 귀족층의 박해를 피해 메디나로 이주하였는데, 이를 헤지라라고 한다(622).

② 기원전 6세기경 자이나교가 등장하였다.

③ 원대에는 티베트 불교 승려인 파스파가 만든 파스파 문자가 사용되었다.

④ 16세기에 에스파냐, 베네치아, 로마 교황 등의 크리스트교 연합함대는 레판토 해전에서 오스만 제국에 승리하였다.

03 우마이야 왕조의 특징 이해

문제분석 자료에서 무아위야, 야지드가 칼리프를 계승, 알리와 그 후손들을 지지하던 이슬람교도가 후세인의 죽음에 분노 등의 내용을 통해 (가) 왕조는 우마이야 왕조임을 알 수 있다.

정답찾기 ① 우마이야 왕조는 수도인 다마스쿠스를 중심으로 동쪽으로 인더스강 유역, 서쪽으로 이베리아반도까지 진출하였다.

오답피하기 ② 러시아는 청과 네르친스크 조약을 체결하고 국경선을 획정하였다.

③ 티무르 왕조는 티무르가 사망한 후 점차 약화되다가 우즈베크인에 의해 멸망하였다.

④ 오스만 제국에서는 비잔티움 양식 등의 영향을 받은 술탄 아흐메드 사원이 건립되었다.

⑤ 파르티아는 로마와 중국의 한 왕조 사이에서 중계 무역을 통해 번영하였다.

04 오스만 제국의 특징 이해

문제분석 자료에서 크리스트교 청소년 등을 징집하여 이슬람교로 개종시킨 점, 콘스탄티노폴리스를 점령한 점 등의 내용을 통해 (가) 제국은 오스만 제국임을 알 수 있다. 오스만 제국은 데브시르메 제도를 통해 크리스트교 청소년을 징집하여 이슬람교로 개종시킨 후 술탄의

친위 부대인 예니체리나 관료로 육성하였다.

정답찾기 ⑤ 오스만 제국의 술레이만 1세는 헝가리를 정복하고 빈을 포위 공격하였다.

오답피하기 ① 우마이야 왕조의 일파는 이베리아반도의 코르도바를 수도로 후우마이야 왕조를 세웠다.

② 아바스 가문이 우마이야 왕조를 무너뜨리고 아바스 왕조를 세웠다.

③ 에티오피아는 아도와 전투에서 이탈리아에 승리를 거두었다.

④ 비잔티움 제국은 유스티니아누스 황제 사후 제국의 방어를 위해 군관구제와 둔전병제를 실시하였다.

본문 27~29쪽

수능 3점 테스트

1 ①	2 ①	3 ④	4 ⑤
5 ④	6 ④		

1 사산 왕조 페르시아 파악

문제분석 자료에서 호르미즈다간 전투에서의 승리를 계기로 파르티아를 멸망시킨 점, 로마 제국과 전쟁을 벌인 점 등의 내용을 통해 (가) 제국은 사산 왕조 페르시아임을 알 수 있다. 사산 왕조 페르시아는 파르티아를 멸망시키고 동서 중계 무역을 통해 번영하였으며 로마 제국과 경쟁하며 세력을 키워 나갔다.

정답찾기 ① 사산 왕조 페르시아에서는 조로아스터교에 불교, 크리스트교 등이 융합된 마니교가 출현하였다.

오답피하기 ② 마우리아 왕조의 아소카왕은 산치 대탑을 건립하였다.

③ 무굴 제국 시기 영국 동인도 회사의 인도인 용병인 세포이들이 영국에 대항하여 세포이의 항쟁을 일으켰다.

④ 이집트에서는 아라비 파샤가 '이집트인을 위한 이집트 건설'을 내세우며 봉기하였다.

⑤ 아케메네스 왕조 페르시아의 다리우스 1세는 대제국을 효율적으로 통치하기 위해 수사와 사르디스를 잇는 '왕의 길'을 건설하였다.

2 아바스 왕조 시기의 사실 파악

문제분석 자료에서 칼리프 알 만수르, 티그리스강과 유프라테스강, 바그다드 건설 등의 내용을 통해 밑줄 친 '이 왕조'는 아바스 왕조임을 알 수 있다.

정답찾기 ① 아바스 왕조는 중국의 당과 벌인 탈라스 전투(751)에서 승리하여 동서 무역의 주도권을 장악하였다.

오답피하기 ② 오스만 제국은 군사적 봉건제인 티마르제를 시행하였다.

③ 18세기에 이븐 압둘 와하브는 이슬람 본래의 순수함을 되찾자는 와하브 운동을 전개하였다.

④ 무굴 제국에서는 마라타 동맹의 반란이 일어났다.

⑤ 굽타 왕조 시기 칼리다사는 희곡 『샤쿤탈라』를 집필하였다.

3 셀주크 튀르크의 특징 파악

문제분석 자료에서 아바스 왕조의 요청, 부와이 왕조의 군대를 몰아

내고 칼리프를 구출한 점 등의 내용을 통해 (가) 왕조는 셀주크 튀르크임을 알 수 있다.

정답찾기 ④ 셀주크 튀르크가 예루살렘과 소아시아 지역으로 세력을 확대하면서 비잔티움 제국과 충돌하였다.

오답피하기 ① 샤일렌드라 왕조 때 자와섬에 보로부두르가 조성되었다.

② 16세기 초 이스마일 1세가 이란 지역에 사파비 왕조를 세웠다.

③ 아테네의 클레이스테네스가 500인 평의회를 설치하였다.

⑤ 페니키아는 흑해와 지중해를 무대로 해상 무역을 전개하면서 카르타고를 비롯한 여러 도시를 건설하였다.

4 오스만 제국 시기의 사실 파악

문제분석 자료에서 톱카프 궁전, 메(흐)메트 2세, 예니체리 등의 내용을 통해 (가) 제국은 오스만 제국임을 알 수 있다.

정답찾기 ⑤ 오스만 제국에서는 데브시르메 제도를 통해 크리스트교도 청소년을 징집하여 이슬람교도로 개종시킨 후 술탄의 친위 부대인 예니체리나 관료로 육성하였다.

오답피하기 ① 원은 수도인 대도를 비롯해 각지에 천문대를 세워 천체를 관측하고 이슬람의 천문 관측 기술을 도입하여 『수시력』을 편찬하였다.

② 아케메네스 왕조 페르시아의 다리우스 1세는 페르세폴리스를 제국의 수도로 건설하였다.

③ 무굴 제국의 아우랑제브 황제가 비이슬람교도에 대한 지즈야를 부활하는 등 강압적인 정책을 펼치자 시크교도가 반란을 일으켰다.

④ 굽타 왕조는 유목민 에프탈의 침입과 왕위를 둘러싼 내분으로 쇠퇴하였다.

5 술레이만 1세의 업적 이해

문제분석 자료에서 유럽 진출, 헝가리 정복, 빈 포위 등의 내용을 통해 (가) 술탄은 오스만 제국의 술레이만 1세임을 알 수 있다.

정답찾기 ④ 16세기에 술레이만 1세는 헝가리를 정복하고 빈을 포위 공격하였으며, 유럽 연합 함대를 격파하였다.

오답피하기 ① 19세기에 오스만 제국은 서양 문물을 수용하고 부국강병을 추구하기 위해 탄지마트를 단행하였다.

② 무굴 제국의 황제 샤자한은 자신의 부인 뭄타즈 마할을 추모하기 위해 타지마할을 조성하였다.

③ 시리아 총독 무아위야가 세운 우마이야 왕조는 다마스쿠스를 수도로 삼았다.

⑤ 아시리아는 수도 니네베에 왕립 도서관을 건립하였다.

6 사파비 왕조의 특징 이해

문제분석 자료에서 아바스 1세가 이스파한으로 천도 등의 내용을 통해 (가) 왕조는 사파비 왕조임을 알 수 있다. 사파비 왕조의 아바스 1세는 수도를 이스파한으로 옮기고 군사력을 강화하는 중앙 집권 정책을 펼쳤다.

정답찾기 ④ 사파비 왕조는 시아파 이슬람교를 국교로 정하고 페르시아의 전통적 군주 칭호인 '샤'를 사용하였다.

오답피하기 ① 바부르는 델리 술탄 왕조를 무너뜨리고 무굴 제국을

세웠다.

② 프랑크 왕국에서는 카롤루스 대제 사후 베르됭 조약과 메르센 조약이 체결되었다.

③ 프랑크 왕국은 투르·푸아티에 전투에서 이슬람 세력에 승리하였다.

⑤ 아케메네스 왕조 페르시아는 알렉산드로스의 침공으로 멸망하였다.

05 인도의 역사와 다양한 종교·문화의 출현

유형 연습   본문 31쪽

1 ②   2 ①

1 쿠샨 왕조의 특징 파악

문제분석 제시된 자료에서 카니슈카를 왕 중의 왕으로 지칭한 점, 헬레니즘 문화의 영향 등의 내용을 통해 (가) 왕조는 쿠샨 왕조임을 알 수 있다. 쿠샨 왕조의 전성기를 이끈 카니슈카왕은 간다라 지방을 중심으로 최대 영토를 확보하였다.

정답찾기 ② 쿠샨 왕조의 중심지였던 인도 북부의 간다라 지방에서는 인도 문화와 헬레니즘 문화가 융합된 간다라 양식이 발달하였다.

오답피하기 ① 델리 술탄 왕조와 무굴 제국 등은 델리를 수도로 삼았다.

③ 티무르는 14세기 후반 몽골 제국의 재건을 내세우며 티무르 왕조를 세웠다.

④ 사산 왕조 페르시아는 조로아스터교를 국교로 삼아 신봉하였다.

⑤ 찬드라굽타 1세는 4세기경 인도 북부에서 굽타 왕조를 개창하였다.

2 무굴 제국의 특징 이해

문제분석 제시된 자료에서 황제가 힌두교도인 라지푸트족 출신을 아내로 맞이한 점, 지즈야를 폐지하였다는 점, 무슬림이 지배 계층이라는 점, 사파비 왕조의 공격을 받았다는 점 등을 통해 밑줄 친 '제국'은 무굴 제국임을 알 수 있다.

정답찾기 ① 무굴 제국의 황제 샤자한은 자신의 아내 뭄타즈 마할을 추모하기 위해 타지마할을 조성하였다.

오답피하기 ② 기원전 6세기경에 자이나교가 등장하였다.

③ 굽타 왕조 시기에 칼리다사가 희곡 『샤쿤탈라』를 저술하였다.

④ 마우리아 왕조의 아소카왕이 산치 대탑을 조성하였다.

⑤ 아이바크가 델리를 점령한 후 이슬람 세력의 승리를 기념하기 위해 쿠트브 미나르를 세웠다.

수능 2점 테스트   본문 32쪽

01 ④   02 ⑤   03 ④   04 ④

01 찬드라굽타 마우리아의 활동 이해

문제분석 자료에서 파탈리푸트라를 수도로 삼고, 알렉산드로스의 부하 장군 출신인 셀레우코스와 전투를 벌여 펀자브 지역을 획득하고, 최초로 인도 북부를 통일하였다는 내용 등을 통해 밑줄 친 '그'는 찬드라굽타 마우리아임을 알 수 있다.

정답찾기 ④ 찬드라굽타 마우리아는 알렉산드로스의 침략 이후 기원

전 4세기경에 마우리아 왕조를 세우고 인도 북부를 통일하였다.

오답피하기 ① 샤일렌드라 왕조 때 보로부두르가 자와섬에 조성되었다.

② 자이나교는 브라만교에 반대하며 기원전 6세기경에 바르다마나 (마하비라)가 창시하였다.

③ 마우리아 왕조의 아소카왕은 불경을 정리하고 산치 대탑과 같은 불탑(스투파)을 세웠다.

⑤ 칭기즈 칸의 후예임을 자처한 티무르가 몽골 제국의 재건을 내세우며 티무르 왕조를 세웠다.

02 쿠샨 왕조의 문화 파악

문제분석 자료에서 왕이 대승 불교를 널리 전파하고, 파르티아의 학자들이 활동하였으며, 당시 중국이 후한이었다는 내용 등을 통하여 (가) 왕조는 쿠샨 왕조임을 알 수 있다.

정답찾기 ⑤ 쿠샨 왕조의 중심지였던 인도 북부의 간다라 지방에서 인도 문화와 헬레니즘 문화가 융합된 간다라 양식이 발달하였다.

오답피하기 ① 굽타 왕조의 칼리다사는 희곡 『샤쿤탈라』를 지어 당시의 궁정 생활을 묘사하였다.

② 무굴 제국의 황제 샤자한은 죽은 아내를 위해 타지마할을 건립하였다.

③ 12세기경 앙코르 왕조 시기에 앙코르 와트가 건립되었다.

④ 아이바크가 델리를 점령한 후 이슬람 세력의 승리를 기념하기 위해 쿠트브 미나르를 세웠다.

03 굽타 왕조의 특징 파악

문제분석 자료에서 왕들이 브라만의 권위를 빌려 왕권을 극대화하고자 한 점, 왕들이 힌두교 신인 비슈누에 비교된 점, 찬드라굽타 2세가 신으로 불렸다는 점 등을 통해 (가) 왕조는 굽타 왕조임을 알 수 있다.

정답찾기 ④ 굽타 왕조는 에프탈의 침입과 왕위 계승을 둘러싼 내분으로 쇠퇴하였다.

오답피하기 ① 무굴 제국에서 시크교가 발전하였으나 아우랑제브 황제가 이슬람 제일주의를 지향하는 정책을 펼치면서 펀자브 지방에서 시크교도의 반란이 일어나기도 하였다.

② 굽타 왕조는 파탈리푸트라를 수도로 삼았다. 델리를 수도를 삼은 왕조는 델리 술탄 왕조, 무굴 제국 등이다.

③ 오스만 제국은 비이슬람교도에게도 지즈야를 납부하면 신앙의 자유를 인정하고 종교 공동체인 밀레트를 허용하여 자치를 누릴 수 있게 하였다.

⑤ 아소카왕은 마우리아 왕조의 전성기를 이끌었다.

04 무굴 제국의 특징 파악

문제분석 자료에서 마라타족에 대한 원정, 힌두교 사원을 파괴, 마라타족을 비롯한 힌두교도의 반란이 계속해서 일어났다는 점 등을 통해 (가) 제국은 무굴 제국임을 알 수 있다.

정답찾기 ④ 무굴 제국에서 힌두어에 페르시아어, 아랍어 등이 합쳐진 우르두어가 널리 사용되었다.

오답피하기 ① 18세기에 청의 옹정제는 군기처를 설치함으로써 정보와 정책 결정권을 장악하는 등 황제 독재권을 강화하였다.
② 영국은 벵골 지방을 서벵골과 동벵골로 분리 통치하려는 벵골 분할령을 발표하였다(1905).
③ '새로운 군대'라는 뜻의 예니체리는 일정한 훈련과 교육을 마친 이들로 편성된 정예 부대로 오스만 제국에서 창설되었다.
⑤ 티무르가 14세기 후반 몽골 제국의 부활을 내세우며 티무르 왕조를 수립하였다.

수능 3점 테스트 본문 33쪽

1 ③   2 ⑤

1 델리 술탄 왕조의 수립 시기 파악

문제분석 자료에서 가즈니 왕조의 공격이 있었다는 점을 통해 (가)는 10세기 후반 이후 가즈니 왕조가 인도 서북부 지역으로 확장하던 시기임을 알 수 있다. 한편 수도 델리, 바그다드의 칼리프로부터 인도의 지배권을 인정받았다는 점 등을 통해 (나)는 13세기 경 델리 술탄 왕조 시기임을 알 수 있다.
정답찾기 ③ 13세기 초에 아이바크가 델리를 정복한 후 이슬람 왕조를 세웠다.
오답피하기 ① 16세기 초에 바부르가 델리 등 북인도 지역을 장악하고 무굴 제국을 수립하였다.
② 2세기 중엽 쿠샨 왕조의 카니슈카왕이 대승 불교의 전파를 지원하였다.
④ 16세기에 무굴 제국의 아크바르 황제가 관료제와 지방 행정 기구를 정비하여 중앙 집권 체제를 구축하였다.
⑤ 4세기 초에 찬드라굽타 1세가 굽타 왕조를 수립하였다.

2 아크바르 황제의 활동 이해

문제분석 자료에서 바부르의 손자로 3대 황제에 즉위한 점, 벵골 지역 등을 합병하였다는 점, 제국 동부 지역의 무슬림 세력이 종교 정책에 반기를 들었다는 점, 데칸고원의 점령을 끝내 이루지 못하였다는 점 등을 통해 밑줄 친 '그'는 아크바르 황제임을 알 수 있다.
정답찾기 ⑤ 무굴 제국의 아크바르 황제는 비이슬람교도에게 부과하는 지즈야를 폐지하였다.
오답피하기 ① 영국은 인도인들을 회유하고자 인도의 정치 조직 결성을 지원하여 인도 국민 회의가 결성되었다(1885).
② 무굴 제국의 아우랑제브 황제가 데칸고원을 넘어 인도 남부의 대부분을 차지하여 제국의 최대 영토를 확보하였다.
③ 사파비 왕조는 시아파 이슬람교를 국교로 정하였다.
④ 오스만 제국의 술탄은 주로 지방의 기병에게 군사적 봉사의 대가로 토지에 대한 징세권(티마르)을 부여하는 티마르제를 운영하였다.

THEME 06 고대 지중해 세계

유형 연습 본문 35쪽

1 ④   2 ④

1 스파르타의 특징 파악

문제분석 자료에서 델로스 동맹의 탈퇴를 선포한 타소스가 지원을 요청하자 아테네에 대한 원정을 약속하였다는 점, 헤일로타이의 반란이 일어났다는 점 등을 통해 (가) 도시 국가는 스파르타임을 알 수 있다.
정답찾기 ④ 스파르타는 도리스인이 원주민을 정복하고 세운 도시 국가로, 피정복민 중 헤일로타이는 예속 농민으로 토지를 경작하였다.
오답피하기 ① 페니키아는 지중해와 흑해를 무대로 해상 무역을 전개하였으며, 카르타고 등 여러 도시를 건설하였다.
② 아테네의 솔론은 기원전 6세기 초에 귀족과 평민들의 대립 속에서 재산 정도에 따라 참정권을 차등 분배(금권정)하는 개혁을 단행하였다.
③ 카르타고는 기원전 3세기~기원전 2세기에 로마와 세 차례에 걸쳐 벌인 포에니 전쟁에서 패배하였다.
⑤ 비잔티움 제국의 전성기를 이끈 유스티니아누스 황제는 로마법을 집대성하여 『유스티니아누스 법전』을 편찬하였다.

2 옥타비아누스의 활동 이해

문제분석 자료에서 내전을 거친 시기라는 점, 안토니우스를 물리치고 로마로 돌아왔다는 점, '공화정의 회복'을 선언하여 원로원으로부터 '존엄한 자'라는 뜻의 칭호를 부여받은 점 등을 통해 (가) 인물은 옥타비아누스임을 알 수 있다.
정답찾기 ④ 옥타비아누스는 스스로를 '프린켑스(제1 시민)'라 칭하였고, '공화정의 회복'이라는 구호를 내세우며 질서와 안정을 추구하였다.
오답피하기 ① 비잔티움 제국의 유스티니아누스 황제는 수도 콘스탄티노폴리스에 성 소피아 성당을 건립하였다.
② 로마 공화정 말기인 기원전 1세기에 군인 정치가가 등장하여 정치를 주도하는 삼두 정치가 실시되었다. 제1차 삼두 정치는 카이사르, 폼페이우스, 크라수스에 의해 전개되었다.
③ 로마 제정 시기의 디오클레티아누스 황제는 제국을 4분할하여 통치하였다.
⑤ 알렉산드로스는 정복지 곳곳에 자신의 이름을 딴 도시인 알렉산드리아를 건설하였다.

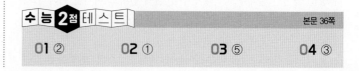

수능 2점 테스트 본문 36쪽

01 ②   02 ①   03 ⑤   04 ③

01 아테네의 특징 파악

문제분석 제시된 자료에서 중장 보병 육성에 주력하고 있었다는 점, 그리스 최고의 해군 국가로 성장하였다는 점, 페르시아의 해군으로부터 승리를 거두는 데 크게 기여하였으며, 델로스 동맹의 맹주로 성장하였다는 점 등을 통해 (가) 도시 국가는 아테네임을 알 수 있다.

정답찾기 ② 아테네의 클레이스테네스는 참주의 출현을 막기 위해 도편 추방제를 마련하였다.

오답피하기 ① 오스만 제국은 종교 공동체인 밀레트를 인정하여 제국의 안정을 꾀하였다.

③ 아케메네스 왕조 페르시아에서 페르세폴리스를 건설하였다.

④ 로마에서 기원전 3세기에 평민회의 결의가 원로원의 승인 없이 법적 효력을 갖도록 하는 호르텐시우스법이 제정되었다.

⑤ 스파르타가 펠로폰네소스 전쟁에서 승리하여 그리스 세계의 패권을 차지하였다.

02 알렉산드로스의 활동 이해

문제분석 자료에서 이집트, 시리아와 메소포타미아, 수사 등 페르시아의 영토를 확보한 점, 인더스강이 통치하는 지역을 흐르고 있다는 점, 마케도니아의 지배권을 확장하고자 한다는 점 등을 통해 연설을 행한 인물은 알렉산드로스임을 알 수 있다.

정답찾기 ① 알렉산드로스는 기원전 333년 아케메네스 왕조 페르시아의 다리우스 3세와 이소스 전투를 벌여 승리하였다.

오답피하기 ② 비잔티움 제국의 유스티니아누스 황제는 콘스탄티노폴리스에 성 소피아 성당을 건립하였다.

③ 아케메네스 왕조 페르시아의 다리우스 1세는 '왕의 눈', '왕의 귀'라고 불리는 감찰관을 파견하여 총독을 감독하였다.

④ 아테네의 페리클레스는 특수직을 제외한 관직과 배심원을 추첨으로 임명하였고, 공무 수당을 지급하였다.

⑤ 로마의 옥타비아누스는 원로원으로부터 '아우구스투스(존엄한 자)'라는 칭호를 받았다.

03 그라쿠스 형제 개혁의 배경 파악

문제분석 제시된 자료에서 형 티베리우스가 살해되면서 중단되는 듯했다가 동생 가이우스가 호민관으로 선출되면서 재개되었다는 점, 가이우스가 곡물법을 통해 빈민들을 구제하고자 했다는 점 등을 통해 밑줄 친 '개혁'은 그라쿠스 형제의 개혁임을 알 수 있다.

정답찾기 ⑤ 포에니 전쟁 이후 로마에서 노예 노동을 활용한 대농장인 라티푼디움이 성행하면서 자영농이 몰락하였다. 이러한 상황을 해결하기 위해 티베리우스 그라쿠스는 농지법을 통해 유력자의 공유지 과다 점유를 제한하고 농민에게 토지를 재분배하려고 하였고, 그의 동생 가이우스 그라쿠스는 곡물법을 통해 저렴한 가격으로 곡물을 분배하고자 하였다.

오답피하기 ① 로마 제정 시기에 부자유 소작인(콜로누스)을 이용한 콜로나투스 제도가 확산되었다.

② 로마 제정 시기인 3세기에는 군인 출신 황제들이 연이어 등장하는 군인 황제 시대가 나타났다.

③ 신항로 개척 이후 아메리카 대륙에서 막대한 양의 금과 은이 유럽에 들어오면서, 유럽의 물가가 상승하는 가격 혁명이 일어났다.

④ 14세기 중엽 흑사병이 창궐하여 유럽 인구가 크게 감소하였다.

04 콘스탄티누스 황제의 활동 이해

문제분석 자료에서 크리스트교가 합법적 지위를 얻도록 하는 칙령에 합의한 점, 아리우스의 사상을 이단으로 선언한 공의회를 개최한 점 등을 통해 (가) 황제는 콘스탄티누스 황제임을 알 수 있다. 콘스탄티누스 황제는 밀라노 칙령을 통해 크리스트교를 공인하고 니케아 공의회를 개최하여 아타나시우스파의 교리를 정통으로 인정하였다.

정답찾기 ③ 4세기에 로마 제국의 콘스탄티누스 황제는 콘스탄티노폴리스를 건설하고 새로운 수도로 삼았다.

오답피하기 ① 로마 최초의 성문법인 12표법은 기원전 5세기에 제정되었다.

② 로마 제국, 쿠샨 왕조 등과의 경쟁으로 쇠약해지던 파르티아는 3세기에 사산 왕조 페르시아에 멸망하였다.

④ 스파르타쿠스의 난은 로마 공화정 후기에 일어났으나 진압되었다.

⑤ 테오도시우스 황제가 크리스트교를 국교로 선포하였다.

수능 3점 테스트			본문 37~38쪽
1 ①	2 ⑤	3 ⑤	4 ②

1 그리스·페르시아 전쟁 파악

문제분석 자료에서 전쟁 이후 아테네의 동맹국들이 제전에 참여하게 되었다는 점, 전쟁 당시 마라톤 전투가 벌어졌다는 점 등을 통해 밑줄 친 '이 전쟁'은 그리스·페르시아 전쟁임을 알 수 있다.

정답찾기 ① 기원전 5세기에 아테네를 중심으로 한 그리스 세계는 살라미스 해전에서 승리하여 아케메네스 왕조 페르시아의 공격을 물리쳤다.

오답피하기 ② 크림 전쟁 중 즉위한 러시아의 알렉산드르 2세는 패전을 계기로 내정 개혁을 추진하는 과정에서 농노 해방령을 선포하였다.

③ 프랑크 왕국은 투르·푸아티에 전투에서 이베리아반도를 넘어 침입해 온 우마이야 왕조의 이슬람군을 물리쳤다.

④ 프랑스 황제로 즉위한 나폴레옹은 오스트리아, 러시아 등과 전쟁을 벌여 신성 로마 제국을 해체시키고 유럽 대륙의 패권을 장악하였다.

⑤ 교황 우르바누스 2세가 클레르몽 공의회에서 성지 회복을 호소하였고, 이를 계기로 이듬해 십자군 전쟁이 시작되었다(1096).

2 마케도니아의 특징 이해

문제분석 자료에서 필리포스 2세가 군주였다는 점, 그리스 연합군과의 전투에서 승리를 거두었다는 점 등을 통해 (가) 국가는 마케도니아임을 알 수 있다. 마케도니아의 필리포스 2세는 그리스를 정복한 후 페르시아 원정을 계획하던 중 암살당하였다.

정답찾기 ⑤ 그리스 세계를 정복한 필리포스 2세의 뒤를 이어 마케도니아의 왕으로 즉위한 알렉산드로스는 동방 원정을 단행하여 이집트, 아케메네스 왕조 페르시아를 정복하고 인더스강 유역까지 진출하였다.

오답피하기 ① 스파르타가 펠로폰네소스 동맹을 주도하였다.

② 로마는 기원전 3세기~기원전 2세기에 세 차례에 걸쳐 카르타고와 포에니 전쟁을 벌여 승리하고 서지중해의 해상권을 장악하였다.
③ 아케메네스 왕조 페르시아의 다리우스 1세는 대제국을 효율적으로 통치하기 위해 동쪽의 수사와 서쪽의 사르디스를 잇는 '왕의 길'을 건설하고 역참을 정비하였다.
④ 아테네의 클레이스테네스는 혈연 중심의 부족제를 거주지 중심으로 재편하고 이를 바탕으로 500인 평의회를 설치하였다.

3 그라쿠스 형제의 개혁 시기 파악

문제분석 자료에서 스키피오 아프리카누스의 손자에게 카르타고가 패배하여 완전히 파괴되었다는 점을 통해 (가)는 포에니 전쟁(기원전 264~기원전 146)이 종결되는 무렵임을 알 수 있다. 한편 스파르타쿠스가 동료들과 함께 검투사 양성소에서 도망쳐 나왔다가 크라수스, 폼페이우스 등에 의해 진압되었다는 내용 등을 통해 (나)는 기원전 73년에 발생한 스파르타쿠스의 난 시기임을 알 수 있다.

정답찾기 ⑤ 포에니 전쟁 이후 정복지로부터 많은 양의 곡물과 노예가 유입되어 자영농 계층이 몰락하면서 로마 공화정은 위기를 맞이하였다. 이에 기원전 2세기 호민관인 그라쿠스 형제는 로마 사회 문제를 해결하기 위해 개혁을 추진하였다.

오답피하기 ① 옥타비아누스는 이집트의 클레오파트라와 연합한 안토니우스의 군대를 악티움 해전(기원전 31)에서 격파하고 로마의 지배권을 장악하였다.
② 프랑크 왕국의 카롤루스 대제 사후인 843년에 베르됭 조약이 체결되었다.
③ 로마 제국의 콘스탄티누스 황제가 콘스탄티노폴리스를 건설하고 수도로 삼았다.
④ 로마 제정 시기의 디오클레티아누스 황제는 제국을 4분할하여 통치하였다.

4 카이사르의 활동 파악

문제분석 자료에서 공화정을 위협한다는 이유로 암살되었다는 점, 갈리아 전쟁을 벌인 점, 크라수스 및 폼페이우스와 동맹 관계에 있던 점 등을 통해 (가) 인물은 카이사르임을 알 수 있다.

정답찾기 ② 카이사르는 폼페이우스, 크라수스와 함께 제1차 삼두 정치를 주도하였다.

오답피하기 ① 아테네의 클레이스테네스는 도편 추방제를 마련하였다.
③ 안토니우스는 클레오파트라와 연합하여 옥타비아누스와 내전을 벌였지만 악티움 해전 등에서 패배하였다.
④ 기원전 2세기에 호민관에 선출된 가이우스 그라쿠스는 곡물법을 통해 저렴한 가격으로 곡물을 분배하고자 하였다.
⑤ 콘스탄티누스 황제는 밀라노 칙령(313)을 통해 크리스트교를 공인하였다.

THEME 07 유럽 세계의 형성과 변화

유형 연습 　　　　　　　　　　　　　　　본문 42쪽

1 ③ 　　　　　**2** ①

1 메로베우스 왕조의 특징 이해

문제분석 제시된 자료에서 실질적인 권력이 점차 궁재에게 넘어갔다는 점, 이슬람 세력이 피레네산맥을 넘어 북진하자 궁재 카롤루스 마르텔이 군대를 이끌고 투르·푸아티에 전투에서 승리를 거두었다는 점 등을 통해 밑줄 친 '왕조'는 메로베우스 왕조임을 알 수 있다.

정답찾기 ③ 메로베우스 왕조를 개창한 클로비스는 로마 가톨릭교(아타나시우스파)로 개종하여 로마인들과의 융합을 도모하였다.

오답피하기 ① 프랑스의 앙리 4세는 낭트 칙령(1598)을 발표하여 신교도인 위그노에게 신앙의 자유를 부분적으로 허용하였다.
② 영국의 찰스 1세가 의회의 승인 없이 과세하고 청교도를 박해하자 의회는 권리 청원을 제출하여 승인을 받았다(1628).
④ 프랑크 왕국 카롤루스 왕조의 카롤루스 대제는 교황 레오 3세로부터 서로마 황제의 관을 받았다.
⑤ 아테네의 클레이스테네스는 참주의 출현을 막기 위해 도편 추방제를 마련하였다.

2 신항로 개척 파악

문제분석 제시된 자료에서 콜럼버스의 항해를 지원한 점, 그가 발견한 영토의 소유권을 국왕 페르난도와 이사벨라가 갖는다는 점 등을 통해 (가) 국가는 에스파냐임을 알 수 있다. 한편 아프리카 해안 탐험을 지원한 점, 바르톨로메우 디아스의 항해를 후원한 점을 통해 (나) 국가는 포르투갈임을 알 수 있다.

정답찾기 ① 에스파냐의 피사로는 잉카 제국을 멸망시켰다.

오답피하기 ② 프로이센의 프리드리히 2세는 베르사유 궁전을 모방하여 상수시 궁전을 건설하였다.
③ 영국의 엘리자베스 1세는 에스파냐 펠리페 2세의 무적함대를 격파하였다.
④ 오스만 제국은 1453년 콘스탄티노폴리스를 정복하여 비잔티움 제국을 멸망시켰다.
⑤ 영국과 프랑스는 플랑드르 지방과 프랑스 내 영국령의 지배권 문제, 프랑스 왕위 계승권 문제 등을 둘러싸고 백년 전쟁을 벌였다.

수능 2점 테스트 　　　　　　　　　　　본문 43~44쪽

01 ③ 　　**02** ③ 　　**03** ① 　　**04** ⑤
05 ② 　　**06** ② 　　**07** ③ 　　**08** ①

01 카롤루스 대제의 활동 파악

문제분석 자료에서 사절단으로부터 황제라고 지칭되는 점, 교황 레오 3세가 서로마 황제로 대관한 점 등을 통해 (가) 인물은 카롤루스 대제임을 알 수 있다.

정답찾기 ③ 카롤루스 대제는 궁정 학교를 세우고 고전 연구를 후원하는 등 문화 발전에 힘써 카롤루스 르네상스를 일으켰다.

오답피하기 ① 프랑크 왕국의 클로비스는 5세기 말에 메로베우스 왕조를 세우고 로마 가톨릭교로 개종하였다.
② 비잔티움 제국의 유스티니아누스 황제는 로마법을 집대성하여 『유스티니아누스 법전』을 편찬하였다.
④ 로마 제국의 콘스탄티누스 황제는 밀라노 칙령을 통해 크리스트교를 공인하였다.
⑤ 프랑크 왕국의 궁재 카롤루스 마르텔은 투르·푸아티에 전투에서 이슬람 세력을 격퇴하였다.

02 봉건제의 주종 관계 특징 이해

문제분석 자료에서 봉신이 주군에게 충성을 바치며 군사적 봉사가 핵심인 점 등을 통해 밑줄 친 '이 관계'는 서유럽 봉건제의 주종 관계임을 알 수 있다.

정답찾기 ③ 둔전병 제도는 농민에게 군역에 종사하는 대가로 토지를 준 제도로, 비잔티움 제국은 유스티니아누스 황제 사후 제국의 방어를 위해 군관구제와 둔전병제를 실시하였다.

오답피하기 ① 주종 관계가 확산되고 봉신들이 봉토에서 불입권을 행사하면서 왕권이 약화되고 지방 분권화가 가속화되었다.
② 주종 관계에서 봉신은 주군에게 충성을 바치는 대가로 봉토를 받았다.
④ 봉신은 봉토로 받은 영지 안에서 주군의 간섭 없이 징세권과 재판권을 행사하는 불입권을 보장받았다.
⑤ 봉건제의 주종 관계는 쌍무적인 계약 관계로, 어느 한쪽이 의무를 이행하지 않으면 원칙적으로 파기되었다.

03 동서 교회의 분열 과정 이해

문제분석 자료에서 레오 3세 황제, 황제가 예수와 관련된 성물들을 인정하기를 거부하고 신도가 성화를 멀리하게 한다고 언급된 점, 교황이 이러한 조치에 유감을 표하고 있는 점 등을 통해 자료가 비잔티움 제국 황제 레오 3세가 내린 성상 파괴령(726)과 관련된 것임을 알 수 있다.

정답찾기 ① 동서 교회는 로마 교회가 게르만족 등에 대한 포교를 이유로 비잔티움 제국 황제 레오 3세의 성상 파괴령을 거부하면서 크게 대립하였다. 이후 크리스트교는 로마 교황을 중심으로 한 로마 가톨릭교회와 비잔티움 제국 황제가 교회를 지배하는 그리스 정교회로 분열되었다(1054).

오답피하기 ② 성직자 서임권을 두고 갈등을 벌이던 신성 로마 제국 황제와 로마 교황은 보름스 협약을 체결하여 교황의 성직자 서임권을 공식적으로 인정하였다(1122).
③ 십자군 전쟁이 실패하면서 교황의 권위도 약화되었다.
④ 교황 보니파키우스 8세가 필리프 4세에게 굴복한 이후, 교황청은 아비뇽으로 옮겨져 수십 년 동안 프랑스 왕의 영향력 아래 놓이게 되었다(아비뇽 유수, 1309~1377).
⑤ 10세기 초에 설립된 클뤼니 수도원은 교회의 세속화를 막고 세속 권력으로부터의 독립을 쟁취하려는 교회 내부의 개혁 운동을 전개하였다.

04 제1차 십자군 전쟁의 이해

문제분석 자료에서 파티마 왕조가 셀주크 튀르크로부터 빼앗은 예루살렘을 점령하고 예루살렘 왕국을 선포하였다는 점 등을 통해 밑줄 친 '이들'은 제1차 십자군임을 알 수 있다.

정답찾기 ⑤ 교황 우르바누스 2세가 클레르몽 공의회에서 성지 회복을 위한 전쟁을 호소하면서 1096년부터 십자군 전쟁이 시작되었다.

오답피하기 ① 당은 아바스 왕조와의 탈라스 전투(751)에서 패배하였다.
② 정통 칼리프 시대의 이슬람 세력이 사산 왕조 페르시아를 멸망시켰다.
③ 셀주크 튀르크는 11세기 중엽 바그다드에 입성하여 아바스 왕조의 칼리프로부터 술탄의 칭호를 획득하였다.
④ 몽골 제국의 훌라구는 13세기 중엽 아바스 왕조 등을 무너뜨리고 훌라구 울루스를 세웠다(1258).

05 백년 전쟁 시기의 사실 파악

문제분석 자료에서 발루아 왕가의 왕위를 요구한다는 점, 발루아 왕가의 왕위 계승 문제와 플랑드르 지방에 대한 지배권을 두고 벌인 두 나라의 오랜 전쟁이 결국 영국의 패배로 막을 내렸다는 점 등을 통해 (가) 전쟁은 백년 전쟁(1337~1453)임을 알 수 있다.

정답찾기 ㄱ. 교황 보니파키우스 8세가 필리프 4세에게 굴복한 이후, 교황청은 아비뇽으로 옮겨져 수십 년 동안 프랑스 왕의 영향력 아래 놓이게 되었다(아비뇽 유수, 1309~1377).
ㄷ. 14세기 중엽 유럽에 흑사병이 창궐하여 인구가 크게 감소하였다.

오답피하기 ㄴ. 칼뱅은 16세기 스위스에서 인간의 구원은 태어날 때부터 예정되어 있다는 예정설을 주장하며 종교 개혁을 추진하였다.
ㄹ. 프랑스의 앙리 4세는 1598년 위그노에게 신앙의 자유를 부분적으로 인정하는 낭트 칙령을 공포하였다.

06 루터의 종교 개혁 이해

문제분석 자료에는 교황 레오 10세가 성 베드로 성당을 증축하기 위해 발행한 면벌부가 독일에서 판매되고 있는 상황이 나타나 있다.

정답찾기 ② 교황 레오 10세가 면벌부를 판매하자 독일의 성직자 루터는 『95개조 반박문』을 발표하여(1517) 인간은 오직 신앙과 은총으로써만 구원받을 수 있고 신앙의 근거는 『성서』라고 주장하였다.

오답피하기 ① 프랑스의 루이 16세는 재정 위기 극복을 위해 삼부회를 소집하였다.
③ 메로베우스 왕조를 수립한 클로비스는 로마 가톨릭교(아타나시우스파)로 개종하여 로마인들과의 융합을 도모하였다.
④ 교회의 대분열 시기에 영국의 위클리프 등은 교회에 대한 비판에 앞장섰다. 이에 로마 가톨릭교회는 콘스탄츠 공의회(1414~1418)를 소집하여 위클리프를 이단으로 규정하였다.

⑤ 교회와 성직자에 대한 과세 문제를 둘러싸고 교황과 대립하던 프랑스 왕 필리프 4세는 삼부회를 소집하여 교황을 굴복시켰다. 이후 교황청이 로마에서 아비뇽으로 옮겨져 프랑스 왕의 통제를 받았다(아비뇽 유수, 1309~1377).

07 바스쿠 다 가마의 활동 이해

문제분석 자료에서 희망봉을 넘어 아시아 항해에 처음 성공하였다는 점, 인도에 직접 가는 길이 드디어 열렸다는 점 등을 통해 (가) 인물은 바스쿠 다 가마임을 알 수 있다. 바스쿠 다 가마는 희망봉을 넘어 인도의 캘리컷에 도달하여 인도로 가는 항로를 개척하였다(1498).

정답찾기 ③ 바스쿠 다 가마는 포르투갈의 후원을 받아 항로 개척에 나섰다.

오답피하기 ① 크롬웰은 무역선의 영국 입항 조건을 영국 및 영국 식민지의 선박으로 제한하는 항해법을 제정하였다.
② 마르코 폴로는 중국을 여행하고 『동방견문록』을 남겼는데, 이는 훗날 신항로 개척에 많은 자극을 주었다.
④ 에스파냐의 코르테스는 아스테카 제국을 침략하여 멸망시켰다.
⑤ 에스파냐의 후원을 받은 콜럼버스는 아메리카 대륙의 서인도 제도에 도착하였다.

08 루이 14세의 활동 이해

문제분석 자료에서 부르봉 왕가의 문양이 그려진 망토, 베르사유 궁전을 건립하고 수많은 초상화를 통해 신화적 이미지를 부여하였다는 점 등을 통해 (가) 국왕은 프랑스의 루이 14세임을 알 수 있다.

정답찾기 ① 프랑스의 루이 14세는 콜베르를 등용하여 국가의 수입 증대를 위해 중상주의 정책을 펼쳤다.

오답피하기 ② 프로이센의 재상 비스마르크는 철혈 정책을 내세우며 강력한 군사력을 바탕으로 한 프로이센 중심의 독일 통일 정책을 펼쳤다.
③ 나폴레옹은 영국을 고립시켜 경제적 타격을 입힐 목적으로 대륙 봉쇄령을 발표하였다.
④ 17세기 중엽 이후에 나타난 동유럽의 절대 왕정에서는 프리드리히 2세, 예카테리나 2세 등이 계몽 전제 군주를 자처하며 개혁을 추진하였다.
⑤ 러시아의 표트르 대제는 상트페테르부르크를 건설하여 수도로 삼았다.

수능 3점 테스트

1 ⑤	2 ②	3 ③	4 ④
5 ①	6 ②	7 ②	8 ③

1 프랑크 왕국의 발전 과정 이해

문제분석 자료에서 교황의 의중을 확인한 궁재 피핀이 기존의 왕을 몰아내고 새로운 왕조를 개창하였다는 내용 등을 통해 (가)는 카롤루스 왕조의 개창 시기임을 알 수 있다. 한편 세 형제가 베르됭에서 만

나 제국의 분할에 합의하였다는 내용 등을 통해 (나)는 카롤루스 대제 사후 베르됭 조약(843) 체결 시기임을 알 수 있다.

정답찾기 ⑤ 피핀의 뒤를 이어 카롤루스 왕조의 국왕으로 즉위한 카롤루스 대제는 교황 레오 3세로부터 서로마 황제의 관을 받았다(800).

오답피하기 ① 19세기 초 프랑스 황제로 즉위한 나폴레옹은 정복 전쟁을 벌여 신성 로마 제국을 해체시키고 유럽 대륙의 패권을 장악하였다.
② 프랑크 왕국의 궁재 카롤루스 마르텔은 투르 · 푸아티에 전투에서 우마이야 왕조의 군대를 격퇴하였다(732).
③ 서로마 제국은 게르만족 출신의 용병 대장 오도아케르에게 멸망하였다(476).
④ 10세기 초 클뤼니 수도원은 교회의 세속화를 막고 세속 권력으로부터의 독립을 쟁취하려는 교회 내부의 개혁 운동을 전개하였다.

2 카노사의 굴욕 사건 이해

문제분석 자료에서 그레고리우스가 서신을 작성한 점, 하인리히 4세가 이탈리아로 참회하러 온 과정과 사면하게 된 과정에 대해 말하고 있는 점 등을 통해 밑줄 친 '갈등'은 성직자 서임권을 둘러싼 교황과 신성 로마 제국 황제의 갈등임을 알 수 있다.

정답찾기 ② 교황 그레고리우스 7세는 성직자 서임권을 둘러싸고 신성 로마 제국의 하인리히 4세와 대립하였다. 교황이 세속 군주의 성직자 서임을 금지하였으나, 하인리히 4세가 이를 무시하자 그를 파문하였다. 이에 맞서던 하인리히 4세는 제후들의 지지를 얻지 못하자 카노사로 교황을 찾아가 사죄하였다(카노사의 굴욕, 1077).

오답피하기 ① 비잔티움 제국의 황제 레오 3세가 성상 파괴령(726)을 내린 이후 동서 교회의 대립이 격화되었다.
③ 14세기 초 프랑스 왕 필리프 4세가 성직자에 과세하려 하면서 교황 보니파키우스 8세와 갈등을 겪었다. 결국 필리프 4세가 교황을 굴복시켰고, 이후 필리프 4세의 지원으로 교황이 된 클레멘스 5세에 의해 교황청은 로마에서 아비뇽으로 옮겨졌다(아비뇽 유수).
④ 교황 레오 10세는 성 베드로 성당의 증축을 위한 비용 마련을 위해 면벌부를 판매하였다. 이에 반발하여 루터는 「95개조 반박문」을 발표하였다(1517).
⑤ 교황 우르바누스 2세가 클레르몽 공의회에서 성지 회복을 위한 전쟁을 호소하면서 1096년부터 십자군 전쟁이 시작되었다.

3 유스티니아누스 대제의 업적 이해

문제분석 자료에서 북아프리카의 반달 왕국에 대한 원정을 한 점, 장군이 콘스탄티노폴리스로 돌아온 점, 이탈리아 지역의 동고트 왕국 원정을 한 점, 프랑크 왕국, 사산 왕조 페르시아 등과 동시대에 있었다는 점, 옛 로마 제국의 영토를 상당 부분 회복하였다는 점 등을 통해 밑줄 친 '황제'는 유스티니아누스 대제임을 알 수 있다.

정답찾기 ③ 6세기에 비잔티움 제국의 유스티니아누스 황제는 콘스탄티노폴리스에 성 소피아 성당을 세웠다.

오답피하기 ① 오스만 제국은 지즈야만 납부하면 비이슬람교도의 신앙을 인정하였는데, 특히 종교 공동체인 밀레트를 허용하여 자치를 누릴 수 있도록 하였다.
② 비잔티움 제국의 황제 레오 3세가 726년에 성상 파괴령을 반포하

였다.

④ 로마 제국의 콘스탄티누스 황제가 콘스탄티노폴리스를 건설하고 천도하였다.

⑤ 프랑크 왕국의 카롤루스 대제가 교황 레오 3세로부터 서로마 황제의 관을 받았다.

4 십자군 전쟁의 이해

문제분석 자료에서 플랑드르 백작 보두앵이 콘스탄티노폴리스에서 황제 자리에 올라 라틴 제국이 수립되었다는 점, 교황 인노켄티우스 3세가 언급된 점 등을 통해 자료는 제4차 십자군 전쟁 당시 라틴 제국이 수립된 상황에 관한 것임을 알 수 있다.

정답찾기 ④ 제4차 십자군 전쟁(1202~1204) 때 십자군은 비잔티움 제국의 수도 콘스탄티노폴리스를 점령하고 라틴 제국을 수립하였다.

오답피하기 ① 러시아가 대륙 봉쇄령을 어기고 영국과 통상을 계속하자, 나폴레옹은 이를 응징하기 위해 러시아 원정을 단행하였다.

② 16세기에 로욜라는 종교 개혁 운동에 대항하여 로마 가톨릭교회의 결속을 다지고 역량을 결집하기 위해 예수회를 설립하였다.

③ 콘스탄츠 공의회(1414~1418)는 교회의 대분열을 수습하기 위해 당시 난립하던 여러 교황을 폐위하고 새로운 단일 교황을 선출하였다. 또한 위클리프를 이단으로 규정하고 후스를 화형에 처하였다.

⑤ 플랑드르 지방과 프랑스 내의 영국령에 대한 지배권 등을 둘러싸고 프랑스와 영국은 백년 전쟁을 벌였다(1337~1453).

5 콘스탄츠 공의회 이해

문제분석 자료에서 교회의 대분열을 수습하기 위해 합의한 지고한 권위를 후스가 인정하지 않고 자신의 주장을 고수한다는 이유로 후스를 화형에 처하였다는 점 등을 통해 밑줄 친 '공의회'는 콘스탄츠 공의회(1414~1418)임을 알 수 있다.

정답찾기 ① 콘스탄츠 공의회는 교회의 대분열을 수습하기 위해 당시 난립하던 여러 교황을 폐위하고 새로운 단일 교황을 선출하였으며, 위클리프를 이단으로 규정하였다.

오답피하기 ② 교황 우르바누스 2세가 클레르몽 공의회(1095)를 소집하여 성지 회복을 위한 전쟁을 호소하였다.

③ 니케아 공의회(325)에서 아타나시우스파의 교리를 정통으로 인정하였다.

④ 베스트팔렌 조약(1648)으로 독일 제후에게 칼뱅파를 선택할 권리가 부여되었다.

⑤ 루터파 등에 의한 종교 개혁 확산에 대응하여, 로마 가톨릭교회 측에서는 트리엔트 공의회(1545~1563)를 개최하여 교황과 교회의 권위를 재확인하고 교회 내부의 결속을 강화하였다.

6 에스파냐의 특징 파악

문제분석 자료에서 쿠스코를 중심으로 한 제국 등을 정복하고 아메리카의 은광 개발에 몰두한 점, 포토시 은광을 비롯한 각지의 은광을 개발한 점 등을 통해 (가) 국가는 에스파냐임을 알 수 있다. 에스파냐의 피사로는 쿠스코를 수도로 한 잉카 제국을 정복하였다.

정답찾기 ㄱ. 에스파냐의 코르테스는 테노치티틀란을 수도로 한 아

스테카 제국을 침략하여 멸망시켰다.

ㄷ. 마젤란은 에스파냐의 지원으로 대서양과 태평양을 건너 필리핀에 도착하였고, 마젤란 사망 이후 그의 일행이 인도양을 거쳐 귀환하여 세계 일주에 성공하였다.

오답피하기 ㄴ. 프로이센은 관세 동맹(1834)으로 독일의 경제 통합을 주도하였다.

ㄹ. 바르톨로메우 디아스는 포르투갈 엔히크 왕자의 지원으로 이후 희망봉이라 불리게 되는 아프리카 남단에 도착하였다(1488).

7 낭트 칙령 이해

문제분석 자료에서 앙리 4세가 국왕에 즉위하였다는 점, 위그노들이 괴롭힘을 당하거나 박해받거나 종교를 이유로 행동에 제약을 당하는 일이 없도록 한다는 점 등을 통해 밑줄 친 '이 칙령'은 낭트 칙령임을 알 수 있다.

정답찾기 ② 프랑스의 앙리 4세는 1598년에 낭트 칙령을 발표하여 종교 전쟁(위그노 전쟁)을 수습하였다.

오답피하기 ① 콘스탄티누스 황제는 밀라노 칙령을 통해 크리스트교를 공인하였다.

③ 프랑스의 나폴레옹은 영국을 고립시켜 경제적 타격을 입힐 목적으로 대륙 봉쇄령을 공포하였다.

④ 7년 전쟁으로 재정이 어려워진 영국 정부는 식민지에 중상주의 정책을 강화하였고, 이를 배경으로 미국 혁명이 발생하였다.

⑤ 에스파냐의 가톨릭 강요 정책에 반발하여 네덜란드 독립 전쟁이 발발하였다.

8 영국 절대 왕정 파악

문제분석 자료에서 무적함대를 물리쳤다는 점, 무적함대가 칼레 해전에서 패배하고 회항하였다는 점 등을 통해 (가) 국가는 영국임을 알 수 있다. 영국의 엘리자베스 1세는 에스파냐의 펠리페 2세가 파견한 무적함대를 격파하였다.

정답찾기 ③ 영국의 엘리자베스 1세는 동인도 회사를 설립하여 해외 시장 개척에 나섰다.

오답피하기 ① 프랑스에서는 루이 14세가 콜베르를 등용하여 중상주의 정책을 실시하였다.

② 에스파냐의 펠리페 2세는 레판토 해전에서 오스만 제국에 승리하였다.

④ 18세기 후반 러시아, 프로이센, 오스트리아의 세 나라가 폴란드를 분할 점령하였다.

⑤ 네덜란드는 에스파냐의 가톨릭 강요 정책에 반발하여 독립하였다.

THEME 08 시민 혁명과 산업 혁명(1)

유형 연습 　　　　　　　　　　　　본문 51쪽

1 ②　　　　　　　2 ①

1 찰스 1세와 청교도 혁명 파악

문제분석 자료에서 의회와 다툰 점, 의회의 결정에 따라 처형된 점 등을 통해 (가) 국왕이 영국의 찰스 1세임을 알 수 있다. 크롬웰을 중심으로 한 의회파는 청교도 혁명으로 찰스 1세를 처형하고 공화정을 수립하였다.

정답찾기 ② 16세기 이후 영국에서는 신흥 지주층인 젠트리와 도시의 시민 계급이 성장하였고, 대부분 청교도였던 이들은 의회에서 강한 세력을 이루었다. 이러한 상황에서 스튜어트 왕조의 제임스 1세가 전제 정치를 강화하였으며, 뒤이어 찰스 1세도 청교도를 탄압하며 함부로 과세함으로써 의회와 대립하였다.

오답피하기 ① 공화정 수립 이후 크롬웰은 아일랜드를 정복하고 내전을 끝냈으나, 의회를 해산하고 호국경에 올라 청교도 윤리를 앞세운 독재 정치를 펼쳤다.

③ 제임스 2세 폐위 이후 공동 왕에 추대된 메리와 윌리엄은 의회가 제정한 권리 장전을 승인하였다.

④ 보스턴 차 사건 이후 미국의 13개 식민지 대표들은 영국의 강경 조치에 맞서 대륙 회의를 개최하였다.

⑤ 앤 여왕 이후 조지 1세가 즉위하면서 하노버 왕조가 개창되었다.

2 프랑스 혁명의 전개 과정 이해

문제분석 자료에서 징병제를 단행한 점, 공안 위원회가 운영된 점 등을 통해 제시된 법령을 제정한 의회가 국민 공회임을 알 수 있다. 국민 공회는 봉건적 공납을 무상으로 폐지하고, 최고 가격제를 도입하였으며, 혁명전쟁 수행을 위해 징병제를 단행하였다. 또한 국민 공회의 권력을 장악한 로베스피에르와 급진적인 자코뱅파는 공안 위원회와 혁명 재판소를 통해 반혁명 세력을 제거하면서 공포 정치를 펼쳤다.

정답찾기 ① 상퀼로트의 왕궁 습격 이후 수립된 국민 공회는 공화정을 선포하고 재판을 거쳐 루이 16세를 처형하였다.

오답피하기 ② 프랑스가 미국의 독립 전쟁을 지원한 것은 루이 16세 때이다. 루이 16세는 미국의 독립 전쟁 지원, 왕실의 사치 등으로 재정이 궁핍해지자 이를 해결하기 위해 삼부회를 소집하였다.

③ 1775년 영국군과 식민지 민병대가 렉싱턴 근교에서 무력 충돌하였다. 이에 식민지 대표들은 제2차 대륙 회의를 개최하고 독립 선언문을 발표하였다.

④ 공화정 수립 이후 영국의 크롬웰은 항해법 제정을 주도하여 중계 무역으로 큰 이익을 누리던 네덜란드를 견제하였다.

⑤ 혁명의 전파를 우려한 주변국들이 프랑스를 위협하자 입법 의회는 오스트리아에 선전 포고하고 혁명전쟁을 시작하였다.

수능 2점 테스트 　　　　　　　　　　본문 52~53쪽

01 ②　　02 ⑤　　03 ④　　04 ②
05 ③　　06 ②　　07 ⑤　　08 ②

01 뉴턴의 활동 파악

문제분석 자료에서 자신이 발견한 만유인력의 법칙을 『자연 철학의 수학적 원리』, 즉 『프린키피아』로 처음 소개하였다는 점 등을 통해 (가) 인물이 뉴턴임을 알 수 있다.

정답찾기 ② 영국의 뉴턴은 '만유인력의 법칙'을 발견하고 이를 보편적인 수학 공식으로 설명하였다. 나아가 모든 자연 현상을 필연적인 인과 법칙으로 설명함으로써 기계론적 우주관을 확립하였다.

오답피하기 ① 스콜라 철학을 집대성한 토마스 아퀴나스는 『신학대전』에서 신앙의 진리와 이성의 진리가 조화를 이룰 수 있다고 주장하였다.

③ 영국의 하비는 팔의 동맥이나 정맥을 묶는 등의 실험으로 혈액 순환의 원리를 입증함으로써 의학 발달에 이바지하였다.

④ 로마 가톨릭교회는 콘스탄츠 공의회(1414~1418)를 소집하여 위클리프를 이단으로 규정하고 후스를 화형에 처하였다. 또한 교회의 분열을 수습하기 위해 로마와 아비뇽의 교황을 폐위하고 새로운 단일 교황을 선출하였다.

⑤ 토머스 모어는 『유토피아』를 집필하여 부조리한 영국의 현실을 비판하고 이상적인 사회의 모습을 제시하였다.

02 애덤 스미스의 사상 이해

문제분석 자료에서 '보이지 않는 손'에 의해 의도하지 않았던 공적 목적이 달성된다는 『국부론』의 일부 내용이 소개되고 있는 점, 18세기 인물이며 『국부론』의 저자인 점 등을 통해 (가)에는 애덤 스미스에 대한 내용이 들어가야 함을 알 수 있다.

정답찾기 ⑤ 영국의 애덤 스미스는 1776년 『국부론』에서 정부의 간섭을 최소화하여 시장에서 생산자가 자유롭게 경제 활동을 전개할 수 있도록 해야 한다고 주장하였다. 이 같은 그의 사상은 자본주의의 발달을 뒷받침하였다.

오답피하기 ① 중상주의 정책을 추진한 국가들은 금과 은 등을 국부의 원천이라 여겨 식민지 획득에 나서는 한편, 국내 산업 보호와 육성, 완성품 수입 및 원료 수출 금지, 관세 장벽 설치 등 수출을 증대하고 수입을 억제하기 위해 노력하였다. 이 같은 중상주의 정책은 정부의 경제 간섭을 전제하는 것으로, 유럽의 절대 왕정 국가들에서 주로 시행되었다.

② 프랑스의 루소는 일반 의지의 형성과 인민 주권의 원리를 제시하였다. 루소는 공동의 선과 이익을 추구하는 사회 구성원 전체의 의사가 일반 의지이고, 이를 표현한 것이 법이며, 주권은 전체 일반 의지의 행사라고 보았다.

③ 프랑스의 디드로와 달랑베르는 당대의 과학적이고 실용적인 지식을 집대성한 『백과전서』의 편찬 사업을 주도하였다.

④ 루이 14세가 낭트 칙령을 폐지함으로써 상공업에 종사하던 많은 신교도(위그노)가 국외로 망명하게 되어 프랑스의 산업이 위축되었다.

03 크롬웰의 활동 파악

문제분석 자료에서 군대의 지도자였던 점, 17세기에 공화정의 국가 원수이자 호국경으로 국가를 통치한 점 등을 통해 밑줄 친 '그'가 영국의 크롬웰임을 알 수 있다.

정답찾기 ④ 영국의 크롬웰은 항해법 제정을 주도하는 등 네덜란드 견제 정책을 추진하였다. 항해법은 영국과 영국 식민지로 수송되는 수입품은 영국과 그 식민지 및 수출국의 선박을 이용하도록 한 법령이다. 이 항해법은 당시 중계 무역으로 많은 이익을 얻고 있던 네덜란드의 반발을 샀다.

오답피하기 ① 에스파냐의 로욜라는 예수회를 세워 아시아, 아메리카 등지에서 가톨릭 선교 활동을 벌였다.
② 찰스 1세는 의회가 제출한 권리 청원을 승인하였으나, 곧 의회를 해산하고 한동안 의회를 소집하지 않았다.
③ 프리드리히 2세는 베르사유 궁전을 모방하여 포츠담에 상수시 궁전을 축조하였다. 상수시 궁전은 18세기 로코코 양식을 대표하는 건축물이다.
⑤ 영국 의회는 제임스 2세를 폐위하고 공주이자 신교도인 메리와 그녀의 남편인 윌리엄을 공동 왕으로 추대하였다(1688).

04 영국 내각 책임제의 성립 과정 이해

문제분석 자료를 활용하는 경우 내각 책임제에 관한 주제로 탐구를 전개하는 것이 가장 적절하다. 자료에서 조지 1세가 내각 회의에 불참하는 경우가 많았고 사후에 회의 결과를 서면으로 보고 받은 점, 내각 회의가 으레 수상의 집에서 열린 점, 왕은 군림하나 통치하지 않는다는 불문율이 형성된 점 등을 통해 이를 알 수 있다.

정답찾기 ② 앤 여왕이 후사 없이 죽자 조지 1세가 즉위하여 하노버 왕조가 열렸다. 그는 영어를 못했고 영국 사정에도 어두워 정치에 관여하지 못하였다. 이에 의회 다수당이 내각을 구성하여 정치하는 내각 책임제가 시작되었고, '왕은 군림하나 통치하지 않는다.'라는 영국 특유의 전통이 성립되었다.

오답피하기 ① 헨리 8세는 왕비와의 이혼을 교황이 허락하지 않자 수장법을 통해 국왕이 영국 교회의 수장임을 선포하고 영국 교회를 교황의 지배에서 독립시켰다(1534). 이후 엘리자베스 1세는 통일법을 반포하여 영국 국교회를 확립하였다(1559).
③ 백년 전쟁 이후 영국에서는 왕위 계승 문제를 둘러싸고 장미 전쟁(1455~1485)이 일어나 귀족 세력이 약화되었고, 혼란을 수습한 헨리 7세는 튜더 왕조를 열고 중앙 집권 국가의 토대를 닦았다.
④ 크롬웰 사후 왕정복고로 찰스 2세가 즉위하자 영국 의회는 가톨릭교도를 포함한 비국교도의 공직 취임을 금지하는 심사법과 불법적인 체포 및 구속을 금지하는 인신 보호법을 제정하였다.
⑤ 16~17세기 영국에서는 지주층인 젠트리와 도시의 시민 계급이 성장하였으며, 대부분 청교도였던 이들은 의회에서 강한 세력을 이루었다.

05 미국 독립 선언의 내용 파악

문제분석 자료에서 국왕이 일정한 전투력을 보유하였으며 인디언이라 불리기도 했던 아메리카 원주민들을 변경에 거주시킴으로써 식민지를 견제하려고 한 점, 13개 식민지가 아메리카 제주(諸州) 연합을

결성한 점, 연합의 모든 식민지가 독립하고 충성의 의무에서 면제된다고 선언한 점 등을 통해 (가) 국가가 영국임을 알 수 있다.

정답찾기 ③ 영국은 7년 전쟁(1756~1763)으로 재정이 어려워지자 아메리카 식민지에 대한 중상주의적 통제를 강화하며 인지세, 차세 등을 부과하였다.

오답피하기 ① 베르사유 궁전은 절대 왕정의 전성기인 루이 14세 때 프랑스에서 축조되었다.
② 펠리페 2세 때 에스파냐는 레판토 해전에서 오스만 제국을 물리쳤다.
④ 포르투갈은 바스쿠 다 가마의 항해를 후원하여 인도 항로를 개척하였다.
⑤ 아메리카의 13개 식민지는 파리 조약을 통해 영국으로부터 독립을 인정받았다(1783).

06 프랑스 구제도하의 제3 신분 이해

문제분석 자료에서 농업, 수공업, 유통업, 상업, 학술 연구, 가사 노동 등에 종사하는 점, 프랑스의 공적 작용 영역에서 20분의 19를 차지하고 있는 점, 공적 작용을 통해 큰 이익을 누리는 지위와 직책에서는 철저히 배제되고 있는 점 등을 통해 (가) 사람들이 프랑스 구제도하의 제3 신분임을 알 수 있다.

정답찾기 ② 루이 16세가 재정 위기를 해결하기 위해 삼부회를 소집하였다(1789). 삼부회에 모인 세 신분의 대표들은 표결 방식을 놓고 대립하였다. 제1 신분과 제2 신분은 신분별 표결을 고집하였지만, 제3 신분은 머릿수 표결을 요구하였다.

오답피하기 ① 에스파냐의 지배를 받던 네덜란드는 신교도(고이센)를 중심으로 에스파냐의 가톨릭 강화 정책에 반발하여 전쟁을 일으켰으며, 결국 베스트팔렌 조약(1648)을 통해 독립을 인정받았다.
③ 루터의 「95개조 반박문」 발표 이후 제후들 상당수의 지지를 받으며 투쟁한 루터파는 아우크스부르크 화의에서 공식적으로 인정받게 되었다(1555).
④ 노르만족은 9세기 무렵부터 남쪽으로 이동하였다. 그중 한 분파가 현재의 프랑스 북부 지방에 노르망디 공국을 수립하였다.
⑤ 프랑크 왕국은 베르됭 조약(843)과 메르센 조약(870)이 체결되면서 동프랑크, 중프랑크, 서프랑크로 분열하였다.

07 로베스피에르의 활동 파악

문제분석 자료에서 국민 공회의 '주인'으로 언급된 점, 지롱드파 몰락 이후에 집권한 것으로 추정되는 점 등을 통해 (가) 인물이 로베스피에르임을 알 수 있다.

정답찾기 ⑤ 입법 의회를 대신하여 들어선 국민 공회는 공화정을 선포한 뒤 급진파인 자코뱅파의 주도로 루이 16세를 처형하였다. 자코뱅파의 지도자 로베스피에르는 혁명 재판소와 공안 위원회를 통해 반혁명 세력을 탄압하는 등 공포 정치를 주도하였다.

오답피하기 ① 헨리 8세는 왕비와의 이혼을 교황이 허락하지 않자 수장법을 통해 국왕이 영국 교회의 수장임을 선포하고 영국 교회를 교황의 지배에서 독립시켰다(1534).
② 혁명의 전파를 우려한 주변 국가들이 프랑스를 위협하자, 입법 의회는 오스트리아에 선전 포고함으로써 혁명전쟁을 시작하였다.

③ 공화정 수립 이후 크롬웰은 의회를 해산하고 호국경에 올라 청교도 윤리를 앞세워 금욕적 독재 정치를 시행하였다.

④ 제1 통령으로 권력을 장악한 나폴레옹은 프랑스 은행을 설립하였으며 국민 교육을 시행하였다. 또한 프랑스 혁명의 성과를 반영한 『나폴레옹 법전』을 편찬하였다.

08 나폴레옹의 활동 파악

문제분석 자료에서 대륙 봉쇄령으로 영국이나 영국 식민지로의 상품 수송을 금지하고 있는 점, 자신의 명령을 위반한 러시아를 공격하려 하는 점 등을 통해 밑줄 친 '그'가 나폴레옹임을 알 수 있다.

정답찾기 ② 국민 투표로 황제에 즉위한 나폴레옹은 다시 결성된 대프랑스 동맹과 전쟁하여 오스트리아, 러시아 등을 격파하고 신성 로마 제국을 해체하였다.

오답피하기 ① 앤 여왕 때에는 영국이 스코틀랜드를 병합함으로써 브리튼섬을 통합한 연합 왕국이 성립하였다(1707).

③ 표트르 대제는 스웨덴을 공격하여 발트해로 진출하는 데 성공하였고, 새로 차지한 지역에 상트페테르부르크를 건설하여 수도로 삼았다.

④ 넬슨 제독이 이끄는 영국군은 트라팔가르 해전에서 나폴레옹 군대에 승리하였다. 이후 나폴레옹은 유럽 대륙과 영국 사이의 무역을 금지하는 대륙 봉쇄령을 내렸다.

⑤ 영국군과 식민지 민병대가 렉싱턴 근교에서 무력 충돌한 이후, 아메리카의 식민지 대표들은 제2차 대륙 회의를 개최하여 조지 워싱턴을 총사령관으로 임명하고 독립을 선언하였다.

수능 **3점** 테스트			본문 54~56쪽
1 ④	2 ②	3 ④	4 ③
5 ③	6 ③		

1 홉스의 사상 이해

문제분석 자료에서 의회를 적으로 선언했던 군주가 처형당한 점, 『리바이어던』을 저술한 점, 주권자의 절대성을 옹호한 점 등을 통해 (가) 인물이 홉스임을 알 수 있다.

정답찾기 ④ 영국의 홉스와 로크는 왕권신수설에 반대하며 자연법사상에 바탕을 둔 사회 계약설을 주장하였다. 사회 계약설은 자연 상태에 살던 개인들이 자신들의 평화와 안전을 위해 사회 계약을 맺어 국가가 등장하였다는 학설이다. 특히 홉스는 사회를 유지하기 위해서는 주권자의 절대적 권력이 필요하다고 주장함으로써 당시의 전제 군주제를 옹호하는 결과를 가져왔다.

오답피하기 ① 영국에서는 장미 전쟁(1455~1485)을 거치며 헨리 7세가 튜더 왕조를 개창하였다.

② 프리드리히 2세는 계몽사상의 영향을 받아 국가 제일의 공복임을 자처하며 산업을 장려하고 종교적 관용 정책을 펼쳤다.

③ 프랑스의 몽테스키외는 입법, 사법, 행정의 삼권 분립에 입각한 정치 형태를 이상적인 정치 체제로 제시하였다.

⑤ 『시민 정부론』을 저술한 로크는 국민의 저항권을 내세워 명예혁명을 정당화하였다.

2 계몽사상의 내용 파악

문제분석 제시된 자료를 활용하는 경우 계몽사상에 관한 탐구 활동을 전개하는 것이 가장 적절하다. 자료에서 『백과전서』가 거론된 점, 일반 의지를 언급하면서 일반 의지의 행사인 주권이 양도 불가함을 강조한 점, 달랑베르와 루소 등의 주장이 소개되고 있는 점 등을 통해 이를 알 수 있다.

정답찾기 ② 18세기 유럽에서는 근대 과학과 정치 이론을 사회 개혁에 적용하려는 계몽사상이 널리 퍼졌다. 계몽사상은 인간의 이성으로 낡은 관습과 미신을 타파하여 사회가 진보할 수 있다고 믿는 사상이다. 계몽사상가들은 이성의 소유자인 인간 개개인의 자유와 평등을 옹호하고 절대 왕정을 비판하여 서유럽의 시민 혁명에 큰 영향을 주었다.

오답피하기 ① 독일에서 일어난 30년 전쟁은 유럽 각국이 참전하여 국제전으로 확대되었으며, 베스트팔렌 조약의 체결(1648)로 전쟁이 끝나고 유럽에 종교적 평화가 가능해졌다.

③ 신항로 개척 이후 아메리카에서 채굴한 많은 양의 금과 은이 유럽에 들어오면서 물가가 폭등하는 현상이 나타났는데, 이를 가격 혁명이라 한다.

④ 로마네스크 양식은 돔, 원형의 아치를 특징으로 하는 건축 양식으로 이탈리아의 피사 성당이 대표적이다. 로마네스크 양식의 건축은 11세기에 유행하였으며, 12세기부터는 고딕 양식이 유행하였다.

⑤ 마키아벨리는 『군주론』에서 분열된 이탈리아의 통일을 위해 강력한 군주가 필요함을 역설하였다.

3 청교도 혁명 이후의 영국 상황 파악

문제분석 자료에서 런던이 언급된 점, 스튜어트 왕가에게 유리한 환경이 조성되는 것을 우려한 점, 왕정복고 요청을 염려하고 있는 점, 공화정을 지켜 낼 수 있었음에 안도한 점 등을 통해 편지가 작성된 시점은 청교도 혁명 이후 영국에서 공화정이 운영된 시기임을 알 수 있다.

정답찾기 ④ 청교도인 크롬웰이 주도하는 의회파는 왕당파와의 내전에서 승리를 거두고 찰스 1세를 처형한 뒤 공화정을 수립하였다(1649). 크롬웰 사후 왕정복고(1660)로 즉위한 찰스 2세는 가톨릭교도를 우대하고 전제 정치를 추구하였다. 이에 의회는 가톨릭교도를 포함한 비국교도의 공직 취임을 금지하는 심사법과 불법적인 체포 및 구속을 금지하는 인신 보호법을 제정하였다.

4 영국에 대한 아메리카 식민지의 저항 과정 이해

문제분석 자료에서 식민지에 사는 신민으로서 국왕에 대한 충성과 의회에 대한 복종을 다짐하고 있는 점, 의회가 부과한 인지세 등의 세금이 아메리카 식민지인의 권리와 자유를 억압한다고 지적한 점, 세금 부과가 식민지의 불평과 불만을 불러일으킬 것이라고 경고한 점 등을 통해 밑줄 친 '이 회의'가 영국의 인지세 부과 등에 항의하기 위해 아메리카 식민지의 대표들이 개최한 회의임을 알 수 있다.

정답찾기 ③ 영국은 프랑스와 7년 전쟁(1756~1763)을 치르면서 재정이 악화하자, 아메리카 식민지에 중상주의 정책을 강화하여 인지세를 부과하고 식민지로 수입되는 차·설탕·종이 등에도 관세를 거두었다. 식민지인들은 '대표 없는 곳에 과세할 수 없다.'라고 주장하며 저항하였다. 이에 영국은 차세를 제외한 다른 세금을 폐지하였으나 저항은 수그러들지 않았다. 이러한 가운데 영국 정부가 동인도 회사에 차를 직접 판매하도록 허용하자, 식민지인들이 반발하여 보스턴 차 사건을 일으켰다(1773).

오답피하기 ① 절대 왕정은 17세기 프랑스의 루이 14세에 이르러 절정에 이르렀다. 이때 프랑스에서는 국왕을 곧 국가 그 자체, 혹은 그 이상의 존재로 여기는 인식이 나타날 정도로 왕권이 막강하였다.

② 16세기에 네덜란드는 신교도인 고이센을 중심으로 에스파냐의 가톨릭 강화 정책에 반발하여 전쟁을 일으켰다.

④ 16세기에 칼뱅은 인간의 구원이 신에 의해 미리 정해져 있다는 예정설을 펼치며 스위스에서 종교 개혁을 추진하였다.

⑤ 18세기 중반에 마리아 테레지아는 오스트리아 왕위 계승 전쟁으로 프로이센의 프리드리히 2세에게 슐레지엔 지방을 상실하였다.

5 프랑스 혁명의 전개 과정 파악

문제분석 자료에서 여러 차례 헌법을 언급하고 있는 점, 의회가 루이 16세의 권한을 무력화시키리라고 희망한 점, 루이 16세의 폐위를 언급한 점 등을 통해 이와 같은 요구가 입법 의회 수립 이후 루이 16세에 대한 반대 여론이 거세어지던 때에 제기되었음을 알 수 있다.

정답찾기 ③ 혁명의 전파를 우려한 주변 국가들이 프랑스를 위협하자, 입법 의회는 오스트리아에 선전 포고하고 혁명전쟁을 시작하였다(1792). 이후 왕과 보수 귀족이 적과 내통한다는 소문에 과격해진 파리의 민중(상퀼로트)은 왕궁을 습격하여 왕권을 정지시켰다. 곧 입법 의회 대신 국민 공회가 들어섰으며, 국민 공회는 공화정을 선포하고 재판을 거쳐 루이 16세를 처형하였다(1793).

오답피하기 ① 테니스코트의 서약 이후 국왕이 국민 의회를 탄압하자 파리 시민들은 전제 정치의 상징인 바스티유를 함락하였고(1789), 이후 혁명은 지방으로 퍼져 농민들은 귀족을 공격하고 장원 문서를 불태웠다.

② 18세기 후반 프랑스 왕실은 사치와 미국 혁명 지원 등으로 재정이 매우 어려웠다. 결국 루이 16세는 재정 위기를 해결하기 위해 삼부회(삼신분회)를 소집하였다.

④ 제3 신분 대표는 머릿수 표결 요구가 받아들여지지 않자 국민 의회를 구성하고, 베르사유 궁전의 테니스코트에 모여 헌법 제정 전에는 해산하지 않겠다고 결의하였다(테니스코트의 서약).

⑤ 국민 의회는 입헌 군주제와 재산에 따른 제한 선거제에 기초하여 새로운 헌법을 제정하였다(1791). 이 헌법에 따라 국민 의회가 해산되고 입법 의회가 수립되었다.

6 나폴레옹의 활동 파악

문제분석 자료에서 제1 통령으로 권력을 장악한 점 등을 통해 (가) 인물이 나폴레옹임을 알 수 있다.

정답찾기 ③ 공포 정치를 이끈 로베스피에르는 결국 지롱드파 등의 온건파가 주도한 '테르미도르 반동'으로 실각한 후 처형되었다. 로베스피에르를 타도한 온건파 의원들은 공화제와 제한 선거제를 규정한 헌법을 제정하고 5인의 총재가 통치를 책임지는 총재 정부를 수립하였다.

오답피하기 ① 나폴레옹은 트라팔가르 해전 패배 이후 영국과 유럽 대륙의 교역을 금지한 대륙 봉쇄령을 내렸다.

② 나폴레옹은 엘바섬을 탈출한 후 재집권에 성공하였으나 영국과 프로이센 연합군과의 워털루 전투(1815)에서 패하여 몰락하였다.

④ 제1 통령으로 국민의 지지를 얻은 나폴레옹은 국민 투표를 통해 황제에 즉위하였다(1804, 제1 제정).

⑤ 러시아 원정에 실패한 나폴레옹은 대프랑스 동맹에 패하여 엘바섬에 유배되었으나 섬을 탈출하여 황제로 복귀하였다.

유형 연습   본문 58쪽

1 ⑤   2 ⑤

1 프로이센의 성장

문제분석 자료에서 눈여겨보아야 할 것은 군비라고 언급한 점, 빈 회의를 통해 정해진 국경에 만족하지 못하고 있는 점, 1848년과 1849년에 중대한 오류를 범했다고 언급하면서 프랑크푸르트 국민 의회에 대해 부정적인 시각을 드러낸 점, 철과 피, 즉 철혈(鐵血)에 의해서만 문제가 해결될 수 있다고 본 점 등을 통해 (가) 국가가 프로이센임을 알 수 있다.

정답찾기 ⑤ 재상 비스마르크의 주도로 강력한 군비 확장 정책(철혈 정책)을 펼친 프로이센은 오스트리아를 상대로 전쟁을 벌여 승리하고 북독일 연방을 창설하였다. 뒤이어 나폴레옹 3세의 프랑스와 벌인 전쟁에서도 승리를 거두어 남독일의 여러 나라를 연방에 참여시켰다. 이후 프로이센의 국왕인 빌헬름 1세가 황제로 즉위하면서 마침내 통일된 독일 제국이 수립되었다(1871).

오답피하기 ① 빈 체제 성립 이후 왕정으로 복귀한 프랑스에서는 루이 18세에 이어 샤를 10세가 즉위하였다. 전제 정치를 일삼은 그는 결국 7월 혁명으로 추방되었다.

② 가톨릭 해방법 제정은 19세기 영국에서 추진된 자유주의 개혁 중 하나이다.

③ 러시아의 니콜라이 1세는 청년 장교와 일부 지식인들이 주도한 데카브리스트의 봉기를 진압하였다(1825).

④ 이탈리아의 마치니는 프랑스 2월 혁명의 영향을 받아 자유주의적 통일 운동을 전개하였으나 실패하였다.

2 가리발디와 이탈리아의 통일

문제분석 자료에서 '붉은 셔츠대'를 이끈 점, 시칠리아섬과 나폴리를 점령한 점, 자신이 점령한 지역을 사르데냐 왕국의 국왕에게 바친 점 등을 통해 (가) 인물이 가리발디임을 알 수 있다.

정답찾기 ⑤ 가리발디는 시칠리아와 나폴리 등 자신이 점령한 이탈리아 남부 지역을 북부와 중부 지역을 통합한 사르데냐 왕국에 바쳤다. 이로써 남북이 통일된 이탈리아 왕국이 탄생하였으며(1861), 이후 베네치아와 교황령까지 합쳐져 이탈리아의 통일이 완성되었다(1870).

오답피하기 ① 나폴레옹이 몰락한 뒤 유럽 각국은 메테르니히의 주도로 오스트리아의 빈에 모여 전후 질서를 협의하였다(빈 회의, 1814~1815).

② 프로이센과 전쟁을 치르면서 프랑스의 제2 제정은 붕괴하였다. 패전의 혼란 속에서 파리의 사회주의자와 노동자들이 파리 코뮌이라는 자치 정부를 수립하였으나, 프랑스 정부에 의해 진압되었다.

③ 러시아의 개혁을 바라는 지식인들은 19세기 후반에 농민을 계몽하는 브나로드 운동을 전개하였다.

④ 마르크스와 엥겔스는 협동과 공동체를 강조하는 초기 사회주의자들의 주장을 비판하면서, 이른바 과학적 사회주의를 주창하였다.

수능 **2점** 테스트   본문 59쪽

01 ①   02 ③   03 ②   04 ⑤

01 프랑스 2월 혁명의 발생 배경 파악

문제분석 제시된 자료를 활용하는 경우 프랑스 2월 혁명에 관한 주제로 탐구를 전개하는 것이 가장 적절하다. 자료에서 1840년대 프랑스의 경제 발전과 그 이면에 존재하는 노동자와 민중의 비참한 삶을 거론한 점, 경제 공황과 사회 불안 속에서 탄압 위주의 반동적인 정책이 프랑스에서 추진된 점 등을 통해 이를 알 수 있다.

정답찾기 ① 7월 혁명으로 성립된 루이 필리프의 왕정 체제에서는 소수의 부유한 시민에게만 선거권이 부여되었다. 이에 선거권 확대와 시민적 자유의 요구가 점차 거세어지기 시작하였고, 특히 본격적으로 진행된 산업 혁명을 통해 정치 세력으로 성장한 노동자의 불만이 높았다. 마침내 파리에서 중하층 시민 계급과 노동자가 선거권 확대를 요구하며 2월 혁명을 일으켰다(1848).

오답피하기 ② 테르미도르 반동 이후 온건파 의원들은 공화제와 제한 선거제를 규정한 헌법을 제정하고 5인의 총재가 통치를 책임지는 총재 정부를 수립하였다.

③ 프로이센과의 전쟁에서 패하여 나폴레옹 3세가 몰락한 후 프랑스에서는 공화정이 수립되었는데, 이것이 루이 16세 처형 이후의 제1 공화정, 2월 혁명으로 수립된 제2 공화정에 이은 프랑스의 제3 공화정이다.

④ 나폴레옹 몰락 이후 빈 체제가 성립되어 유럽의 질서를 프랑스 혁명 이전으로 되돌리려 하자 이에 대한 저항이 잇따랐다. 독일에서는 부르셴샤프트(학생 조합)를 중심으로 자유주의와 민족주의 운동이 전개되었다.

⑤ 제1 통령으로 권력을 장악한 나폴레옹은 프랑스 혁명의 성과를 반영한 『나폴레옹 법전』을 편찬하여 법 앞에서의 평등과 재산 소유권 등을 보장하였다.

02 영국의 제1차 선거법 개정 이후 상황 이해

문제분석 자료에서 부패 선거구 폐지의 내용이 포함된 점, 개정 법안 통과 이전에는 42명 중 1명만이 선거권을 가진 점 등을 통해 밑줄 친 '개정 법안'이 영국의 제1차 선거법 개정 법안임을 알 수 있다.

정답찾기 ③ 영국에서는 제1차 선거법 개정(1832)으로 부패 선거구가 없어지고 도시의 신흥 상공업자들이 선거권을 부여받았다. 그러나 여전히 선거권을 받지 못한 노동자는 인민헌장을 내걸고 차티스트 운동을 벌였다.

오답피하기 ① 크롬웰 사후 왕정복고로 즉위한 찰스 2세를 견제하기 위해 영국 의회는 가톨릭교도를 포함한 비국교도의 공직 취임을 금지하는 심사법과 불법적인 체포 및 구속을 금지하는 인신 보호법을 제정하였다.

② 18세기 초에 앤 여왕이 후사 없이 사망하면서 스튜어트 왕조가 단절되자 조지 1세가 즉위하여 하노버 왕조가 개창되었다.

④ 17세기 영국에서는 청교도 혁명으로 찰스 1세가 처형되고 공화정이 수립된 후 크롬웰이 의회를 해산하고 호국경에 취임하였다.

⑤ 엘리자베스 1세는 통일법을 반포하여 영국 국교회를 확립하였다(1559).

03 브나로드 운동 이후의 러시아 정세 파악

문제분석 자료에서 알렉산드르 2세의 농노 해방령 선포 이후의 시점인 점, 혁명적인 젊은이들이 모스크바 등을 출발하여 농촌의 민중 속으로 들어간 점, 활동 참가자들의 최종 목표가 사회 혁명의 완수에 있었던 점, 농민들의 냉담한 반응 속에 약 2,000여 명의 젊은이들 중 1,600명 정도가 체포되면서 별다른 성과를 거두지 못한 채 끝난 점 등을 통해 밑줄 친 ㉠이 러시아의 브나로드 운동과 관련된 서술임을 알 수 있다.

정답찾기 ② 19세기 후반 러시아의 젊은 학생들과 지식인들은 전제 정치에 맞서 혁명 세력을 키우기 위해 농민을 계몽하는 브나로드 운동을 전개하였으나 별다른 성과를 거두지 못하였다. 이에 실망한 일부 인사들은 무정부주의 세력으로 전환하여 알렉산드르 2세를 암살하기도 하였다. 이후 차르의 전제 정치는 더욱 강화되어 자유주의 운동 전체가 탄압받았다.

오답피하기 ① 니콜라이 1세 때 러시아가 흑해 방면으로 남하 정책을 추진하면서 크림 전쟁이 발발하였다(1853).

③ 나폴레옹은 대륙 봉쇄령을 어긴 러시아를 응징하기 위해 원정을 감행하여 모스크바까지 진격하였으나 결국 실패하였다.

④ 17세기 후반에 즉위한 표트르 대제는 서유럽 여러 나라의 기술과 문물을 적극적으로 받아들여 내정 개혁과 군비 확장을 추진하였다.

⑤ 18세기 말 예카테리나 2세는 계몽 전제 군주를 자처하며 내정을 개혁하는 한편, 프로이센 및 오스트리아와 함께 폴란드를 분할 점령하였다.

04 산업 혁명 시기의 영국 상황 이해

문제분석 자료에서 제임스 와트의 증기 기관 개량으로 산업이 발전한 점, 아크라이트가 방적기를 발명한 지 50여 년이 지난 점, 인도의 면화를 가져와 기계로 면포를 생산하여 다시 수출하는 점 등을 통해 주장이 제기된 시기는 19세기 전반이며 (가) 국가는 영국임을 알 수 있다.

정답찾기 ⑤ 19세기 후반부터 독일은 국가 주도로 중화학 공업 분야에서 급속한 산업화를 이루었다. 정부는 보호 무역 정책을 시행하였으며, 기업에 산업 보조금을 지급하고 기술자 양성을 지원하는 등 산업화를 이끌었다.

오답피하기 ① 산업 혁명이 전개될 무렵 영국에서는 인클로저 운동으로 농촌에서 방출된 농민들이 도시로 몰려들어 노동력이 풍부하였다.

② 영국에는 석탄과 철광석 등의 지하자원이 상대적으로 풍부하여 공업 발전에 유리하였다.

③ 영국은 청교도 혁명과 명예혁명 등 시민 혁명을 거치면서 다른 국가들에 비해 상대적으로 이른 시기에 입헌 정치가 확립될 수 있었다.

④ 영국은 도로와 운하의 건설 등으로 성장한 국내 시장과 넓은 식

민지를 보유함으로써 국내외에 공업 생산물의 판로를 확보하고 있었다.

수능 3점 테스트　　　　본문 60~62쪽

1 ③	2 ③	3 ①	4 ④
5 ②	6 ③		

1 그리스 독립 전쟁 시기의 유럽 상황 이해

문제분석 자료에서 오스만 제국에 그리스 저항 세력에 대한 적대 행위를 중단하라고 요구한 점, 영국, 러시아, 프랑스가 연합한 점, 삼국의 연합 함대에 의해 오스만 제국과 이집트가 크게 패배한 점 등을 통해 자료의 전투가 그리스가 오스만 제국으로부터 독립하는 과정에서 발생한 전투임을 알 수 있다. 이집트는 그리스 독립 전쟁에서 오스만 제국을 지원하여 독립적인 지위를 얻게 되었다.

정답찾기 ③ 나폴레옹 몰락 이후 유럽에서는 빈 체제가 성립되어 각국의 자유주의와 민족주의 운동을 탄압하였다. 그러나 그리스에서는 오스만 제국의 지배에 저항하여 독립 운동이 일어났다. 그리스는 오스만 제국의 세력이 약해지기를 바라던 영국, 러시아, 프랑스의 지원과 유럽 지식인들의 후원으로 독립을 쟁취하였다(1829). 그리스의 독립은 빈 체제의 결속력을 이완시키는 요인으로 작용하였다.

오답피하기 ① 크림 전쟁 패배 이후 알렉산드르 2세는 농노 해방령(1861)을 선포하고 내정 개혁에 나섰다.

② 프랑스와의 전쟁에서 승리한 프로이센의 빌헬름 1세는 1871년 베르사유 궁전에서 독일 제국의 수립을 선포하였다. 이후 독일에서는 정부 주도의 산업화가 추진되었다.

④ 2월 혁명 이후 프랑스에서는 제2 공화정이 수립되어 나폴레옹의 조카인 루이 나폴레옹이 대통령에 당선되었다. 그러나 루이 나폴레옹은 쿠데타로 권력을 장악한 뒤 황제에 즉위하여 제2 제정을 수립하였다(1852).

⑤ 헨리 8세는 교황이 자신의 이혼을 허락하지 않자 수장법을 공포하여(1534) 스스로 영국 교회의 수장이 되었다.

2 프랑스 7월 혁명의 배경 파악

문제분석 제시된 자료를 활용하는 경우 프랑스 7월 혁명에 관한 탐구 활동을 전개하는 것이 가장 적절하다. 자료에서 왕정복고라는 표현이 사용된 점, 샤를 10세를 중심으로 반동적인 정책이 시행된 점 등을 통해 이를 알 수 있다.

정답찾기 ③ 나폴레옹 몰락 이후 프랑스는 왕정으로 돌아갔다. 루이 18세에 뒤이어 즉위한 샤를 10세는 성직자와 귀족의 권력을 강화하였으며, 언론을 탄압하고 의회를 해산하는 등 전제 정치를 시행하였다. 이에 자유주의자와 시민이 7월 혁명을 일으켜 샤를 10세를 내쫓고 루이 필리프를 왕으로 추대하여 입헌 군주제를 수립하였다(1830).

오답피하기 ① 프로이센과의 전쟁 과정에서 파리의 사회주의자와 노동자들이 파리 코뮌이라는 자치 정부를 수립하였다(1871).

② 서유럽 자유주의 사상에 영향을 받은 러시아의 젊은 장교들이 입헌 군주제를 지향하며 데카브리스트의 봉기를 일으켰으나 실패하였

다(1825).

④ 프랑스 2월 혁명의 영향을 받은 독일의 자유주의자들은 프랑크푸르트 국민 의회를 개최하여 통일 방안을 논의하였으나(1848~1849), 독일 지역 내 여러 정치 세력 간의 이해관계를 조정하지 못하고 결국 실패하고 말았다.

⑤ 미국 대통령인 먼로가 1823년 미국의 유럽에 대한 불간섭 원칙과 유럽의 아메리카에 대한 불간섭 원칙을 천명함으로써 라틴 아메리카 독립에 유리한 환경이 조성되었다.

3 영국의 곡물법 존폐 논쟁 이해

문제분석 자료에서 '경제학자 리카도'가 수입을 억제하여 밀 가격을 인위적으로 높게 유지하려는 '토리당 관계자'에게 문제를 제기하면서 노동자의 임금을 낮춰야 하는데 지주의 이익만 보장한다고 반론을 펼치는 점 등을 통해 (가)에는 곡물법 폐지에 관한 내용이 들어가야 함을 알 수 있다.

정답찾기 ① 19세기 중반 영국에서는 밀 수입을 억제하거나 수입 밀에 관세를 부과하여 국내의 지주를 보호하던 곡물법이 폐지되었다. 곡물법 폐지는 영국의 산업 노동자에게 일정한 도움을 주었으며, 항해법 폐지와 함께 영국의 자유주의적 경제 체제 성립에 영향을 끼쳤다.

오답피하기 ② 나폴레옹은 트라팔가르 해전 패배 이후 영국과 유럽 대륙의 교역을 금지한 대륙 봉쇄령을 내렸다.

③ 산업 혁명 이후 자신들의 고통이 기계 탓이라고 생각한 영국의 일부 노동자들이 기계를 파괴하는 러다이트 운동을 전개하였다.

④ 17세기부터 많은 영국인이 아메리카로 이주하여 대서양 연안에 식민지를 건설하였다. 아메리카로 이주한 영국인 중에는 신앙의 자유를 원하는 청교도가 상당수 포함되어 있었다.

⑤ 자본주의의 폐해를 깨달은 오언은 방적 공장을 운영하면서 노동 시간을 단축하고 노동자 자녀들을 위해 유치원을 운영하는 등 인도주의에 입각한 새로운 이상적 공동체를 건설하고자 하였다.

4 이탈리아 왕국의 수립 시기 파악

문제분석 자료에서 아직은 사르데냐 왕국 소속이지만 곧 새 왕국의 장교가 된다고 말한 점, 가리발디의 의용군이 해산된 점 등을 통해 밑줄 친 '새 왕국'이 이탈리아 왕국임을 알 수 있다.

정답찾기 ④ 나폴레옹의 조카인 루이 나폴레옹은 나폴레옹 3세로 즉위하여 프랑스 제2 제정을 열었다(1852). 사르데냐 왕국은 프랑스의 지원을 받아 오스트리아에 맞서 이탈리아 통일 전쟁을 일으켰고(1859), 이후 차례로 중부와 북부 이탈리아를 병합하였다. 가리발디는 의용군을 이끌고 이탈리아 남부 원정에 나서 시칠리아와 나폴리를 비롯한 본토 남부를 점령하였다. 이후 가리발디는 자신이 정복한 남부를 사르데냐의 국왕에게 바쳤다. 이로써 남북을 통합한 통일 이탈리아 왕국이 탄생하였다(1861). 한편, 프랑스와의 전쟁에서 승리한 프로이센의 빌헬름 1세는 베르사유 궁전에서 황제로 즉위하면서 독일 제국의 수립을 선포하였다(1871).

5 빌헬름 1세의 활동 파악

문제분석 자료에서 비스마르크가 등장한 점, 프로이센의 왕으로 독

일 황제의 칭호를 받게 된 점 등을 통해 밑줄 친 '나'가 빌헬름 1세임을 알 수 있다.

정답찾기 ② 빌헬름 1세에 의해 프로이센의 재상으로 임명된 비스마르크는 독일을 통일하기 위해 철혈 정책을 추진하고 군비 확장에 총력을 기울였다. 프로이센은 오스트리아와의 전쟁에서 승리하여 북독일 연방을 결성하였다. 또한 프랑스와의 전쟁에서 승리한 후 빌헬름 1세가 독일 제국 황제로 즉위하였다(1871).

오답피하기 ① 니콜라이 1세가 흑해 방면으로 남하 정책을 추진하면서 크림 전쟁(1853~1856)이 일어났으나, 러시아는 영국, 프랑스 등의 지원을 받은 오스만 제국에 패하였다.

③ 사르데냐 왕국은 프랑스의 지원을 받아 오스트리아에 맞서 이탈리아 통일 전쟁을 일으켰다(1859). 이후 프랑스는 지원의 대가로 사르데냐 왕국으로부터 사보이(사부아)와 니스를 할양받았다.

④ 프리드리히 2세는 오스트리아 왕위 계승 전쟁에서 슐레지엔 지방을 확보하였다.

⑤ 빌헬름 2세는 즉위 후 비스마르크를 수상직에서 해임하고 베를린, 비잔티움(이스탄불), 바그다드를 철도로 연결하는 정책을 추진하였다.

6 미국 남북 전쟁 중의 역사적 사실 파악

문제분석 자료에서 연방을 해체하려는 자들에 의해 시작된 점, 링컨으로 추측되는 대통령이 당선되자마자 발발한 점 등을 통해 밑줄 친 '전쟁'이 미국의 남북 전쟁임을 알 수 있다.

정답찾기 ③ 노예제 확대에 반대한 링컨이 대통령에 당선되자 남부가 연방에서 탈퇴하여 남북 전쟁이 일어났다(1861). 링컨은 전쟁이 한창인 가운데 노예 해방을 선언하였고, 우월한 경제력과 군사력, 노예 해방의 명분을 앞세운 북부가 전쟁에서 승리하였다.

오답피하기 ① 보스턴 차 사건(1773) 이후 영국이 보스턴항을 폐쇄하고 군대를 추가로 배치하는 등 압박을 강화하자, 식민지 대표들은 제1차 대륙 회의를 개최하여 저항하였다. 영국의 탄압이 계속되는 상황에서 영국군과 식민지 민병대가 렉싱턴 근교에서 무력 충돌하자, 식민지 대표들은 제2차 대륙 회의를 개최하여 독립을 선언하였다.

② 남북 전쟁이 끝난 이후 대륙 횡단 철도가 부설되어 미국의 영토 통합이 진척되었다.

④ 미국은 페리 제독을 파견하여 일본을 압박한 끝에 미일 화친 조약을 체결할 수 있었다(1854).

⑤ 렉싱턴 근교의 무력 충돌 이후 개최된 제2차 대륙 회의에서 조지 워싱턴은 아메리카 식민지 군대의 총사령관으로 임명되었다.

THEME 10 제국주의와 민족 운동

1 미국의 제국주의 정책 이해

문제분석 자료에서 하와이 제도를 병합한 점, 에스파냐와의 전쟁에서 승리한 후 쿠바, 푸에르토리코, 필리핀을 차지한 점 등을 통해 (가) 국가는 미국임을 알 수 있다. 19세기 후반 태평양으로 세력을 확장하던 미국은 에스파냐와의 전쟁에서 승리하여 쿠바를 보호국화하고, 필리핀과 괌섬을 식민지로 삼았다.

정답찾기 ② 미국은 페리 제독의 무력시위를 통해 일본을 개항시켰다.

오답피하기 ① 영국은 수에즈 운하 관리권을 차지하고, 이집트를 보호국화하였다.

③ 러시아의 표트르 대제는 스웨덴과의 북방 전쟁을 통해 발트해로 진출하였으며, 상트페테르부르크를 건설하여 수도로 삼았다.

④ 줄루 왕국은 이산들와나 전투에서 영국에 승리하였다.

⑤ 프랑스는 청과의 전쟁에서 승리하여 베트남 지배권을 인정받았다.

2 의화단 운동의 특징 파악

문제분석 자료에서 산둥에서 시작된 봉기가 화북 일대로 퍼져 나간 점, 백련교의 잔당, 외세를 배척한 점, 교회를 불태우고 외국인을 살해하였으며 전선과 철도를 파괴한 점 등을 통해 밑줄 친 '봉기'는 의화단 운동임을 알 수 있다. 의화단은 산둥에서 봉기하였으며, '부청멸양'을 주장하였다. 이들은 교회와 철도 등 서양 문물을 파괴하였다.

정답찾기 ② 의화단 운동은 영국, 독일, 러시아, 일본 등이 참여한 8개국 연합군에 의해 진압되었다.

오답피하기 ① 제1차 아편 전쟁의 결과 난징 조약이 체결되었다.

③ 입헌 군주제를 추구하던 캉유웨이, 량치차오 등은 메이지 유신을 본떠 변법자강 운동을 전개하였다.

④ 장쉐량이 장제스를 감금한 시안 사건과 중일 전쟁을 계기로 제2차 국공 합작이 체결되었다.

⑤ 파리 강화 회의의 결과가 알려지면서 베이징의 학생들을 중심으로 일본의 대중국 '21개조 요구' 철폐, 산둥반도의 이권 반환 등을 요구하는 5·4 운동이 일어났다.

수능 2점 테스트 　　　　　　　　　　본문 66~67쪽

01 프랑스의 제국주의 정책 파악

문제분석 자료에서 마다가스카르섬을 침략하여 식민지로 삼았다는

내용 등을 통해 (가) 국가는 프랑스임을 알 수 있다. 프랑스는 아프리카에서 알제리와 마다가스카르를 연결하는 횡단 정책을 추진하였다.

정답찾기 ② 프랑스는 베트남, 캄보디아, 라오스를 프랑스령 인도차이나 연방에 편입하여 식민 지배하였다.

오답피하기 ① 영국은 인도의 민족 운동을 약화시키고자 벵골 분할령을 발표하였다.

③ 에스파냐의 코르테스는 아스테카 제국을 침략하여 파괴하였다.

④ 독일은 나미비아 지역에 살고 있던 헤레로족의 봉기를 무력으로 진압하였다.

⑤ 에스파냐와의 전쟁에서 승리한 미국은 필리핀을 식민지로 삼았다.

02 영국의 제국주의 정책 이해

문제분석 자료에서 중국에서 발생하는 이익이 이롭게 하는 점, 아편으로 인민을 해치고 이익을 탐한다는 내용 등을 통해 밑줄 친 '귀국'은 영국임을 알 수 있다. 청과의 무역에서 만성적인 적자에 처한 영국은 이를 만회하고자 청에 아편을 들여왔다.

정답찾기 ① 영국은 플라시 전투에서 벵골·프랑스 연합군에 승리하였다.

오답피하기 ② 오스만 제국은 레판토 해전에서 에스파냐 등에 패배하였다.

③ 프랑스의 나폴레옹은 신성 로마 제국을 해체하였다.

④ 19세기 후반 미국은 하와이 제도를 병합하였으며, 에스파냐와의 전쟁에서 승리하여 괌섬을 차지하였다.

⑤ 러시아의 니콜라이 1세는 데카브리스트의 봉기를 진압하였다.

03 태평천국 운동의 특징 이해

문제분석 자료에서 홍수전, 천왕, 난징을 손에 넣었다 등의 내용을 통해 밑줄 친 '반란군'은 태평천국군임을 알 수 있다. 태평천국 운동은 홍수전의 주도로 전개되었고, '멸만흥한'을 내세우며 청 왕조를 타도하고자 하였다.

정답찾기 ③ 태평천국 운동의 주도 세력은 난징을 수도로 삼고 토지의 균등 분배 등이 포함된 천조전무 제도를 발표하였다.

오답피하기 ① 의화단은 '부청멸양'이라는 구호를 내세우며 반크리스트교·반제국주의 운동을 전개하였다.

② 삼번의 난은 17세기 후반 오삼계 등의 주도로 일어났다.

④ 중국 동맹회는 쑨원이 제창한 민족, 민권, 민생의 삼민주의를 혁명 강령으로 채택하였다.

⑤ 청 정부가 철도 국유화 조치를 강행하자 쓰촨 지역에서 반대 운동이 일어났으며, 우창의 신군이 봉기하면서 신해혁명이 시작되었다.

04 양무운동의 특징 이해

문제분석 자료에서 이홍장, 서양식 소총과 대포를 사들여 공장을 설치, 서양식 각종 기계를 손에 넣는 데 노력 등의 내용을 통해 자료는 양무운동과 관련된 것임을 알 수 있다.

정답찾기 ⑤ 태평천국 운동의 진압을 주도하였던 증국번, 이홍장 등은 서양 무기의 우수성을 깨닫고 양무운동을 전개하였다.

오답피하기 ① 제3 세계는 아시아·아프리카의 신생 독립국들이 반식

민주의 · 비동맹주의 · 평화 공존을 표방하면서 등장하였으며 1955년 아시아 · 아프리카 회의와 1961년 제1차 비동맹 회의를 개최하였다.
② 러일 전쟁의 결과 러시아와 일본은 포츠머스 조약을 체결하였다.
③ 야마토 정권 시기에 당의 율령 체제 도입을 통해 국왕 중심의 통치 체제를 수립하기 위한 다이카 개신이 단행되었다.
④ 대약진 운동은 무리한 계획과 인민의 노동 의욕 저하, 자연재해 등으로 실패하였다. 대약진 운동의 실패로 정치적 위기에 빠진 마오쩌둥은 문화 대혁명을 추진하였다.

05 쑨원의 활동 파악

문제분석 자료에서 난징에서 임시 대총통에 취임, 실질적으로 임시 대총통의 권한을 제대로 행사하지 못함, 위안스카이가 임시 대총통이 되었다는 점 등의 내용을 통해 밑줄 친 '그'는 쑨원임을 알 수 있다. 쑨원은 중화민국 수립 직후 위안스카이와 타협하여 청을 멸망시키는 조건으로 임시 대총통을 위안스카이에게 넘기기로 하였다.
정답찾기 ④ 쑨원을 비롯한 혁명파는 중국 동맹회를 결성하여 삼민주의를 내걸고 청 정부 타도를 위한 혁명 운동을 전개하였다.
오답피하기 ① 청의 옹정제는 군기처를 설치하였다.
② 홍수전은 크리스트교 신앙을 바탕으로 상제회를 조직하였으며, 태평천국을 건설하였다.
③ 장쉐량은 중국 시안에서 장제스를 감금하고 내전 중지와 항일 투쟁을 호소하였는데, 이를 시안 사건(1936)이라고 한다.
⑤ 명대 장거정은 토지 조사를 토대로 일조편법을 확대 시행하였다.

06 시모노세키 조약 이해

문제분석 자료에서 강화 회담, 일본이 청군을 기습 공격, 일본군이 청군에 승리 등을 통해 밑줄 친 '조약'은 시모노세키 조약(1895)임을 알 수 있다. 청일 전쟁에서 승리한 일본은 청과 시모노세키 조약을 체결하였다.
정답찾기 ⑤ 일본은 청과 시모노세키 조약을 체결하여 랴오둥반도와 타이완을 할양받았으나 이른바 삼국 간섭으로 랴오둥반도를 청에 반환하였다.
오답피하기 ① 메이지 정부 시기에 시모노세키 조약이 체결되었다.
② 제1차 아편 전쟁의 결과 체결된 난징 조약을 통해 공행 무역이 폐지되었다.
③ 의화단 사건의 결과 청은 열강과 신축조약을 체결하여 베이징에 외국 군대의 주둔을 인정하였다.
④ 일본은 미국과 미일 화친 조약을 체결하여 시모다와 하코다테를 개항하였다.

07 세포이의 항쟁 결과 이해

문제분석 자료에서 영국 동인도 회사에 고용된 인도인 용병, 델리로 진격, 제국의 마지막 황제를 지도자로 받들고 영국 통치에 반대 등의 내용을 통해 밑줄 친 '봉기'는 세포이의 항쟁(1857)임을 알 수 있다. 동인도 회사의 인도인 용병인 세포이들은 인도인의 종교적 전통을 무시하였다는 것 등을 배경으로 세포이의 항쟁을 일으켰다.
정답찾기 ⑤ 세포이의 항쟁 결과 영국은 인도 통치 개선법을 제정하

여 동인도 회사의 인도 지배권을 박탈하였다.
오답피하기 ① 제1차 세계 대전 이후 영국이 롤럿법을 제정하여 인도인에 대한 통제를 강화하였다.
② 18세기 아라비아반도에서는 이븐 압둘 와하브가 이슬람 본래의 순수함을 되찾자는 와하브 운동을 전개하였다.
③ 무굴 제국의 아우랑제브 황제는 지즈야를 부활시키고 비이슬람교도에 대한 탄압을 강화하였다. 이후 무굴 제국에서는 힌두교 동맹인 마라타 동맹이 결성되어 무굴 제국에 대한 저항을 이어 갔다.
④ 아이바크는 델리를 점령한 후 이슬람의 승리를 기념하기 위해 쿠트브 미나르를 건립하였다.

08 탄지마트의 성격 이해

문제분석 자료에서 아시아, 유럽, 아프리카에 걸쳐 광대한 영역 지배, 제국 내의 백성은 종교, 민족에 따른 차별 없이 법 앞에 평등, 술탄의 권한을 제한하고 헌법에 기초한 통치 질서 등의 내용을 통해 자료는 탄지마트와 관련된 것임을 알 수 있다.
정답찾기 ① 오스만 제국은 서양 문물을 수용하고 부국강병을 추구하기 위해 탄지마트를 단행하였다.
오답피하기 ② 영국 의회는 자유주의 개혁 정책의 일환으로 심사법을 폐지하였다.
③ 영국에서 제1차 선거법 개정 때 선거권을 받지 못한 노동자들은 인민헌장을 내걸고 차티스트 운동을 전개하였다.
④ 프랑스에서 공포 정치에 대한 불만으로 테르미도르 반동이 일어나 로베스피에르가 실각하였다.
⑤ 19세기 전반 인도에서는 람 모한 로이를 중심으로 순수 힌두교 교리로의 복귀 등을 주장하며 사회 개혁을 추진하는 브라흐마 사마지 운동이 전개되었다.

수능 3점 테스트			본문 68~72쪽
1 ③	2 ⑤	3 ②	4 ①
5 ④	6 ④	7 ③	8 ④
9 ①	10 ①		

1 프랑스와 독일의 관계 이해

문제분석 자료에서 모로코를 둘러싼 갈등, 황제 빌헬름 2세, 군사 충돌 위기 발생 등의 내용을 통해 (가) 국가는 프랑스, (나) 국가는 독일임을 알 수 있다. 프랑스는 북서부 아프리카 지역을 식민지로 삼으려고 하는 과정에서 모로코를 놓고 독일과 대립하였다(모로코 사건).
정답찾기 ③ 제1차 세계 대전에서 프랑스는 협상국의 일원으로, 독일은 동맹국의 일원으로 참전하였다.
오답피하기 ① 독일, 이탈리아, 일본은 공산주의에 공동으로 대응할 것을 약속한 3국 방공 협정을 체결하였다. 이들 세 국가를 추축국이라 한다.
② 에스파냐와 미국은 필리핀 지배를 두고 전쟁을 벌였다.
④ 러일 전쟁의 결과 러시아와 일본은 포츠머스 조약을 체결하였다.

⑤ 미국, 영국, 소련이 참가한 얄타 회담에서 전후 독일 처리 문제를 협의하고 소련의 대일 참전을 결정하였다.

2 영국과 프랑스의 제국주의 정책 이해

문제분석 지도에서 인도와 미얀마 등을 식민지로 차지하고 있는 내용을 통해 (가) 국가는 영국임을, 베트남, 캄보디아 등을 식민지로 차지하고 있는 내용을 통해 (나) 국가는 프랑스임을 알 수 있다.

정답찾기 ⑤ 아프리카에서 종단 정책을 추진하던 영국과 횡단 정책을 추진하던 프랑스는 1898년 수단의 파쇼다에서 충돌하였다. 이를 파쇼다 사건이라 한다.

오답피하기 ① 프랑스의 나폴레옹은 영국을 고립시켜 경제적으로 타격을 입힐 목적으로 대륙 봉쇄령을 공포하였다.
② 에티오피아는 아도와 전투에서 이탈리아 군대에 승리를 거두었다.
③ 러시아, 프로이센, 오스트리아 등이 폴란드를 분할 점령하였다.
④ 러시아의 표트르 대제는 상트페테르부르크를 건설하여 수도로 삼았다.

3 의화단 운동의 전개 과정 이해

문제분석 자료에서 산둥에서 봉기, 독일, 프랑스 등 각국이 톈진에 병력을 집결 등의 내용을 통해 (가) 운동이 의화단 운동임을 알 수 있다. 의화단은 '부청멸양'이라는 구호를 내세우며 반크리스트교·반제국주의 운동을 전개하였다.

정답찾기 ② 의화단 운동이 진압된 이후 청은 열강과 신축조약을 체결하여 베이징에 외국 군대의 주둔 등을 인정하였다.

오답피하기 ① 천두슈, 후스 등은 유교 중심의 전통문화를 비판하고 서양의 과학과 민주주의 수용 등을 주장하는 신문화 운동을 전개하였다.
③ 정부의 체계적인 계획 없이 추진된 양무운동은 청일 전쟁의 패배로 인해 한계가 뚜렷하게 드러났다.
④ 우창에서 신군이 봉기하면서 신해혁명이 시작되었고, 쑨원을 임시 대총통으로 하는 중화민국이 수립되었다.
⑤ 증국번, 이홍장 등이 이끄는 향용은 태평천국 운동의 진압 과정에서 활약하였다.

4 신해혁명의 전개 과정 파악

문제분석 자료에서 우창의 신군이 봉기한 점 등의 내용을 통해 밑줄 친 '봉기'는 우창 봉기임을 알 수 있다.

정답찾기 ① 1911년에 우창 신군의 봉기로 시작된 신해혁명으로 중화민국이 성립되고, 쑨원이 임시 대총통으로 취임하였다(1912).

오답피하기 ② 시안 사건을 계기로 중국 국민당과 중국 공산당의 연대 분위기가 고조되었고 중일 전쟁 발발 직후 제2차 국공 합작이 이루어져 항일 전쟁을 전개하였다.
③ 의화단 세력이 베이징의 외국 공관을 습격하자 영국, 독일 등이 8개국 연합군을 조직하여 의화단을 진압하였다.
④ 제1차 아편 전쟁의 결과 체결된 난징 조약에 따라 상하이 등 5개 항구가 개항되었다.
⑤ 시모노세키 조약에 따라 일본이 랴오둥반도를 차지하자 러시아,

독일, 프랑스는 일본에 압력을 가해 랴오둥반도를 중국에 반환하도록 하였다(삼국 간섭).

5 5·4 운동의 전개 과정 이해

문제분석 자료에서 베르사유 회의에서 결정한 산둥 해결 방안에 반대, 베이징 학생 연합, 베르사유 조약에 반대, 톈안먼 광장 등의 내용을 통해 자료에 나타난 운동은 5·4 운동임을 알 수 있다.

정답찾기 ④ 1919년 베이징의 학생들을 중심으로 일본의 대중국 '21개조 요구' 철폐, 산둥반도의 이권 반환 등을 요구하는 5·4 운동이 일어났다.

오답피하기 ① 캉유웨이 등이 변법자강 운동을 전개하자, 기득권을 위협받은 서태후 등의 보수 세력이 무술정변을 일으켜 탄압하였다.
② 청 정부가 철도 국유화 조치를 강행하자 쓰촨 지역 등에서 반대 운동이 일어났으며, 우창의 신군이 봉기하면서 신해혁명이 시작되었다.
③ 청은 1842년 난징 조약에 따라 상하이 등 5개 항구를 개항하였다.
⑤ 증국번, 이홍장 등은 중체서용을 바탕으로 양무운동을 전개하였다.

6 메이지 정부의 정책 파악

문제분석 자료에서 왕정복고로 수립, 징병제 등의 내용을 통해 밑줄 친 '신정부'는 메이지 정부임을 알 수 있다.

정답찾기 ④ 메이지 정부는 1871년에 불평등 조약의 개정 협상 등을 목적으로 미국과 유럽에 이와쿠라 사절단을 파견하였다.

오답피하기 ① 청 정부는 광서신정을 통해 과거제를 폐지하고 신군을 편성하는 등의 개혁을 추진하였다.
② 이홍장은 양무운동의 추진 과정에서 금릉 기기국을 설치하였다.
③ 에도 막부는 쇼군이 지방 다이묘들을 통제하기 위해 정기적으로 다이묘를 에도에 머물다 가도록 하는 산킨코타이 제도를 실시하였다.
⑤ 무로마치 막부 시기에 일본과 명 사이에 감합 무역이 이루어졌다.

7 브라흐마 사마지 운동의 특징 파악

문제분석 자료에서 람 모한 로이, 언론과 종교의 자유, 서양의 문물과 학문을 도입하여 인도 사회를 개혁, 힌두교의 순수한 교리로 돌아가자는 종교 운동 등의 내용을 통해 밑줄 친 '이 운동'이 브라흐마 사마지 운동임을 알 수 있다.

정답찾기 ③ 19세기 전반 인도에서는 람 모한 로이를 중심으로 순수 힌두교 교리로의 복귀, 우상 숭배와 카스트제 반대 등의 사회 개혁을 추진하는 브라흐마 사마지 운동이 전개되었다.

오답피하기 ① 쑨원이 사망한 후 중국 국민당의 장제스는 군벌 타도 등을 내세우며 국민 혁명을 추진하였다.
② 난징 조약 체결 후에도 청과의 무역에서 성과를 거두지 못한 영국은 애로호 사건을 빌미로 프랑스와 연합하여 제2차 아편 전쟁을 일으켰다.
④ 프랑스의 식민 지배에 맞서 베트남 등에서 민족 운동이 전개되었다. 인도는 영국의 식민 지배를 받았다.
⑤ 세포이의 항쟁의 결과 영국이 인도 통치 개선법을 제정하여 동인

도 회사의 인도 지배권을 박탈하였다.

8 벵골 분할령의 영향 파악

문제분석 자료에서 인도 국민 회의에서 개최한 콜카타 대회, 스와데시, 스와라지, 영국 상품 배척 운동, 토산물 장려 운동 등의 내용을 통해 자료는 벵골 분할령 발표에 따른 인도인의 저항임을 알 수 있다.

정답찾기 ④ 1905년 영국이 벵골 분할령을 발표하자, 인도 국민 회의는 틸라크를 중심으로 콜카타 대회를 열어 인도인의 자치(스와라지), 영국 상품의 불매와 국산품 애용(스와데시) 등을 내세우며 반영 운동을 전개하였다.

오답피하기 ① 영국의 찰스 2세가 가톨릭교도를 우대하자 의회는 국교도만 공직에 임용될 수 있도록 한 심사법을 제정하였다.
② 베트남의 판보이쩌우는 근대 문물을 교육시켜 독립에 필요한 인재를 양성하고자 동유 운동을 전개하였다.
③ 영국에서 제1차 선거법 개정 때 선거권을 받지 못한 노동자들은 이후 인민헌장을 내걸고 차티스트 운동을 벌였다.
⑤ 세포이의 항쟁 결과 무굴 제국의 황제가 폐위되었다.

9 오스만 제국의 민족 운동 이해

문제분석 자료에서 청년 튀르크당, 술탄 압둘 하미드 2세, 무장봉기로 정권을 장악하고 헌법을 부활 등의 내용을 통해 밑줄 친 '제국'은 오스만 제국임을 알 수 있다. 1908년 청년 튀르크당의 무장봉기로 술탄의 전제 정치가 무너지고 헌법이 부활되었다.

정답찾기 ① 오스만 제국은 영국, 프랑스 등과 연합하여 러시아와 크림 전쟁을 벌여 승리하였다.

오답피하기 ② 티무르가 사마르칸트를 수도로 티무르 왕조를 세웠다.
③ 프로이센은 관세 동맹을 주도하여 독일의 경제적 통합을 추구하였다.
④ 영국은 이집트 카이로와 남아프리카의 케이프타운을 잇는 종단 정책을 추진하였다.
⑤ 포르투갈은 고아와 믈라카 등에 무역 거점을 마련하여 동방과의 향신료 무역을 주도하였다.

10 카자르 왕조의 민족 운동 이해

문제분석 자료에서 페르시아만, 북쪽 경계는 남하하는 러시아와 영토가 맞닿아 있는 점, 동남쪽 경계는 대영 제국이 장악하고 있는 아프가니스탄 지역과 접해 있는 점, 이란 지역을 차지하고 있는 점 등의 내용을 통해 (가) 왕조는 카자르 왕조임을 알 수 있다.

정답찾기 ① 이란의 카자르 왕조가 담배 제조와 판매에 대한 독점권을 영국에 넘겨주자 이에 맞서 반영 투쟁의 일환으로 담배 불매 운동이 전개되었다.

오답피하기 ② 아프리카의 줄루 왕국은 이산들와나 전투에서 영국군에 승리하였다.
③ 청과 러시아는 네르친스크 조약을 체결하여 국경을 확정하였다.
④ 이집트에서는 아라비 파샤가 '이집트인을 위한 이집트 건설'을 내세우며 반영 운동을 전개하였다.
⑤ 필리핀에서는 호세 리살이 에스파냐인과 동등한 대우를 요구하며 독립 운동을 전개하였다.

THEME 11 두 차례의 세계 대전

유형 연습   본문 75쪽

1 ④   2 ④

1 제1차 세계 대전의 배경 이해

문제분석 자료에서 탱크의 등장, 솜강 유역에서 독일군과의 전투, 러시아가 독일 등과 단독 강화 조약을 체결해 전쟁에서 발을 뺀다는 점, 혁명으로 러시아가 전쟁에 집중하지 못한다는 내용을 통해 밑줄 친 '이 전쟁'이 제1차 세계 대전임을 알 수 있다.

정답찾기 ④ 1914년 오스트리아·헝가리 제국의 황태자 부부가 보스니아의 사라예보를 방문하였을 때 세르비아의 민족주의를 지지하는 청년이 황태자 부부를 암살하는 사건이 일어났다(사라예보 사건). 이를 계기로 제1차 세계 대전이 발발하였다.

오답피하기 ① 17세기 전반 찰스 1세 때 왕당파와 의회파가 충돌하면서 청교도 혁명이 일어났다. 왕당파와 의회파의 내전에서 크롬웰이 이끌던 의회파가 승리하여 찰스 1세를 처형하고 공화정을 수립하였다. 이후 크롬웰은 호국경에 취임하였다.
② 러일 전쟁은 1905년 체결된 포츠머스 조약으로 마무리되었다.
③ 제1차 세계 대전(1914~1918) 종전 후 평화 유지를 위한 국제기구로 1920년 국제 연맹이 결성되었다.
⑤ 제2차 세계 대전은 1945년 일본에 대한 미국의 원자 폭탄 투하를 계기로 종결되었다.

2 제2차 세계 대전의 과정 이해

문제분석 자료에서 독일이 소련과 무력 사용을 배제하는 조약을 체결하였다는 내용에서 이 조약이 1939년에 체결된 독소 불가침 조약임을 알 수 있다. 또한 독일이 단치히 및 회랑 지대의 문제를 해결하기 위해 폴란드 정부와 싸우겠다는 내용을 통해 제2차 세계 대전 발발 직전의 상황임을 알 수 있다.

정답찾기 ㄴ. 제2차 세계 대전 중 국제 평화와 안전 유지를 위한 국제기구의 필요성이 대두되었고 그 결과 1945년 10월 국제 연합[UN]이 창설되었다.
ㄹ. 1942년 6월 미드웨이 해전에서 미군이 일본군을 대파하면서 태평양 전쟁에서의 우위를 점하게 되었다.

오답피하기 ㄱ. 일본은 1937년 중일 전쟁을 일으켜 대륙 침략을 본격화하였다.
ㄷ. 1922년 로마 진군을 계기로 무솔리니는 이탈리아의 정권을 잡았다.

수능 2점 테스트   본문 76~77쪽

01 ②   02 ④   03 ①   04 ⑤
05 ④   06 ①   07 ③   08 ⑤

01 독일의 활동 파악

문제분석 자료에서 비스마르크의 외교 정책, 자국의 수도와 비잔티움, 바그다드의 연결과 같은 빌헬름 2세의 적극적인 팽창 정책 등과 같은 내용을 통해 (가) 국가는 독일임을 알 수 있다.

정답찾기 ② 독일, 오스트리아·헝가리 제국, 이탈리아가 3국 동맹을 구성하였다(1882).

오답피하기 ① 영국과 러시아 등 강대국의 압박으로 점차 쇠퇴하던 오스만 제국은 19세기 전반에 근대적 개혁인 탄지마트를 단행하였다.

③ 19세기 말 태평양으로 세력을 확장하던 미국은 에스파냐와의 전쟁(1898)에서 승리하여 쿠바를 보호국화하고, 필리핀과 괌섬을 식민지로 삼았다.

④ 1905년 영국은 인도 벵골 지역을 분리 통치하려는 벵골 분할령을 발표하였다.

⑤ 17세기 후반 청은 러시아와 네르친스크 조약을 체결하여 국경을 획정하였다.

02 제1차 세계 대전의 영향 파악

문제분석 자료에서 사라예보 사건을 계기로 시작된 점, 독가스의 사용 등과 같은 내용을 통해 밑줄 친 '이 전쟁'은 제1차 세계 대전임을 알 수 있다.

정답찾기 ④ 제1차 세계 대전 종전 이후 1919년에 전승국 대표를 중심으로 파리 강화 회의가 개최되었으며, 이 회의에서 영국, 프랑스 등 전승국과 독일 간에 베르사유 조약이 체결되었다. 이 조약의 체결로 독일은 배상금 지불을 강요받았으며, 해외 식민지를 상실하였다.

오답피하기 ① 오스트리아의 메테르니히가 주도한 빈 회의(1814~1815)에서 유럽 각국의 영토를 프랑스 혁명 이전으로 되돌리기로 결정하면서 이른바 빈 체제가 수립되었다.

② 프랑스의 황제로 즉위한 나폴레옹은 19세기 초에 신성 로마 제국을 해체하였다.

③ 독일 지역에서 구교와 신교 사이의 갈등으로 시작된 30년 전쟁은 베스트팔렌 조약의 체결(1648)로 마무리되었다.

⑤ 영국에서는 제1차 선거법 개정(1832) 이후에도 선거권을 부여받지 못한 노동자들이 인민헌장을 내걸고 차티스트 운동을 전개하였다.

03 피의 일요일 사건 이해

문제분석 자료에서 1월 22일 일요일에 상트페테르부르크의 군중이 차르 니콜라이 2세에게 개혁을 요구하는 청원을 하며 시위를 일으켰다는 사실, 이 시위를 진압하는 과정에서 많은 사상자가 발생하였다는 내용 등을 통해 1905년 1월에 일어난 피의 일요일 사건임을 알 수 있다.

정답찾기 ① 차르의 전제 정치와 농업에 의존하는 경제 구조에서 벗어나지 못한 러시아는 1904년에 발발한 러일 전쟁으로 인해 경제적 상황이 크게 악화되었다. 이에 1905년 1월 22일 상트페테르부르크에서 러시아의 개혁을 요구하는 대규모의 시위가 일어났다. 하지만 이를 진압하는 과정에서 대규모의 사상자가 발생하였다(피의 일요일 사건). 제1차 세계 대전은 1914년에 발발하였다.

04 대장정의 시기 파악

문제분석 (가) 중국 국민당의 군대가 베이징을 차지하였으며 장제스가 북벌을 이끌었다는 내용을 통해 1928년 장제스가 이끄는 국민 혁명군이 베이징을 점령한 시기임을 알 수 있다. 쑨원이 사망한 후 중국 국민당의 실권을 장악한 장제스는 1926년 군벌 타도 등을 내세우며 국민 혁명을 추진하였다. 1928년 베이징을 점령하고 장제스는 국민 혁명을 완수하였다. (나) 시안에서 장쉐량이 병력을 동원하여 장제스를 감금하였다는 내용을 통해 1936년 12월에 전개된 시안 사건임을 알 수 있다.

정답찾기 ⑤ 장제스의 중국 국민당이 공산당 토벌 작전을 전개하자 1934년에 중국 공산당이 대장정을 단행하였다.

오답피하기 ① 1919년 베이징의 학생들을 중심으로 일본의 대중국 '21개조 요구' 철폐, 산둥반도의 이권 반환 등을 요구하는 5·4 운동이 일어났다.

② 신축조약(베이징 의정서)은 1901년에 체결되었다.

③ 홍수전 등이 주도한 태평천국 운동은 1850년대부터 1860년대까지 전개되었다.

④ 1924년 군벌 타도와 제국주의에 대한 저항을 목적으로 한 제1차 국공 합작이 이루어졌다.

05 비폭력·불복종 운동의 배경 이해

문제분석 자료에서 제1차 세계 대전이 종전된 직후 영국인 판사 롤럿을 의장으로 한 위원회에서 제출한 법안, 용의자를 영장 없이 체포하는 규정 등을 통해 밑줄 친 '이러한 법'이 1919년에 제정된 롤럿법임을 알 수 있다.

정답찾기 ④ 인도는 자치권을 약속한 영국을 도와 제1차 세계 대전에 협력하였으나, 영국은 인도인을 영장 없이 체포하거나 재판 없이 투옥할 수 있게 한 롤럿법을 제정하여 인도의 민족 운동을 억압하였다. 이에 간디는 롤럿법의 폐지와 완전한 자치를 요구하며 비폭력·불복종 운동을 전개하였다.

오답피하기 ① 영국이 벵골 분할령을 발표하자, 인도 국민 회의는 1906년 콜카타 대회를 개최하였다.

② 세포이의 항쟁을 무력으로 진압한 영국은 무굴 제국 황제를 폐위하였다.

③ 영국의 동인도 회사에서 고용한 용병인 세포이들은 영국이 인도인의 종교적 전통을 무시하였다는 것 등을 배경으로 1857년에 세포이의 항쟁을 일으켰다.

⑤ 19세기 전반 인도에서는 람 모한 로이를 중심으로 순수 힌두교 교리로의 복귀 등을 주장하며 사회 개혁을 추진하는 브라흐마 사마지 운동이 전개되었다.

06 대공황의 극복 노력 파악

문제분석 자료에서 미국 후버 대통령의 대규모 댐 건설, 루스벨트 대통령의 테네시강 유역 개발 공사 추진 등의 내용을 통해 세계적 경제 위기는 대공황임을 알 수 있다.

정답찾기 ① 미국의 루스벨트 대통령은 대공황 극복을 위해 뉴딜 정책을 추진하여, 정부의 지출을 늘리고 대규모 공공사업을 일으켰다.

또한 루스벨트 대통령은 실업자, 노령층, 장애인 등을 지원하는 내용의 사회 보장 제도를 시행하였다.

오답피하기 ② 링컨은 남북 전쟁 중인 1863년에 노예 해방 선언을 발표하였다.

③ 보스턴 차 사건(1773) 이후 영국이 보스턴항을 폐쇄하고 군대를 추가로 배치하는 등 압박을 강화하자, 식민지 대표들은 제1차 대륙 회의를 개최하여 저항하였다.

④ 레닌은 급격한 공산화에 따른 경제 혼란을 극복하기 위해 1921년부터 자본주의적 요소를 일부 도입하는 신경제 정책[NEP]을 추진하였다.

⑤ 남북 전쟁이 끝나고 1869년에는 대륙 횡단 철도가 개통되어 미국의 영토 통합이 진척되었다.

07 제2차 세계 대전의 전개 과정 파악

문제분석 자료에서 독일의 공격으로 프랑스의 드골이 영국으로 이동한 상황에서 레지스탕스의 활동을 독려하는 내용을 통해 밑줄 친 '이 전쟁'이 제2차 세계 대전(1939~1945)임을 알 수 있다.

정답찾기 ③ 제2차 세계 대전 중인 1944년 6월 연합군은 노르망디 상륙 작전을 통해 파리를 해방시키고 독일 본토로 진격하였다.

오답피하기 ① 제1차 세계 대전 종전 이후 1919년에 전승국 대표를 중심으로 파리 강화 회의가 개최되었으며, 이 회의에서 영국, 프랑스 등 전승국과 독일 간에 베르사유 조약이 체결되었다.

② 독일은 1933년 국제 연맹에서 탈퇴하였다. 제2차 세계 대전은 1939년에 일어났다.

④ 제1차 세계 대전(1914~1918)의 진행 중에 일본은 중국 내 독일의 각종 이권을 일본에 양도한다는 내용을 포함한 대중국 '21개조 요구'를 위안스카이 정부에 제출하였다.

⑤ 무솔리니 집권 시기 이탈리아는 국가 지상주의와 군국주의를 내세우며 에티오피아를 침공하였다(1935).

08 뉘른베르크 재판의 목적 이해

문제분석 자료에서 영국·미국·소련과 같은 연합국이 히틀러의 군대가 자행한 잔학 행위, 학살 등을 처벌할 것이라 선언한 내용을 통해 제2차 세계 대전의 전쟁 범죄자 처벌에 대한 내용임을 추론할 수 있다.

정답찾기 ⑤ 제2차 세계 대전에서 독일이 항복한 이후 1945년 11월부터 독일의 뉘른베르크에서 전범에 대한 국제 군사 재판이 열렸다.

오답피하기 ① 러일 전쟁에서 승기를 잡은 일본은 미국의 중재로 러시아와 포츠머스 조약을 맺었다(1905). 이를 통해 일본은 한반도와 만주에서의 이권을 인정받았다.

② 1929년 미국 증권 거래소의 주가 폭락을 계기로 대공황이 전 세계로 확산되었다. 미국의 루스벨트 대통령은 정부가 시장에 적극 개입하는 뉴딜 정책을 추진하여 대공황을 극복하고자 하였다.

③ 이탈리아의 무솔리니는 파시스트당을 결성하고, 1922년 로마 진군을 계기로 권력을 장악하였다.

④ 19세기 초 프랑스의 나폴레옹은 영국을 고립시켜 경제적 타격을 입힐 목적으로 대륙 봉쇄령을 선포하였다.

1 ⑤	2 ③	3 ②	4 ②
5 ④	6 ⑤		

1 오스트리아·헝가리 제국 파악

문제분석 자료에서 6월 28일 일어난 고통스러운 사건으로 자국의 황태자 부부가 암살당하였다는 내용, 세르비아의 단체 등을 통해 (가) 국가는 오스트리아·헝가리 제국임을 알 수 있다.

정답찾기 ⑤ 오스트리아·헝가리 제국은 독일, 이탈리아와 3국 동맹을 결성하였다. 하지만 이탈리아는 오스트리아·헝가리 제국과 이해 관계가 엇갈려 제1차 세계 대전 당시에 연합국 측에 가담하여 오스트리아·헝가리 제국과 대립하였다.

오답피하기 ① 19세기 후반 포르투갈은 마카오를 식민지로 삼았다.

② 제1차 아편 전쟁에서 승리한 영국은 청과 난징 조약을 체결하였다.

③ 제1차 세계 대전의 말미에 독일에서는 킬 군항 해군의 봉기를 시작으로 혁명이 일어났다. 그 결과 독일의 빌헬름 2세가 망명하고 제정이 무너졌다. 이후 독일에서는 바이마르 공화국이 수립되었다.

④ 프랑스군은 플라시 전투에서 영국군에 패배하였다.

2 스탈린의 통치 이해

문제분석 자료에서 레닌과 트로츠키가 세운 소비에트 정부에서 보통 선거, 언론·결사의 자유를 제대로 인정하지 않고 있으며 관료제 중심의 정치 활동이 유지되는 상황, 이러한 체제하에서 특정 인물이 전권을 행사할 수 있다는 내용을 통해 스탈린의 독재 체제를 추론할 수 있다.

정답찾기 ③ 레닌이 사망한 후 소련의 정권을 장악한 스탈린은 정권에 대한 비판을 금지하고 거대한 수용소를 지어 반대 세력을 감금하는 등 독재 체제를 강화하였다.

오답피하기 ① 미국 대통령 먼로는 1823년에 미국의 외교 방침을 밝힌 먼로 선언을 발표하였다. 먼로 선언에서는 유럽에 대한 미국의 불간섭 원칙과 함께 아메리카에 대한 유럽의 불간섭 원칙이 천명되었다.

② 1848년에 발생한 프랑스 2월 혁명의 영향으로 오스트리아에서 혁명이 일어나 메테르니히가 몰락함으로써 빈 체제는 사실상 해체되었다.

④ 크림 전쟁에서 패배한 후 개혁의 필요성을 절감한 러시아의 알렉산드르 2세는 1861년 농노 해방령을 발표하는 등 일련의 개혁을 단행하였다.

⑤ 러시아에서 알렉산드르 2세 통치 시기에 지식인들이 브나로드 운동을 벌였다.

3 1930년대 중반 중국의 상황 파악

문제분석 자료에서 톈안먼 광장에 모여 '21개조 요구'의 폐기와 칭다오의 반환을 외친 운동이라는 점에서 1919년의 5·4 운동임을 추론할 수 있다. 그 이후에 16년간이라는 내용에서 5·4 운동 이후 1930년대 중반까지 있었던 사실을 묻는 문항임을 알 수 있다.

정답찾기 ② 1931년 일본군은 만주 지역을 침략하였다(만주 사변).

① 1911년에 우창에서 신군이 일으킨 봉기가 전국으로 확산되면서 신해혁명이 전개되었다.

③ 홍수전 등이 주도한 태평천국 운동은 1850년대부터 1860년대까지 전개되었다.

④ 1937년 중국 국민당과 중국 공산당 사이에 제2차 국공 합작이 이루어졌다.

⑤ 중화 인민 공화국은 1949년에 수립되었다.

4 로마 진군 직후의 국제 정세 파악

문제분석 자료에서 며칠 전 로마로 향한 '검은 셔츠'의 혁명으로 파시스트 세력이 이탈리아 정권을 주도하는 내용을 통해 1922년에 일어난 로마 진군임을 알 수 있다. 자료에서 연설하는 인물은 무솔리니이다.

정답찾기 ② 제1차 세계 대전 이후 열린 파리 강화 회의에 따라 전승국과 독일이 베르사유 조약을 체결하였다(1919).

오답피하기 ① 국제 연합은 1945년에 결성되었다.

③ 제2차 세계 대전이 발발한 이후 독일은 프랑스를 공격하여 파리를 점령하였다.

④ 독일 · 이탈리아 · 일본의 3국 방공 협정은 1937년에 체결되었다.

⑤ 1929년에 일어난 대공황으로 인한 경제 침체를 극복하기 위해 미국 루스벨트 대통령은 테네시강 유역 개발 공사와 같은 대규모의 토목 공사를 펼쳤다.

5 제2차 세계 대전의 전개 과정 이해

문제분석 자료에서 노르망디 상륙 작전, 연합군과 독일군 사이의 치열한 전투 등의 내용을 통해 (가)에는 노르망디 상륙 작전 이후의 사실이 들어가야 함을 알 수 있다.

정답찾기 ④ 1944년 6월 노르망디 상륙 작전이 전개된 이후인 1945년 8월 미국은 일본 히로시마에 원자 폭탄을 투하하였다.

오답피하기 ① 1939년 9월 영국은 독일에 선전 포고를 하였다.

② 독일은 소련과 불가침 조약을 체결하고 폴란드를 기습 침공하였다.

③ 독일군에 의해 파리가 함락당하자, 프랑스의 드골 등은 1940년 영국에 망명 정부를 수립하였다.

⑤ 1941년 12월 일본은 하와이의 진주만을 기습 공격하였다.

6 국제 연합 파악

문제분석 자료에서 두 차례의 세계적 전쟁의 불행에서 다음 세대를 구하기 위해 조직하며, 안전 보장 이사회가 군사적 조치를 취한다는 내용을 통해 1945년에 창설된 국제 연합에 관한 내용임을 알 수 있다.

정답찾기 ⑤ 제2차 세계 대전 중 국제 평화와 안전 유지를 위한 국제 기구의 필요성이 대두되었고 그 결과 국제 연합이 창설되었다(1945. 10.).

오답피하기 ① 19세기 후반 열강이 군사력과 경제력을 앞세워 식민지 건설을 추진한 제국주의가 등장하였다. 제국주의 열강은 아프리카, 아시아 등지를 식민 지배하였다.

② 1989년 베를린 장벽이 무너진 이후 1990년 독일의 통일이 이루어졌다. 비슷한 시기 동유럽 국가에서는 공산주의 체제가 무너졌다.

③ 미국은 트루먼 독트린을 발표하여 공산주의의 확산을 막고자 하였으며, 서유럽 각국의 경제를 재건하려는 마셜 계획을 추진하였다. 이에 맞서 소련은 관련 기구를 조직하였다. 또한 미국과 소련은 각각 공동 방어 체계를 수립함으로써 냉전 체제가 형성되었다.

④ 1929년의 대공황으로 경제적 혼란이 커지자 뉴딜 정책, 블록 경제 등과 같은 대응 방안이 등장하였다.

1 ①   2 ①

1 북대서양 조약 기구 이해

문제분석 자료에서 벨기에, 프랑스, 룩셈부르크, 네덜란드, 영국 등과 같은 서유럽 국가와 캐나다, 미국과 같은 북아메리카 국가가 참여한 기구로 군사 방위 체제를 구축한다는 것을 통해 1949년에 창설된 북대서양 조약 기구[NATO]임을 알 수 있다.

정답찾기 ㄱ. 제2차 세계 대전이 끝난 후 미국과 소련의 대립이 본격화되었다. 미국은 공산주의 확산을 막고자 트루먼 독트린을 발표하였다(1947). 또한 미국을 중심으로 북대서양 조약 기구가 결성되었다(1949).

ㄴ. 북대서양 조약 기구에 맞서 소련과 동유럽 국가는 바르샤바 조약 기구[WTO]를 창설하였다. 이로써 각각 미국과 소련을 중심으로 나뉘어 대립하는 냉전 체제가 형성되었다.

오답피하기 ㄷ. 상임 이사국에 거부권을 부여한 기구는 국제 연합[UN]이다.

ㄹ. 쿠바 미사일 위기는 북대서양 조약 기구 창설 이후인 1962년에 일어난 사건이다.

2 아시아 · 아프리카 회의 이해

문제분석 자료에서 아시아 · 아프리카의 29개국 대표가 반둥에 모여 개최한 회의로 특정한 블록을 형성하지 않겠다는 의지를 천명하였다는 내용을 통해 밑줄 친 '회의'가 1955년에 개최된 아시아 · 아프리카 회의(반둥 회의)임을 알 수 있다.

정답찾기 ① 아시아 · 아프리카 회의에서는 식민지 문제를 논의하였고, 비동맹 중립주의 노선을 표방하는 평화 10원칙을 만장일치로 채택하여 발표하였다.

오답피하기 ② 유럽 공동체[EC] 소속 국가들은 1992년에 마스트리흐트 조약을 체결하였다.

③ 제2차 세계 대전은 1945년에 종전되었다.

④ 국제 연합[UN]은 아시아 · 아프리카 회의가 개최되기 이전인 1945년 10월에 창설되었다.

⑤ 독립 국가 연합[CIS]은 알마아타(알마티) 등지에서의 회의를 통해 1991년에 출범하였다.

01 베를린 봉쇄의 배경 파악

문제분석 자료에서 제2차 세계 대전이 종전된 이후 독일 일부 지역을 관할하던 미국 · 영국 · 프랑스가 화폐 개혁을 단행하였다는 내용을 통해 이들 나라가 소련과 협의하지 않고 자신들의 관할 지역에 시행한 화폐 개혁임을 알 수 있다.

정답찾기 ② 미국, 영국, 프랑스가 자신들의 독일 내 관할 구역에 새로운 통화 제도를 도입하자, 소련은 베를린 봉쇄를 단행하여 물자 공급 등을 차단하였다.

오답피하기 ① 1969년 미국은 닉슨 독트린을 발표하여 냉전 완화의 분위기를 조성하였으며, 이후 베트남에서 군대를 철수하였다.

③ 파리 강화 회의에서 영국, 프랑스 등 전승국과 독일 간에 베르사유 조약이 체결되었다(1919). 이 조약의 체결로 독일은 해외 식민지를 상실하였다.

④ 미국의 루스벨트 대통령은 노동자의 단결권과 단체 교섭권을 인정한 와그너법을 1935년에 제정하여 노사 관계를 안정시키고자 하였다.

⑤ 국제 연맹은 제1차 세계 대전이 종결되고 1920년에 창설되었다.

02 소련에 대한 이해

문제분석 자료에서 미국과 대륙 간 탄도 미사일, 잠수함 발사 탄도 미사일 등과 같은 전략 무기를 제한하는 협정을 체결하였다는 내용을 통해 (가) 국가는 소련임을 알 수 있다.

정답찾기 ① 소련은 동유럽 공산주의 국가에 대한 경제 원조를 강화하기 위해 코메콘을 조직하였다.

오답피하기 ② 제2차 세계 대전이 끝난 후 동유럽에 공산주의 세력이 확대되고, 그리스 등지에서도 공산주의 세력이 부상하였다. 이에 미국의 트루먼 대통령은 서유럽 각국의 경제를 재건하려는 마셜 계획을 추진하였다.

③ 카이로 회담에는 미국, 영국, 중국의 대표가 참석하였다.

④ 독일은 스탈린그라드 전투에서 패배하였다.

⑤ 이탈리아는 독일, 일본과 방공 협정을 체결하였다.

03 고르바초프의 활동 파악

문제분석 자료에서 1985년 소련 공산당 서기장의 자리에 올랐으며, 1990년에는 소련 대통령으로 선출된 인물로 노벨 평화상 수상자에 선정되었다는 내용을 통해 (가) 인물은 고르바초프임을 알 수 있다.

정답찾기 ③ 1985년 소련의 공산당 서기장이 된 고르바초프는 페레스트로이카(개혁)를 표방하였다.

오답피하기 ① 오스트리아의 메테르니히는 나폴레옹 전쟁의 전후 처리와 유럽의 질서 회복을 위해 빈 회의를 주도하여 빈 체제의 수립에 기여하였다.

② 미국 대통령 루스벨트와 영국 총리 처칠이 대서양 해상의 군함에서 만나 전후 평화 수립의 원칙에 합의하였다(대서양 헌장, 1941).

④ 레닌은 급격한 공산화에 따른 경제적 혼란을 극복하기 위해 신경제 정책[NEP]을 시행하였다.

⑤ 유고슬라비아의 티토, 인도의 네루, 이집트의 나세르 등은 1961년에 제1차 비동맹 회의를 개최하였다.

04 톈안먼 사건 이해

문제분석 자료에서 후야오방의 죽음을 애도하며 베이징 톈안먼 광장에 모인 학생들이 중국의 정치 개혁을 요구하였다는 내용을 통해 밑줄 친 '시위'가 1989년의 톈안먼 광장에서의 민주화 시위임을 알 수 있다.

정답찾기 ③ 중국 공산당은 1989년 톈안먼 광장에서의 시위를 무력으로 진압하였다.

오답피하기 ① 영국과 독일 등 8개국 연합군은 의화단 운동을 진압하였으며, 중국은 열강과 신축조약을 체결하였다(1901).
② 1919년 베이징의 학생들을 중심으로 일본의 대중국 '21개조 요구' 철폐, 산둥반도의 이권 반환 등을 요구하는 5·4 운동이 일어났다.
④ 대약진 운동은 1950년대 말부터 1960년대 초까지 추진되었다.
⑤ 제2차 세계 대전이 끝난 후 본격화된 국공 내전에서 승리한 중국 공산당은 중화 인민 공화국을 수립하였다(1949).

수능 3점 테스트 본문 84~85쪽

| 1 ② | 2 ① | 3 ③ | 4 ② |

1 쿠바 미사일 위기의 시기 파악

문제분석 자료에서 소련이 쿠바에 미사일 기지를 건설하는 사실에 반발하여 미국이 쿠바에 대한 해상 봉쇄를 선언하였다는 내용을 통해 자료의 상황은 1962년 10월에 일어난 쿠바 미사일 위기임을 알 수 있다.

정답찾기 ② 반둥 회의는 1955년에 개최되었으며, 닉슨 독트린은 1969년에 발표되었다.

2 독일 통일의 배경 이해

문제분석 자료에서 베를린을 동서로 나눈 장벽이 무너지는 상황을 통해 베를린 장벽의 붕괴(1989)임을 알 수 있다.

정답찾기 ① 소련의 개혁·개방 정책을 계기로 동독 주민의 개혁 요구가 확대되었으며 대규모의 시위가 일어났다. 이러한 상황에서 1989년 동독과 서독 간의 통행 자유화 조치가 발표되면서 1961년에 설치된 베를린 장벽이 붕괴되었다.

오답피하기 ② 제1차 세계 대전 중인 1918년 11월 독일 킬 군항 해군들이 봉기를 일으켰다. 그 영향으로 독일의 빌헬름 2세는 망명하였다.
③ 세계 경제의 세계화 추세 속에서 1995년에 세계 무역 기구[WTO]가 창설되었다. 이 기구에서는 자유 무역 체제를 강화하고 관세 인하와 무역 장벽 철폐 등을 추진하였다.
④ 유럽 공동체[EC] 소속 국가들은 마스트리흐트 조약을 체결하여 공동 외교와 안보 정책, 유럽 단일 통화 등을 결의하였다. 그 결과 유럽 연합[EU]이 정식 출범하였다(1993).
⑤ 독일의 나치당은 1932년 총선에서 승리하였고, 이듬해 히틀러가 총리로 취임하였다. 독일의 나치 정권은 극단적인 민족주의와 인종주의를 내세워 유대인을 탄압하고 학살하였다. 이들의 전체주의 체제는 1945년 제2차 세계 대전의 종전과 더불어 붕괴되었다.

3 문화 대혁명 시기의 사건 파악

문제분석 자료에서 마오쩌둥을 주제로 한 미술 창작 활동이 절정기

였으며 홍위병이 활동하였다는 내용에서 밑줄 친 '기간'은 문화 대혁명(1966~1976) 시기임을 알 수 있다.

정답찾기 ③ 문화 대혁명이 전개된 시기인 1972년에 미국 대통령 닉슨은 중국을 방문하여 정상 회담을 하였다.

오답피하기 ① 장제스의 중국 국민당이 중국 공산당에 대한 공격을 강화하자 1934년 중국 공산당은 대장정을 단행하였다.
② 천두슈·후스 등은 유교 중심의 전통문화를 비판하고 서양의 과학과 민주주의의 수용 등을 주장하는 신문화 운동을 전개하였다.
④ 1950년대 말 마오쩌둥은 대약진 운동을 선언하고 농업과 공업 분야의 비약적인 경제 발전을 꾀하였다.
⑤ 1989년의 톈안먼 사건 이후 중국의 개혁·개방 정책에 대한 비판이 커졌다. 이에 덩샤오핑은 중국의 경제특구를 순방하며 개혁·개방을 강조하는 활동을 펼쳤다.

4 마스트리흐트 조약 체결 당시의 국제 정세 이해

문제분석 자료에서 유럽 각국이 내부 국경이 없는 지역의 조성, 단일 통화 사용의 추진 등에 합의하는 내용을 통해 마스트리흐트 조약임을 알 수 있다.

정답찾기 ② 1991년 독립 국가 연합[CIS]이 출범한 이후 1992년에 유럽 공동체 소속 국가들이 마스트리흐트 조약을 체결하였다.

오답피하기 ① 2001년 미국에서는 9·11 테러가 일어나 많은 사상자가 발생하였다.
③ 미국, 캐나다, 서유럽 국가들은 공산주의에 대항하기 위한 군사 협력 기구로 북대서양 조약 기구[NATO]를 결성하였다(1949).
④ 1955년 인도네시아 반둥에서 아시아·아프리카 회의가 개최되었다.
⑤ 1933년 미국 대통령에 취임한 루스벨트는 대공황으로 인한 경제 위기의 극복을 위해 뉴딜 정책을 추진하였다.

1 ①	**2** ③	**3** ②	**4** ⑤	**5** ④
6 ①	**7** ⑤	**8** ④	**9** ③	**10** ③
11 ①	**12** ⑤	**13** ⑤	**14** ⑤	**15** ②
16 ②	**17** ②	**18** ①	**19** ⑤	**20** ①

1 이집트 문명 이해

문제분석 자료에서 나일강과 그 유역에 사는 여러 동물을 숭배하고, 파피루스에 기록을 남기는 한편 미라를 만들어 매장하는 풍습을 가졌다는 내용에서 밑줄 친 '이 문명'이 이집트 문명임을 알 수 있다.

정답찾기 ① 이집트 문명에서는 죽은 자를 위한 안내서인 『사자의 서』를 제작하였다.

오답피하기 ② 바빌로니아 왕국의 함무라비왕은 이전의 법을 집대성하여 함무라비 법전을 편찬하였다.

③ 고대 그리스인들은 올림피아 제전을 개최하여 공동체의 결속을 다졌다.

④ 중국 문명의 상 왕조에서는 점을 친 내용 등을 갑골에 새겼다.

⑤ 인더스 문명에서는 계획도시인 모헨조다로와 하라파가 건설되었다.

2 진(秦) 왕조 이해

문제분석 자료에서 진승 등이 반란을 일으켰으며 그에 대해 이세 황제가 대책을 논의하였다는 내용을 통해 (가) 왕조는 진(秦)임을 알 수 있다.

정답찾기 ③ 진시황제는 도전, 포전 등 전국 시대에 각국에서 사용되던 화폐를 반량전으로 통일하였다.

오답피하기 ① 명 태조 홍무제는 재상제를 폐지하여 황제권을 강화하고 유교 문화 부흥을 위해 육유를 반포하였다.

② 당은 안사의 난 이후 자산을 기준으로 하여 여름, 가을에 세금을 징수하는 양세법을 시행하였다.

③ 한의 무제는 흉노를 견제하기 위해 장건을 서역의 대월지에 파견하여 동맹을 꾀하였다.

⑤ 수, 당은 대규모 군사를 동원하여 고구려 원정을 추진하였다.

3 북위 이해

문제분석 자료에서 중국 화북을 통일한 선비족 왕조이며, 토지를 균등하게 나누어 주는 법령을 반포하였다는 내용을 통해 밑줄 친 '왕조'는 북위임을 알 수 있다.

정답찾기 ② 북위의 효문제는 뤄양으로 천도하였으며, 한족의 문물을 수용하고 한족과의 결혼을 장려하는 등 적극적인 한화 정책을 펼쳤다.

오답피하기 ① 당대에 공영달 등은 경전의 주석서인 『오경정의』를 편찬하였다.

③ 수의 문제(양견)는 9품중정제를 폐지하고 과거제를 실시하였다.

④ 청은 주요 관직에 만주족과 한족을 같이 임명하는 만한 병용제를 실시하였다.

⑤ 명의 영락제 등은 정화의 함대를 해외에 파견하였다.

4 에도 막부 파악

문제분석 자료에서 네덜란드 상관장에게 해외 정보에 관한 보고서(화란풍설서)를 제출하게 하였으며, 네덜란드로부터 서양의 학문을 수용하였다는 점, 도쿠가와 요시무네와 같은 쇼군이 조선에서 발간한 『동의보감』에 관심을 보였다는 사실 등을 통해 밑줄 친 '이 막부'가 에도 막부임을 알 수 있다.

정답찾기 ㄷ. 에도 막부 시기에 쇼군은 다이묘들을 통제하기 위해 정기적으로 다이묘를 에도에 머물다 가도록 하는 산킨코타이 제도를 시행하였다.

ㄹ. 에도 막부 시기에는 도시의 상공업자인 조닌이 성장하면서 가부키, 우키요에 등 조닌 문화가 발달하였다.

오답피하기 ㄱ. 일본은 7세기 전반부터 9세기 말까지 견당사를 파견하여 선진 문물을 수용하였다.

ㄴ. 일본에서는 8세기 말에 헤이안쿄로 천도하면서 헤이안 시대가 전개되었다. 이 시대에는 왕권이 약해져 귀족과 호족이 장원을 확대하였다.

5 청 시기 파악

문제분석 자료에서 하노버 왕가의 조지 3세 국왕이 파견한 매카트니 사절단을 영접하였으며, 현재 광저우에서 유럽 국가와 무역을 하고 있다는 사실 등을 통해 청 건륭제의 집권기임을 알 수 있다.

정답찾기 ④ 명·청대 사회 지배층인 신사층은 향촌에서 민중 교화, 조세 징수, 치안 업무를 맡는 등 지방 행정에 참여하였고, 경범죄의 면책 특권과 요역 면제 특권 등을 누렸다.

오답피하기 ① 황건적의 난은 후한 말기에 일어났다.

② 대진 경교 유행 중국비는 당대에 건립되었다.

③ 쿠빌라이 칸은 몽골 제국의 집권자이다. 그는 수도를 대도(베이징)로 옮기고 국호를 원으로 정하였다.

⑤ 송은 막대한 군사비 지출과 거란(요)과 서하에 물자 제공 등으로 재정 부담이 증가하였다. 이에 왕안석은 황제가 지원하는 가운데 재정 수입의 확대와 부국강병을 위한 개혁 정치(신법)를 단행하였다.

6 바그다드 이해

문제분석 자료에서 원형 요새, 세계 최고 수준의 도서관인 '지혜의 집', 유럽과 지중해, 아시아를 잇는 교역로의 중심, 만수르가 건설, 세계의 시장을 비롯하여 훌라구가 몽골 군대를 이끌고 침략하였다는 사실 등을 통해 (가) 도시는 바그다드임을 알 수 있다.

정답찾기 ① 아바스 왕조의 제2대 칼리프인 알 만수르가 티그리스강 인근에 건설한 수도 바그다드는 이슬람 세계의 교역과 문화의 중심지로 성장하였다.

오답피하기 ② 인더스 문명에서는 하라파, 모헨조다로 등의 계획도시를 건설하였다.

③ 이스탄불에 있는 술탄 아흐메드 사원은 오스만 제국의 술탄 아흐메드 1세 때 건축되었다. 푸른색 타일이 많이 사용되어 '블루 모스크'라고도 불린다.

④ 우마이야 왕조의 일파는 이베리아반도의 코르도바를 수도로 후우

마이야 왕조를 세웠다.

⑤ 무함마드는 메카의 보수적인 귀족층의 박해를 피해 메디나로 이동하였는데, 이를 헤지라라고 한다(622).

7 오스만 제국 이해

문제분석 (가) 술탄의 군대가 성 소피아 성당이 있는 도시의 성벽을 돌파하였다는 사실, 비잔티움 제국의 마지막 황제가 사라졌다는 점 등을 통해 자료가 오스만 제국 메(흐)메트 2세의 콘스탄티노폴리스 점령에 대한 내용임을 알 수 있다(1453).

(나) 술탄이 이끄는 군대가 모하치에서 헝가리 군대와 격돌하여 승리를 거두고, 헝가리 국왕 러요시 2세가 사망하였다는 내용 등을 통해 16세기 술레이만 1세 집권기의 상황임을 알 수 있다.

정답찾기 ⑤ 16세기 오스만 제국의 셀림 1세의 군대는 북아프리카로 진출하여 이집트 등을 지배하던 이슬람 왕조인 맘루크 왕조를 정복하였다. 셀림 1세는 술레이만 1세의 아버지이기도 하다.

오답피하기 ① 4세기경 인도 북부에서 찬드라굽타 1세가 굽타 왕조를 세웠다.

② 교황 우르바누스 2세가 클레르몽 공의회를 소집하여 성지 회복을 위한 전쟁을 호소하였다. 이에 각국의 국왕을 비롯한 많은 제후와 기사들이 참여하게 되면서 1096년에 십자군 전쟁이 시작되었다.

③ 13세기 초 아이바크는 이슬람 왕조를 개창하였다. 이후 델리를 중심으로 한 이슬람 왕조들이 연이어 세워졌다(델리 술탄 왕조 시대).

④ 이슬람 세력인 아바스 왕조는 당과의 탈라스 전투(751)에서 승리하였다.

8 아우랑제브 황제 집권기 파악

문제분석 자료에서 샤자한의 후손이며 남인도 지역 대부분을 정복하였다는 사실 등을 통해 (가) 인물은 무굴 제국의 아우랑제브 황제임을 알 수 있다.

정답찾기 ④ 아우랑제브 황제는 이슬람 제일주의를 지향하며 힌두교 사원을 파괴하고 지즈야를 부활시켰다. 이는 시크교도와 힌두교도의 반란을 초래하였다.

오답피하기 ① 아이바크는 델리를 점령한 후 이슬람 세력의 승리를 기념하기 위해 쿠트브 미나르를 건립하였다.

② 굽타 왕조는 유목민 에프탈의 침입과 왕위를 둘러싼 내분으로 쇠퇴하다 멸망하였다.

③ 알렉산드로스는 동방 원정을 추진하여 이집트와 아케메네스 왕조 페르시아를 정복하고, 인더스강 유역까지 영토를 확장하였다.

⑤ 바스쿠 다 가마는 아프리카 남단의 희망봉을 거쳐 인도의 캘리컷에 도착하여 인도로 가는 항로를 개척하였다(1497~1498).

9 그리스 · 페르시아 전쟁 이해

문제분석 자료에서 그리스 세계가 살라미스 해전에서 삼단으로 노를 젓는 형태의 전함을 사용하였다는 사실, 페르시아 전함과 전투를 벌였다는 사실 등을 통해 밑줄 친 '전쟁'이 그리스 · 페르시아 전쟁임을 알 수 있다.

정답찾기 ③ 그리스 · 페르시아 전쟁을 계기로 아테네는 아케메네스 왕조 페르시아의 재침에 대비한다는 명분을 내세워 델로스 동맹을

결성하였으며, 이를 이끌었다.

오답피하기 ① 아테네 민주 정치의 기틀을 마련한 클레이스테네스는 참주의 출현을 막기 위해 기원전 6세기 도편 추방제를 마련하였다.

② 기원전 6세기 초 솔론은 귀족과 평민들의 대립 속에서 재산 정도에 따라 참정권을 차등 분배하는 개혁을 단행하였다.

④ 기원전 6세기 아테네에서는 페이시스트라토스가 참주가 되었다.

⑤ 기원전 6세기 클레이스테네스는 부족제를 개편하고 500인 평의회를 설치하였다.

10 루터의 종교 개혁 파악

문제분석 자료에서 비텐베르크에서 95개조의 글을 발표하여 교황과 교회를 비판하였다는 사실, 그러한 비판은 성서의 내용을 인용하여 이루어졌다는 점 등을 통해 자료가 면벌부 판매에 대한 마르틴 루터의 「95개조 반박문」과 그를 둘러싼 논쟁임을 알 수 있다.

정답찾기 ③ 콘스탄츠 공의회(1414~1418)는 교회의 대분열을 수습하기 위해 당시 난립하던 여러 교황을 폐위하고 새로운 단일 교황을 선출하였다. 루터의 종교 개혁은 교황 레오 10세의 면벌부 판매에 반발하며 1517년에 「95개조 반박문」을 발표하며 시작되었다. 이후 1555년 아우크스부르크 화의에서 루터파가 공식적으로 인정받게 되었다.

11 표트르 대제의 활동 파악

문제분석 자료에서 서유럽의 여러 나라를 시찰한 인물로 스웨덴과의 전쟁을 통해 발트해로 진출하였으며, 상트페테르부르크를 건설하여 수도로 삼았다는 사실 등을 통해 밑줄 친 '그'는 표트르 대제임을 알 수 있다.

정답찾기 ① 표트르 대제의 재위 시기에 러시아와 청은 네르친스크 조약을 체결하였다(1689).

오답피하기 ② 기원전 5세기에 아테네인들은 아테네의 수호신 아테나에게 바치는 파르테논 신전을 건립하였다.

③ 러시아의 니콜라이 1세는 청년 장교와 일부 지식인들이 주도한 데카브리스트의 봉기를 진압하였다(1825).

④ 백년 전쟁으로 인한 과도한 증세 등에 반발하여 영국에서 와트 타일러의 난이 일어났다(1381).

⑤ 에스파냐, 베네치아, 로마 교황청 등은 레판토 해전(1571)에서 오스만 제국에 승리하였다.

12 미국 혁명의 과정 이해

문제분석 자료에서 요크타운 일대에서 워싱턴을 사령관으로 하는 군대, 프랑스 군대를 적군으로 싸운 군대가 항복한다는 내용을 통해 요크타운 전투(1781)임을 추론할 수 있다.

정답찾기 ⑤ 요크타운 전투에서 승리한 북아메리카 식민지들은 파리 조약(1783)으로 독립을 승인받았으며, 이후 헌법을 제정하였다.

오답피하기 ① 백년 전쟁의 혼란 속에서 세금 부담이 늘어나고 일부 봉건 영주들이 농민에 대한 속박을 강화하자 14세기 후반 농민 반란이 일어났는데, 프랑스에서는 자크리의 난이 일어났다.

② 보스턴 차 사건은 영국 정부의 중상주의 정책에 대한 반발로 1773년 보스턴 주민들이 영국 동인도 회사의 선박에 실린 차 상자를

바다에 던져 버린 사건이다.
③ 프랑크 왕국과 우마이야 왕조는 투르·푸아티에 전투(732)를 벌였다.
④ 영국의 동인도 회사는 엘리자베스 1세 때 설립되었다(1600).

13 프랑스 혁명의 과정 이해

문제분석 (가) 자료에서 국민 의회가 인간의 자유와 평등, 주권의 원천 등과 같은 혁명의 이념이 담긴 선언을 발표하였다는 내용을 통해 「인간과 시민의 권리 선언(인권 선언)」(1789)을 발표한 때임을 알 수 있다.
(나) 자료에서 로베스피에르가 자신을 따르던 사람과 함께 처형되었다는 내용을 통해 1794년의 테르미도르 반동임을 알 수 있다.

정답찾기 ⑤ 혁명의 전파를 우려한 오스트리아와 프로이센 등이 프랑스를 위협하자, 입법 의회가 선전 포고를 하여 혁명전쟁이 시작되었다(1792).

오답피하기 ① 프랑스의 루이 14세는 1685년 낭트 칙령을 폐지하였다. 이에 상공업에 종사하던 위그노가 반발하여 프랑스를 떠나면서 국내 산업이 침체되었다.
② 1794년 테르미도르 반동으로 로베스피에르 일파가 몰락한 뒤 국민 공회를 대신하여 5명의 총재가 이끄는 총재 정부가 수립되었다.
③ 1830년에 일어난 프랑스 7월 혁명의 결과 샤를 10세가 정권에서 물러났다.
④ 전쟁과 왕실의 사치로 재정이 어려워진 루이 16세는 재정 충당을 위해 1789년 삼부회를 소집하였다. 이는 「인간과 시민의 권리 선언(인권 선언)」 발표 이전에 일어난 사실이다.

14 나폴레옹, 루이 나폴레옹의 활동 파악

문제분석 자료에서 모스크바로 진격하여 자신이 내린 대륙 봉쇄령을 어기고 영국과 교역한 차르의 항복을 기대하였다는 내용에서 (가)는 나폴레옹임을 알 수 있다. 자료에서 2월 혁명 이후 프랑스의 정권을 잡고 프로이센에 대항하여 사르데냐 왕국 등과 동맹을 추진하였다는 사실에서 (나)는 루이 나폴레옹임을 알 수 있다.

정답찾기 ⑤ 나폴레옹과 루이 나폴레옹은 모두 프랑스의 황제에 즉위하였다.

오답피하기 ① 오스트리아의 메테르니히는 나폴레옹 전쟁의 전후 처리와 유럽의 질서 회복을 위해 빈 회의를 이끌어 빈 체제의 수립을 주도하였다.
② 넬슨이 이끈 영국 해군은 나폴레옹의 프랑스 해군과 벌인 트라팔가르 해전에서 승리를 거두었다.
③ 나폴레옹은 신성 로마 제국을 해체하였다.
④ 샤를 10세는 프랑스 7월 혁명으로 실각하였다.

15 1900년대 중국 민족 운동 파악

문제분석 자료에서 민국이 시작되는 날, 임시 대총통, 우창 등지에서 봉기 등을 통해 신해혁명의 결과 중화민국이 선포(1912)될 때임을 알 수 있다. 참고로 자료는 쑨원의 연설문이다.

정답찾기 ② 쑨원은 혁명 운동의 체계적·통일적 지도를 위해 1905년 일본에서 중국 동맹회를 조직하였다.

오답피하기 ① 만주 사변은 1931년에 일어났다.
③ 청과 영국 간에 벌어진 제1차 아편 전쟁의 결과 1842년 난징 조약이 체결되어, 홍콩섬이 영국에 할양되었다.
④ 청일 전쟁의 결과 1895년에 시모노세키 조약이 체결되었다.
⑤ 19세기 중반 태평천국군은 난징을 점령해 수도로 삼고 만주족 정권 타도, 변발과 전족의 금지 등을 내걸었다.

16 벵골 분할령의 영향 파악

문제분석 자료에서 영국산 면직물을 비롯하여 외국산 제품에 대한 불매 운동과 국산품 애용을 장려하는 스와데시 운동이 일어난 사실, 그와 관련하여 콜카타 대회가 개최된 사실을 통해 벵골 분할령이 끼친 영향을 추론할 수 있다.

정답찾기 ② 1905년 영국이 벵골 지역을 분리 통치하려는 벵골 분할령을 마련하자, 인도에서는 영국 상품의 불매와 국산품 애용 운동이 일어났다.

오답피하기 ① 영국과 러시아 등 강대국의 압박으로 점차 쇠퇴하던 오스만 제국은 19세기 전반에 근대적 개혁인 탄지마트를 단행하였다.
③ 제1차 세계 대전 이후 인도인들의 독립 운동이 거세게 진행되자 이를 무마하고자 영국은 신인도 통치법을 제정하였다(1935). 이는 인도의 각 주에 대해 외교와 군사를 제외한 자치권을 인정한 것이었다.
④ 아라비 파샤는 '이집트인을 위한 이집트 건설'을 내세우며 반영 운동을 전개하였다.
⑤ 1919년 영국이 롤럿법을 제정하여 인도의 민족 운동에 대한 탄압을 강화하자 간디는 비폭력·불복종 운동을 전개하였다.

17 독일의 대외 정책 이해

문제분석 자료에서 1937년 이탈리아, 일본과 방공 협정을 체결한 내용에서 (가)는 독일임을 알 수 있다.

정답찾기 ㄱ. 1939년 독일이 폴란드를 침공하면서 제2차 세계 대전이 발발하였다.
ㄷ. 1905년과 1911년 모로코를 둘러싸고 프랑스와 독일이 대립하는 모로코 사건이 일어났다.

오답피하기 ㄴ. 제2차 세계 대전 중인 1941년에 미국 대통령 루스벨트와 영국 총리 처칠이 전후 국제 평화 수립의 원칙을 담은 대서양 헌장을 발표하였다.
ㄹ. 미국과 소련은 전략 무기 제한 협정[SALT]을 체결하였다.

18 시안 사건 파악

문제분석 자료에서 장제스를 감금한 장쉐량에 대한 재판을 진행한 사실, 장쉐량은 국가와 민족의 화합을 강조하는 점 등을 통해 시안 사건에 대한 재판임을 알 수 있다.

정답찾기 ① 장쉐량은 중국 시안에서 공산당 토벌을 격려하러 온 장제스를 감금하고 내전 중지와 항일 투쟁을 호소하였는데 이를 시안 사건(1936)이라고 한다.

오답피하기 ② 19세기 후반 의화단은 교회와 철도 등을 파괴하고, 베이징을 점령한 후 외국 공관을 습격하였다. 이에 영국, 일본 등 8개국이 연합군을 결성하여 의화단 진압에 나섰다.
③ 일본이 1937년 7월 중일 전쟁을 일으켜 대륙 침략을 본격화하자

중국 국민당과 중국 공산당은 제2차 국공 합작을 이루었다.

④ 영국의 아편 밀수출이 늘어나자 청은 임칙서를 광저우로 파견하여 이를 단속하고자 하였다. 임칙서가 아편을 몰수하여 폐기하자 영국은 이를 빌미로 제1차 아편 전쟁을 일으켰다.

⑤ 신해혁명 이후 대총통으로 취임한 위안스카이는 황제 제도의 부활을 시도하였다.

19 아시아 · 아프리카 회의 이해

문제분석 자료에서 아시아와 아프리카의 대표들이 인도네시아에 모인 사실, 대표들이 모든 국가의 주권과 영토 보존을 내세운 점 등을 통해 1955년에 개최된 아시아 · 아프리카 회의임을 알 수 있다.

정답찾기 ⑤ 아시아 · 아프리카 회의에서 채택한 평화 10원칙에는 강대국 중심의 집단 안보 체제 비판 및 내정 불간섭에 관한 내용이 담겨 있다.

오답피하기 ① 국제 연합[UN]은 1945년에 창설되었다.

② 제1차 세계 대전 종전 이후 1919년에 전승국 대표를 중심으로 파리 강화 회의가 개최되었다. 여기에서 전승국과 독일 사이에 베르사유 조약이 체결되었다. 이 조약에서는 독일이 배상금을 지불해야 하며, 독일의 해외 식민지는 상실된다는 내용 등이 규정되어 있다.

③ 유럽 연합[EU]은 1993년에 출범하였다.

④ 베를린 장벽은 1961년부터 건설되었다.

20 문화 대혁명 이해

문제분석 자료에서 홍위병이 중국의 고예술품과 문화유산을 파괴하고, 교수, 의사, 예술인을 거리로 끌어내어 인민재판을 강행한 사실, 외국 문화와 종교 및 사상을 배격한 점 등을 통해 문화 대혁명(1966~1976) 시기의 사실임을 알 수 있다.

정답찾기 ① 문화 대혁명의 과정에서 홍위병은 중국의 전통 문화유산을 파괴하였으며, 외국 문화를 배격하는 운동을 펼쳤다.

오답피하기 ② 국공 내전에서 승리한 중국 공산당은 1949년 중화 인민 공화국을 수립하였다.

③ 19세기 후반 중국에서는 태평천국 진압에 앞장선 증국번과 이홍장 등 한인 관료가 주도하는 양무운동이 전개되었다. 그러나 양무운동은 청일 전쟁의 패배로 한계가 드러났다.

④ 영국과 독일 등 8개국 연합군은 의화단 운동을 진압하였으며, 중국은 열강과 신축조약(베이징 의정서)을 체결하였다(1901).

⑤ 일본은 위안스카이의 베이징 정부에 산둥에서 독일이 가졌던 권익의 계승을 포함한 각종 특혜를 요구하는 '21개조 요구'를 제시하였다.

실전 모의고사 2회　본문 93~97쪽

1 ⑤	2 ①	3 ④	4 ②	5 ⑤
6 ⑤	7 ⑤	8 ③	9 ⑤	10 ②
11 ②	12 ③	13 ③	14 ④	15 ④
16 ③	17 ③	18 ③	19 ⑤	20 ⑤

1 인더스 문명 이해

문제분석 자료에서 대표적 유적인 모헨조다로, 계획에 따라 건설된 도시 등의 내용을 통해 밑줄 친 '이 문명'은 인더스 문명임을 알 수 있다.

정답찾기 ⑤ 인더스강 유역에서 발달한 인더스 문명에서는 모헨조다로와 하라파 등의 계획도시가 건설되었다.

오답피하기 ① 바빌로니아 왕국의 함무라비왕은 이전의 법을 집대성하여 함무라비 법전을 편찬하였다.

② 고대 그리스인들은 4년마다 올림피아 제전을 통해 결속을 강화하였다.

③ 상 왕조에서는 점친 내용을 갑골에 기록하였는데, 이를 갑골문이라 한다.

④ 이집트 문명에서는 파라오가 태양신 '라'의 아들이자 신으로 군림하는 신권 정치가 실시되었다.

2 진시황제의 통치 정책 이해

문제분석 자료에서 6국을 평정하고 처음으로 천하를 통일, 북쪽과 남쪽의 오랑캐를 정벌 등의 내용을 통해 (가) 황제는 진시황제임을 알 수 있다. 진시황제는 전국 시대를 통일하고 처음으로 '황제'라는 칭호를 사용하였다.

정답찾기 ① 진시황제는 중국을 통일한 뒤에 흉노를 북으로 몰아내고, 그들의 침입을 막기 위해 만리장성을 축조하였다.

오답피하기 ② 불교 승려 파스파는 몽골(원) 쿠빌라이 칸의 명령에 따라 파스파 문자를 만들었다.

③ 위진 남북조 시대에 9품중정제가 시행되었다.

④ 한 무제는 흉노를 견제하기 위해 장건을 서역에 파견하였다.

⑤ 수 양제는 통제거, 영제거, 강남하 등 대운하를 건설하여 남북 간의 물자 유통을 원활히 하고자 하였다.

3 금의 통치 정책 파악

문제분석 자료에서 맹약을 맺어 거란(요)을 협공, 거란(요)을 멸망시킨 후 경계를 맞대게 되면 등의 내용을 통해 (가) 왕조는 금임을 알 수 있다. 금은 12세기 전반 송과 연합한 후 거란(요)을 멸망시켰다.

정답찾기 ④ 금은 여진족 등은 맹안 모극제로, 한족 등은 주현제로 다스리는 이원적 통치 체제를 운영하였다.

오답피하기 ① 진시황제는 법가 서적과 실용서를 제외한 제자백가의 서적을 불태우고, 유학자 등을 생매장하는 분서갱유를 일으켰다.

② 황건적의 난은 후한 말에 일어난 농민 봉기이다.

③ 수, 당 등은 고구려 원정을 단행하였다.

⑤ 송대에 왕안석은 청묘법, 시역법 등 신법을 추진하였다.

4 청의 특징 이해

문제분석 자료에서 페르비스트, 예수회 선교사, 강희제, 삼번의 난 진압 등의 내용을 통해 (가) 왕조는 청임을 알 수 있다.

정답찾기 ② 청의 옹정제는 황제권 강화를 위해 군기처를 설치하였다.

오답피하기 ① 야율아보기가 건국한 거란(요)은 10세기 전반에 발해를 멸망시켰다.

③ 탕구트족은 서하를 건국하였다.

④ 당은 황소의 난 등 농민 봉기로 쇠퇴하였다.

⑤ 기원전 8세기경에 주는 견융의 침입을 받아 수도를 호경에서 낙읍(뤄양)으로 옮겼다.

5 가마쿠라 막부의 특징 이해

문제분석 자료에서 몽골군이 침입 등의 내용을 통해 밑줄 친 '막부'는 가마쿠라 막부임을 알 수 있다. 가마쿠라 막부는 두 차례에 걸쳐 몽골(원)의 침공을 받았다.

정답찾기 ⑤ 12세기 말 미나모토노 요리토모가 가마쿠라에 막부를 개창하였다.

오답피하기 ① 헤이조쿄는 8세기 초에 나라에 건설되었으며, 이곳을 수도로 삼아 천도한 때부터 나라 시대라고 한다.

② 야마토 정권 시기에 당의 율령 체제 도입을 통해 국왕 중심의 통치 체제를 수립하기 위한 다이카 개신이 단행되었다.

③ 에도 막부는 쇼군이 지방 다이묘들을 통제하기 위해 정기적으로 다이묘를 에도에 머물다 가도록 하는 산킨코타이 제도를 시행하였다.

④ 메이지 정부는 불평등 조약의 개정 협상 등을 목적으로 미국과 유럽에 이와쿠라 사절단을 파견하였다.

6 아케메네스 왕조 페르시아 이해

문제분석 자료에서 마라톤 평원, 아테네, 스파르타 등의 내용을 통해 (가) 제국은 아케메네스 왕조 페르시아임을 알 수 있다. 아케메네스 왕조 페르시아는 아테네 등 그리스 세계와 그리스·페르시아 전쟁을 벌였다. 그리스 세계는 마라톤 전투와 살라미스 해전 등에서 승리하여 아케메네스 왕조 페르시아의 공격을 물리쳤다.

정답찾기 ⑤ 아케메네스 왕조 페르시아는 마케도니아의 알렉산드로스에게 멸망하였다.

오답피하기 ① 오스만 제국은 종교 공동체인 밀레트를 인정하여 제국의 안정을 꾀하였다.

② 아테네의 클레이스테네스는 혈연 중심의 부족제를 거주지 중심으로 재편하고 이를 바탕으로 500인 평의회를 설치하였다.

③ 아바스 왕조는 중국의 당과 벌인 탈라스 전투에서 승리하였다.

④ 티무르는 중앙아시아의 여러 유목 집단을 통합하여 사마르칸트를 수도로 하는 티무르 왕조를 세웠다.

7 셀주크 튀르크 특징 이해

문제분석 자료에서 비잔티움 제국의 군대를 무너뜨린 점, 비잔티움 황제가 서유럽에 도움을 요청한 점, 클레르몽 공의회 등의 내용을 통해 (가) 왕조는 셀주크 튀르크임을 알 수 있다. 셀주크 튀르크는 예루살렘을 점령하고 소아시아 지역으로 진출하여 비잔티움 제국과 대

립하였다.

정답찾기 ⑤ 셀주크 튀르크는 바그다드에 입성하여 아바스 왕조의 칼리프로부터 술탄의 칭호를 인정받았다.

오답피하기 ① 14세기 후반 티무르는 몽골 제국의 부활을 내세우며 티무르 왕조를 수립하였다.

② 오스만 제국은 데브시르메 제도를 통해 예니체리와 관료를 육성하였다.

③ 정통 칼리프 시대의 이슬람 세력은 사산 왕조 페르시아를 멸망시켰다.

④ 아바스 가문이 시아파와 비아랍인 등 여러 세력의 지원을 받아 우마이야 왕조를 무너뜨리고 아바스 왕조를 세웠다.

8 무굴 제국의 문화 이해

문제분석 자료에서 아크바르가 건설한 도시 등의 내용을 통해 (가) 제국은 무굴 제국임을 알 수 있다.

정답찾기 ③ 무굴 제국에서는 힌두어에 페르시아어, 아랍어 등이 합쳐진 우르두어가 일상생활에서 사용되었다.

오답피하기 ① 굽타 왕조 시기 칼리다사는 『샤쿤탈라』를 집필하였다.

② 마우리아 왕조의 아소카왕이 산치 대탑을 조성하였다.

④ 쿠샨 왕조의 간다라 지방에서는 헬레니즘 문화의 영향으로 헬레니즘 문화와 인도 문화가 융합된 간다라 불상이 제작되었다.

⑤ 아이바크는 델리를 점령한 후 이슬람의 승리를 기념하기 위해 쿠트브 미나르를 건립하였다.

9 옥타비아누스의 활동 파악

문제분석 자료에서 악티움 앞바다에서 클레오파트라와 연합한 안토니우스를 격퇴, 원로원으로부터 아우구스투스라는 칭호를 부여받음 등의 내용을 통해 (가) 인물은 옥타비아누스임을 알 수 있다.

정답찾기 ⑤ 옥타비아누스는 '프린켑스'라는 칭호를 사용하였고, '공화정 회복'이라는 구호를 내세우며 질서와 안정을 추구하였다.

오답피하기 ① 아테네의 클레이스테네스는 참주의 출현을 막기 위해 도편 추방제를 마련하였다.

② 마케도니아의 알렉산드로스는 정복지 곳곳에 자신의 이름을 딴 알렉산드리아라는 도시를 건설하여 그리스인을 이주시켰다.

③ 로마 제정 시기의 디오클레티아누스 황제는 제국을 4분할하여 통치하였다.

④ 로마에서 제1차 삼두 정치는 카이사르, 폼페이우스, 크라수스가 주도하였다.

10 카롤루스 왕조 시기의 사실 파악

문제분석 자료에서 개창자 피핀, 라벤나, 페루자 등을 교황에게 기증 등의 내용을 통해 밑줄 친 '이 왕조'는 프랑크 왕국의 카롤루스 왕조임을 알 수 있다. 교황의 지지를 토대로 피핀은 카롤루스 왕조를 개창하였고, 롬바르드(랑고바르드)족을 공격하여 얻은 이탈리아 중부 지역을 교황에게 기증하였다.

정답찾기 ② 카롤루스 왕조의 카롤루스 대제 사후 베르됭 조약이 체결되었다(843).

오답피하기 ① 아테네는 아케메네스 왕조 페르시아의 재침에 대비한

다는 명분 아래 델로스 동맹을 결성하였다.
③ 아케메네스 왕조 페르시아의 다리우스 1세는 페르세폴리스를 제국의 수도로 건설하였다.
④ 로마 공화정 말기인 기원전 1세기에 스파르타쿠스의 난이 일어났다.
⑤ 메로베우스 왕조 시기에 궁재로서 실권을 장악한 카롤루스 마르텔이 투르·푸아티에 전투(732)에서 이슬람 군대를 격퇴하였다.

11 포르투갈의 신항로 개척 이해

문제분석 자료에서 인도로 가는 항로 발견, 바르톨로메우 디아스, 희망봉 도달 등의 내용을 통해 (가) 국가는 포르투갈임을 알 수 있다. 대서양 진출에 유리한 위치에 있던 포르투갈은 바르톨로메우 디아스, 바스쿠 다 가마 등의 탐사 활동을 지원하는 등 신항로 개척을 주도하였다.

정답찾기 ② 포르투갈은 바스쿠 다 가마 등의 항해를 지원하는 등 인도로 가는 항로 개척에 앞장섰다.

오답피하기 ① 에스파냐의 코르테스는 아스테카 제국을 정복하였다.
③ 러시아는 스웨덴과의 북방 전쟁을 통해 발트해로 진출하였다.
④ 독일은 나미비아 지역에 살고 있던 헤레로족의 봉기를 무력으로 진압하였다.
⑤ 프랑스의 루이 14세는 콜베르를 등용하여 중상주의 정책을 실시하였다.

12 청교도 혁명의 전개 과정 이해

문제분석 자료에서 왕당파가 봉기, 올리버 크롬웰이 이끄는 의회파 군대, 대역죄로 처형 등의 내용을 통해 (가) 국왕은 찰스 1세임을 알 수 있다.

정답찾기 ③ 찰스 1세는 의회가 제출한 권리 청원을 승인한 후 의회를 해산하였다.

오답피하기 ① 영국의 엘리자베스 1세는 에스파냐 펠리페 2세의 무적함대를 격파하였다.
② 프랑스의 루이 14세는 1685년에 낭트 칙령을 폐지하였다.
④ 프로이센의 프리드리히 2세는 베르사유 궁전을 모방하여 상수시 궁전을 건설하였다.
⑤ 프랑스의 나폴레옹 1세는 신성 로마 제국을 해체하였다.

13 프랑스 7월 혁명의 결과 이해

문제분석 자료에서 부르봉 왕실의 샤를 10세가 전제 정치 실시, 파리 시민들이 봉기 등의 내용을 통해 밑줄 친 '이 혁명'은 프랑스 7월 혁명임을 알 수 있다. 1830년 샤를 10세의 보수적 전제 정치에 반발하여 7월 혁명이 발생하였다.

정답찾기 ③ 7월 혁명으로 샤를 10세가 추방되고 루이 필리프가 국왕으로 추대되었다.

오답피하기 ① 공포 정치에 대한 불만으로 테르미도르 반동(1794)이 일어나 로베스피에르가 실각하였다.
② 1848년 프랑스 2월 혁명의 영향으로 오스트리아에서는 혁명이 일어나 메테르니히가 실각하였다.
④ 빈 체제를 유지하기 위해 신성 동맹과 4국 동맹이 결성되었다.

⑤ 1848년 프랑스 2월 혁명 이후 루이 나폴레옹이 대통령에 선출되었다.

14 크림 전쟁의 영향 이해

문제분석 자료에서 영국과 프랑스 연합 함대, 니콜라이 1세, 오스만 제국령에서 철수하라는 최후통첩, 영국과 프랑스 양국이 러시아에 선전 포고 등의 내용을 통해 자료는 크림 전쟁에 대한 것임을 알 수 있다. 러시아는 흑해 방면으로 남하 정책을 추진하는 과정에서 오스만 제국 등과 크림 전쟁(1853~1856)을 벌였다.

정답찾기 ④ 러시아의 알렉산드르 2세는 크림 전쟁의 패배 이후 위기 상황을 극복하기 위하여 농노 해방령을 선포하고 내정 개혁을 추진하였다.

오답피하기 ① 제2차 세계 대전 중인 1941년에 미국 대통령 루스벨트와 영국 총리 처칠이 전후 국제 평화 수립의 원칙을 담은 대서양 헌장을 발표하였다.
② 영국에서는 제1차 선거법 개정(1832)의 혜택을 받지 못한 노동자들이 선거권 요구 등의 내용이 담긴 인민헌장을 내세우고 차티스트 운동을 전개하였다.
③ 독일 지역에서 일어난 30년 전쟁은 베스트팔렌 조약의 체결(1648)로 마무리되었다.
⑤ 독일에서는 프랑스 2월 혁명의 영향을 받은 자유주의자들을 중심으로 통일 방안을 논의하기 위해 프랑크푸르트 국민 의회가 개최되었다.

15 미국 남북 전쟁 이해

문제분석 자료에서 남부, 공화당이 집권하면 재산과 평화, 안전이 위험에 처할 것이라는 두려움, 연방 분열 등의 내용을 통해 자료는 남북 전쟁 직전의 상황임을 알 수 있다. 링컨이 대통령에 당선된 후 남부 여러 주가 연방에서 탈퇴하면서 남북 전쟁이 일어났다(1861~1865).

정답찾기 ④ 링컨은 남북 전쟁 중인 1863년에 노예 해방 선언을 발표하였다.

오답피하기 ① 빈 회의의 결과 수립된 빈 체제는 유럽의 자유주의와 민족주의 운동을 탄압하였다.
② 16세기에 프랑스에서 신교와 구교의 대립으로 위그노 전쟁이 일어났다.
③ 보스턴 차 사건은 영국 정부의 중상주의 정책에 대한 반발로 1773년 보스턴 주민들이 영국 동인도 회사의 선박에 실린 차 상자를 바다에 던져 버린 사건이다.
⑤ 콘스탄티누스 황제는 니케아 공의회를 개최하여 아타나시우스파의 교리를 정통으로 인정하였다.

16 필리핀의 민족 운동 이해

문제분석 자료에서 민족 운동가 호세 리살, 식민 통치의 잔혹성 등의 내용을 통해 (가) 국가는 필리핀임을 알 수 있다.

정답찾기 ③ 미국은 에스파냐와 전쟁을 벌여 승리하고, 필리핀을 식민지로 차지하였다.

오답피하기 ① 오스만 제국은 서양 문물을 수용하고 부국강병을 추구하기 위해 탄지마트를 단행하였다.

② 베트남의 판보이쩌우는 독립에 필요한 인재를 양성하고자 동유 운동을 전개하였다.

④ 아프리카의 줄루 왕국은 이산들와나 전투에서 영국군에 승리하였다.

⑤ 프랑스령 인도차이나 연방은 베트남, 캄보디아, 라오스 일대에 해당한다.

17 제2차 세계 대전의 전개 과정 이해

문제분석 자료에서 미국이 일본 제국 군대의 기습을 받음, 하와이 섬, 수많은 미국인이 생명을 잃었다는 내용 등을 통해 자료는 일본의 하와이 진주만 기습에 대한 것임을 알 수 있다. 1941년 12월 일본이 하와이 진주만을 기습하였고, 이를 계기로 미국이 제2차 세계 대전에 참전하였다.

정답찾기 ③ 독일과 소련은 1939년 8월 상호 간의 불가침과 정보 교환 등을 내용으로 하는 독소 불가침 조약을 체결하였다. 제2차 세계 대전 시기인 1944년 6월에 연합군은 노르망디 상륙 작전을 성공시킴으로써 파리 등지를 수복하였다.

18 문화 대혁명 이해

문제분석 자료에서 홍위병, 봉건적 잔재를 불태우자, 낡은 사회의 잿더미 위에서 새로운 사회가 탄생, 마오쩌둥 등의 내용을 통해 자료에 나타난 사건은 문화 대혁명임을 알 수 있다. 문화 대혁명(1966~1976)을 추진한 마오쩌둥은 홍위병을 앞세워 반대파를 축출하였다.

정답찾기 ③ 대약진 운동의 실패로 정치적 위기에 빠진 마오쩌둥은 문화 대혁명을 일으켰다.

오답피하기 ① 1936년 장쉐량은 내전을 중지하고 공동으로 항일 투쟁에 나설 것을 요구하며 장제스를 감금하였다(시안 사건). 이를 계기로 중국 국민당과 중국 공산당의 연대 분위기가 고조되었고 중일 전쟁 발발 직후 제2차 국공 합작이 이루어졌다.

② 쑨원 사망 이후 중국 국민당의 실권을 장악한 장제스는 군벌 타도 등을 내세우며 북벌을 추진하였다.

④ 쑨원이 이끄는 중국 국민당이 군벌 세력을 타도하여 국민 혁명을 완수한다는 명분으로 중국 공산당과 협력하면서 1924년 제1차 국공 합작이 이루어졌다.

⑤ 1989년 학생과 지식인들이 톈안먼 광장에서 부정부패 추방과 정치 민주화를 요구하며 시위를 전개하였다. 덩샤오핑 등 중국 공산당 지도부가 이를 무력으로 진압하여 많은 인명 피해가 발생하였다(톈안먼 사건).

19 고르바초프의 정책 이해

문제분석 자료에서 소련의 변화와 해체, 소련 공산당 서기장, 동유럽 국가에 대한 불간섭 선언 등의 내용을 통해 (가) 인물은 고르바초프임을 알 수 있다.

정답찾기 ⑤ 1985년 소련의 공산당 서기장이 된 고르바초프는 페레스트로이카(개혁), 글라스노스트(개방)를 표방하였다.

오답피하기 ① 폴란드에서는 바웬사가 자유 노조 '연대'를 이끌며 공산주의 정권에 저항하였다.

② 러시아 혁명 이후 레닌은 급격한 공산화에 따른 경제적 혼란을 극

복하기 위해 1921년 신경제 정책[NEP]을 실시하였다.

③ 유고슬라비아의 티토, 인도의 네루, 이집트의 나세르 등이 주도하여 제1차 비동맹 회의를 개최하였다.

④ 옐친의 주도로 독립 국가 연합[CIS]이 출범하고 소련이 해체되었다(1991).

20 유럽 연합[EU]의 특징 파악

문제분석 자료에서 브렉시트, 공동의 외교 및 안보 정책 이행, 단일 통화인 '유로' 사용, 정치적·경제적 통합 지향 등의 내용을 통해 (가) 기구는 유럽 연합[EU]임을 알 수 있다.

정답찾기 ⑤ 유럽 공동체 소속 국가들이 1992년 마스트리흐트 조약을 체결하여 공동 외교와 안보 정책, 유럽 단일 통화 등을 결의하였고, 그 결과로 1993년에 유럽 연합[EU]이 정식 출범하였다.

오답피하기 ① 1955년 아시아·아프리카 29개국 대표들이 인도네시아 반둥에서 회의를 개최하여 식민지 문제에 대해 토론을 벌였고, 비동맹 중립주의를 표방하는 등 평화 10원칙을 채택하였다.

② 코메콘(경제 상호 원조 회의)은 공산주의 국가 간의 경제 협력 기구로 마셜 계획에 대응하여 1949년에 조직되었다.

③ 국제 연합[UN]은 안전 보장 이사회의 결의가 총회보다 우선시되었으며, 미국, 영국 등 5개 이사국은 거부권을 행사할 수 있었다.

④ 브레턴우즈 회의에 따라 국제 통화 기금[IMF]과 국제 부흥 개발 은행[IBRD] 등이 설립되었다.

1 ②	**2** ①	**3** ③	**4** ④	**5** ②
6 ③	**7** ⑤	**8** ⑤	**9** ④	**10** ③
11 ①	**12** ①	**13** ④	**14** ③	**15** ②
16 ④	**17** ②	**18** ⑤	**19** ⑤	**20** ②

1 아리아인의 활동 파악

문제분석 자료에서 인도 문명을 언급한 점, 중앙아시아에서 북인도 지역으로 남하한 점, 인더스강 유역에서 갠지스강 유역으로 이동한 점, 언어적으로 보아 유럽인, 이란인, 인도인의 공동 조상으로 추정되는 점 등을 통해 (가) 사람들이 아리아인임을 알 수 있다.

정답찾기 ② 아리아인은 인도 원주민을 지배하기 위해 엄격한 신분 제도인 카스트제를 만들었다. 카스트제에서는 타고난 혈통으로 결정된 신분에 따라 개인의 사회적 지위와 직업이 정해지고 세습되었다.

오답피하기 ① 영국의 스톤헨지는 신석기 시대의 거석문화를 대표하는 유적이다.

③ 고대 이집트에서 왕은 태양신의 아들로 여겨졌으며 파라오라고 불렸다. 파라오는 종교적 권위를 바탕으로 절대 권력을 휘두르며 신권 정치를 펼쳤다.

④ 중국 문명의 상 왕조는 점을 쳐서 신의 뜻을 알고 이를 바탕으로 국사를 결정하는 신권 정치를 펼쳤다. 점을 친 내용은 갑골에 기록하였는데, 이때 사용된 문자가 오늘날 한자의 원형이 되었다.

⑤ 구석기 시대 인류는 풍요와 다산을 상징하는 빌렌도르프의 비너스와 같은 조각상을 만들기도 하였다.

2 진(秦) 왕조의 역사 이해

문제분석 자료에서 정(政)이 왕을 칭하였다고 한 점, 시황(始皇)이 언급된 점 등을 통해 밑줄 친 '이 나라'가 진(秦) 왕조임을 알 수 있다.

정답찾기 ① 진 왕조는 상앙, 이사 등 법가 사상가를 등용하여 부국강병을 꾀하였다. 상앙은 변법을 성공적으로 추진하였으며, 이사는 진의 전국 시대 통일에 기여하였다.

오답피하기 ② 주 왕실은 기원전 8세기경 내란과 이민족의 침입으로 더욱 약해져 수도를 동쪽의 낙읍으로 옮겼다(동주).

③ 한 무제는 서역의 대월지에 장건을 파견하여 흉노를 저지할 동맹 세력을 확보하려 하였다.

④ 메소포타미아 문명 사람들은 태음력과 60진법을 사용하였고, 점토판에 쐐기 문자로 기록을 남겼다.

⑤ 전한을 무너뜨리고 신을 세운 왕망은 토지의 국유화, 노비 매매의 금지 등 주의 제도를 이상으로 한 개혁을 시행하였다.

3 수 문제의 활동 파악

문제분석 자료에서 문벌 귀족의 기반인 9품중정제를 폐지한 점 등을 통해 (가) 인물이 수 문제 양견임을 알 수 있다.

정답찾기 ③ 양견은 북주를 무너뜨리고 수를 세운 후, 남조의 진(陳)까지 멸망시키고 중국을 재통일하였다(589).

오답피하기 ① 진의 시황제는 분서갱유를 단행하여 법가 이외의 사상

을 탄압하고 사상의 통일을 꾀하였다.

② 청 건륭제 때에 약 8만 권에 이르는 서적을 경(經), 사(史), 자(子), 집(集)의 4부로 분류하여 정리한 『사고전서』가 편찬되었다.

④ 한 무제는 잦은 전쟁으로 경제가 혼란해지자 균수법과 평준법을 실시하여 물가를 조절하였다.

⑤ 당 태종은 대외적으로 동돌궐과 그 지배를 받던 서북 지방의 북방 민족을 복속시키고 대내적으로 수의 율령 체제를 계승, 정비하여 '정관의 치'로 불리는 정치적 번영을 이루었다.

4 여러 북방 민족의 왕조와 송의 역사 이해

문제분석 자료에서 송의 도성인 카이펑을 함락한 점 등을 통해 (가) 국가가 금임을, 카이펑 함락 이후 오랑캐에 맞서 부흥한 점 등을 통해 (나) 국가는 남송임을 알 수 있다.

정답찾기 ④ 쿠빌라이 칸은 수도를 대도(베이징)로 옮기고 국호를 원으로 바꾼 후 남송을 멸망시키고 중국의 전역을 장악하였다.

오답피하기 ① 탕구트족은 서하를 세우고(1038) 송을 압박하여 송으로부터 많은 물자를 받았다.

② 중국의 일부 지역을 정복한 거란(요)은 북면관과 남면관을 새로이 설치하여 유목민과 한족을 나누어 다스렸다(북면관제·남면관제).

③ 명 태조 홍무제는 재상제를 폐지하고 중앙 정부를 직접 통솔함으로써 모든 정보와 권력이 황제에게 집중되도록 만들었다.

⑤ 거란(요)은 강력한 군사력을 바탕으로 송과 전연의 맹약을 체결하고, 평화를 보장해 주는 대가로 막대한 물자를 받았다.

5 명대 일조편법 시행의 배경 파악

문제분석 제시된 자료를 활용하는 경우 명대 일조편법에 관한 탐구 활동을 전개하는 것이 가장 적절하다. 자료에서 여러 신하가 세금을 은으로 징수하라고 주청한 점, 태조 홍무제 때 이미 시행한 전례가 있음을 밝힌 점 등을 통해 이를 알 수 있다.

정답찾기 ② 명은 영락제 사후의 정치적 혼란과 북쪽 몽골과 남쪽 왜구를 막기 위한 군사비 지출 등으로 재정이 악화하였다. 이를 해결하기 위해 16세기 후반 내각 대학사 장거정은 일조편법을 전국으로 확대하는 등 개혁을 추진하였다.

오답피하기 ① 당은 안사의 난을 계기로 급속히 약화되어 지방 절도 사들이 독자적인 지배력을 행사하였으며, 농민 몰락으로 조용조 대신 양세법을 시행하는 등의 변화가 나타났다.

③ 원은 몽골 제일주의 원칙에 따라 소수의 몽골인이 정부 고위직을 독점하였으며, 자신들 다음으로는 색목인을 우대하여 주로 재정 업무를 담당하도록 하였다.

④ 송의 신종에 의해 등용된 왕안석은 부국강병을 목표로 신법을 시행하였다.

⑤ 청의 강희제는 1711년의 성년 남자 수를 기준으로 이후에 늘어나는 인구에 대해서는 인두세를 거두지 않기로 하였다. 이후 인두세를 토지세에 합하여 은으로 한꺼번에 내는 지정은제가 점차 자리를 잡아갔다.

6 아케메네스 왕조 페르시아의 역사 이해

문제분석 자료에서 현재의 이란을 근거지로 동쪽의 펀자브 지방에서

서쪽의 이집트까지 지배한 대제국이었던 점, 페르세폴리스를 세운 점, 수사에서 사르디스에 이르는 '왕의 길'이 언급된 점 등을 통해 (가) 국가가 아케메네스 왕조 페르시아임을 알 수 있다.

(정답찾기) ③ 아케메네스 왕조 페르시아의 다리우스 3세는 이소스 전투에서 마케도니아의 알렉산드로스에게 패배하였다.

(오답피하기) ① 파르티아와 사산 왕조 페르시아는 크테시폰을 도읍으로 동서 교역의 요충지를 장악하여 중계 무역으로 번영하였다.
② 무함마드 사후 이슬람 공동체는 칼리프를 선출하여 정치와 종교의 대권을 맡겼다(정통 칼리프 시대). 이후 등장한 여러 이슬람 왕조의 지배자들은 칼리프의 칭호를 사용하였다.
④ 메소포타미아 문명 사람들은 도시에 지구라트라는 신전을 건설하여 자신들의 수호신을 섬겼다.
⑤ 사산 왕조 페르시아는 조로아스터교를 국교로 삼았다.

7 셀주크 튀르크의 활동 파악

(문제분석) 자료에서 투그릴 베그의 영도 아래 1055년에 부와이 왕조를 몰아내고 바그다드를 장악한 점 등을 통해 밑줄 친 '이들'이 셀주크 튀르크임을 알 수 있다.

(정답찾기) ⑤ 셀주크 튀르크는 11세기 중반에 부와이 왕조를 몰아내고 바그다드에 입성하여 칼리프를 보호하였다. 이에 아바스 왕조로부터 술탄이라는 칭호를 받았다.

(오답피하기) ① 티무르 왕조는 티무르 사후 후계자 분쟁으로 점차 약해지다가 튀르크계 우즈베크인에게 멸망하였다.
② 아바스 가문이 우마이야 왕조를 무너뜨리고 아바스 왕조를 세우자 우마이야 왕조의 일족이 이베리아반도에 후우마이야 왕조를 건국하였다(756).
③ 오스만 제국은 정복지의 비이슬람교도 청소년을 징발하여 관리나 예니체리로 육성하는 데브시르메 제도를 운용하였다.
④ 16세기 초 이스마일 1세가 수립한 사파비 왕조는 시아파 이슬람교를 국교로 정하여 주변의 무굴 제국이나 오스만 제국 등과 대립하였다.

8 바부르의 활동 파악

(문제분석) 자료에서 델리 술탄 왕조 시대의 마지막인 로디 왕조를 물리친 점, 티무르계로 거론된 점 등을 통해 밑줄 친 '그'가 바부르임을 알 수 있다.

(정답찾기) ⑤ 티무르의 후손으로 알려진 바부르는 아프가니스탄 방면에서 북인도 지역으로 진출하였다. 그는 북인도 지역을 장악한 뒤 델리를 중심으로 이슬람 왕조인 무굴 제국을 수립하였다(1526).

(오답피하기) ① 쿠트브 미나르는 아이바크가 델리를 정복하고 세운 탑이다.
② 마우리아 왕조의 아소카왕은 전국에 감찰관을 파견하고 칙령을 새긴 석주를 세우는 등 중앙 집권을 강화하였으며, 불경을 정리하고 산치 대탑과 같은 스투파(탑)를 세우는 등 불교를 장려하였다.
③ 바부르의 손자인 아크바르 황제는 다른 종교를 존중하는 정책을 펴 힌두교도에게 관직을 개방하고 비이슬람교도에 대한 지즈야(인두세)를 폐지하였다.
④ 굽타 왕조의 왕들은 권위를 높이기 위해 자신을 비슈누에 비유하

며 힌두교를 후원하였다.

9 카이사르의 활동 파악

(문제분석) 자료에서 로마의 속주 총독을 역임한 점, 갈리아를 원정한 점, 폼페이우스와 정적 관계인 점 등을 통해 (가) 인물이 카이사르임을 알 수 있다.

(정답찾기) ④ 기원전 1세기에 카이사르는 갈리아를 원정하여 로마 영토를 확장하였고 폼페이우스, 크라수스와 함께 제1차 삼두 정치를 주도하였으나, 원로원을 무시한 독재 정치를 하다가 공화정의 전통을 지키려는 귀족들에게 암살되었다.

(오답피하기) ① 기원전 5세기에 전개된 로마의 신분 투쟁에서 귀족은 평민의 요구를 받아들여 호민관직과 평민회를 설치하고 12표법을 제정하였다.
② 콘스탄티누스 황제는 니케아 공의회를 소집하여 아리우스파를 이단으로 규정하였다.
③ 옥타비아누스는 이집트의 클레오파트라와 연합한 안토니우스를 악티움 해전에서 격파하여 로마의 지배권을 장악하였다.
⑤ 군인 황제 시대의 혼란을 수습하기 위해 디오클레티아누스 황제는 제국을 4분할하여 통치하는 체제를 도입하였다.

10 8~12세기의 유럽 역사 이해

(문제분석) (가)는 카롤루스 왕조가 수립된 시점으로 8세기에 해당한다. 공작의 지위에 있는 인물이 피핀과 카롤루스를 비롯한 그의 아들들에게 충성을 약속한 점에서 이를 알 수 있다. (나)는 보름스 협약이 체결된 시점으로 12세기에 해당한다. 신성 로마 제국 황제가 서임권을 로마 가톨릭교회에 바친 점에서 이를 알 수 있다.

(정답찾기) ③ 비잔티움 제국의 황제 레오 3세는 당시 교회와 수도원에서 널리 행해지던 예수, 성모 마리아와 성인들의 형상을 숭배하는 것을 금지하였다(726). 이 같은 레오 3세의 성상 파괴령은 (가)와 동일한 8세기의 사실이지만, 피핀의 아버지인 카롤루스 마르텔의 투르 · 푸아티에 전투 승리가 732년임을 감안하면 (가) 이전의 사실인 것을 알 수 있다.

(오답피하기) ① 프랑크 왕국은 카롤루스 대제 사후 분할 상속에 따른 내분과 후계자들 간의 다툼으로 혼란을 겪다가 베르됭 조약(843)과 메르센 조약(870)에 의해 동프랑크, 중프랑크, 서프랑크로 분열되었다.
② 셀주크 튀르크가 비잔티움 제국을 위협하자 비잔티움 제국 황제는 교황 우르바누스 2세에게 도움을 요청하였다. 이에 교황은 클레르몽 공의회에서 성지 회복을 위한 전쟁을 호소하였다(1095).
④ 10세기 초 클뤼니 수도원을 중심으로 교회를 정화하려는 개혁 운동이 일어나 여러 지역으로 퍼졌다.
⑤ 크리스트교는 레오 3세의 성상 파괴령을 계기로 대립하다가 서유럽의 교황을 중심으로 하는 로마 가톨릭교회와 동유럽의 비잔티움 제국 황제를 수장으로 하는 그리스 정교로 나뉘었다(1054).

11 대서양 삼각 무역의 성립 과정 이해

(문제분석) 제시된 자료를 바탕으로 하는 경우 대서양 삼각 무역에 관한 추론을 도출하는 것이 가장 적절하다. 자료에서 아프리카의 흑인

이 아메리카로 옮겨진 점, 아메리카에서 만든 설탕 대부분이 유럽으로 팔려 나간 점 등을 통해 이를 알 수 있다.

정답찾기 ① 가혹한 노동과 질병으로 아메리카 원주민이 급격히 줄어들자, 유럽인은 아프리카인을 노예로 삼아 아메리카에 투입하였다. 유럽은 아프리카에서 포획한 흑인을 아메리카에 노예로 팔았고, 아메리카는 그 노동력을 이용하여 생산한 설탕, 담배, 목화 등을 유럽에 팔았다. 이로써 대서양을 가로질러 유럽, 아메리카, 아프리카를 잇는 삼각 무역이 성립하였다.

오답피하기 ② 14세기 중엽 흑사병이 유행하면서 유럽의 인구가 급감하였다. 몇몇 연구자들에 따르면 당시 흑사병으로 유럽 인구의 3분의 1 이상이 사망하였다고 한다.

③ 유럽에서는 십자군 전쟁 이후 향신료, 비단 등 동방 산물의 수요가 더욱 증대되었다. 그러나 오스만 제국이 동서 교역의 주도권을 장악하자 동양과 직접 교역하려는 욕구가 커졌다.

④ 16~18세기에 유럽 각국에서는 왕권이 강화되고 중앙 집권 체제가 발전하면서 절대 왕정이 나타났다. 절대 왕정은 중세 봉건 국가에서 근대 국민 국가로 옮겨 가는 과도기적 정치 형태이자, 약화하고 있는 봉건 귀족 세력과 성장하고 있는 시민 세력 사이의 균형 위에 성립한 체제라고 할 수 있다.

⑤ 상업과 도시의 발달로 화폐의 유통이 활발해지면서 봉건 영주는 농노에게 부역 대신 현물이나 화폐로 지대를 내게 하였다. 이에 농노들은 부역에서 벗어날 수 있었으며, 곡물 가격이 상승하고 화폐 가치가 떨어짐에 따라 경제적 지위도 향상되었다.

12 17세기 후반 영국과 프랑스의 국왕 파악

문제분석 자료에서 낭트 칙령을 폐지하였다는 점에서 밑줄 친 ㉠의 '프랑스 왕'이 루이 14세임을, 가톨릭교회에 우호적인 점, 1688년의 시점인 점에서 밑줄 친 ㉡의 '런던의 우리 왕'은 제임스 2세임을 알 수 있다.

정답찾기 ① 루이 14세는 콜베르를 재무 장관으로 등용하고 중상주의 정책을 펼쳐 국가 재정을 확보하였다.

오답피하기 ② 크롬웰은 영국과 영국 식민지의 수입품은 영국이나 영국 식민지 또는 수출국의 선박으로 수송하도록 한 항해법을 제정하여 당시 중계 무역으로 많은 이익을 얻고 있던 네덜란드를 견제하였다.

③ 영국 의회는 제임스 2세를 폐위하고 공주이자 신교도인 메리와 그녀의 남편인 윌리엄을 공동 왕으로 추대하였다(1688). 왕위에 오른 메리와 윌리엄은 의회가 제정한 권리 장전을 승인하였다.

④ 영국의 엘리자베스 1세는 동인도 회사를 설립하고 지원함으로써 해외 시장 개척에 적극적으로 나섰다.

⑤ 프로이센의 프리드리히 2세는 계몽사상의 영향을 받아 스스로 국가 제일의 공복이라 지칭하였으며, 오스트리아의 요제프 2세나 러시아의 예카테리나 2세 등은 계몽 전제 군주임을 자처하였다.

13 프랑스 혁명 과정에서 국민 의회의 활동 파악

문제분석 자료에서 「인간과 시민의 권리 선언(인권 선언)」과 헌법 제정 작업에 착수한 점 등을 통해 (가) 기구가 프랑스 혁명 과정에서 수립된 국민 의회임을 알 수 있다.

정답찾기 ④ 제3 신분 대표는 머릿수 표결 요구가 받아들여지지 않

자 국민 의회를 구성하고, 헌법 제정 전에는 해산하지 않겠다고 결의하였다(테니스코트의 서약). 또한 봉건제 폐지를 선언하고 혁명 이념을 담은 「인간과 시민의 권리 선언(인권 선언)」을 발표하였다(1789). 이후 국민 의회는 입헌 군주제와 재산에 따른 제한 선거제에 기초한 헌법을 제정하였고(1791), 이 헌법에 따라 입법 의회가 소집되었다.

오답피하기 ① 루이 16세의 왕권이 정지된 후 입법 의회를 대신하여 국민 공회가 수립되었다. 국민 공회는 공화정을 선포하고 재판을 거쳐 루이 16세를 처형하였다.

② 혁명의 전파를 우려한 주변 국가들이 프랑스를 위협하자, 입법 의회는 오스트리아에 선전 포고하고 혁명전쟁을 시작하였다.

③ 로베스피에르를 타도한 온건파 의원들은 공화제와 제한 선거제를 규정한 헌법을 제정하고 5인의 총재가 통치를 책임지는 총재 정부를 수립하였다.

⑤ 혁명전쟁 발발 이후 왕과 보수 귀족이 적과 내통한다는 소문에 과격해진 파리의 민중(상퀼로트)은 왕궁을 습격하여 루이 16세의 왕권을 정지시켰다.

14 영국 제1차 선거법 개정의 내용 이해

문제분석 자료에서 개정 법안에 부패 선거구 폐지가 포함된 점 등을 통해 (가)에는 영국의 제1차 선거법 개정에 관한 내용이 가장 적절함을 알 수 있다.

정답찾기 ③ 19세기 영국에서는 의회의 주도로 자유주의 개혁이 점진적으로 추진되었다. 정치 분야에서는 제1차 선거법 개정(1832)으로 부패 선거구가 없어지고 도시의 신흥 상공업자에게까지 선거권이 확대되었다.

오답피하기 ① 국교도만 공직에 임용하던 심사법이 폐지됨으로써 비국교도에게도 공직이 허용되었다.

② 경제 분야에서는 곡물법과 항해법이 폐지되어 국가 규제가 완화되었다. 이를 통해 영국에서 자유주의 경제 체제가 확립될 수 있었다.

④ 가톨릭 해방법이 제정되면서 가톨릭교도에 대한 차별이 대부분 철폐되었다.

⑤ 찰스 2세를 견제하기 위해 의회는 국왕에 의한 자의적 체포나 구속을 금지하는 인신 보호법을 제정하였다.

15 19세기 후반의 프랑스 상황 파악

문제분석 자료에서 오스트리아와 전쟁을 치르는 사르데냐 왕국을 지원한 점, 사보이(사부아)와 니스를 할양받은 점 등을 통해 (가) 국가가 프랑스임을 알 수 있다.

정답찾기 ② 사르데냐 왕국은 프랑스의 지원을 받아 오스트리아에 맞서 이탈리아 통일 전쟁을 일으켰다(1859). 이 전쟁으로 사르데냐 왕국은 롬바르디아를 비롯한 중북부 이탈리아를 병합하였다. 당시 프랑스는 나폴레옹의 조카인 루이 나폴레옹이 황제로 재위하고 있는 제2 제정 시기(1852~1870)였다.

오답피하기 ① 영국은 세포이의 항쟁을 계기로 무굴 제국의 황제를 폐위하고 인도에 대한 직접 통치를 위해 인도 통치 개선법을 제정하였다(1858).

③ 빌헬름 1세에 의해 프로이센의 재상으로 임명된 비스마르크는 독일의 통일 방법으로 철혈 정책을 추진하고 군비 확장에 총력을 기울

였다.

④ 크림 전쟁 패배 이후 러시아의 알렉산드르 2세는 농노 해방령을 선포하고(1861) 내정 개혁에 나섰다.

⑤ 노예제 확대에 반대한 링컨이 미국 대통령에 당선되자 남부 일부 주가 연방을 탈퇴하면서 남북 전쟁이 일어났다(1861).

16 벨기에의 역사 이해

문제분석 자료에서 레오폴드 2세가 왕으로 재위한 점, 콩고를 지배한 국가인 점 등을 통해 (가) 국가가 벨기에임을 알 수 있다.

정답찾기 ④ 벨기에에서는 19세기 전반에 광업과 제철업을 중심으로 산업화가 진행되었다.

오답피하기 ① 영국은 17세기 초에 동인도 회사를 앞세워 인도에 진출하였고, 이후 인도에 진출한 프랑스를 플라시 전투에서 물리쳤다.

② 아프리카 횡단 정책을 추진하던 프랑스는 종단 정책을 벌이던 영국과 파쇼다에서 충돌하였다(파쇼다 사건, 1898).

③ 남부 아프리카에서는 나미비아의 헤레로족이 독일의 착취에 맞서 봉기하였다(1904). 그러자 독일은 헤레로족 인구의 약 80%를 살해하는 등 봉기를 무참하게 진압하였다.

⑤ 일본은 청일 전쟁에서 승리하여 시모노세키 조약을 체결하였다(1895). 일본은 이 조약으로 랴오둥반도와 타이완을 할양받았으나, 러시아가 독일, 프랑스와 함께 압력을 가하자 랴오둥반도는 청에 다시 반환하였다(삼국 간섭).

17 페리 내항에 대한 일본의 대응 파악

문제분석 자료에서 선생님이 페리가 군함을 이끌고 내항하자 일본이 어떻게 대응하였는지 묻고 있다는 점에서 선생님의 질문에 대해 학생이 미일 화친 조약에 관한 내용으로 답변하는 것이 가장 적절함을 알 수 있다.

정답찾기 ② 에도 막부 이래 쇄국 정책을 취해 왔던 일본은 미국의 페리 제독이 내항하여 무력 시위를 벌이자 미일 화친 조약을 맺었다(1854). 이 조약을 통해 일본은 시모다와 하코다테를 개항하고 미국에 최혜국 대우를 허용하였다.

오답피하기 ① 에도 막부는 산킨코타이 제도를 통해 다이묘를 통제하려 하였다. 산킨코타이 제도는 17세기 전반에 제도화되어 페리의 내항 당시에는 이미 시행되고 있었다.

③ 러일 전쟁에서 승기를 잡은 일본은 미국의 중재로 러시아와 포츠머스 조약을 맺어(1905) 한반도와 만주에서의 이권을 인정받았다.

④ 에도 막부는 쇄국 정책을 채택하면서도 네덜란드인에게는 예외적으로 나가사키의 데지마를 개방하여 무역을 허용하였다.

⑤ 의화단은 베이징을 점령한 후 청 정부의 지원 아래 외국 공관을 습격하였다. 이에 일본을 포함한 8개국 연합군이 의화단을 진압하였고, 청과 열강 사이에 신축조약(베이징 의정서)이 체결되었다(1901).

18 제1차 세계 대전 시기의 역사적 사실 파악

문제분석 자료에서 유럽의 국가들이 광대한 식민지를 보유한 상태에서 발발한 점, 전후에 윌슨의 평화 원칙 14개조에 기초한 베르사유 체제가 성립된 점 등을 통해 밑줄 친 '전쟁'이 제1차 세계 대전임을 알 수 있다.

정답찾기 ⑤ 1918년 킬 군항 해군의 봉기를 계기로 독일에서는 빌헬름 2세가 퇴위하고 임시 정부가 수립되었다. 공화국을 표방한 임시 정부가 연합국 측과 휴전 조약을 체결하면서 사라예보 사건을 계기로 1914년에 발발한 제1차 세계 대전은 막을 내렸다.

오답피하기 ① 제1차 세계 대전이 끝난 후 평화를 위한 국제기구로 국제 연맹이 창설되었다(1920).

② 영국은 힌두교도와 이슬람교도의 분열을 꾀하기 위해 벵골 분할령을 발표하였다(1905).

③ 5·4 운동 이후 대중적 민족 운동이 성장하는 가운데, 쑨원이 이끄는 중국 국민당은 군벌 세력을 타도하여 국민 혁명을 완수하기 위해 천두슈가 이끄는 중국 공산당과 제1차 국공 합작을 단행하였다(1924).

④ 오스만 제국이 제1차 세계 대전의 패전국이 되자, 청년 튀르크당의 당원이었던 무스타파 케말은 청년 장교들과 함께 터키 공화국을 수립하고 대통령에 취임하였다(1923).

19 중국의 현대사 이해

문제분석 자료에서 만주, 타이완, 펑후 군도 등의 영토를 일본에 빼앗겼다고 한 점, 한국민의 노예 상태를 염두에 두고 있으며 한국의 독립을 확신한다고 밝힌 점 등을 통해 (가) 국가가 중국임을 알 수 있다.

정답찾기 ⑤ 제2차 세계 대전 이후 중국에서는 장제스의 국민당과 마오쩌둥의 공산당 간의 국공 내전에서 공산당이 승리하여 중화 인민 공화국이 수립되었다(1949).

오답피하기 ① 미국은 미드웨이 해전에서 일본군을 격퇴하여(1942) 전세를 반전시키고 태평양의 섬들을 차지해 나갔다.

② 미국, 영국, 프랑스가 자신들의 독일 내 관할 구역에 새로운 통화 제도를 도입하자, 소련은 베를린 봉쇄를 단행하여(1948) 서베를린으로 통하는 육로를 차단하였다.

③ 이탈리아와 독일은 에스파냐 내전에 개입하여 프랑코가 이끄는 반군 세력을 지원하였다.

④ 독일은 소련과 불가침 조약을 체결하고 폴란드를 기습 침공하였다(1939). 이에 영국과 프랑스가 독일에 즉시 선전 포고하여 제2차 세계 대전이 발발하였다.

20 쿠바 미사일 위기의 해결 과정 이해

문제분석 자료에서 미국 법무 장관이 주미 소련 대사와 마지막 담판을 벌인 점, 미국은 튀르키예에 배치한 핵무기를 철수하고 소련은 쿠바에 배치한 미사일을 철수하는 것에 합의한 점, 쿠바 미사일 위기라는 표현이 등장한 점 등을 통해 밑줄 친 '합의'가 쿠바 미사일 위기의 해결을 위해 미소 간에 이루어진 것임을 알 수 있다.

정답찾기 ② 1955년에 개최된 반둥 회의에서는 29개국 대표가 모여 「평화 10원칙」을 제시하였다. 1960년대에 들어 소련이 쿠바에 미사일 기지 건설을 추진하자 미국은 이를 자국에 대한 직접적인 위협이라고 여겨 소련에 즉각적인 철수를 요구하였다. 당시 미소 양국은 핵전쟁 발발 직전의 상황까지 치달았는데 이를 쿠바 미사일 위기라 한다(1962). 1960년대 말에는 당시 미국 대통령인 닉슨이 자국 외 지역에 대한 군사 개입을 피하고 아시아의 방위는 아시아의 힘으로 한다는 닉슨 독트린을 발표하였다(1969).

1 ①	2 ②	3 ②	4 ⑤	5 ①
6 ②	7 ③	8 ①	9 ②	10 ④
11 ⑤	12 ③	13 ⑤	14 ④	15 ⑤
16 ①	17 ①	18 ④	19 ③	20 ⑤

1 이집트 문명의 특징 이해

문제분석 자료에서 파라오 람세스 2세, 나일강 서쪽에 건설 등을 통해 (가) 문명이 이집트 문명임을 알 수 있다.

정답찾기 ① 이집트 문명에서는 영혼 불멸과 사후 세계를 믿어 시신을 미라로 만들었고, 죽은 자를 위한 안내서인 「사자의 서」를 제작하였다.

오답피하기 ② 메소포타미아 지역에 건설된 바빌로니아 왕국의 함무라비왕은 이전의 법을 집대성하여 함무라비 법전을 편찬하였다.
③ 헤브라이인이 세운 왕국은 솔로몬왕 사후 이스라엘과 유대로 갈라져 이스라엘은 아시리아에, 유대는 신바빌로니아에 각각 멸망하였다.
④ 인더스 문명은 드라비다인이 인더스강 유역에 건설한 것으로 추정되는 도시 문명이다.
⑤ 기원전 7세기경 서아시아의 상당 부분을 통일한 아시리아는 수도 니네베에 왕립 도서관을 건립하였다.

2 진 왕조의 특징 파악

문제분석 자료에서 반량전, 전국 시대를 통일, 문자와 도량형을 통일, 화폐도 반량전으로 통일하였다는 점 등을 통해 (가) 왕조가 진 왕조임을 알 수 있다. 진은 시황제 때 화폐, 도량형, 문자를 통일하였다.

정답찾기 ② 진시황제는 군현제를 실시하여 전국을 36개의 군으로 나누고 관리를 파견하였으며, 이를 통해 중앙 집권 체제를 확립하였다.

오답피하기 ① 수 문제는 9품중정제를 폐지하고 시험으로 관리를 선발하는 과거제를 시행하였다.
③ 황소의 난은 875~884년에 일어난 농민 반란이며, 이로 인해 당이 급격히 쇠퇴하게 되었다.
④ 송은 여러 차례 거란(요)과 전쟁을 벌이다가 결국 전연의 맹약을 맺었다(1004). 이 맹약으로 거란(요)은 송으로부터 매년 은과 비단을 받았고, 송은 거란(요)으로부터 평화를 보장받았다.
⑤ 거란(요)은 북면관제와 남면관제로 유목 민족과 한족 등을 이원적으로 통치하였다.

3 명의 영락제의 활동 파악

문제분석 자료에서 인도양을 거쳐 아프리카 동해안까지 파견되었던 정화의 함대가 귀환한다는 점, 일곱 차례 해양 항해 중 네 번째라는 점, 캘리컷 서쪽의 아프리카로 처음 진출한 항해라는 점 등을 통해 밑줄 친 '황제'가 명의 영락제임을 알 수 있다.

정답찾기 ② 명의 영락제는 베이징에 자금성을 건설하고 난징에서 베이징으로 수도를 옮겼다.

오답피하기 ① 팔기제는 후금을 건국한 누르하치가 조직한 행정 단위이자 군사 조직이다.
③ 수 문제는 9품중정제를 폐지하고 시험으로 관리를 선발하는 과거제를 도입하였다.
④ 티베트 불교 승려 파스파는 몽골(원) 쿠빌라이 칸의 명령에 따라 몽골 문자인 파스파 문자를 만들었다.
⑤ 북위의 효문제는 5세기 평성에서 뤄양으로 천도하였다.

4 강희제의 정책 파악

문제분석 자료에서 베이징의 궁성에서 제4대 황제로 등극한 점, 오삼계 등이 일으킨 반란을 진압하기 위해 군대 파견을 명한 점, 러시아와 네르친스크 조약을 체결하기 위해 사신을 파견한 점 등을 통해 (가) 황제는 청의 강희제임을 알 수 있다.

정답찾기 ⑤ 청의 강희제는 타이완의 반청 세력을 진압하여 타이완을 청의 영토로 편입시켰다.

오답피하기 ① 청의 옹정제는 군기처를 설치하여 황제 독재권을 강화하였다.
② 양세법은 당대 안사의 난 이후 시행되어 명대 일조편법이 실시될 때까지 이어졌다.
③ 진은 대규모 토목 공사와 가혹한 통치에 대한 농민들의 불만으로 진승과 오광의 난 등 각지에서 반란이 일어나 멸망하였다.
④ 명은 감합 무역을 통해 무로마치 막부와 교역하였다.

5 에도 막부 시기의 사회 모습 파악

문제분석 자료에서 조닌층의 사회적 영향력이 확대되었다는 점, 가부키와 분라쿠 등 조닌 문화로 불리는 서민 문화가 발달하였다는 점 등을 통해 (가) 막부가 에도 막부임을 알 수 있다.

정답찾기 ① 에도 막부 시대에 경제력을 갖춘 조닌은 에도와 오사카 등을 중심으로 가부키나 우키요에와 같은 조닌 문화를 발전시켜 나갔다.

오답피하기 ② 나라 시대에는 『일본서기』를 비롯해 『고사기』, 『만엽집』 등이 편찬되었다.
③ 일본은 견당사라는 사절단을 당에 보내 중국의 선진 문물을 수용하였으나 헤이안 시대인 9세기 말에 견당사 파견이 중지되었다.
④ 청일 전쟁에 승리한 일본은 1895년 청과 시모노세키 조약을 체결하였다.
⑤ 가마쿠라 막부 시기에 몽골(원)·고려 연합군이 두 차례에 걸쳐 일본 원정에 나섰으나 태풍 등으로 인해 실패하였다.

6 파르티아의 활동 파악

문제분석 자료에서 영역이 동으로는 이란 북동부에서 서로는 유프라테스강의 북쪽 유역까지 확장되었다는 점, 로마와 중국의 한(漢) 사이에서 통상 교량 역할을 하였다는 점, 장건의 기록에 따르면 안식국으로 표기되었다는 점 등을 통해 밑줄 친 '이 왕조'가 파르티아임을 알 수 있다.

정답찾기 ② 파르티아는 알렉산드로스 제국이 분열된 이후 이란 계통의 민족이 건국하였다. 파르티아는 로마와의 대립으로 쇠퇴하다가 사산 왕조 페르시아에 멸망하였다.

오답피하기 ① 아바스 왕조는 당과 벌인 탈라스 전투에서 승리하고 동서 교역의 주도권을 장악하였다.

③ 사파비 왕조의 아바스 1세는 수도를 이스파한으로 옮겨 국제적인 교역의 중심지로 육성하였다.

④ 아케메네스 왕조 페르시아의 다리우스 1세는 '왕의 눈', '왕의 귀'라 불리는 감찰관을 파견하였다.

⑤ 비잔티움 제국은 유스티니아누스 황제 사후 제국의 방어를 위해 군관구제와 둔전병제를 실시하였다.

7 우마이야 왕조의 특징 파악

문제분석 자료에서 카롤루스 마르텔이 투르·푸아티에 전투에서 이슬람군을 무찔렀다는 점, 당시 이슬람 세력이 북아프리카를 넘어 서남부 유럽 쪽으로 확장하고 있었다는 점 등을 통해 (가) 왕조가 우마이야 왕조임을 알 수 있다.

정답찾기 ③ 우마이야 왕조는 수도인 다마스쿠스를 중심으로 정복 활동을 전개하여 서쪽의 이베리아반도까지 진출하였다.

오답피하기 ① 무함마드는 메카의 보수적인 귀족층의 박해를 피해 메디나로 이주하였는데, 이를 헤지라라고 한다(622).

② 오스만 제국은 데브시르메 제도를 통해 크리스트교도 청소년을 강제로 징집하여 이슬람교로 개종시킨 후 관료나 술탄의 친위 부대인 예니체리로 육성하였다.

④ 사산 왕조 페르시아는 조로아스터교를 국교로 삼았다.

⑤ 11세기에 셀주크 튀르크는 바그다드에 입성하여 아바스 왕조의 칼리프로부터 술탄의 칭호를 획득하였다.

8 무굴 제국의 사회 모습 파악

문제분석 자료에서 황제가 힌두교를 믿는 라지푸트족과 결혼 동맹을 맺고 협력을 다졌다는 점, 황제가 지즈야를 폐지하고 힌두교도를 관료로 등용하였다는 점, 제5대 황제가 샤자한이라는 점 등을 통해 (가) 제국은 무굴 제국임을 알 수 있다.

정답찾기 ① 무굴 제국 시기에 공식 문서나 외교 용어로는 페르시아어가 사용되었지만, 일상의 언어로는 힌두어, 페르시아어, 아랍어 등이 합쳐진 우르두어가 널리 사용되었다.

오답피하기 ② 마우리아 왕조의 아소카왕이 산치 대탑을 조성하였다.

③ 아이바크가 자신의 델리 정복을 기념하여 쿠트브 미나르를 세웠다. 아이바크는 델리를 정복한 후 이슬람 왕조를 수립하였는데, 이후 델리를 중심으로 한 이슬람 왕조들이 연이어 세워졌다(델리 술탄 왕조 시대).

④ 기원전 6세기 무렵 불교와 자이나교가 출현하였다.

⑤ 인도 문명의 아리아인은 자연 현상을 찬미하는 『베다』를 제작하였다.

9 옥타비아누스의 활동 파악

문제분석 자료에서 카이사르의 양자가 되었다는 점, 프린켑스 체제, 즉 원수정 체제를 만들어갔다는 점, 원로원으로부터 '아우구스투스'라는 명예 칭호를 받았다는 점 등을 통해 밑줄 친 '이 인물'이 옥타비아누스임을 알 수 있다.

정답찾기 ② 제2차 삼두 정치를 이끌던 옥타비아누스는 클레오파트라와 연합한 안토니우스를 악티움 해전에서 격파하고 로마의 지배권을 장악하였다.

오답피하기 ① 디오클레티아누스 황제는 제국을 4분할하여 통치하는 4제 통치 체제를 마련하였다.

③ 스파르타쿠스의 난은 기원전 73년에 일어났다. 스파르타쿠스의 난은 크라수스 등에 의해 진압되었다.

④ 로마 제국의 중흥을 위하여 노력한 콘스탄티누스 황제는 밀라노 칙령을 통해 크리스트교를 공인하였고, 콘스탄티노폴리스로 천도하였다.

⑤ 마케도니아의 왕 알렉산드로스는 동방 원정에 나서 아케메네스 왕조 페르시아를 정복하였다.

10 크리스트교의 성장과 교황권 이해

문제분석 자료에서 신성 로마 제국의 황제 하인리히 4세가 카노사에 가서 교황 그레고리우스 7세에게 용서를 빌었다는 점 등을 통해 (가)는 카노사의 굴욕 사건(1077) 시기임을 알 수 있고, 교황 칼릭스투스 2세와 황제 하인리히 5세가 보름스에서 서임권을 둘러싼 분쟁을 종식시켰다는 점 등을 통해 (나)는 보름스 협약 체결(1122) 시기임을 알 수 있다.

정답찾기 ④ 1096년부터 1099년까지 활동한 제1차 십자군은 성지 예루살렘을 점령하고 그곳에 크리스트교 왕국을 건설하였다.

오답피하기 ① 비잔티움 제국의 황제 레오 3세가 726년에 성상 파괴령을 반포하였다.

② 프랑스에서는 16세기 후반 신교도인 위그노와 가톨릭의 대립이 격화되어 위그노 전쟁이 일어났다.

③ 영국의 엘리자베스 1세는 1559년 통일법을 반포하여 영국 국교회를 확립하였다.

⑤ 루터는 교황 레오 10세의 면벌부 판매 등 교회의 세속화 문제를 비판하며 1517년에 「95개조 반박문」을 발표하였다.

11 베스트팔렌 조약의 내용 파악

문제분석 자료에서 30년 전쟁을 종식시키기 위한 협상이 1643년에 시작되었다는 점, 1648년에 체결되었다는 점, 오스나브뤼크와 뮌스터에서 각각 조인되었다는 점, 루터의 종교 개혁으로 시작되었던 정치·영토 분쟁을 해결하기 위한 것이었다는 점 등을 통해 밑줄 친 '이 조약'이 베스트팔렌 조약임을 알 수 있다.

정답찾기 ⑤ 독일 지역에서 구교와 신교 사이의 갈등으로 시작된 30년 전쟁은 베스트팔렌 조약의 체결(1648)로 마무리되었는데, 이 조약으로 칼뱅파가 인정되어 독일 제후에게 칼뱅파를 선택할 권리가 부여되었다.

오답피하기 ① 백년 전쟁(1337~1453) 초반에는 영국 측이 유리하였으나, 잔 다르크의 활약 등으로 전세가 역전되어 프랑스가 승리를 거두었다.

② 에스파냐의 펠리페 2세는 베네치아, 로마 교황청 등과 연합하여 레판토 해전(1571)에서 오스만 제국에 승리하였다.

③ 라틴 제국은 1204년에 제4차 십자군이 콘스탄티노폴리스를 점령하고 세운 나라이다.

④ 14세기 흑사병으로 인구가 크게 감소한 가운데, 일부 영주들의 속박이 강화되자 이에 반발하여 프랑스에서는 자크리의 난, 영국에서는 와트 타일러의 난 등이 발생하였다.

12 나폴레옹의 정책 파악

문제분석 자료에서 트라팔가르 해전, 영국 전함이 프랑스·에스파냐 연합 함대와의 트라팔가르 해전에서 승리하였다는 점, 프랑스 황제가 시도한 영국 본토 상륙은 실패로 끝났다는 점, 대륙 봉쇄령을 내렸다는 점 등에서 밑줄 친 '황제'는 나폴레옹임을 알 수 있다.

정답찾기 ③ 러시아가 나폴레옹의 대륙 봉쇄령을 어기고 영국과의 통상을 계속하자, 나폴레옹은 이를 응징하기 위해 러시아 원정을 단행하였다.

오답피하기 ① 명예혁명 당시 제임스 2세가 폐위되고 공동 왕으로 추대된 메리와 윌리엄은 의회가 제정한 권리 장전을 승인하였다(1689).
② 프랑스의 루이 14세가 낭트 칙령을 폐지한 이후 상공업에 종사하던 많은 위그노가 국외로 떠나면서 프랑스의 국내 산업이 침체되었다.
④ 니콜라이 1세는 러시아의 청년 장교와 일부 지식인들이 일으킨 데카브리스트의 봉기를 진압하였다.
⑤ 청교도 혁명으로 권력을 장악한 크롬웰은 1651년에 무역선의 입항 조건을 제한하는 항해법을 제정하여 네덜란드의 무역 활동에 타격을 주었다.

13 프랑스 2월 혁명의 영향 이해

문제분석 자료에서 빈 체제에 결정적인 타격을 가하였다는 점, 왕정을 무너뜨리고 자유주의적 온건 공화정이 수립되었다는 점 등을 통해 밑줄 친 '이 혁명'은 프랑스 2월 혁명임을 알 수 있다.

정답찾기 ⑤ 프랑스 2월 혁명 이후 루이 나폴레옹은 대통령에 선출되었다. 이후 그는 쿠데타를 통해 권력을 장악하고 황제에 즉위함으로써 나폴레옹 3세가 되었다(1852).

오답피하기 ① 프랑스 7월 혁명(1830)의 영향으로 벨기에가 독립하였다.
② 프랑스에서는 샤를 10세가 언론을 탄압하고 의회를 해산하는 등 전제 정치를 시행하자, 자유주의자와 시민이 1830년에 7월 혁명을 일으켜 샤를 10세를 추방하고, 루이 필리프를 왕으로 추대하였다.
③ 나폴레옹은 총재 정부를 무너뜨리고 통령 정부를 구성하여 제1통령의 자리에 올랐다(1799).
④ 신성 동맹과 4국 동맹은 빈 체제 유지 기구로, 신성 동맹에는 러시아, 오스트리아, 프로이센이 참여하였다.

14 메이지 유신의 내용 파악

문제분석 자료에서 번을 없애 현으로 삼는다는 폐번치현의 내용, 에도 막부 붕괴와 왕정복고로 성립된 정부 등을 통해 자료는 메이지 유신을 추진한 메이지 정부와 관련된 내용임을 알 수 있다. 메이지 정부는 다이묘가 통치하던 번을 폐지하여 현을 설치하고 중앙 정부가 직접 임명한 지사를 파견하는 폐번치현을 단행하여 중앙 집권 체제를 수립하였다.

정답찾기 ④ 1858년 일본의 에도 막부는 미국과 미일 수호 통상 조약을 체결하였다.

오답피하기 ① 메이지 정부는 국방력 강화를 위해 징병제를 실시하였다.
② 메이지 정부는 봉건적 신분제를 개혁하고 사민평등의 사회 체제를 지향하였다.
③ 메이지 정부는 자유 민권 운동을 탄압하였지만, 결국 1889년에 일본 제국 헌법을 제정하였고, 다음 해에는 의회를 개설하였다.
⑤ 메이지 정부는 1871년 서양 문물 시찰과 미국 등과 맺은 불평등 조약 개정을 위한 예비 협상을 목적으로 이와쿠라 사절단을 파견하였다.

15 인도의 반영 운동의 내용 파악

문제분석 자료에서 영국의 인도 총독 커즌이 벵골 분할령을 내렸다는 점, 커즌의 분할 정책은 혹독한 대가를 치렀다는 점 등을 통해 밑줄 친 '반발'은 1905년 영국의 벵골 분할령 발표에 대응한 인도인들의 반영 운동에 해당한다는 것을 알 수 있다.

정답찾기 ⑤ 1905년 영국이 벵골 분할령을 발표하자, 인도 국민 회의는 콜카타 대회를 개최하여 스와라지(인도인의 자치), 스와데시(국산품 애용), 영국 상품 불매, 국민 교육 진흥 등 4대 강령을 채택하고 민족 운동을 전개하였다.

오답피하기 ① 영국의 동인도 회사에서 고용한 용병인 세포이들은 영국이 인도인의 종교적 전통을 무시하였다는 것 등을 배경으로 1857년에 세포이의 항쟁을 일으켰다.
② 벵골군과 연합한 프랑스군은 플라시 전투(1757)에서 영국군에 패배하였다.
③ 1885년에 인도에서는 영국의 지원을 받아 지식인, 관리, 민족 자본가, 지주 등이 참여하여 인도 국민 회의가 결성되었다.
④ 19세기 전반 인도의 람 모한 로이는 브라흐마 사마지를 창설하여 힌두교의 우상 숭배와 사티 등의 악습을 폐지할 것을 주장하며 사회 개혁 운동을 벌였다.

16 신문화 운동의 내용 파악

문제분석 자료에서 서양의 과학과 민주주의, 천두슈, 후스, 잡지 『신청년』 표지 등을 통해 (가) 운동이 신문화 운동임을 알 수 있다.

정답찾기 ① 1910년대에 시작된 신문화 운동은 유교 중심의 전통문화를 비판하고 서양의 과학과 민주주의를 수용할 것을 촉구하였다.

오답피하기 ② 청일 전쟁(1894~1895)의 패배로 청이 추진한 양무운동의 한계가 드러나게 되었다.
③ 1911년 우창의 신군이 반청 봉기를 일으키면서 신해혁명이 시작되었다.
④ 의화단 운동은 영국, 독일, 러시아, 일본 등이 참여한 8개국 연합군에 의해 진압되었다.
⑤ 외국 공사가 베이징에 주재할 수 있게 된 것은 제2차 아편 전쟁 시기에 체결된 톈진 조약(1858)과 관련이 있다. 이후 베이징 조약(1860)을 통해 톈진 조약의 내용이 비준되었다.

17 제2차 세계 대전의 전개 과정 파악

문제분석 자료에서 베를린 주재 대사를 통해 독일 정부에 최후통첩을 보냈다는 점, 폴란드에서 즉각 군대 철수를 하지 않으면 교전 상태로 돌입하겠다는 의사를 전달하였다는 점, 영국과 프랑스가 의무 이행에 나서려 한다는 점 등을 통해 밑줄 친 '전쟁'이 제2차 세계 대전임을 알 수 있다. 1939년 독일이 폴란드를 침공하고, 이에 영국과 프랑스가 독일에 선전 포고하면서 제2차 세계 대전(1939~1945)이 시작되었다.

정답찾기 ③ 독일이 1940년 프랑스 파리를 점령하자 프랑스 남부에서는 독일에 협조적인 비시 정부가 들어섰다.

오답피하기 ① 1929년 미국의 주가가 폭락하며 대공황이 시작되었다. 이에 미국의 수많은 기업과 은행이 파산하고 실업자가 폭증하였다.
② 독일은 1939년 8월 독소 불가침 조약을 체결하였고, 1939년 9월 폴란드를 침공하면서 제2차 세계 대전을 일으켰다.
④ 미국, 영국, 프랑스가 자신들의 독일 내 관할 구역에 새로운 통화 제도를 도입하자, 1948년 소련은 베를린 봉쇄를 단행하여 물자 공급 등을 차단하였다.
⑤ 제1차 세계 대전이 발발하자 오스만 제국은 동맹국 측에 가담하였다.

18 제2차 국공 합작의 배경 파악

문제분석 자료에서 동북 지방을 잃어버린 지 이미 5년이 지났다는 점, 장제스 위원장이 나라를 망치고 있다고 주장한 점, 장쉐량 등이 장제스 위원장에게 최후의 간언을 올렸다는 점, 일체의 내전을 멈출 것을 주장한 점 등을 통해 밑줄 친 '주장'은 제2차 국공 합작과 관련된 내용임을 알 수 있다.

정답찾기 ④ 장쉐량은 중국 시안에서 공산당 토벌을 격려하러 온 장제스를 감금하고 내전 중지와 항일 투쟁을 호소하였는데 이를 시안 사건이라고 한다. 이 사건은 1937년 제2차 국공 합작에 영향을 끼쳤다.

오답피하기 ① 의화단 운동의 결과 체결된 신축조약(1901) 이후 위기에 몰린 청이 본격적인 근대화 정책을 추진하였다(광서신정).
② 1911년 우창에서 신군이 봉기하면서 신해혁명이 본격화되었고, 이후 쑨원을 임시 대총통으로 하는 중화민국이 수립되었다.
③ 쑨원은 1905년에 청 왕조를 타도하고 새로운 정부를 수립하자는 목표를 가진 혁명 단체들을 모아 중국 동맹회를 결성하였다.
⑤ 중국 공산당은 1934년 중국 국민당의 압박을 피해 대장정을 단행하였다.

19 미국과 영국의 활동 파악

문제분석 자료에서 대서양 회담 모습, 일본의 하와이 진주만 기습을 계기로 참전, 루스벨트 대통령, 대서양 헌장을 발표 등을 통해 (가) 국가가 미국임을 알 수 있고, 처칠 총리, 대서양 헌장을 발표 등을 통해 (나) 국가가 영국임을 알 수 있다.

정답찾기 ③ 제2차 세계 대전이 끝난 후 독일은 미국, 영국, 프랑스, 소련에 의해 분할 점령되었다.

오답피하기 ① 코민포름은 소련 공산당의 주도로 1947년에 창설된 국제 공산당 정보 기구이다.
② 제1차 비동맹 회의는 유고슬라비아의 티토, 인도의 네루, 이집트의 나세르 등이 주도하여 1961년 유고슬라비아의 베오그라드에서 개

최된 회의로, 제3 세계의 협력과 결속 강화를 선언하였다.
④ 영국은 애로호 사건을 구실로 프랑스와 연합하여 제2차 아편 전쟁(1856~1860)을 일으켰다.
⑤ 프랑스와 독일은 모로코를 둘러싸고 두 차례 대립하였다(1905, 1911). 독일은 프랑스로부터 콩고 북부 지방을 할양받았고, 그 대신 모로코에 대한 프랑스의 보호권을 승인하였다.

20 문화 대혁명의 배경 파악

문제분석 자료에서 마오쩌둥이 주도하였다는 점, 학생 조직인 홍위병을 앞세워 중국의 전통문화를 파괴하였다는 점, 많은 예술인과 지식인을 억압하였다는 점 등을 통해 밑줄 친 '이 운동'이 문화 대혁명임을 알 수 있다.

정답찾기 ⑤ 대약진 운동의 실패로 정치적 위기에 빠진 마오쩌둥은 문화 대혁명(1966~1976)을 일으켰다.

오답피하기 ① 영국과 독일 등 8개국 연합군은 의화단 운동을 진압하였으며, 중국은 열강과 신축조약(베이징 의정서)을 체결하였다(1901).
② 1856년에 청의 관리가 밀수와 해적 혐의가 있는 중국인 선원을 체포하고자 애로호에 승선하여 중국인 선원을 연행한 애로호 사건이 발생하였다.
③ 문화 대혁명 이후 집권한 덩샤오핑은 시장 경제 체제 일부 도입, 동남 해안 지대에 경제특구 설치 등 적극적인 개혁·개방 정책을 추진하였다.
④ 1989년에 중국의 학생과 지식인들이 톈안먼 광장에서 부정부패 추방과 정치적 자유를 요구하며 시위를 일으키자 정부가 무력으로 진압하였다(톈안먼 사건).

1 ⑤	2 ⑤	3 ④	4 ①	5 ②
6 ③	7 ④	8 ⑤	9 ②	10 ③
11 ①	12 ④	13 ②	14 ①	15 ②
16 ②	17 ③	18 ③	19 ④	20 ③

1 메소포타미아 문명 파악

문제분석 자료에서 수메르인이 건설한 도시, 유프라테스강이 위치, 쐐기 문자 등의 내용을 통해 밑줄 친 '이 문명'은 메소포타미아 문명임을 알 수 있다.

정답찾기 ⑤ 메소포타미아 문명에서는 우르 등의 도시에 지구라트라는 신전을 세웠다.

오답피하기 ① 알타미라 동굴 벽화는 구석기 시대의 인류가 제작하였다.

② 인더스 문명에서는 계획도시인 모헨조다로와 하라파가 건설되었다.

③ 에게해 지역에서 성립된 크레타 문명은 크레타섬을 중심으로 발전하였다.

④ 중국의 상 왕조는 점을 친 내용을 갑골문으로 기록하였다.

2 당 왕조의 문화 이해

문제분석 자료에서 태종이 즉위 초에 돌궐의 침공을 예방하기 위하여 재물을 바쳤던 고조의 정책을 지속하였다는 점, 태종이 동돌궐을 정복하고 천가한이라는 칭호를 받았다는 점, 서돌궐 가한의 항복까지 받았다는 점 등을 통해 (가) 왕조는 당 왕조임을 알 수 있다.

정답찾기 ⑤ 당 왕조에서는 이백과 두보 등의 시인이 많은 작품을 남겼다.

오답피하기 ① 청 왕조에서 경극이 베이징을 중심으로 성행하였다.

② 춘추 전국 시대의 제후국들은 부국강병을 추진하면서 능력 있는 인재를 등용하였다. 이 과정에서 제자백가가 등장하였다.

③ 명대 후기에 실용적인 학문이 발달하여 『본초강목』, 『천공개물』, 『농정전서』 등의 서적이 편찬되었다.

④ 남송 시기에 주희가 성리학을 집대성하였다.

3 몽골 제국의 특징 이해

문제분석 자료에서 서역으로 연결되는 역로 건설에 노력을 기울였다는 점, 대도-상도-카라코룸을 연결하는 역로가 개통되었다는 점, 각 울루스 역시 독자적으로 많은 역참을 설치하였다는 점 등을 통해 밑줄 친 '제국'은 몽골 제국임을 알 수 있다.

정답찾기 ④ 티베트 불교 승려인 파스파는 쿠빌라이 칸의 명령에 따라 몽골 문자인 파스파 문자를 만들었다.

오답피하기 ① 청대에 『홍루몽』이 출간되어 서민들에게 널리 읽혔다.

② 위진 남북조 시대에는 중정관이 인물의 덕망, 재주 등을 9등급으로 평가하여 지방의 인재를 추천하면 국가가 이를 바탕으로 등용하는 제도인 9품중정제가 실시되었다.

③ 명대에 중국에 들어온 예수회 선교사인 마테오 리치는 세계 지도인 「곤여만국전도」를 제작하였다.

⑤ 당대에 안녹산과 그의 부하 사사명이 안사의 난을 일으켰다.

4 청 왕조의 특징 파악

문제분석 자료에서 도르곤이 변발을 하도록 하는 점, 군대가 베이징에 이르렀고 멸망한 왕조의 문무 관리들이 맞이하였다는 점 등을 통해 (가) 왕조는 청 왕조임을 알 수 있다. 이자성의 농민군이 베이징을 점령하면서 명은 멸망하였다. 이후 청은 이자성 세력을 몰아내고 베이징을 점령하였다.

정답찾기 ① 청 왕조의 옹정제는 군기처를 설치하여 주요 정보와 정책 결정권을 장악함으로써 황제 독재권을 강화하였다.

오답피하기 ② 몽골 제국의 칭기즈 칸은 천호제를 정비하여 강력한 몽골 군대를 편성하였다.

③ 당대 안사의 난 이후 조용조는 양세법으로 바뀌었다.

④ 중국을 통일한 진시황제는 사상 통제 정책의 일환으로 분서갱유를 일으켰다.

⑤ 명의 영락제 등은 정화의 함대를 해외에 파견하였다.

5 에도 막부 시기의 사실 파악

문제분석 자료에서 데지마, 스기타 겐파쿠가 네덜란드의 의학 서적을 번역하여 『해체신서』를 간행한 점 등을 통해 (가) 막부는 에도 막부임을 알 수 있다. 일본의 에도 막부는 네덜란드인에게는 예외적으로 나가사키의 데지마를 개방하였으며, 그들을 통해 서양의 의학, 천문학, 조선술 등을 배워 난학(란가쿠)이 발전하였다.

정답찾기 ② 에도 막부가 미국에 굴복하여 미일 화친 조약과 미일 수호 통상 조약을 체결하자, 사쓰마번과 조슈번 등은 존왕양이 운동을 전개하였다.

오답피하기 ① 메이지 정부는 폐번치현을 단행하여 중앙 집권 체제를 확립하였다.

③ '천황'이라는 칭호가 사용되기 시작한 것은 7세기 말에 해당한다.

④ 가마쿠라 막부는 송의 동전을 대량으로 수입하였다.

⑤ 쇼토쿠 태자는 6세기 말~7세기 초에 야마토 정권의 국정을 이끌었으며, 적극적인 불교 진흥책을 실시하여 아스카 문화 발전에 기여하였다.

6 파르티아의 특징 파악

문제분석 자료에서 옥타비아누스 시기에 로마와 대립한 점, 인도, 중국과의 교역을 위한 대상로를 안정시키는 데 관심이 있었던 점, 수도가 크테시폰이라는 점 등을 통해 (가) 국가는 파르티아임을 알 수 있다.

정답찾기 ③ 파르티아는 알렉산드로스 제국이 분열한 이후 이란 계통의 민족이 세운 국가로, 로마와의 대립으로 쇠약해지다가 3세기에 사산 왕조 페르시아에 멸망하였다.

오답피하기 ① 사산 왕조 페르시아는 조로아스터교를 국교로 삼았다.

② 정통 칼리프 시대에 이슬람 세력은 사산 왕조 페르시아를 정복하였다.

④ 유스티니아누스 황제가 죽은 후 비잔티움 제국은 외침에 대비하기 위하여 군관구제와 둔전병제를 실시하였다.

⑤ 아케메네스 왕조 페르시아는 '왕의 눈', '왕의 귀'라고 불리는 감찰관을 파견하여 총독을 감독하였다.

7 사파비 왕조의 특징 파악

문제분석 자료에서 크리스트교도를 포로로 잡아 노예로 삼고 시아파로 강제로 개종시킨 뒤 샤에게만 충성하는 병사로 양성하는 점, 아바스 1세가 군주로 언급된 점 등을 통해 (가) 왕조는 사파비 왕조임을 알 수 있다.

정답찾기 ④ 이스마일 1세는 페르시아의 부활을 표방하면서 사파비 왕조를 건국하였다.

오답피하기 ① 오스만 제국은 군사적 봉건제인 티마르제를 시행하였다. 오스만 제국의 술탄은 주로 지방의 기병에게 군사적 봉사의 대가로 토지에 대한 징세권(티마르)을 부여하였다.
② 티무르 왕조는 사마르칸트를 수도로 하여 동서 무역을 통해 번영하였다.
③ 아바스 왕조 등은 몽골군의 침략으로 멸망하였다.
⑤ 우마이야 왕조 시기에 이슬람 세력이 이베리아반도까지 영토를 확장하였다.

8 셀주크 튀르크의 특징 파악

문제분석 자료에서 가즈니 왕조 시기에 활동한 점, 군대를 이끌고 서쪽으로 이동하여 부와이 왕조가 장악한 바그다드에 들어선 점, 바그다드의 칼리프로부터 술탄으로 인정받은 점 등을 통해 (가) 제국은 셀주크 튀르크임을 알 수 있다.

정답찾기 ⑤ 셀주크 튀르크는 예루살렘과 소아시아를 차지하는 등 대제국을 건설하였다.

오답피하기 ① 13세기 중엽 훌라구가 이끄는 몽골 군대가 아바스 왕조를 멸망시켰다.
② 14세기 후반 티무르가 몽골 제국의 재건을 내세우며 티무르 왕조를 세웠다.
③ 오스만 제국의 메(흐)메트 2세는 콘스탄티노폴리스를 점령하였다.
④ 아이바크가 델리를 정복한 후 이슬람 왕조를 세우면서 델리 술탄 왕조 시대가 전개되었다.

9 아우랑제브 황제의 활동 이해

문제분석 자료에서 아버지 샤자한을 감금하고 왕좌를 이어받은 점, 지즈야를 다시 힌두교도에 부과하고 그 사원의 다수를 파괴함으로써 대다수 백성을 격분시킨 점 등의 내용을 통해 밑줄 친 '그'는 무굴 제국의 아우랑제브 황제임을 알 수 있다.

정답찾기 ② 무굴 제국에서는 아우랑제브 황제가 데칸고원을 넘어 인도 남부의 대부분을 차지하여 제국의 최대 영토를 확보하였다.

오답피하기 ① 타지마할은 무굴 제국의 샤자한 집권 시기에 조성되었다.
③ 아소카왕은 불경을 정리하고 산치 대탑과 같은 불탑(스투파)을 건설하였다.
④ 아이바크는 델리를 정복하고 쿠트브 미나르를 건립하였다.

⑤ 1857년 인도에서 세포이의 항쟁이 일어나자 영국은 무력으로 진압하였다.

10 아테네의 특징 파악

문제분석 자료에서 스파르타와 평화 조약을 체결하고자 하는 점, 페르시아와 스파르타 양편 모두와의 전쟁 가능성이 있는 점, 페르시아와의 강화가 체결되자 동맹의 존속에 의문을 품은 동맹국들이 반란을 일으키는 점 등을 통해 (가) 도시 국가는 아테네임을 알 수 있다. 그리스·페르시아 전쟁을 계기로 아케메네스 왕조 페르시아의 재침에 대비한다는 명분 아래 아테네를 중심으로 델로스 동맹이 형성되었다. 이후 아테네는 펠로폰네소스 전쟁에서 스파르타가 이끄는 펠로폰네소스 동맹과 전투를 벌였다.

정답찾기 ③ 아테네의 클레이스테네스는 기존의 혈연 중심의 부족제를 거주지 중심으로 개편하고, 이를 바탕으로 500인 평의회를 설치하여 아테네 민주 정치의 기틀을 마련하였다.

오답피하기 ① 로마 공화정 초기에 귀족과 평민 간의 신분 투쟁이 벌어지자, 귀족은 평민의 요구를 점진적으로 받아들여 호민관의 직책과 평민회를 설치하고 12표법을 제정하였다.
② 아케메네스 왕조 페르시아에서 페르세폴리스를 건설하였다.
④ 아바스 왕조는 당과 벌인 탈라스 전투에서 승리하였다.
⑤ 카르타고는 로마와 세 차례에 걸쳐 포에니 전쟁을 벌였으나 패배하였다.

11 카롤루스 대제의 활동 이해

문제분석 자료에서 아바스 왕조 시기라는 점, 교황 레오 3세를 구해 주고 그로부터 대관을 받았다는 점 등을 통해 (가) 인물이 카롤루스 대제임을 알 수 있다.

정답찾기 ① 카롤루스 대제는 궁정 학교를 세워 문예를 부흥시켰다.

오답피하기 ② 카롤루스 마르텔의 아들 피핀은 메로베우스 왕조의 왕을 몰아내고 카롤루스 왕조를 개창하였다.
③ 카롤루스 마르텔은 메로베우스 왕조의 궁재로 실권을 장악하였으며, 투르·푸아티에 전투에서 이슬람 세력에 승리하였다.
④ 비잔티움 제국의 유스티니아누스 황제는 로마법을 집대성하여 『유스티니아누스 법전』을 편찬하였다.
⑤ 로마의 콘스탄티누스 황제는 밀라노 칙령으로 크리스트교를 공인하였다.

12 아비뇽 유수의 배경 이해

문제분석 자료에서 교황 보니파키우스 8세가 세속 권력의 교회와 성직자에 대한 과세를 금지한 문서를 발표한 점, 성직자에 과세하고 있던 프랑스의 필리프 4세가 이에 반발하였다는 점 등을 통해 밑줄 친 '갈등'은 성직자에 대한 과세를 둘러싼 갈등임을 알 수 있다.

정답찾기 ④ 14세기 초 교회와 성직자에 대한 과세 문제로 교황 보니파키우스 8세와 대립한 프랑스 왕 필리프 4세는 교황을 굴복시켰으며, 이는 이후 교황청이 로마에서 아비뇽으로 옮겨지는 아비뇽 유수의 배경이 되었다.

오답피하기 ① 프랑스의 앙리 4세는 부르봉 왕조를 개창하면서 낭트 칙령을 발표하여 프랑스의 종교 전쟁을 수습하였다.
② 독일 지역에서 구교와 신교 간의 충돌로 30년 전쟁(1618~1648)
이 전개되었다.
③ 카롤루스 대제 사후 베르됭 조약과 메르센 조약에 의해 프랑크
왕국이 분열되었다.
⑤ 콘스탄츠 공의회(1414~1418)에서 로마 교황의 정통성을 인정하
고 새로운 단일 교황을 선출하여 교회의 대분열을 수습하였으며, 위
클리프가 이단으로 규정되고 후스가 화형에 처해졌다.

13 오스만 제국과 영국의 관계 이해

문제분석 자료에서 펠리페 2세가 신성 동맹의 결성에 적극적으로 참
여하고 레판토에서 해전을 벌여 승리를 거두었다는 내용을 통해 (가)
국가는 오스만 제국이라는 것을 알 수 있다. 한편 펠리페 2세가 무적
함대를 출정시켜 응징하려 하였으나 격파되었다는 내용을 통해 (나)
는 영국임을 알 수 있다.

정답찾기 ② 제1차 세계 대전에서 영국은 협상국의 일원으로, 오스
만 제국은 동맹국의 일원으로 전투를 벌였다.

오답피하기 ① 청과 러시아는 네르친스크 조약을 체결하여 국경을 획
정하였다.
③ 프로이센·프랑스 전쟁에서 승리한 이후 독일은 알자스·로렌 지
방을 차지하였으며, 제1차 세계 대전 이후 베르사유 조약을 통해 프
랑스에게 알자스·로렌 지방을 양도하였다.
④ 독일과 이탈리아, 일본은 3국 간 방공 협정을 체결하고 추축국 동
맹을 결성하였다.
⑤ 프랑스가 모로코를 지배하려고 하자 독일이 반발하면서 프랑스와
독일은 두 차례 충돌 위기를 겪었다(모로코 사건, 1905, 1911).

14 러시아와 프로이센의 특징 이해

문제분석 자료에서 폴란드 분할에 참여한 점, 예카테리나 2세가 군
주인 점을 통해 (가) 국가는 러시아임을, 프리드리히 2세가 군주인
점을 통해 (나) 국가는 프로이센임을 알 수 있다.

정답찾기 ① 프로이센과의 전쟁에서 슐레지엔을 빼앗긴 나라는 오스
트리아에 해당한다.

오답피하기 ② 러시아는 흑해 방면으로 남하 정책을 추진하여 오스만
제국 등과 크림 전쟁을 벌였으나 패배하였다.
③ 프로이센은 관세 동맹(1834)으로 독일의 경제 통합을 주도하였다.
④ 프로이센의 계몽 전제 군주 프리드리히 2세는 베르사유 궁전을
모방하여 상수시 궁전을 건설하였다.
⑤ 러시아와 프로이센은 나폴레옹의 세력 확장에 대항하여 결성된
대프랑스 동맹에 참여하였다.

15 국민 공회 시기의 사실 파악

문제분석 자료에서 혁명전쟁 중인 프랑스를 위해 영국과 싸운다는
점, 공화국이라고 언급된 점 등을 통해 (가) 의회는 국민 공회임을
알 수 있다.

정답찾기 ② 프랑스 혁명의 국민 공회 시기에 공안 위원회가 설치되
었다.

오답피하기 ① 국민 의회 시기에 제3 신분의 주도로 '테니스코트의
서약'이 발표되었다. 이에 국왕이 국민 의회를 탄압하자, 파리 시민
들은 바스티유를 습격하여 함락하였다.
③ 나폴레옹은 영국을 굴복시키기 위해 유럽 대륙과 영국 사이의 통
상을 금지하는 대륙 봉쇄령을 선포하였다.
④ 제1차 세계 대전 종전 이후 1919년에 전승국 대표를 중심으로 파
리 강화 회의가 개최되었으며, 이 회의에서 영국, 프랑스 등 전승국
과 독일 간에 베르사유 조약이 체결되었다.
⑤ 프랑스에서는 1848년 2월 혁명 이후 루이 나폴레옹이 대통령에
당선되었다.

16 태평천국 운동의 전개 과정 파악

문제분석 자료에서 외국인 부대가 조직되었다는 점, 베이징 조약이
체결된 이듬해에도 전개되고 있었다는 점, 상승군과 이홍장이 함께
진압에 참여한 점 등을 통해 밑줄 친 '이 운동'은 태평천국 운동
(1851~1864)임을 알 수 있다.

정답찾기 ② 태평천국은 난징을 점령하여 수도로 삼고 토지의 균등
분배 등이 포함된 천조전무 제도를 발표하였다.

오답피하기 ① 의화단은 '부청멸양'을 내세우며 교회와 철도 등 서양
문물을 파괴하였다.
③ 신해혁명은 1911년 10월에 우창에서 신군이 봉기하면서 본격화하
였다.
④ 8개국 연합군에 의해 의화단 운동이 진압된 이후, 청 정부는 1901
년에 신축조약을 체결하여 열강의 군대가 베이징에 주둔하는 것을
허용하였다.
⑤ 1919년 전개된 5·4 운동은 베이징의 학생들을 중심으로 전개되
었으며, 일본의 대중국 '21개조 요구' 철폐, 산둥반도의 이권 반환 등
을 요구하였다.

17 오스만 제국의 민족 운동 이해

문제분석 자료에서 술탄 압둘 하미드 2세가 전제 정치를 강화한 점,
청년 튀르크당이 무장봉기를 일으킨 점 등을 통해 (가) 국가는 오스
만 제국임을 알 수 있다.

정답찾기 ③ 오스만 제국에서는 미드하트 파샤 등 혁신적인 관료가
서양식 의회를 개설하고 헌법을 제정하였다.

오답피하기 ① 에티오피아의 메넬리크 2세는 군대를 개혁하여 1896
년 아도와 전투에서 이탈리아 군대에 대승을 거두었다.
② 베트남의 판보이쩌우는 청년들을 일본으로 유학 보내 인재를 양
성하려는 동유 운동을 주도하였다.
④ 제1차 세계 대전 이후 영국이 롤럿법을 제정하여 인도인에 대한
통제를 강화하자 이에 반발하여 간디가 비폭력·불복종 운동을 전개
하였다.
⑤ 19세기 전반 람 모한 로이 등이 중심이 되어 순수 힌두교 교리로
의 복귀 등을 주장하는 브라흐마 사마지 운동을 제창하였다.

18 제1차 세계 대전의 전개 과정 파악

문제분석 자료에서 황제가 황위를 내려놓고 프로이센의 왕으로 남고

자 한 점, 베를린에는 새로운 정부가 수립될 것이라는 점, 아래로부터의 혁명이 위로부터의 혁명을 통해 완성되었다고 한 점, 네덜란드의 여왕이 최근 차르 일가의 운명을 의식하며 황제의 망명을 받아 준 점 등을 통해 자료의 상황은 제1차 세계 대전 중인 1918년에 킬 군항의 독일 해군이 봉기하여 혁명이 일어나고, 이를 계기로 빌헬름 2세가 국외로 망명하는 상황임을 알 수 있다.

(정답찾기) ③ 러시아에서는 1917년 러시아력 2월 혁명(3월 혁명)이 일어나 니콜라이 2세가 퇴위하였다. 제1차 세계 대전 종전 이듬해인 1919년 연합국과 독일 간에 베르사유 조약이 체결되면서 베르사유 체제가 성립되었다.

19 베를린 봉쇄의 배경 이해

(문제분석) 자료에서 소련이 베를린과 서독을 연결하는 철로를 차단하였고 3주 후에는 운하도 폐쇄한 점, 이에 대해 미국과 영국 정부가 공중 보급로를 통해 자국 지구에 물품을 공급한 점 등을 통해 밑줄 친 '이 조치'는 베를린 봉쇄(1948~1949)임을 알 수 있다.

(정답찾기) ④ 미국, 영국, 프랑스가 서베를린을 포함한 독일 내 관할 구역을 단일 행정 구역으로 통합하고 새로운 통화 제도를 도입하자, 소련은 1948년에 서베를린으로 향하는 육로 등을 봉쇄하는 베를린 봉쇄를 단행하여 물자 공급 등을 차단하였다.

(오답피하기) ① 독일의 동서 분단 이후 동독의 주민들이 서베를린 지역으로 탈출하는 사례가 늘자 동독은 서독 스파이를 막는다는 명분을 내세워 1961년에 베를린 장벽을 설치하였다.
② 1955년 아시아·아프리카 29개국 대표들이 인도네시아 반둥에서 회의를 개최하여 식민지 문제에 대해 토론을 벌였고, 비동맹 중립주의를 표방하는 등의 평화 10원칙을 만장일치로 채택하여 발표하였다.
③ 바르샤바 조약 기구[WTO]는 소련과 동유럽 공산권 국가들이 상호 방위를 목적으로 1955년에 결성하였다.
⑤ 소련의 흐루쇼프는 미국을 견제하기 위해 쿠바에 미사일 기지 건설 계획을 추진하였다(1962).

20 유럽 연합[EU] 이해

(문제분석) 자료에서 소련이 해체된 이듬해에 창설을 위한 조약이 체결된 점, 조약에 통화 단일화와 산하에 유럽 공동 외교 안보 정책 조직이 구성된다는 내용이 담긴 점, 정치·경제적 조건만 만족시키면 중부 유럽과 동유럽 국가들의 가입을 허용한다고 발표한 점, 오스트리아, 스웨덴, 핀란드가 가입한 점 등을 통해 (가) 기구는 유럽 연합[EU]임을 알 수 있다.

(정답찾기) ③ 유럽 공동체 소속 국가들은 마스트리흐트 조약을 체결하여(1992) 공동 외교와 안보 정책, 유럽 단일 통화 등을 결의하였고, 그 결과 1993년 유럽 연합이 공식 출범하였다.

(오답피하기) ① 1945년에 출범한 국제 연합[UN]은 안전 보장 이사회의 결의가 총회보다 우선시되었으며 미국, 영국 등 5개 상임 이사국은 거부권을 부여받았다.
② 1944년에 개최된 브레턴우즈 회의를 통해 자유 무역이 확대되고 경제 성장의 기반이 마련되었는데, 이를 브레턴우즈 체제라고 한다.
④ 세계 무역 기구[WTO]는 1995년 창설되어 자유 무역 체제를 강화

하고 관세 인하와 무역 장벽 철폐 등을 추진하였다.
⑤ 러시아의 옐친은 소련의 여러 공화국과 함께 독립 국가 연합[CIS]의 결성을 주도하였다.

인용 자료 출처

인용 사진 출처

ⓒ Brooklyn Museum   파라오 공주 무덤 부장품(5쪽)

ⓒ Gary Todd / CCO 1.0   청동 제기(6쪽)

ⓒ 螺钉 / CC BY 4.0   최치원 기념관(10쪽)

ⓒ Suzuki Kaku / Alamy Stock Photo   이맘 광장(29쪽)

ⓒ public domain sourced / access rights from The History Collection / Alamy Stock Photo   쿠샨 왕조 동전(31쪽)

ⓒ Map collection of Actia Nicopolis Foundation, Preveza, Greece. (IAN 0212) / CC BY 4.0   악티움 해전 지도(35쪽)

ⓒ public domain sourced / access rights from The History Collection / Alamy Stock Photo   브루투스가 발행한 은화 (38쪽)

ⓒ Panther Media GmbH / Alamy Stock Photo   영국이 스페인 무적함대를 물리친 후 발행한 화폐(48쪽)

ⓒ Capitaine Humbert (d. 1921) / CC BY 3.0   마다가스카르섬에 상륙하는 군대(66쪽)

ⓒ Dinodia Photos / Alamy Stock Photo   람 모한 로이 우표 (71쪽)

ⓒ İBB Atatürk Kitaplığı Sayısal Arşiv ve e-Kaynaklar, Istanbul, 1909   청년 튀르크르당 당원(72쪽)

ⓒ Joyradost / Original photographer: snakefisch / CC BY 3.0   후버댐(77쪽)

ⓒ Matyas Rehak / Alamy Stock Photo   라메세움 신전(103쪽)

ⓒ Robert Kawka / Alamy Stock Photo   반량전(103쪽)

ⓒ public domain sourced / access rights from CBW / Alamy Stock Photo   대서양 회담(107쪽)

ⓒ Venimages / Alamy Stock Photo   문화대혁명 포스터 (107쪽)

인용 문헌 출처

『사기 열전 1』, 민음사, 사마천   11쪽 1번

『대운하 시대』, 민음사, 조영헌   20쪽 4번, 108쪽 3번

『로마제국 쇠망사 6』, 민음사, 에드워드 기번   46쪽 4번

『인도사』, 민음사, 조길태   71쪽 8번

『송명신언행록 3』, 소명출판, 이근명   93쪽 3번

고2~N수 수능 집중 로드맵

수능 입문 → 기출 / 연습 → 연계+연계 보완 → 심화 / 발전 → 모의고사

수능 입문
- 윤혜정의 개념/패턴의 나비효과
- 하루 6개 1등급 영어독해
- 수능 감(感)잡기
- 수능특강 Light

강의노트
- 수능개념

기출 / 연습
- 윤혜정의 기출의 나비효과
- 수능 기출의 미래
- 수능 기출의 미래 미니모의고사
- 수능특강Q 미니모의고사

연계+연계 보완
- 수능연계교재의 VOCA 1800
- 수능연계 기출 Vaccine VOCA 2200
- 연계
  - 수능특강
  - 수능완성
- 수능특강 사용설명서
- 수능특강 연계 기출
- 수능 영어 간접연계 서치라이트
- 수능완성 사용설명서

심화 / 발전
- 수능연계완성 3주 특강
- 박봄의 사회·문화 표 분석의 패턴

모의고사
- FINAL 실전모의고사
- 만점마무리 봉투모의고사
- 만점마무리 봉투모의고사 시즌2
- 만점마무리 봉투모의고사 BLACK Edition
- 수능 직전보강 클리어 봉투모의고사

구분	시리즈명	특징	수준	영역
수능 입문	윤혜정의 개념/패턴의 나비효과	윤혜정 선생님과 함께하는 수능 국어 개념/패턴 학습		국어
	하루 6개 1등급 영어독해	매일 꾸준한 기출문제 학습으로 완성하는 1등급 영어 독해		영어
	수능 감(感) 잡기	동일 소재·유형의 내신과 수능 문항 비교로 수능 입문		국/수/영
	수능특강 Light	수능 연계교재 학습 전 연계교재 입문서		영어
	수능개념	EBSi 대표 강사들과 함께하는 수능 개념 다지기		전 영역
기출/연습	윤혜정의 기출의 나비효과	윤혜정 선생님과 함께하는 까다로운 국어 기출 완전 정복		국어
	수능 기출의 미래	올해 수능에 딱 필요한 문제만 선별한 기출문제집		전 영역
	수능 기출의 미래 미니모의고사	부담없는 실전 훈련, 고품질 기출 미니모의고사		국/수/영
	수능특강Q 미니모의고사	매일 15분으로 연습하는 고품격 미니모의고사		전 영역
연계 + 연계 보완	수능특강	최신 수능 경향과 기출 유형을 분석한 종합 개념서		전 영역
	수능특강 사용설명서	수능 연계교재 수능특강의 지문·자료·문항 분석		국/영
	수능특강 연계 기출	수능특강 수록 작품·지문과 연결된 기출문제 학습		국어
	수능완성	유형 분석과 실전모의고사로 단련하는 문항 연습		전 영역
	수능완성 사용설명서	수능 연계교재 수능완성의 국어·영어 지문 분석		국/영
	수능 영어 간접연계 서치라이트	출제 가능성이 높은 핵심만 모아 구성한 간접연계 대비 교재		영어
	수능연계교재의 VOCA 1800	수능특강과 수능완성의 필수 중요 어휘 1800개 수록		영어
	수능연계 기출 Vaccine VOCA 2200	수능-EBS 연계 및 평가원 최다 빈출 어휘 선별 수록		영어
심화/발전	수능연계완성 3주 특강	단기간에 끝내는 수능 1등급 변별 문항 대비서		국/수/영
	박봄의 사회·문화 표 분석의 패턴	박봄 선생님과 사회·문화 표 분석 문항의 패턴 연습		사회탐구
모의고사	FINAL 실전모의고사	EBS 모의고사 중 최다 분량, 최다 과목 모의고사		전 영역
	만점마무리 봉투모의고사	실제 시험지 형태와 OMR 카드로 실전 훈련 모의고사		전 영역
	만점마무리 봉투모의고사 시즌2	수능 직전 실전 훈련 봉투모의고사		국/수/영
	만점마무리 봉투모의고사 BLACK Edition	수능 직전 최종 마무리용 실전 훈련 봉투모의고사		국·수·영
	수능 직전보강 클리어 봉투모의고사	수능 직전(D-60) 보강 학습용 실전 훈련 봉투모의고사		전 영역

전공선택
고민돼?

 전공자율선택제 운영

진로학습코디네이터, 교수, 선배와
AI기반으로 전공선택까지
꼼꼼하고 체계적으로 설계

수시모집 원서접수
2024. 9. 9.(월)~13.(금)

경험하고
결정해!

 인제대학교
INJE UNIVERSITY

 인천대학교
INCHEON NATIONAL UNIVERSITY

홈페이지
바로가기

국립인천대학교는
국제경쟁력을 갖춘
혁신 인재를 양성합니다.

자유전공학부, 첨단학과 신설
서울역-인천대입구역
GTX-B노선 착공 예정
인천 경제자유구역
글로벌 허브도시송도에 위치

인천대학교

2025학년도 수시모집
2024. 9. 9.(월) ~ 9. 13.(금)

입학 개별 상담 및 문의
INU.ac.kr
032) 835-0000

대구경북 빅3 전국 빅7
(2023년 대학알리미 정보공시기준, 사립대학 학생정원 순위)

2025 대구대학교 Check ✓ Check

① 모집인원 — 총 4,310명

수시 98.1% / 정시 1.9%

	전형명	모집인원	반영비율	수능최저	면접/실기
학생부 교과	일반전형	2,053명	출결 30% / 학생부 100% / 교과성적 70% — 학생부 100% (교과성적 70% + 출결 30%)	△ (일부 적용)	×
	지역인재전형	540명		×	×
	특성화교과전형	85명		×	×
	기회균형Ⅰ전형	41명		×	×
	농어촌학생 특별전형(정원외)	154명		×	×
	기회균형Ⅱ전형(정원외)	57명		×	×
학생부 종합	서류전형	622명	서류평가 100% — 서류평가 100%	×	×
	지역기회균형전형	3명		×	×
	특수창의 융합인재전형	30명		×	×
	평생학습자전형	50명		×	×
	특성화고졸재직자특별전형(정원외)	121명		×	×
	장애인등대상자특별전형(정원외)	142명	서류평가 80% + 면접 20%	×	○
실기/실적	예체능실기전형	269명	실기 80% + 학생부 20%	×	○
	포트폴리오전형	10명		×	○
	경기실적우수자전형	32명	입상실적 70% + 학생부 30%	×	×
	체육특기자전형	18명		×	×

※ 수능최저학력기준 적용 모집단위 : 특수교육과, 초등특수교육과, 물리치료학과, 간호학과(2개 영역 등급 합이 8등급 이내/한국사 포함)

② 신입생 전원 장학혜택

연간 약 672억 장학금 지급

(2022.10. 재학생 수 및 2022학년도 지급액 기준)
장학금 수혜율 99% / 1인당 평균 442만원

구분	등급	대상	선발기준	혜택
입학 성적 우수	A	수시/정시 최초 합격자	모집시기별, 모집단위별, 전형유형별 상위 10% 이내	첫학기 수업료 70% (최대 307만원)
	B		모집시기별, 모집단위별, 전형유형별 상위 30% 이내	첫학기 수업료 50% (최대 219만원)
	C		모집시기별, 모집단위별, 전형유형별 상위 50% 이내	첫학기 수업료 30% (최대 131만원)
	장려		모집시기별, 모집단위별, 전형유형별 상위 50% 초과	첫학기 수업료 20% (최대 88만원)
기숙사 지원장학			수시, 정시모집 충원합격자 전체	기숙사비(50만원) 지원 ※ 호실별 차액은 본인부담
DU-care 장학금			정시 충원합격자 * 일부 모집단위 및 기숙사 지원 장학금 수혜자 제외	50만원 지급
DU(두)손 잡고 장학금			신입학 지원자 상호간 추천하여 모두 등록시 장학금 지급(추첨) * 일부 모집단위 제외	1인당 30만원 지급

※ 2024학년도 신입생 장학제도 기준

③ 수시 합격자 전원 기숙사 입사 가능

행복기숙사 전경

④ 전 단과대학 라운지 설치

공공인재대학 / 경영대학 / 사회과학대학 / IT·공과대학

⑤ 캠퍼스 속 편의시설

캠퍼스 안에 대형 프랜차이즈가!

⑥ DU만의 탄탄한 취업역량

대구 경북 졸업생 3,000명 이상
대형 4년제 대학 취업률 1위
(2022. 12. 공시)

⑦ 통학이 더 여유로운 DU

2024년 대구도시철도 1호선 연장 개통 예정
하양역 / 대구대 순환버스타고 강의실 앞 까지~!

명쾌하고, 명백하게,

명지롭다

명지대학교
MYONGJI UNIVERSITY